清末民初文獻叢刊

望岩堂奏稿

（上册）

[清]陳璧 著
陳宗蕃 輯

朝華出版社
BLOSSOM PRESS

圖書在版編目（CIP）數據

望岩堂奏稿 ： 全3册 / （清） 陳璧著 ； 陳宗蕃輯
. -- 北京 ： 朝華出版社，2018.4
（清末民初文獻叢刊）
ISBN 978-7-5054-4232-0

Ⅰ. ①望… Ⅱ. ①陳… ②陳… Ⅲ. ①奏議－中國－清代 Ⅳ. ①K250.65

中國版本圖書館CIP數據核字(2018)第040718號

望岩堂奏稿（全三册）

作　　者　[清]陳　璧
編　　者　陳宗蕃

選題策劃　楊麗麗　尚論聰
責任編輯　劉小磊
特約編輯　齊　芳
責任印制　張文東　陸競贏
封面設計　劉敬偉

出版發行　朝華出版社
社　　址　北京市西城區百萬莊大街24號　**郵政編碼**　100037
訂購電話　（010）68996618　68996050
傳　　真　（010）88415258（發行部）
聯系版權　j-yn@163.com
網　　址　http://zhcb.cipg.org.cn
印　　刷　藝堂印刷（天津）有限公司
經　　銷　全國新華書店
開　　本　880mm×1230mm　1/32　**字　　數**　407千字
印　　張　38.5
版　　次　2018年4月第1版　2018年4月第1次印刷
裝　　別　精
書　　號　ISBN 978-7-5054-4232-0
定　　價　300.00元（全三册）

出版前言

中國自一八四〇年鴉片戰爭以來，傳統的農業文明在西方的堅船利炮轟擊之下徹底被顛覆，有擔當的知識分子苦苦追尋，思索社會改革的途徑。從最初的『師夷長技以制夷』到『民主制度，天下之公理』（梁啓超語），他們發現要『强國富民』，首先要『開啓民智』，祇有民衆擁有了獨立思想和批判精神，國家纔能實現真正的强大。在此後一百年的時間裏（一八四〇—一九四九），思想者們從社會變革深入到國民性的改造，用每一部作品見證着中國近代化的遞變歷程。這是一個極其重要的時代，《清末民初文獻叢刊》正是收録了這一時期的作品，大部分書籍都是早期版本，有着極高的文獻研究價值。

清末的中國經歷了『三千年來未有之大變局』（李鴻章語），大清王朝面對西方列强的艦炮，表現得驚慌失措。尤其是鴉片戰爭，使『天朝帝國萬世長存的迷信受到了致命的打擊，野蠻的、閉關自守的、與文明世界隔絶的狀態被打破了』（《馬克思恩格斯選集》）。一批士大夫知識分子，尤其是在歐美諸國擔任使臣或者游歷的知識分子最先覺醒，着眼于對西方國家的考察，進而反省本國政治制度的劣勢，可以視作『啓蒙』的端倪。如曾擔任駐英公使（兼任駐法公使）的郭嵩燾在《使西紀程》中以日記的形式記録了自己對歐西諸國的觀感，他在考察了英國的政治制度之後，發現英國政府官員收入超過三百磅者與普通老百姓一樣同等納税，他說：『此法誠善，然非民主之國，則勢有所不行。西洋所以享國長久，君民兼主國政故也。』他明確提出了『民主』，在國家的管理問題上，人民也有參與的權利。他在該書中所披露的西方政治、經濟、文化等領域優于大清帝國這一事實觸動了保守派的神經，立刻遭到保守派群起而攻之，進士何金壽彈劾他『有二心于英國，欲中國臣事之』，他家鄉湖南的民衆對他更是痛加詆毀，以至于滿城揭帖，誣蔑他『溝通洋人』，在這種群情洶洶的情况下，朝廷最後下旨將《使西紀程》毁版，從而使該書成了禁書。然而，書雖被毁版，却不能堵死民衆的傳播與閲讀的途徑，上海的《萬國公報》依舊連載該書，張佩綸曾說：『朝廷禁其書，而新聞紙接續刊刻，中外傳播如故也。』從某種意義上來說，啓蒙是時代的需要，盡管清政府發諭旨禁了該書，民衆乃至一些朝廷大員却依舊在私下閱讀，以便瞭解外部的世界。進步的社會是開放性的，任何企圖『閉關鎖國』的努力都意味着歷史的倒退，祇有開放，與整個世界文明保持同等的步伐，纔能實現真正的强國之夢。當大批知識分子走出閉鎖的國門，親歷了文明的洗禮之後，也就把啓蒙的智識帶回了中華大地。容閎的《西學東漸記》，梁啓超的《新大陸游記》，崔國因的《出使美日秘日記》等一大批作品介紹了海外諸國的政治、經濟、軍事、外交、文化。雖然這些作品在認識上仍然帶有時代的局限性，然而却是那時最爲珍貴的聲音。

另一方面，在學術上，中國文化母體内『經世致用』思想與資產階級思想相結合，也喚起了變革，以康有爲、梁啓超爲首的改良派試圖通過自上而下的革新以實現變革。康有爲的《新學僞經考》《孔子改制考》就是借經學之表論資產階級學説之裏的著作，康有爲的弟子梁啓超更是通過《新民説》一書提出國民性改造。與早期啓蒙者『師夷長技』的器物文明引進不同，梁啓超上升到形而上的精神領域，從文化心理上更加徹底地進行變革。梁氏是清朝末年到民國初年一個橋梁式的人物，被譽爲『輿論之驕子，天縱之文豪』，其影響力不但在學術領域，同時還在文學領域，他所倡導的『詩界革命』得到了譚嗣同、黄遵憲、丘逢甲等人的響應，黄遵憲的《日本雜事詩》，丘逢甲的《嶺雲海日樓詩鈔》都體現了這種主張。這一主張要求反映新的時代和新的思想，用『我手寫我口』（黄遵憲語）的方式直抒胸臆，對長期占詩壇主流的擬古主義、形式主義産生了巨大的衝擊，解放了寫作者的心靈和頭腦。

與社會變革同步的是早期對西方思想著作的翻譯，這裏面影響最大的是嚴復，他翻譯的《天演論》《社會通詮》等書直接孕育了民國一代的知識階層。魯迅、胡適等人在文章中都曾提到《天演論》對他們思想所産生的震撼。與嚴復略有不同的另一位翻譯家是林紓，他的譯作雖然參差不齊，但却在更細膩的心靈層次對讀者産生影響，許壽裳曾回憶，他和魯迅都熱衷于林譯的小説，如《巴黎茶花女遺事》《黑奴籲天録》《迦茵小傳》等作品。

辛亥革命之後，進步社會思潮成爲主流，比之清末思想啓蒙者『求存』的追求，民國以來的知識階層深入到了更加細微的肌理，一方面呼喚社會變革，另一方面進行點滴的建設，革命并不能使所有的一切一蹴而就，在更加深廣的領域，事物的改變是由微觀而宏觀。通俗地説，比之于革命，建設的意義更大。如《中國商業史》《中國教育史》《中國倫理學史》《中國哲學史大綱》《中國小説史略》等一大批作品都是進行系統的梳理與建設的理論作品。其中，以胡適和魯迅二人的影響最大，他們的作品一紙風靡，從而成爲新文化運動的主力人物。

《清末民初文獻叢刊》收録的文獻大致上可以分爲三個階段，其中龔自珍、張之洞、魏源、郭嵩燾、薛福成等人的作品可視爲『早期啓蒙』，康有爲、梁啓超、黄遵憲、嚴復、林紓等人的作品可視爲『中期啓蒙』，胡適、魯迅、蔡元培等人的作品可視爲『晚期啓蒙』。當然，這種劃分并非嚴格意義上的，大部分啓蒙思想者隨着時代的變化，其思想在不斷進步。縱觀整個近現代史，可以發現，要求變革不是在某一個領域，由某一類人發起和完成的，而是全社會的要求。

變革，已經成爲全社會的共識。

從清末民初的文獻中，我們能够發現一種豐富性。這些作品涉及政治、經濟、軍事、教育、外交、宗教、心理、情感等方方面面，從内而外地净化着中國兩千年以來的封建積習。它不祇是對社會的改造，更是對人心靈的重塑；它首重國家社會之建設，同時亦重靈魂心智之唤醒；它是宏大的，也是微觀的；它是嚴肅莊重的，也是活潑靈動的；這些作品結構精巧，思想内容深刻，擁有濃厚的人文主義色彩，對推動社會主義建設，實現中國夢有重大意義，是近現代中國一百年來最宏富的智識與情感的寶藏。因此，整理這些文獻作品，無論是出于資料保存的目的，還是爲圖書館提供資料副本，都有不可估量的意義。

特定時代下的文獻，當它一旦形成（既指草擬，創作的完成，也指其成爲一個載體），就不可再複製了，也就意味着它將面對消亡。對于文獻資料而言，越接近歷史事件發生的時代記録，越具有研究價值。文獻本身具有不可再生性，它衹會消亡，而不會增多。盡管文獻本身的文字可以保留下來，并進行傳播，却失去了當時的時代氣息。當時的作品可能在技巧上，文字的成熟度上不及當代，但它所負載的信息，創作者的情感都反映了當時的歷史，也就是説，它具有不可替代的歷史意義。

影印的版本有三個特點，第一是擁有文獻的『原始性』；第二個特點是『未經改動的』；第三個特點是『歷史的原貌』。所謂『原始性』，也就是説，它是第一手資料，而非轉述的，回憶形成的；『未經改動的』，是指未被篡改、删節、挖補的；『歷史的原貌』是指在影印製作過程中，完全依照文獻的原來模樣……這樣製作出版的作品，無异延續了文獻的壽命。

近現代思想史上的一個最重大的思潮就是『開放』，從林則徐的『開眼看世界』到蔡元培的『兼容并包』，都是在倡導一種開放式的胸襟。而《清末民初文獻叢刊》最有魅力的部分就是『開放』這一主題，衹有融入到世界文明發展的進程中，中華文明纔能歷久彌新。

《清末民初文獻叢刊》編委會

二〇一七年四月十四日

凡例

一、《清末民初文獻叢刊》（以下簡稱『叢刊』）爲影印本，舉凡所用之底本，均爲該書之早期版本。有清末刊本，亦有民國印本。

二、《叢刊》均依底本影印，未予删改，僅代表作者個人觀點，不代表官方立場；原刊本有誤，不予校改，以保留文獻之原貌。

三、《叢刊》所用之底本，因時日久遠存在漫漶的情况，均進行了修復；底本闕文、印刷不清，均保留原貌。

四、爲讀者閱讀之便，《叢刊》中之舊底本目録未標記頁碼者，編了目次；原底本有頁碼和目録，未予重複編目。

五、爲保持文獻的原始風貌，影印本保留了原書書影（原書爲多册，則保留第一册書影）、扉頁等信息。所用底本無相應信息者，則不予妄添，以免錯訛。

目録

望嵓堂奏稿

葉恭綽敬題

序言一

番禺葉恭綽譽虎撰

昔日郵傳同曹陳君蒓衷輯陳玉蒼尚書所爲奏稿擇要刊行既蒇以書來曰君知尚書深序文非君莫屬余惟奏議非一家之言也自來名賢治績往往散見官書末由貫串而其所著作輒不自表襮遇有大政若兵若財若外交暨夫一切民生休戚之所繫其委曲本末恆僅具於上達之奏牘故奏議者國史之副車而政書之檃括也尚書仕晚清雖未膺樞軸然所任之務類關興革大計且成績炳異其定法至今猶將持循言近代史者固將有求於其陳迹以期取則今清史未出官書復多散佚若是乎私書之有關大計者固宜流傳之是亟以爲修史之資而非徒爲表章其人計也蒓衷之纂輯尚書奏議甯不以是歟抑尚書一生治事精練卒以孤直寡合失職以去其是非久而始白然論者猶頗以其好親小事爲嫌抑知我國自古六曹治事極於至纖至悉自學者鄙薄

吏事以持大體略細務爲能平日一切委之胥吏匠役不加考究寖淫窟穴姦弊百出而無能檢察顧猶以宰相不知錢穀自解不知經緯萬彙提綱挈領爲相者固不必瑣屑是程若夫分曹掌治而疏闊不事事是直失職而已昔人論晉代清談之禍謂在位者以望空爲高而笑勤恪因以致亂而顧甯人謂晉之清談談老莊後之清談談孔孟嗚呼以孔孟爲清談又何怪儒術之爲詬病也當光緒末季尙書在位不喜用文學之士而繩墨嚴切跅弛疏漫者多弗便致騰爲口說至今未已不知文學之用與趨事赴功者固分途而異效也今觀遺集諸奏疏論列之精切考覈之詳明規畫之遠大燦然具在讀者當可一雪前疑且今日時流方競言效率覩茲遺範應憬然於效率之增進實有其涂徑與方法且非以身作則不能推行而尙書治事之勤慮事之密在在均由經驗而出尤足以藥今日空言政策及理論者之病是此書之刊布不祇爲往轍之徵

且足稱先路之導論治術者益將有所取焉綽侵尋老矣回溯少年前為尚書從事時銜齋抱牘析疑辯難光景如昨而少年郎吏忽已華顛媿南能之傳衣缺郭冲之記事感時惜往百感橫集泚筆序此蓋不僅慚幸交并也已

公性卞急公牘時自具稿於屬吏呈稿復多改削且間加勒帛亦恆有誤者長郵傳部時一日余呈稿公復下筆方數行余徐言此事實如何公瞿然曰余誤矣即毀之仍用余稿又一日令余改某司長之稿時余方為其科長逡巡未應公曰是何妨趣為之勿學趨避惡習觀者可知公之虛公樂受與一往直前之概然世之以公為剛愎者或即由此嗚呼世安得復有此賢哉恭綽附記

序言二

受業閩侯陳宗蕃蒓衷撰

清光緒丁酉戊戌間吾師蘇版尚書主講福州鳳池書院以經古試士蕃屢蒙特拔是爲受知之始然未嘗一晋謁也甲辰捷南宫來京師始隨鄉人隸師門下者循例請謁明年赴日本留學又二年再來京師應學部試同試者癸卯甲辰兩科翰林部屬八十餘人　師充閱卷大臣拔蕃卷第一南皮張文襄公以翰林不宜試列部屬下乃改江寧徐谿卷第一而蕃次之時郵傳部新創設　師任尚書既揭曉乃調同試前列者數人到部治事命下謁　師於邸舍　師詔曰爾曹初入仕途司中案卷宜勤加研習並摘記其要識之勿忘蕃唯唯受命在部侍　師一年　師每日九時必蒞署員司持牘以次進手批口授罔有暇息其時大政若收回京漢鐵路若購回商辦電報若創設交通銀行若籌議收回郵政事不論其鉅功不論其難無不毅然舉辦辦則期於必成於是益仰

師識力之明政策之偉然旅居屬僚仍未嘗有私謁也宣統改元　師以廷議罷官明年謁　師於蘇州又二年國家鼎革　師來居京師歲時乃常晉接十餘年間追隨若子姪親愛有加焉嗚呼蕃之涉世也晚自郵部至今迴翔於仕宦之途者垂三十年歷事長官以十數而謀國之忠治事之勤用人之明且公持身之儉而實若吾　師者殆未易覯焉此蕃所尤拳拳而服膺者也戊辰二月　師卒明年家人奉　師之遺稿以編輯之任相屬憶昔在部時循吾師研習案卷之訓有軌政紀要次編之作湘鄉陳公貽重纂郵傳部奏議蕃實任蒐輯校訂之役於　師郵部之政略實已著其一斑今　師往矣而餘編尚在自郵傳部奏議外其巡視五城也則有修溝渠治道路諸疏其尹京兆也則有設順天中學五城中學創辦工藝局諸疏其考察各省造幣廠也則有整理幣制諸疏其承修正陽門暨各　陵寢工程也則有計算錢糧陳明做法諸疏

他如條陳印花稅法疏舉礦務事宜設善堂辦粥廠其事不可勝舉以學理言則今日所謂財政經濟政治之原理　師往往言之於二三十年以前以事實言則　師之綜覈名實視國事如家事實爲晚近人所不及而其惠澤及民者亦不僅庚子一役有能捍大患之功也世人不察動謂所爲不識大體好親細務或又疑其質實不文苟刻近利是皆昧於公忠體國之遠謨非耳食之談即苛私之論世之賢者當自得之固無待蕃之斷斷與辯也裒輯既竟乃弁數言於卷首而付諸刊

本集計分十二卷自卷一至卷八俱按年月之先後爲編次惟關於工程各摺事近專家故別錄於卷九以下計卷九至卷十一爲關於　陵寢各工程奏議卷十二爲關於正陽門工程奏議以事相屬藉便檢尋非自乖其例也讀者諒之　宗蕃附識

清史列傳 清史館待刊稿

陳璧字玉蒼福建閩縣人光緒三年進士授內閣中書先後典試湖北貴州遷宗人府主事選禮部員外郎改御史旋管街道疏溝渠平道路衆稱便丁母憂歸創蒼霞精舍以實學課士服闋起故官二十六年命巡視中城拳匪亂作奏請立團練力主剿匪兼護民教全活甚衆兵匪滋擾輒執而杖之不爲屈一日營兵肆刼方按問董軍數十人破栅入縱槍彈及公案嚴詰主者立正法二人聯軍既入官吏盡走獨衣冠乘馬出巡手繕示諭安民密書請全權大臣李鴻章入京時聯軍畫地分守越問民事乃挺身出與抗議美兵官首來謁言聯軍議定不取中國寸土請同商綏靖地面辦法各國繼之遂得逐漸收回自治設總理公所聯軍統帥瓦德西派參贊裴克尊漢並每國統兵官一人日赴總理公所與地方官面商民政全權大臣咨步軍統領順天府尹三署同集自十月

朔始八十餘日不輟三署推璧主其事先商定許我會銜出示列大清年號不用陽歷嗣允我自出示每張示觀者雷動始知我國力尚存也擢署順天府丞二十七年遷太僕寺少卿全權大臣奏留會辦五城事宜和議成聯軍陸續歸充接收五城地面專員德營駐琉璃廠廢窰既去即奏請就立五城中學堂京師有官立中學始此擢順天府尹首裁吏胥設立善後派辦處遴員分課辦事積蠹一清京師錢商五百十一家經亂存者只三十餘家濫發錢票時倒閉爲民害嚴定限制立五家聯保之法其弊漸革當商欠戶部借款百萬不敢續開貧民苦之奏定分年量繳遂次第復業創順天中學農工學堂及各屬小學改金臺書院爲校士館開辦工藝局興工業設織紡局敎女工訪旌殉難士婦以崇忠節亂後興舉時論翕然稱之兩宮回鑾召見頻嘉勉命充政務處總辦西陵園寢被兵蹂躪特派爲估修大臣正陽門燬於拳匪並命估修皆工堅而費

省二十九年新設商部授侍郎規定官制訂商律興商會保僑民整土貨皆次第行三十一年轉戶部侍郎璧初充財政處提調佐戶部開辦天津造幣總廠大清銀行於圜法久有研究時各省設銅元局二十二處出數過多市面充斥命赴各省考察留辦七局餘均停止訂善後辦法如規定成色統一鑄模等均爲幣制統一要圖三十三年擢郵傳部尚書兼參預政務大臣規畫路電航郵四政大綱路欵向儲外國銀行設交通銀行定議分儲收電報歸國有擴設蒙藏邊省諸綫減報費京漢鐵路初假比欵興修議收回保主權即以餘利建京張鐵路又議郵政改隸部管事垂就而被議璧精核任勞怨勤於職事最爲孝欽皇太后所倚畀每有劾奏輒出以示且加慰勉衆尤忌之逮兩宮升遐朝局一變御史謝遠涵劾以濫用私人靡費公欵及借欵折扣命大學士那桐孫家鼐查辦復奏言該尙書才優於德辦事操切不恤人言交吏部議革職罷官後

仍居京師於西城闢蘇園日以蒔花種蔬課孫誦讀爲事修刋族譜捐産立義
莊贍本族戊辰年卒年七十有七

年譜

受業閩侯陳宗蕃蒓衷謹輯

清咸豐二年壬子六月十九日　公生於福州城外之蘇坂鄉孝友第　公諱璧字玉蒼晚號蘇齋福建閩縣人先世自明萬歷間遷於蘇坂六世祖天南公以農兼讀家境漸裕有祭田五十畝世守其業曾祖登祖春芳父鴻英俱儒讀潛德不耀

咸豐三年癸丑　公年二歲

咸豐四年甲寅　公年三歲

咸豐五年乙卯　公年四歲

咸豐六年丙辰　公年五歲是年受火溢傷病幾殆有丐者示以方藥匝月而愈

咸豐七年丁巳　公年六歲從官必與讀

咸豐八年戊午　公年七歲

咸豐九年己未　公年八歲長姊琇儀歸於潘

咸豐十年庚申　公年九歲弟璃生

咸豐十一年辛酉　公年十歲

同治元年壬戌　公年十一歲

同治二年癸亥　公年十二歲

同治三年甲子　公年十三歲從林實夫聲宏讀

同治四年乙丑　公年十四歲初應童子試

同治五年丙寅　公年十五歲從從叔父慶臣公讀

同治六年丁卯　公年十六歲再應童子試

同治七年戊辰　公年十七歲受督學使者邵汴生先生知入學補弟子員

同治八年己巳　公年十八歲娶於唐

同治九年庚午　公年十九歲鄉試未第

同治十年辛未　公年二十歲祖妣宦太夫人卒次姊歸於黃

同治十一年壬申　公年二十一歲考資政公卒

同治十二年癸酉　公年二十二歲

同治十三年甲戌　公年二十三歲　六月長子綸生

光緒元年乙亥　公年二十四歲秋舉於鄉許筠庵(應騤)祭酒慕子荷(榮幹)編修主闈試以　公經文策問冠場特拔中式

光緒二年丙子　公年二十五歲入都應春試未第

光緒三年丁丑　公年二十六歲成貢士　九月次子緘生　是年春闈主試者爲寶湘蘅(鋆)中堂毛煦初(昶熙)尙書崑筱峯(岡)閣學錢湘吟(寶廉)侍郎房

師王心齋祖光編修以內閣中書用　八月請假歸里

光緒四年戊寅　公年二十七歲入都供職　十一月再乞假歸

光緒五年己卯　公年二十八歲游台灣

光緒六年庚辰　公年二十九歲游厦門

光緒七年辛巳　公年三十歲

光緒八年壬午　公年三十一歲入都供職寓南橫街路南

光緒九年癸未　公年三十二歲遷庽椿樹頭條胡同

光緒十年甲申　公年三十三歲是年有中法之役馬尾船政廠被燬遣弟琮歸省

光緒十一年乙酉　公年三十四歲　正月子繹生

光緒十二年丙戌　公年三十五歲

光緒十三年丁亥　公年三十六歲是年八月大病幾殆許比部濟川進以犀角地黃等劑得蘇

光緒十四年戊子　公年三十七歲　六月補中書缺派充本衙門撰文方略館核對官

光緒十五年己丑　公年三十八歲　六月簡放湖北鄉試正考官編修華再雲煇副之得士艾青等七十六人　試事竣請假回籍省親十一月抵閩

光緒十六年庚寅　公年三十九歲　三月回京覆命補宗人府主事

光緒十七年辛卯　公年四十歲　倡議修福州新館並南下窪老館九月隨崑筱峯岡中堂錢子密應溥侍郎赴河南查辦事件十一月回京

光緒十八年壬辰　公年四十一歲升授禮部鑄印司員外郎充學政全書館纂修南苑天壇等處工程監督稽查京通十七倉事務萬壽慶典總辦

光緒十九年癸巳　公年四十二歲充鑄印局掌印　時印局積弊甚深鑄印例限不過二十餘日乃新疆添設各缺請鑄已二十餘月尚未開工　公陳明堂官嚴辦其爲首者限一個月未鑄各印一律繳齊弊端爲之一清　四月記名以御史用　五月簡放貴州鄉試副考官修撰劉伯崇福姚爲正考官得士趙鏡源等五十人　十二月回京覆命調掌司務廳印

光緒二十年甲午　公年四十三歲　五月平定新疆方略告成議叙以本部郎中無論題選咨留遇缺卽補並俟補郎中後加三品銜　六月奉派充醇賢親王園寢宮門圍牆工程監督

光緒二十一年乙未　公年四十四歲　二月補祠祭司郎中兼掌精膳司印　四月補授湖廣道監察御史　五月充會典館詳校官　九月俸滿引見奉　旨記名以繁缺知府用　是年歷署陝西道監察御史刑科給事中吏

部掌印給事中有籌臺暨請保護回華僑民諸疏

光緒二十二年丙申　公年四十五歲　二月奉命管理街道事務　前三門外官溝自乾隆十八年奉　旨派王大臣修濬以後久已淤塞公建議修復用欵八千兩開通一萬餘丈商民稱便有請整頓船政興辦礦務仿行印花稅法諸疏　六月林太夫人卒奔喪回里　十月子組生

光緒二十三年丁酉　公年四十六歲　主講鳳池書院　向章每月四書文試帖詩經古各一課　公於經古課中增課時務論策試卷驟增閩中學風爲之一變時風氣未開學校制度尚未創立公倡設蒼霞精舍延閩中名宿林琴南紓孝廉爲總教習考取學生五十人兼授以英文算學諸科學是爲閩中設立學校之始

光緒二十四年戊戌　公年四十七歲子紀生在籍辦理團練事宜　五月會

典書成議叙奉　旨以應升之缺升用　九月服闋以試辦建甯府梨山煤礦未赴京

光緒二十五年己亥　公年四十八歲　十一月回京銷假補授山西道監察御史

光緒二十六年庚子　公年四十九歲子綿生　二月奉　旨巡中城　時拳匪事起地面不靖五城會奏開辦團練事宜得　旨報可公與李小硯端[illegible]侍郎王蓬生懿榮祭酒共司其事設局於倉場內寶義倉五城各設分局力主勦匪疏數上忤朝旨幾罹不測五月十九日　上諭辦理九城以外勦匪事宜大局漸有轉機二十日端王載漪剛毅上疏力阻勦匪之議中輟七月二十日有　兩宮西巡之變城中秩序大亂搶刼紛起　公率團勇百名分守平糶局練勇局捕殺搶犯十餘名人心賴以稍定閭中同鄉眷屬之未離

京者聚居爛縵胡同湖南會館共十二家　公竭力保護咸得安堵二十三日　公騎馬衣冠巡於市並出示曉諭居民謂和好在即官商居民照常安業人心因而大定倉卒無紙筆取張樊鈞亨嘉太常御賜之宣紙硃墨以供用又聯在京寅僚三十三人電請全權大臣李肅毅伯鴻章速來京以定人心時電局在聯軍之手　公雇健役持稿星夜馳至山東濟南撫署請代轉乃達八月初十慶親王奕劻抵京　公即馳謁首建開通市面之議次日會商赫總稅務司德籌運商米來京市面漸次恢復時各國聯軍分據各地紀律不一氣勢囂張又有劣紳某乘機攬權從中阻撓繙譯之輩亦復藉勢魚肉良民　公隨事據理與洋員交涉恢復國權保全良善無算翰林某私設錢市取費十倍舊章　公嚴加禁止京師爐房聯保開設向例限二十六家有某商欲乘機添設多方關說　公力持不可怨者雖多商民感德冬轉授

河南道監察御史　十月特旨升署順天府府丞

光緒二十七年辛丑　公年五十歲　正月奏請裁汰書吏奉　旨嘉許飭部遵行是爲各部裁汰吏胥之始　巡視中城御史任滿奉　旨留任一年　七月補授太僕寺少卿　同月補授順天府府尹並會辦五城事宜　上諭張百熙奏整頓臺綱分別舉劾一摺陳璧辦事認眞不辭勞怨朝廷業經不次擢用仍著傳旨嘉獎是爲公受知兩宮之始　十二月奉派估修　西陵工程親往勘估不帶算房書吏人等一改從前積弊

光緒二十八年壬寅　公年五十一歲　正月奉派估修東陵　三月奏設五城中學並請以南鄰琉璃廠窰撥充校址聘舉人林紓爲總教習　五月親往　西陵驗工　六月奏設京師工藝局於外城下斜街並附設農工學堂又創設順天中學堂并奏請以地安門外兵將局官房爲校址　七月　公

以會辦五城日久振興庶政整頓積弊府怨於人者深奏請開去會辦五城
差使奉　旨照准　十月奏以金臺書院舊址設立金臺校士館　十一月
往西陵查工　十二月奉派估修正陽門工程
光緒二十九年癸卯　公年五十二歲　三月往　西陵查工奏修左翼節孝
祠　五月　西陵工程告竣前往驗工　閏五月初七日正陽門工程開工
所有大樓闉樓一切工作共估價銀四十二萬九千九百餘兩較從前工程
估價約減三分之二　七月奏請修補順天府志　是月奉　旨升授商部
右侍郎　八月奏請工藝局附設農科工藝局開辦以來募致外洋外省專
門工師來京分科製造器物教習藝徒計農務則有鑿井鐵工二科織工則
有洋毛巾斗紋布二科漆工則有畫漆雕漆二科木工則有華洋式木器各
一科籐工則有華洋式籐器各一科此外又有繡工箱工鐫磁胰皂玻璃各

科多係京中未有之工藝又於南苑領出荒地招農開墾先開稻田教以種
法餘種葡萄桑麻以備釀酒繅絲打索之用規模粗備京師工藝之增進自
茲始　奏建已故大學士李文忠公專祠於總布胡同　九月卸順天府尹
任　十一月轉商部左侍郎　十二月奉　旨仍會辦五城練勇局事宜

光緒三十年甲辰　公年五十三歲　四月奉派校閱各省新中式舉人覆試
卷　是月奉　旨賞給嫡次子陳絨正二品廕生　十二月奏請添設五城
中學理化等學科　五月往　惠陵驗工並奉派估修　景陵工程

光緒三十一年乙巳　公年五十四歲　七月外城改辦巡警裁撤五城練勇
局　公卸去會辦差　八月　東陵歲修開工馳往驗視　是月升署戶部
右侍郎　九月奉派查勘　東陵工程親往勘估並驗收　西陵歲修工程

光緒三十二年丙午　公年五十五歲　正月調補戶部右侍郎并兼署順天

府尹　二月奏設派辦處遴選人員分科治事　四月以正陽門各項工程廠商虧耗大鉅奏請酌加錢糧一成銀四萬二千餘兩　四月往　惠陵勘工並驗收　東陵歲修各工　閏四月奏就功德林普濟堂改設教養局兼辦習藝所分收貧民罪犯　是月奉派承修　裕陵聖德神功碑亭工程五月奏請大興宛平高等小學堂添建校舍擴充經費　七月奏改西路盧溝橋粥廠爲教養局兼習藝所分收貧民罪犯　設立豫審所以減訟累籌辦順天府屬巡警設立巡警講習所兼辦巡警學堂　八月奏請撥給京師育嬰堂經費　奏以金臺校士館改設順直公立學堂是月奉派前往各省考查造幣差卸去順天府尹署任　惠陵隆恩殿工程完竣親往驗收九月補授度支部右侍郎　十一月二十八日自京啟程赴各省考查造幣廠　十二月初二日抵河南開封考查汴廠初十日自開封啟程十三日抵

湖北武昌考查鄂廠二十六日自湖北啟程二十九日抵江甯考查甯廠

光緒三十三年丁未　公年五十六歲　正月十二日自江甯赴清江浦考查清廠奏劾江甯造幣廠前派總辦潘學祖浮冒侵蝕押追欠欵十六日自清啟程赴粵二月初一日抵廣州考查廣廠初十日自廣啟程赴閩二月二十二日抵福州考查閩廠奏劾閩關銅元局總辦候選道馬景融私挪官欵誆騙商欵革職押追聽候查辦並奏劾該局提調直隸候補知府馬慶騏總監工候選縣丞張啟正朋比貪劣一併革職歸案辦理四月十二日由福州啟程赴皖十四日抵安慶考查皖廠　是月奉　旨補授郵傳部尚書三十日抵天津五月初八日回京覆命　奏上畫一各省銅元廠章程十六條並聲明銅幣爲幣制輔助品若不將各省供求相需之數確定而平準之卽此九廠所鑄亦必積漸日多則泉幣壅滯價値低落而幣制終無畫一整齊之效

應請飭下度支部統籌全局妥議各廠鑄數並將銀銅各幣著爲定價官民收發公其出入而嚴其限制一二年後仍當察看情形酌量停鑄減鑄以劑其平庶足維持永久而圜政不至紊亂　同時奏上整頓閩海關稅以裨財政一疏俱奉　旨交議施行　六月十九日正陽門工程告竣　是月奏訂郵傳部官制　七月奏陳京漢鐵路清還洋欵期限並籌擬贖路辦法是爲贖回京漢鐵路籌議之始　同月奏呈籌畫全國鐵路軌綫圖說分晝經緯支幹全國鐵路規模始定於此　十一月奏設交通銀行　是月奉派考試進士館游學畢業員

光緒三十四年戊申　公年五十七歲　正月會同順天府籌設公估官局以平京師銀錢市價　三月市價漸平奏請開去兼差　奏請接築洙昭鐵路奏定浙江鐵路公司存欵章程維持浙路　五月奏陳籌擬擴充電政並贖

回商股辦法奉　旨允行以一百八十元收回商股百元一股共收回二萬一千四百餘股用欵三百九十六萬元於是全國電政歸爲國有　九月奏減收電價二成　奏仿照直隸成法籌辦贖路公債一千萬元以爲贖回京漢鐵路外債之用　十一月派繪估承修監國攝政王府第工程　十二月奏定鐵路免價減價辦法以節虛糜是月收贖京漢鐵路定議將與比公司原訂合同註銷完全接收歸爲部辦　奏展設歸太電綫

宣統元年己酉　公年五十八歲　公自京尹歷躋卿貳皆以興利除弊爲主不避嫌怨壹意孤行嗛之者久欲排擠以爲快攝政王當國親貴干政俱不滿於　公於是御史謝遠涵摭拾蜚語以入告朝命孫家鼐那桐查辦遂以事出有因查無實據復奏部議革職　公出都居於蘇

宣統二年庚戌　公年五十九歲仍居蘇州

宣統三年辛亥　公年六十歲居蘇州冬移居於天津

民國元年壬子　公年六十一歲　是年移居上海與里人議修族譜　公在天津時以京津鄉人貧乏者病歿之後恆苦於運柩費重不能歸葬乃援皖人運柩舟車減費之例力請於當道卒得許可於是閩人之歿於京津者乃得易於歸葬

民國二年癸丑　公年六十二歲以南方卑濕不宜療養移居京師築小園臨清宮之東命曰蘇園種花蒔蔬以自娛　七月姪伯台爲賊所害匿屍智井中事既發怨　公者又以誣　公久之始得白　是年　公以里中族人多貧乏婚嫁殯葬不得以時乃與族人謀立蘇阪義莊首捐膏腴稻田若干畝以爲之倡

民國三年甲寅　公年六十三歲　是年蘇阪義莊成

民國四年乙卯　公年六十四歲　蘇版原有學校以經費支絀收效甚鮮公馳書歸里改訂章制添設科目於是里中子弟益得向學之途

民國五年丙辰　公年六十五歲

民國六年丁巳　公年六十六歲

民國七年戊午　公年六十七歲

民國八年己未　公年六十八歲

民國九年庚申　公年六十九歲

民國十年辛酉　公年七十歲　公以族譜年久未修殊不足以敬宗收族民國元年即議辦修譜至民國六年乃著手調查編纂數年之間均盡力於茲事洎是年乃告成

民國十一年壬戌　公年七十一歲　居天津是年猝患中風治之稍愈

民國十二年癸亥　公年七十二歲

民國十三年甲子　公年七十三歲

民國十四年乙丑　公年七十四歲

民國十五年丙寅　公年七十五歲

民國十六年丁卯　公年七十六歲

民國十七年戊辰　公年七十七歲　閏二月初五日卒於家　公自七十一歲患風痺之疾以後步履稍感不便然精力尚健日扶杖散步小園中寒暑無間是日無疾遽卒民國十九年庚午葬於北平阜成門外田村之原

望嵓堂奏稿目錄

卷一

卷二

卷三

卷四

卷五

考查銅幣由部發給川資無需地方供應片
陳報考查汴廠情形電
陳報考查鄂廠情形電
陳報考查甯廠情形電
陳請押追已革江甯造幣廠總辦記名道潘學祖電
陳報考查浦廠情形電
陳報考查粤廠情形電
請　旨飭下閩浙總督松壽迅赴閩任電
請將閩關銅幣局總辦候選道馬景融革職押追電
陳報考查閩廠情形電
請將革道馬景融交閩督查追併將馬慶騏張啓正一併革職辦理電

卷六

卷九

望嵓堂奏稿卷一

臺地礙難畀敵酌議權宜辦法以防急變而弭後患摺

奏臺地礙難畀敵酌議權宜辦法以防急變而弭後患恭摺仰祈

聖鑒事竊聞此次和約倭人要挾太甚索費開埠之外加以割地且更及於未經開戰之臺灣臺灣雖孤懸海外實係沿海七省門戶他族逼處滋蔓堪虞且土地饒沃久爲各國所垂涎一旦猝爲倭有西國因羡生妬枝節叢生勢尤不可收拾況臺民義勇性成豈能甘心淪陷效死不去更將何以處之則論將來之隱患臺固不可割而論目前之事變臺竟不能割也近日臣工條奏及士民呈訴瀝陳利害呼籲同聲

朝廷覆幬無私同仁一視臺民慘痛之情形知必上廑

宸慮卽諸臣統籌全局紓憂弭患具有不得已之苦衷而竭力支持尤必有策

及萬全者臣亦何敢贅瀆惟是約期已迫民志難違轉圜之機爭於呼吸儻荷
聖主洪福得諸臣帷幄之籌借各國調停之力棄地可返敵燄頓消誠爲萬幸
設以使臣已經畫約不能失大信而啓釁端而兩害從輕亦不得謂權宜之竟
無策也臣愚以爲倭人逞志一時既許以地縱不肯歛手而罷而臺民憤恨彼
未嘗不聞而悚然誠因此時告以民情不順成約難依與之更議償地之費倭
人知難而退或亦可唯唯聽命如以餉需支絀鉅款難籌不如將臺地公估價
值暫租西國人民歸其保護礦務聽其主持數年之後庫款漸充再議收贖如
此則民猶中國之民地猶中國之地臺民義憤稍釋或可委曲順從而西國歆
於臺地一時之利專意經營亦不至爲患肘腋既無悔約挑釁之虞又不失操
縱惟我之勢臣所謂防急變而弭後患者此也然而策則已下矣至於
宸衷獨斷另籌良策保全大局而事平之後更將急圖自强殲茲小醜此則天

下萬世之福尤臣所夙夜禱祝而求之者也臣愚昧之見是否有當伏乞
皇上聖鑒飭下王大臣妥議施行臣不勝急切悚惶之至謹
奏
光緒二十一年四月初六日具奏

豫防軍營濫保摺

奏爲軍營積習宜防敬陳管見恭摺仰祈

聖鑒事竊臣昨日恭閱邸鈔伏讀

諭旨凡伊克唐阿宋慶兩軍陣亡將弁皆蒙

賜恤仰見

恩加忠義至優極渥死者銜感生者涕零然臣不無過慮者東方用兵以來勝少敗多軍威屢挫死綏諸臣既已竭力捐軀自宜仰蒙

曠典誠恐軍營積習以爲亡者既獲邀恩存者亦宜議獎前敵可蒙

重賞防營亦有微勞薦牘頻仍接踵而至是寰海之烽烟未靖而先論戰功鄰邦之環伺方殷而尚沿故習中外聞之恐有從旁竊議者相應請

旨飭下統兵諸臣簡拔精銳淘汰懦弱不得力者立解營務速令歸耕如前此

接仗實在著有勞績堪膺將帥之選者俟軍務平定後擇尤密保以備
簡用至於偏裨末弁卽由該大臣留營任用量能器使勿因小勝循例乞
恩如是則事事覈實足慰我
皇上勵精圖治之至意臣爲豫防軍營仍前濫保起見輒敢冒貢愚忱不勝戰
慄悚惶之至伏乞
皇上聖鑒謹
奏
光緒二十一年五月初十日具奏

保護回華商民片

再閩粵商民出洋謀生若積有厚貲言歸鄉井於汕頭廈門等埠舍輪登陸之時該處地棍居爲奇貨輒串通海關釐卡書役妄指偷漏任意拘留及議罰放行所費已不貲矣而到籍後復有蠹吏劣紳朋比訛詐既捏爲匿稅契又捏爲抗錢糧魚肉百端必罄其餘囊而後已以致貿易海外者視家邦爲畏途而藏富於外洋大爲失策擬請

飭下閩浙兩廣督臣撫臣將軍監督責成屬員遇有回華行李例不應稅應釐者永禁需索地方官於此等華商平日爲之加意撫綏如有再沿惡習一經發覺即將該委員州縣分別從重參辦如是則華民挾貲歸里不至裹足不前爲

國家裕利源爲商民安生業莫急於此謹附片具陳伏乞

聖鑒訓示謹

奏

光緒二十一年六月初六日具奏

餉需孔亟請仿行印花稅之法以集鉅欵而濟時艱摺

奏爲餉需孔亟請仿行印花稅之法以集鉅欵而濟時艱恭摺仰祈

聖鑒事竊維中日定約後戶部竭力籌餉歲有的欵者只扣存廉俸一百二十餘萬爲一大宗裁兵折漕未能遽舉鹽觔烟酒加抽無幾捐輸既成弩末息借又作罷議計歲增出欵且二千萬兩是所籌者未及十分之二三也而善後大端陸續待辦皆不容緩於此欲求歲籌鉅欵確有把握不病商不擾民之策則惟有仿行印花稅一法而已查印花稅創自荷蘭盛於英吉利今則徧行各洲無國無之謂之印花稅者蓋令民間買國家所製之印花紙以粘貼各項契券字據暨各項發票收單以爲納稅之證也其造之之法應於京師設廠購辦製紙製印機器僱匠創造其紙則中藏紋理其印則細極毫釐以杜作僞如一時開廠未成可仿日本造鈔之例令英廠暫行攬辦嚴立合同防其偷漏俟官廠

能製即行自辦其行之之法應取各國稅則參較詳定務從簡便先行頒示天下然後於各省會城普設督銷局一所爲總賣印花紙之地將此項印花轉發民間各市鎭鋪戶代爲零賣每百兩中鋪戶應得一兩官收九十九兩其查之之法應嚴定漏私罰欵律例凡一切契券字據不用印花發票收單不粘印花者皆同廢紙事發照例議罰遇有詞訟官不爲理又印花既經粘貼應即行勾抹以禁再用其有已粘而未勾者亦行議罰印花稅之大略如此緣此稅取之買主而責成則在賣主是以毫不擾累加以所取至微而罰則至重是以民皆易從而況取諸有利之家與貧民無涉各國通例列爲內地稅欵與關稅無關核其情形實屬有利而無弊今外國此項歲征英則有九千餘萬俄則有三千餘萬法則有二千餘萬若以中國之大人民之衆仿而行之開辦之始不妨疎闊民覺其便必將競趨約計每歲所征當不下數千萬則不特洋債易於清還

善後易於舉辦藉此首免稅契次停捐納次罷抽釐舉從來欲除而未能之弊
逐漸廓清全局轉機必在於此矣我
朝丁賦並完取民之輕不徒千古所無實亦萬國所未有民智漸開莫不知外
國稅之重今即仿行一印花稅之法臣敢決其相安無事伏願我
皇上斷而行之即飭總理衙門電交出使各大臣將各該國現行印花稅律例
章程詳譯一分并取現用各種印花紙列粘於册註明用法限三個月馳
奏進呈
御覽然後發交戶部速籌興辦不過一年可以試行既紓目前之急又除從來
之弊臣誠知創議取民千古所戒特以時艱日亟不宜拘守成法故敢冒桑孔
利析秋毫之嫌欲備國家廣集衆益之助擇諸國之通行有效尤爲易舉者敬
陳於我

皇上之前是否有當伏乞
聖鑒訓示謹
奏
光緒二十二年六月十四日具奏

海防善後亟宜變通閩廠章程添設各項機器以開利源而備禦侮摺

奏爲海防善後亟宜變通閩廠章程添設各項機器以開利源而備禦侮恭摺

仰祈

聖鑒事竊惟和局既成而善後自強之計言人人殊不知前人之遠謨碩畫具在無俟別求也購礮買船積輸鉅欵既爲中國一大漏卮而器非自製究不足以操用兵之勝算現在旅順船塢即歸還亦近殘廢上海機器局湊合成器而非探製造之源爲今之計莫如恢張福建船政船政規模創自左宗棠立自沈葆楨縷析條分頗稱詳備厥後各督辦恪守其政而無力開拓者經費不足故也現改歸督臣兼管原亦因陋就簡之計然兼圻之公要紛繁而船政之事宜瑣碎僅委一道員爲總辦按部就班則有餘而上下情隔流弊漸生欲其奮發振作也更難矣以三十年締造之艱一旦置廢於無形誠爲可惜若恢拓舊規

又苦鉅欵難籌爲今之計惟有爲船政開自然之利以船政之利源資海疆各省之利用爲之似若甚難而收效實可操券臣於此中利害倚伏耳熟能詳敬爲我

皇上陳之一曰飭船政開煤鐵礦海防禦侮必須製器查穆源鐵鑛近在省治百里小輪船一日可達前督辦臣黎兆棠派員履勘提煉鐵苗皆稱質冠東南諸鐵鑛擬集股開辦事將舉而疾作遂置之無有知者現鋼礮在所必鑄鐵路在所必開必延外洋鑛師勘估挖掘就山開爐提煉就船政已有之機器鎔鑄藉以製造要需諸臻利便鑄鐵必需烟煤龍巖建安及上下游產煤甚夥據礦師議論閩煤本質不過歷年過多油性不足若開至深處或再爲搜求必有烟煤礦區可供各項鑛爐之用唯因民間柴薪用之不竭凡工廠未興銷路甚隘故商民未能試採恐耗本金官爲提倡不數年煤斤足供閩用煤鐵鑛辦後接

辦鉛鑛查羅源縣東面濱海有西洋島向產鉛苗極旺前經出洋學生勘驗得實此鑛開成不特鉛彈可以自製無須購自外洋而福州裝茶鉛箱歲需銀一百數十萬兩幷可取資內地不然利之所在人所爭趨必有奸民勾引外人入而盤據之其害即伏於中一曰飭船政鑄洋錢查福建自左宗棠奏准正供糧賦變通洋銀解庫是以海口市易通行洋錢近年廣東開局鎔鑄著有成效惟創辦伊始需費頗鉅若就船政現成之廠地少增爐器事半功倍所得必贏去歲譚鍾麟在任派員赴粵查探謀辦伊始爲東方告警遂以中止如果試辦得法所入之利於局用不無少補不然錢法日壞私鑄假洋充斥於市其害又伏於中一曰飭船政開招商局查船政官輪例不准搭商民然商民圖利賄緣附搭水手私收水脚弊不勝言而迎送官員絡繹不絕尤爲糜費今請按照招商局章程准所有官輪駕駛何處先期招貼不論官民議收水脚或派赴長江等

埠運米或春夏間專派一二輪赴福寧白馬門運茶其運費可收至十萬兩緣茶商利於海運費省期速而無陸路濕水攙假之弊茶市藉此轉機稅釐亦因增數一舉而數善備焉在船政不患養船之無費而小民便於轉運利亦厚矣不然洋船往來既奪我利權而行船有弊養船需欵其害滋甚一曰飭船政廣製造查船政機器馬力外洋皆旁通別用用其巧力一人可了數十人之事用其震力一舉可省數十日之勞用其重力一器可兼數十器之功張之洞創洋布局於湖北民享其利上海設洋火公司民稱其便若因船政現有之機器變通而添置之閩省雖不產煤而易火機爲水機深溪懸流皆有作用且添造電綫洋鐵洋燈自來火各項器物發商貿易濟中土之用以陰奪外人之侵漁生計環生足蘇民困不然彼族廣設機器所損失利權尤鉅而且強國莫利於人才查船政學生出洋已有三屆頭班學生皆沈葆楨挑選世家聰明子弟送入

學堂研求西法學成出洋游歷歸而用之或精駕駛或精製造或精繙繹或精礦務或精化學或精測量圖畫自丁汝昌調度無方駕駛人才殞傷過半今其繼起學成者亟宜派令出洋廣學藝事兼講聯絡各國之法庶人才輩出足敷應用至前屆出洋學生習鐵路者須咨入鐵路公司習礮械者須咨入礮廠辦事習繙繹者須咨入繙繹當差庶其理不至腐於心其才乃克展於職積之既久將駕外國而上之一切教習無須雇用洋人歲省薪水百餘萬培中國之人才去公家之冗費莫便於此海軍莫利於鋼甲鋼甲爲快船統帥快船爲鋼甲偏裨木輪爲快船爪牙海防一日不能弛鋼甲即一日不能不造現在羅星塔新船塢已成離馬江三里長四十二丈底平水深七千餘噸之船可以出入如果就地開製易於集事且料之堅實當視購諸外洋者爲過而價之節省更在意中今舍現成之廠地而不製棄既有之匠徒而不用必輸金外洋買殘窳脆

薄之船此事之不可解者也且講求不力智巧日封一旦急需巨艦外洋起而居奇受制於人無所底止海戰莫利於大礮甲申年間左宗棠督師入閩飭船局兼辦礮政議而未行卒於位裴蔭森奏開礮廠鑄未成功費絀而止夫礮與船相輔而行製船而不製礮猶棄干戈而徒搏也誠將裴蔭森已蓋礮廠葺而用之修廢振墜聿觀厥成船政自有製礮生徒不須招集洋匠且因熟生巧機關震力另式制勝不至長封於故智漏師於外人其有利無害又如此今之議者必曰經費不足難以責效查船政經費閩海關年撥六十萬近十餘年來關務減色祇解四成計二十四萬兩近一二年內年只解十餘萬停工撤匠廠務告荒夫李牧開邊專資軍市閩省所出之稅請暫時酌復舊額批解廠用一面廣立公司招致南洋富商之善理財者輔同經理榮以冠帶厚其犒勞或藉資集股或即令包辦昔左宗棠初開船政先調胡光鏞辦理提調沈葆楨既督船

政急招葉文瀾分任監工之二人者皆從理財起家者也今欲圖大局非擇人舉辦此任誰當即或一時難籌鉅款亦可權借洋債以應急需將來修造南北師船估值撥付且鐵礦洋錢招商製造各項廣設公司招商包辦由船政主持坐收其利以船政之贏餘還船政之洋債亦非無欵可籌也若夫一事權所以專責守也簡威望所以服人心也船政雖近省治而督臣機務紛沓不能常駐船署僅派總辦又非熟悉廠務之人難望起色應如何簡派威望素著之大員假以事權使之坐鎮堂皇切實董勸以期成效則非臣所敢妄擬也總之風氣既開不能拘泥古法海軍船礮鐵路開礦機器各事宜自必陸續興辦而中國製造各局以福建船政爲最初其規制亦最備因其固有之基則事不勞通其自然之利則費不窮恢拓於無窮變通以盡利所以開利源消隱患者莫大乎是相應請

旨飭下南北洋大臣福州將軍閩浙總督詳議施行臣爲自强起見是否有當

伏乞

皇上聖鑒訓示謹

奏

光緒二十二年六月二十三日具奏

開礦必須慎選富商嚴禁規費片

再開礦固自然之利理財以節費爲先聞各省商民每當勘實礦苗集貲稟辦而大小衙門百端需索股富商賈遂至裹足不前不過一二劣員以納賄來以攫財去始則集股繼而侵吞終歸債事有名無實流弊殊深而議者歸咎於礦不可開何異因噎廢食乎應請

飭下各直省大吏將來准開礦務必須慎選富商嚴禁規費官爲保護以期成功則商民接踵礦務必大起色矣謹附片具陳伏乞

聖鑒謹

奏

光緒二十二年六月二十三日具奏

請　派大員查明福建船政實在情形速規推廣以振防務摺

奏爲請

派大員查明福建船政實在情形速規推廣以振防務恭摺仰祈

聖鑒事竊臣前經奏請變通閩廠章程

簡派大臣督辦原因海防日急而閩廠經始有年規模粗具及今展拓收效較易後聞言者頗謂船政弊多利少遂致

朝廷俯徇衆論欲以該廠招商承辦臣誠愚淺竊以爲非計之得者也查船政創始章程最爲精善與各省製造局情形迥殊今之議者不曰虛糜帑項即曰濫給乾修而負謗之實由經費所領不及四成以致力薄功微動招物議大抵工程一事經費足則愈見其節省經費絀則愈見其虛糜何則舉廠之員紳工匠不下數百人如工程緊急人盡其力自無閑曠之職合而計之所成既多分

而核之所用彌少此所謂愈見其節省者也設使工程瑣碎稀少而一切員匠人等勢又不能盡裁則一日中所費之欵與一日中所作之工相提並較已不合算若再遷延多日並無新出大項工程遂覺全局人工皆同虛設此所謂愈見其虛糜者也今物議紛紜皆非事實臣請

皇上特簡一公正明練之大員馳至該廠切實查究明白條奏庶使已就之規模與將來之推廣前人之成法與今日之訛言一一可期上達

聖鑒其餘如乾修等弊果查得實則嚴行重辦數人以警後來但使經費籌足委任得人日盛月新固非難事至於商辦失策實多華商風氣未開斷難勝任萬一異族覬覦潛遣奸商出而承攬從此為所盤踞後患豈可勝言臣籍隸閩省見聞較切區區憂

國之忱竊謂該廠之廢興於中國關係至大檮昧之見是否有當伏乞我

皇上訓示施行謹

奏

光緒二十二年六月二十四日具奏奉

旨軍機處衙門議奏欽此

船政整頓伊始敬陳管見摺

奏爲船政整頓伊始敬陳管見以備

采擇恭摺仰祈

聖鑒事竊臣前奏請另簡專員規復船政仰蒙

聖明洞鑒近日敬聞

命福州將軍裕祿兼充船政大臣

朝廷知人善任以榷稅之官兼將作之選工程欵項幷責諸裕祿觀成可指日待矣然臣有不能已於言者泰西以水師爲命源水師以船政爲根本外國幅員不及中國二三行省製造之廠林立養廠養船之費君臣上下並力任之中國沿海萬餘里所占海面最廣左宗棠沈葆楨議創福建船政實海防第一要著自由德國購鎭遠定遠數船歸後侵蝕虛冒無有發其覆者且照例有異常

勞績保案將校無搴旗斬將之功坐致專閫委員無經商服賈之勞立成巨富蠅營狗苟傾軋成風勢不詆毀船政使師船盡出於購買不止也豈知船政所製之寰泰鏡淸開濟較之南洋之南琛南瑞爲優已見諸劉坤一之奏船政新製之平遠鋼甲較北洋定購之致靖經來式不甚遠費且大減大東溝之役並駕齊驅屢受鉅彈船身并未損裂謂自製之船不足以任戰豈平情之論哉今

朝廷以船政委裕祿必以裕祿爲

國勳舊休戚相關必能任怨任勞力顧大局然若以籌欵專責將軍而戶部總理衙門便可不問則海關一出一入各有指撥卽使按月五萬照舊案撥解於製造鐵甲一年一船之用猶恐不敷況須力顧京協各餉及新派洋欵考成解數斷不能足則船政屬之將軍與屬之總督何以異乎沈葆楨在船政前後十年廉以持己嚴以率屬取廠中一草一木者立按軍法令行禁止其取材多用

士人成效必獲信賞人無異念咸有競心臣居同里閈實親見之亦中外所備聞而無異辭者也蓋以船政關係重大非他省機器等局可比不以軍法從事則整齊畫一之規模不立不多用士人則官場習氣革除不淨老成規畫用意至爲深遠自英將琅威理回國北洋海軍之操演虛自出洋局之監督撤船政學生之肄業廢工用濩落消息阻絕解欵日蹙成船日稀良可惜也夫上海製造局以道員管理每年造礮數尊江海關二成洋稅按月劃撥歲得百萬船政以專派大員責成製造師船解欵乃不及十之二三無米爲炊在事雖銳意翻新成效豈可覩耶應請

飭下戶部及總理衙門於三五年之間每年籌的欵二三百萬兩撥交船政大臣爲製船開礦之用幷由總理衙門照會德國外部由該國國家代中國精選洋總監工一員洋匠數員礦師兩三員立定合同來華交裕祿委用限定每年

成船若干得礦若干即以此爲船政大臣之考成數年之後成船可敷海軍之用礦產可濟船工之窮縱使一時無可籌畫多借洋欵一氣呵成未爲失算裕祿任安徽巡撫湖廣總督甚有政聲將軍衙門旗務極簡且有副都統同城足以助理所管海關各口多在沿海一帶船政離省水程五十里往返不便前此督臣兼管每月蒞工僅一二次駐工之員奔走稟承尤多曠職則此次裕祿之兼辦船政非移駐署中親自督率不可甲申之役穆圖善出駐長門敵船恐塞出路不敢登陸以迫船廠是其明證閩省海口重山疊嶂波流紆折若兩岸礮台得力水陸控制得地敵船斷難飛越船廠既屬深藏新成之羅星塔船塢尤占形便一切新式鐵甲出入俱屬相宜儘可自製是爲船政計將軍應專駐船政爲控制海防稽查稅務計駐船政亦屬便利也抑臣更有請者船政員紳薪水本不甚優雖屬在官無異寒士而海關處脂膏之地在事員役積習相沿由

來已久雖將軍正已率屬一時亦驟難轉移應請
飭下該大臣查照舊案遴選宫紳士人分執其事勿得參用海關員役致壞風
氣所有督催工程驗收物料支發欵項稽查工課皆按開廠成法而加密焉在
事官紳人等濫竽者革逐舞弊者治罪弁役盜竊官物者立時以軍法從事俾
人心知儆耳目一新將軍任滿之日應如何
特加委任使奏全功則
朝廷自有權衡非微臣所敢妄擬總之以船政責成裕祿者爲
朝廷破格用人之異數不得視爲將軍照例應得之兼差籌船政欵項爲中外
臣工之公職非裕祿一人之私責則船政幸甚大局幸甚臣爲海防根本起見
理合具摺瀝陳伏乞
聖鑒訓示施行謹

奏

光緒二十二年六月二十七日具奏

指陳牧令痼習請飭疆臣率屬整頓摺

奏爲指陳牧令痼習請飭疆臣率屬整頓以清吏治而蘇民生恭摺仰祈
聖鑒事竊維我
國家培養民氣恆賴親民之官加意撫綏庶無一夫失所伏讀疊次
訓誡外吏
諭旨仰見
皇太后
皇上所以責成督撫監司整頓州縣者無微不至且督撫甄別屬員臺諫參劾
牧令疏一上達罔不仰邀
俞允雷厲風行宜乎州縣可以得人小民可以休息矣臣愚以爲州縣痼習甚
深尚有未能盡除者謹陳所聞伏求

聖明洞察查近來州縣貪暴昭著者大吏或劾而去之其懶惰廢弛者則比比皆是遇有教民控案不得不尅日批訊若平民互控則稽壓多時遲速不齊相形生姤民教之不和即基於此每期呈詞匝月未批半年未訊鄉民寓所羈留四業俱廢三八日期所遞曰期呈逐日趕遞曰傳呈傳呈例費十倍於期呈猶未必隨遞隨批隨提隨訊徒以巧立名目苛歛民錢而劣紳蠧役勾通弊混正欲本官辦案遲緩可以從中顚倒是非帮審委員刑錢幕友串通受賄訊斷不公皆由此起錢漕契稅分外加徵錢漕有至一倍者契稅有至二倍者乃州縣酣寢衙齋委佐貳下鄉縱差役索費有費而糧可不完契可不稅大礙正供莫可究詰遇有驛站州縣並不親身稽查一任吏役違例苛派民夫民馬分別若者爲眞正供差若者爲歛錢免事反置驛務於不問有時查辦匪類相驗命案勉强一行而騎從下鄉又復滋累富戶禍及無辜附省附府首縣舞文弄法無

所不至其尤甚者申詳文件本管上司已行而幕役能以術令上司衙門若者應速下若者應遲發以文其奸以上諸弊各省略同蓋自保舉捐納之途開品流愈雜積弊愈甚情節重者貪庸蹈之情節輕者賢者不免風聞彈章未免挂一漏百大吏甄别尚有網漏吞舟議者以爲近年熱河齋民陜甘回民山東拳民福建勇於私門之民各省牽涉教案之民滋事之由每因州縣懶惰成習不善撫綏激成變故良不誣也除弊之法全在遇案速辦限日批訊完結一切訟棍劣紳蠹役無所售其術而勤政愛民一言足以蔽之應請

飭下直省疆臣督率兩司責成各本管道府嚴定章程認眞考核若州縣因案揭參並議本管道府以失察處分則牧令得人足以培養民氣固結民心一切保甲團練積穀諸善政不勞而理矣臣檮昧之見是否有當理合恭摺具陳伏乞

皇太后

皇上聖鑒訓示施行謹

奏

光緒二十六年二月二十二日具奏

奏請續修學政全書以崇正學摺

奏爲請續修學政全書以崇正學事竊維振興學術培養人才以

欽定學政全書爲學臣校士之準繩士子立身之根本伏讀光緒二十六年正

月初六日

上諭朕維拔眞才以濟實用首在端學術以正人心我朝取士之法備載於

欽定科場條例

欽定學政全書

聖訓煌煌罔弗斟酌盡善等因欽此仰見

聖主昌明聖道維繫人心之至意欽佩莫名臣查科場條例每年尚有續增而

學政全書溯自嘉慶十七年修後距今百有餘年累朝

聖訓理應接續記載現行事例亦宜分別彙編雖經禮部開館續修久未竣事

應請
飭下禮部督率司員限期修竣繕册進呈恭候
欽定頒發直省學宮庶人人得所指歸於學術人心大有裨益是否有當謹恭
摺具陳伏乞
皇太后
皇上聖鑒訓示謹
奏
光緒二十六年三月十一日具奏

瀝陳閩民待米迫切懇　恩准免採買稅釐摺

奏爲瀝陳閩民待米迫切懇

恩准免採買稅釐恭摺仰祈

聖鑒事竊臣等恭閱邸鈔閩浙督臣許應騤以赴滬購米二十萬石運閩平糶

仍免稅釐以惠窮黎奏奉

硃批著即咨商南洋妥籌兼顧欽此仰見

皇太后

皇上軫念民依莫名欽感惟是閩民艱食迫切情形尚有不能不縷晰上陳者

閩地萬山環繞素號瘠區上游一帶自茶葉大興往時種稻之區率改而種茶

下游各郡自臺民內渡驟增十餘萬人之食益以不支故當其常時並無水旱

偏災已不能不仰食於他省前兩江督臣左宗棠議准滬米運閩免釐以二十

萬石爲限十數年來藉資接濟查閩省所短糧食每年總在百萬石以上其購自南洋各島及香港者由官紳分途籌運固不僅恃此二十萬石而此二十萬石於米價陡漲時由官給照領運平糶市儈不至龍斷米價藉以持平國家所損稅釐歲不過二萬金各路入口米價視此二十萬石爲漲落則實惠及民奚啻十萬金耶近年各省禁米出境來源奇絀光緒二十四年四月省城米斷一日中每石加漲制錢二三千文附城貧民盈千累萬向官求食勢甚岌岌地方官設法拊循僅得無事督臣許應騤於是年冬間到任有鑒於此籌畫不遺餘力目下青黃不接情形吃緊若俟往返咨商有需時日閩商資本無多深恐虧折一聞驟復稅釐不免觀望裹足貧民懸釜待炊何堪設想伏見各省偏災一經疆吏上陳

朝廷發帑截漕議蠲議賑無不立沛

恩施閩省向無蠲緩錢糧之請自光緒二三年水災以後溪河沙壅水患頻仍一切正供照常輸納未敢以豁免緩征上煩
宵旰惟此次待米迫切出於寔在情形臣籍隸閩中知之最稔不揣冒昧籲懇
天恩可否
飭下兩江督臣閩浙督臣援案免其稅釐迅速辦理如逾二十萬石之額均應照章完納以重榷務不准絲毫影射並嚴禁劣紳蠹役包攬領發免稅米照以杜歛錢流弊是否有當謹恭摺具陳伏乞
皇太后
皇上聖鑒訓示施行謹
奏

光緒二十六年四月初九日具奏

謹擬查辦拳會詳細章程並近日地面情形摺

奏為謹擬查辦拳會詳細章程並近日地面情形恭摺具陳仰祈
聖鑒事竊維近畿一帶拳會良莠不齊聚衆滋事上煩
宵旰憂厪臣等兩次欽奉
廷旨諭令查禁又伏讀
明降諭旨飭臣等剴切曉諭仰見
朝廷安內輯外先幾防患之至意曾經步軍統領衙門會同順天府臣城覆奏
二次所有籌辦大概情形已邀
聖明洞鑒臣等累次出示曉諭勸戒並施事前防維毋使滋蔓示以鎮靜勿涉張皇務期人心定而無風聲鶴唳之訛遺患消而懷履霜堅冰之漸乃近日地面情形依然浮動每有造作謠言某處燒洋館某處殺教民附和隨聲毫無忌

憚西城內外一帶地方本月初十十一等日夜並有匪徒暗中號召沿途燒香形迹尤爲可怪臣等惟有竭力稽察以冀稍遏亂萌五城勇丁過單查各城中水會紳商向來冬夜巡防深資得力因即傳集該水會面加奬諭囑其遵照冬防辦理分段清查隱寓守望相助之法一面督飭司坊練勇局夜則全數弁勇出隊梭巡晝則遴派精壯實力兜緝遇有結黨持械造言生事之人輕則查禁重則捕拏送交刑部訊辦以期仰慰

朝廷綏靖地方之至意所有臣等查辦拳會詳細章程緣由理合繕摺開單具

陳伏乞

皇太后

皇上聖鑒訓示謹

奏

謹將臣城查辦拳會詳細章程繕具清單恭呈

御覽

一　查辦邪教　查從前白蓮教蔓延皆以符咒惑人以致滋事嗣後臣城地面如查有聚衆演技念咒跳神謬稱紅燈照等邪術者查明屬實應即嚴拿送交刑部訊辦

一　懲辦奸民　現在京城內外奸民以拳會爲名張貼揭帖多有違禁字樣深恐釀成事端臣城應即嚴飭司坊練勇局員隨時巡邏如遇此等奸民張貼揭帖應即嚴密緝拿從重懲辦

一　查燬揭帖　查臣城如有奸民張貼揭帖未能立獲其人亦應將揭帖即行銷燬現已嚴飭司坊責成甲捕遇有此等揭帖立時揭淨每日按段清查不准稍有遺漏若經臣等查出尚有未燬之違禁揭帖即將

司坊記過甲捕革辦

一 責成司坊　臣等巡視地面如有形迹可疑及結黨持械造謠生事之人該司坊等應即協同捕拿不得各分境域互相推諉

一 派勇巡查　查中城永定門至正陽門一帶爲洋人來往之區最恐匪徒生事東西南北四城地多空闊亦易藏奸除派員全數出隊嚴密查夜外於白晝時每城酌派得力勇丁由臣等督飭司坊局員隨時查禁遇有前項情節分别懲辦

一 責成父兄　查拳會多屬年少所爲應責成父兄各自實力禁止如仍敢任聽子弟練習唯伊父兄是問立傳到案令其解散如陽奉陰違一併懲辦

一 傳諭刻鋪　查張貼揭帖竟有刋刻刷印者臣等應飭該司坊傳到

刻字鋪曉諭不准貪利私刻揭帖具結存案違者嚴懲

一禁購軍械　查近日各城鐵鋪每有定製刀矛一起數十件至百餘件不等應傳鐵鋪到城具結除各營購備軍械查明確實照舊售賣外如有城外形迹可疑之人到鋪定購一概禁止如違查出重辦

一解散聚衆燒香　查各城廟宇間有成羣結隊設壇燒香形迹可疑應由臣等督飭司坊責成看廟人等不准容留俾免滋事如有不服所有設壇與看廟之人應卽拿辦

光緒二十六年五月十五日具奏

遇有匪徒滋事懇　准隨時咨請營兵合力圍捕摺

奏爲臣城勇力不敷遇有匪徒生事懇

恩准臣隨時咨請營兵合力圍捕恭摺具陳仰祈

聖鑒事臣等於五月十二日欽奉

上諭前因近畿一帶拳民藉端滋事人心浮動迭經諭令嚴行查辦乃近來京城地面往往有無籍之徒三五成羣執持刀械遊行街市聚散無常若不即行嚴禁實屬不成事體步軍統領衙門順天府五城均有緝捕匪徒稽查地方之責豈容此類混聚輦轂紛紛擾攘搖惑人心除諭飭管理神機營神虎營王大臣將所部弁兵全行駐廠並遴派馬步隊伍各按地段晝夜梭巡儻有匪徒聚衆生事即行拿辦外並責成步軍統領衙門順天府五城嚴飭該管員弁兵役人等各分汛地嚴密巡查遇有行跡可疑及結黨持械造言生事之人立即嚴

拿懲辦毋稍疏縱以消亂萌而靖地方欽此欽遵莫名感悚臣等聞近日有形跡可疑之人腰結各色無底之橐手持刀矛木棍不等由各門混入復由各門散出出入自由肆行無忌臣每城額設練勇二百名勇力過單深恐有不服拿辦情事可否仰懇

天恩遇有匪徒生事由臣等立卽咨呈統兵王大臣酌派所部弁兵合力圍捕

並請

飭下步軍統領衙門嚴申門禁盤詰各門出入形跡可疑之人臣等復加意梭巡總期弭亂萌而消禍變謹合詞具陳伏乞

皇太后

皇上聖鑒訓示遵行謹

奏

光緒二十六年五月十五日具奏

地面情形日急請　旨特召重兵入京辦理以安民心而弭禍變摺

奏爲臣城地面情形日急據實瀝陳請

旨特召重兵入京辦理以安民心而弭禍變恭摺具陳仰祈

聖鑒事竊臣等迭奉

諭旨嚴禁拳民業經擬定章程奏蒙

俞允五月十九日復欽奉

上諭九城以外著五城御史一體認眞查辦責成中城御史陳璧倡率辦理等

因欽此仰見

皇太后

皇上除莠安良之至意跪聆之下感悚莫名臣等先已督飭司坊練勇局實力

巡邏乃近日匪徒黨羽日衆殺人放火橫行無忌始而近畿滋事今則城內矣

始而三五成羣今則什百矣始而託詞仇教今則害良矣前三門連日均有殺害教民焚燒洋書館教民房屋多處內城延燒城樓串入東棋盤街情事紅巾金刃氣燄甚兇加以遊勇匪徒混迹滋事人心張皇大局不堪設想查每城練勇僅二百名但就前三門外分段梭巡已屬不敷分布至九門以外東西南北四城每城所管地面縱橫合計遠則三百里內外近亦約有一百餘里臣等有巡視之責自應遵

旨查辦惟地方遼闊稽查難以周密目下情形前三門以外較之九門以外尤爲吃緊擬請

飭下宋慶馬玉昆各營入城擇要駐紮會同辦理併請

旨先派武衛中軍數營剋日分隊駐紮五城地面會同臣城隨時周密巡查分別圍捕與內城王大臣營兵聯爲一氣合力驅除果係安分拳民但許出城不

許再入以示
朝廷綱開一面之仁勸諭各城紳士趕緊稽查奸宄各自朝夕巡邏保衛地面
並多方設法分赴壇棚勸令解散至外七城稽查出入之責相應請
旨添派大臣謹司啓閉務期周密庶幾內患漸清再圖查辦九門以外並前七
門以外近畿一帶匪徒以弭衅端而消禍變大局幸甚臣等前已奏請咨調營
兵合力圍捕現在匪黨更多各營均在內城布置未敢擅調唯有請
飭武衛中軍及宋慶馬玉崑等相機會同辦理臣等認眞查辦不敢稍涉推諉
謹合詞具陳伏乞
皇太后
皇上聖鑒訓示施行謹
奏

光緒二十六年五月二十一日具奏

外城市面情形日急懇　恩破格賞給米石經費開辦粥廠以資接濟摺

奏爲外城市面情形日急貧民過多籲懇

天恩破格賞給米石經費勸令各粥廠剋日開辦以資接濟而固民心恭摺仰

祈

聖鑒事竊維近畿燒殺之案日有所聞市面大爲震動四民失業中戶且有斷

炊者與其流入搶徒乘機生事何如速加撫恤推廣

皇仁查同治六年七月二十五日

上諭戶部奏遵議外城粥廠酌給粟米一摺所有東城之臥佛寺南城之打磨

廠西城之長椿寺法源寺北城之圓通觀梁家園各廠每月共需粟米二百七

十石著照部議於八月初一日起由各該城按月咨戶部劄倉照數給發該御

史等務當督同紳士妥爲施放毋任侵漁用副軫念窮黎至意欽此嗣於光緒

三年十月間前巡城御史臣訥隆阿等以近畿各屬旱荒飢民日衆各廠經費不敷奏蒙
恩准合中城之朝陽閣等八粥廠每月共
賞給粟米三百三十石分領支放迭經欽遵辦理在案伏思五城粥廠設立二十餘年每屆冬令貧民生計維難歷飭各紳士等設法籌畫開辦並由臣等援案奏請
飭部發給米石遍哺窮黎仰慰
朝廷子惠元元之至意現在市景未轉飢餓日多臣等傳集各粥廠紳士公同籌議僉稱
天恩浩大
特降溫旨平糶紳等食毛踐土自應一律籌辦開放以濟民艱惟預備冬令開

放經費無多卽先其所急終恐不敷周轉等情臣等公同商酌惟有籲請
天恩破格賞給米石並頒給開放經費二千兩俾臣等督率紳士施放勿令侵
漁事竣開單呈
覽俟京師解嚴貧民漸少卽行奏請停放謹將各廠應需米石照案繕摺開單
具陳伏乞
皇太后
皇上聖鑒訓示施行謹
奏
謹將急辦外城各粥廠請領粟米淸單恭呈
御覽
計開

中城一廠在朝陽閣每月擬請粟米六十石

東城二廠一在臥佛寺一在育嬰堂每月每廠擬請粟米三十石共領粟米六十石

南城一廠在打磨廠每月擬請粟米六十石

西城二廠一在長椿寺每月擬請粟米六十石一在磚塔胡同每月擬請粟米三十石

北城二廠一在圓通觀一在梁家園每月每廠擬請粟米三十石二廠共領粟米六十石

以上八廠每月共需粟米三百三十石均擬於六月初一日起領按月移咨戶部札倉挑選圓潔好米照例由倉監督先期將米樣封送過城聲明每石共重若干斤以便出具印領委司坊官會同紳士赴倉支領所

有領米運脚每日柴薪廠夫工食以及添補鍋桶器具等費由捐項支
用如有不敷擬於每城所領部款內酌給
光緒二十六年五月二十三日具奏

請發南城崇善堂等十一廠米石片

再南城清化寺街之崇善堂北城梁家園之百善堂南下窪太清觀之公善堂三處向設煖廠冬令後收養貧民俾資棲止並每日放粥一次所有經費向由官紳捐辦自光緒三年災歉後各廠所收貧民較多經費不敷迭經奏請每年冬間各

賞給粟米三百石又西城教子胡同禮拜寺收養窮苦回民曾於五年奏請每年

恩賞粟米三百石又東城朝陽門外南海會寺崇文門外玉清觀各粥廠及崗子上添設興善煖廠曾經奏請每年冬季三廠各

賞粟米一百五十石又南城東便門外三忠祠粥廠曾於十三年奏請每年

恩賞粟米一百五十石又十七年西城奏請宣武門外皮庫營西悅生堂請領

粟米三百石又二十年東城奏請朝陽門外清眞粥廠請領粟米一百五十石
又二十一年東城奏請小市口煖廠請領粟米三百石先後奉
旨允准歷經欽遵辦理在案查現在各城粥廠均令開辦即夏令無須煖廠亦
宜收養貧民前辦成案係按季
賞給總數合無仰懇
天恩將南城崇善堂等十一廠冬季應領米一千三百五十石請援照朝陽閣
等廠每月支領成案匀作四個月科算每月共支領米三百三十七石五斗按
廠照數稽核發給俾得及早開放所有經費由捐款支用如有不敷擬於所領
戶部款內酌量分支臣等飭令官紳核實煮放以廣
皇仁俟解嚴時一律奏請裁撤理合附片陳明伏乞
聖鑒施行謹

奏
光緒二十六年五月二十三日具奏

辦理京師團練條列事宜摺

奏爲遵

旨辦理京師團練謹將籌辦情形條列事宜恭摺具陳仰祈

聖鑒事五月二十一日奉

上諭五城御史文環等奏京城地面情形日急請安民心而弭禍變一摺著派李端遇王懿榮爲京師團練大臣會同五城御史督率弁兵嚴密稽查加意巡邏城門出入亦按時啓閉以靖閭閻欽此臣等遵即會同五城御史商議辦法查五城原設練勇三百五十名光緒二十年九月奏准添募勇一百五十名旋因倭氛未靖又奏准添募勇五百名現在共一千名檢查前案當時團防於原募一千名外復經奏請添募一千五百名奉

旨允准各在案此次臣等奉

旨辦理團練以肅清內患爲第一要義所有嚴緝奸宄巡查保甲皆目前應辦之事務使奸民無從混迹良民可以安居惟前三門外人烟稠密良莠雜居自民教相仇以來匪徒乘機滋事延燒前門迤西房屋搶奪廣陞號客店人心張皇逐日罷市非添募練勇選派員弁晝夜帶隊梭巡並稽查管司城門之弁兵令其按時啓閉地面殊難安謐防範未能周詳臣等公同商酌擬請仍照光緒二十年團防成案添募練勇一千五百名合五城練勇一千名共二千五百名分隸五城認眞查辦搶犯總期弭患於未然新募練勇剋日成軍所需經費若勸令商民捐輸恐稽時日且現在情形與光緒二十年緩急不同擬援前案再行酌加練勇口糧分數請

旨飭下戶部籌撥經費按月由團練總局具文咨領事竣核實報銷臣等仍當督飭局員撙節動用一俟軍務稍平即行裁撤以節經費請於本月二十五日

起支勇丁口糧以期迅速得用謹擬團練章程十四條開單恭呈
御覽如有未盡事宜容臣等隨時奏明辦理所有開辦大概情形及報明請撥
經費日期緣由謹合詞恭摺具陳伏乞
皇太后
皇上聖鑒訓示施行謹
奏
謹擬設立團練總局章程繕具清單恭呈
御覽
一　五城已有練勇一千名擬再招募一千五百名分隸五城一體教練
以資巡緝所需奏請發給者如口糧薪水局用燈燭煤炭紙硃粥米係
按月一次至器械號衣號帽應於發給後係須酌量更換方行奏請由

戶部發給

一 設立團練總局爲辦公處所擬擇適中之地仍照光緒二十一年團防在前門外琉璃廠義倉公所舊地設局局中往來文件應用印信以重公事擬刊刻木質關防一顆文曰欽派督辦京師團練大臣關防

一 總局擬派委員分管文案支收問案巡查以重職守應由內閣六部等衙門司員選派辦事諳練之人會商奏調

一 五城各撥練勇三百名分段巡緝必須各設分局非有督催管帶之員不足以專責成而課勤惰擬每城各派管帶官以資統率分別咨部立案

一 五城關內鋪戶勸令各分段落互相保衛每家各設梆鑼器械燈籠號旗並註明某段某鋪字樣如有盜賊搶刦情事鳴鑼齊集如小鑼會

等准其一體拿獲送交司坊衙門轉送總局訊明懲辦

一各城外坊村落地方遼闊稽察難周應分派勇丁扼要駐紮並勸令各村莊自辦民團以壯聲勢總期聯絡一氣以靖閭閻

一訪拿奸細最爲首要拿獲由總局審訊確實即行咨交刑部訊明照章辦理至於土棍滋事情節並非重大者即由各城枷責發落其街市燒殺無名屍骸即飭內外該管司坊動支棲流所公欵從速掩埋以清地面如有橫屍未埋唯司坊官是問

一新招勇丁恐有匪類混迹其中必飭取具妥實舖保方准應募

以上總分局辦事章程

一總局委員薪水吏役工食及紙張油燭煤炭雜用經費每月請銀陸百兩由總局咨行戶部按月支領

一　招募練勇一千五百名設分局十餘處與原設練勇一千名一體分段晝夜巡查每月勇丁口糧每名二兩四錢旗總每名口糧三兩隊長口糧每名二兩七錢現擬通行加給口糧每月每名一兩二錢至長夫局書煤炭火繩車價紙硃油燭薪水房租等項均仿照五城練勇章程毋庸議加以節經費每月請銀七千八百兩由總局咨行戶部按月支領發給

一　開辦總分局及新製號衣號帽器械鎖練燈籠旗幟號筒腰牌等項請領經費一次銀八千四百兩按照時價核實報銷

一　練勇分隸五城每城各三百名自應添設分局各城地段廣狹不一設局多寡不等計中城分局二處東城分局三處南城分局三處西城分局六處北城分局三處所需房租傢伙煤炭等項一切開銷及局員

人數薪水多少亦復不能一律所有用欵擬請實用實銷

一　每月請領火藥二千五百斤烘藥五十斤按月由總局咨行工部支領五城分用

各城團練分局每月請領經費呈報事件應刻給鈐記各一顆文曰某城團練分局鈐記以昭愼重

以上總分局請撥經費章程

光緒二十六年五月三十日具奏

奏請禁止兵丁紛拿官車摺

奏爲禁止兵丁紛拿官車變通辦理恭摺仰祈

聖鑒事竊查近日內外城市面情形各軍兵勇拿車如故並且拿及宅車甚至紅拖泥車亦復被拿以致市面蕭條車不敢出竊思兵丁調紮所有帳棚之輕巧者本可自行携帶其拙重物件間有需車之處亦不得不通融辦理擬請明發諭旨飭下順天府轉諭大宛兩縣於內外城各地段設立官車局數處凡有須拉之物由統領知照該局由局酌定時價懸榜張貼按道途之遠近給車價之多寡車夫見有錢可得自不致於藏匿所有僱車之資准該軍開銷正項則市面不擾而軍行有車矣如再有騷擾閭閻情事遵照二十九日

諭旨嚴行拿獲正法此亦鎮定安集轉移市景之一法也是否有當伏乞

皇太后

皇上聖鑒訓示施行謹

奏

光緒二十六年六月初二日奏奉

上諭御史陳璧奏近日內外城市兵丁紛拿官車請變通辦理一摺兵丁調禁間有需用車輛之處理應由統領各員隨時知照順天府妥爲辦理若如所奏騷擾情形實屬不成事體著照該御史所請由順天府轉飭大興宛平兩縣各按地段設立官車局所需車價准該軍作正開銷以安市面而利軍行欽此

戰局既開宜速籌糧食以免飢潰摺

奏為戰局既開宜速籌糧食以免飢潰恭摺具陳仰祈

聖鑒事竊維京城糧食漕運之外專靠商人海運現時封口停輪海運已絕而兵勇團民萃集京師較之常年何止數倍糧食稍不應手立即飢潰大局愈難支持為今之計惟有速向山東河南等省採買各項糧米或官辦或官督商辦分道運京以資接濟兩江湖廣等處本係產米之區並令官為採買趲辦運京脚費虧折准其作正開銷至沿海沿江等處米商平時販運出洋屢禁不止今中外戰局已成尤恐彼族各出重價預囤兵食以困我師亟宜明降

諭旨令各該督撫嚴加厲禁如有偷漏接濟即行正法並嚴治該管官縱庇之罪又粵省新章每年准米商販運上米五十萬石出洋亟應一併停止以歸一律謹迫切上陳伏乞

皇太后
皇上聖鑒謹
奏
光緒二十六年六月初四日具奏奉
上諭御史陳璧奏戰局既開亟宜速籌糧食一摺着劉坤一於清江浦一帶設立轉運局委派前福建興泉永道惲祖祁督辦將各處糧食妥籌採買由內地水陸分運到京以資接濟所需脚費准其作正開銷山東山西陝西河南等省並着各該撫派員設局採運以濟民食等因欽此

請以閩省賑捐之欵爲水災善後工程之用片

再閩省近遭水災民不聊生

朝廷准開賑捐嘉惠黎庶而善後之圖急當籌畫查光緒十三年間御史陳琇瑩因省垣屢次被水奏准開濬城西西湖以利宣洩地方大吏因欵絀中止今日補苴之計有三一則宜復上游之梯田溯光緒二十年以前水患每二三十年一見乃自上游延平建寗邵武等府茶利大興而如梯之山田盡廢一雨直瀉入溪浹日匯於福州陡成水災無歲無之近來茶戶失利拔茶改種他產若因勢利導勸民規復梯田遍種秔稻驟然遇雨此田暫爲受納紆緩入溪此減殺上游之水勢也一則宜去中房洲之壅蔽攷福州之水自延建邵三府來至城西二十餘里之中房分爲二支一支過省城南台江一支過侯官縣屬之南港均滙於馬江入海光緒二年水災後有利於中房河淤可成洲田者倡爲插

竹分水之舉事成以南港爲壑殊不知河洲高壅數里南港水患頻增省城水患亦有增無減若撤插篊之欵即於此處極力挖河不費之惠亦可少紓水患此挽回曩日之失計也一則宜開城南之新舊瀧治水舍疏濬無良策南台江西南有港名曰瀧口通於南港今雖淤塞舊址全存從此疏濬多一受水洩水之道且上游各屬及永春興化福州等屬七州縣舟楫直抵南台江少涉洪山橋烏龍江之險既消水患又利民生秋成後可行以工代賑之法此疏通支流之舊道也以上善後情形用欵不甚艱鉅臣生長是邦見聞較確且深知臬司周蓮熟諳治河若令督率可期事半功倍相應請

旨飭下閩浙督臣次第舉行以賑捐之欵爲水災善後工程之用全閩蒙福矣是否有當謹附片具陳伏乞

聖鑒訓示謹

奏

光緒二十六年六月初四日具奏

陳明五城地面大概情形並現在籌辦事宜摺

奏為五城地面大概情形並現在籌辦事宜恭摺具陳仰祈

聖鑒事竊自七月二十一日洋兵入城以後居民遷徙市肆一空前三門外英美德三國洋兵分段駐紮暫為管轄加以商販不通米糧缺乏百萬遺黎嗷嗷待哺正在萬分焦急適慶親王臣奕劻奉

旨回京便宜行事與總稅務司赫德籌議開通市面函令臣等遂與赫德晤商一切并遴選妥實商人婉轉勸導俾往領運業已咨明臣奕劻核定在案所幸今秋近畿一帶年歲尚稱豐稔目下米麵雜糧煤薪食物販運入城絡繹不絕糧價亦賤民心稍安旋有五城紳董稟明臣奕劻准由紳董於美國駐兵處所暫立公所辦理交涉等事知照到城五城亦設辦事公所於中城地面中正義學酌留原有練勇配穿中國號衣籌給口糧認真巡查并續行咨請臣奕劻規

復練勇二百名亦經核轉在案嗣後遇有洋人交涉事件由該紳董公所協助
商辦至於地方應辦一切事宜由臣等酌量辦理但五城地面貧民本多往年
賴有粥廠收養今則米石無處可領若不早爲設法不足以廣
皇仁現經臣奕劻與日本官兵籌商收回倉米數廒由順天府會同臣等分廠
煮粥散放直隸督臣李鴻章亦推廣籌濟以救災黎以上各節皆臣等先後准
臣奕劻飭令五城不分畛域一體會同變通辦理之情形也現在英美洋兵暫
駐處所居民還定安集市面漸復舊觀中城練勇局先爲美兵佔踞現亦收回
惟德兵駐紮地段尚有騷擾情事甫經紳士聯絡該國各段兵官暫設公所緝
捕將來或可一律安堵所有各紳董公所均由臣等稽查勿令擾民而歸劃一
俟各國退兵後卽行裁撤以節經費臣等奉職無狀變出非常不盡犬馬戀
主之忱莫慰鴻雁哀鳴之願職守所繫不敢置爲後圖大局攸關更望或裨萬

一嗣後應辦一切事宜仍當隨時咨明臣奕劻核定詳慎辦理並咨商臣李鴻章臣崑岡等通盤籌畫以期稍補時局漸漸收回管轄地面之權所有五城地面大概情形並現辦各緣由謹合詞恭摺具陳伏乞

皇太后

皇上聖鑒訓示謹

奏

光緒二十六年十月十五日具奏奉

硃批知道了欽此

署理順天府府丞謝　恩摺

奏爲叩謝

天恩恭摺仰祈

聖鑒事竊臣接准留京辦事大臣知照光緒二十六年十月二十九日奉

上諭順天府府丞著陳璧署理欽此臣恭設香案望

行在叩頭謝

恩訖伏念臣閩中下士掖省備員兩奉使軺遂躋臺職本年三月拜巡視中城

之

命五月閒因京師地方不靖欽奉

諭旨責成臣倡率各城認眞辦理溯自涖事以來罔不夙夜祗懼雖勞怨之不

避實罪戾之已多茲迺渥荷

鴻施俾權斯任循涯審已彌益兢惕查府丞職佐留司地居都輦
主恩綦重恐薄植之弗勝時事多艱對
溫綸而增愧臣惟有殫竭血誠倍嚴素履於署任及本任應辦一切事宜隨時
相機籌辦不敢稍涉因循以冀仰答
高厚鴻慈於萬一所有微臣感激下忱謹繕摺叩謝
天恩伏乞
皇太后
皇上聖鑒謹
奏
光緒二十六年十一月二十二日具奏

安撫地面事宜會商洋員籌辦冀以漸收官權隱紓民困摺

奏爲安撫地面事宜會商洋員籌辦冀以漸收官權隱紓民困謹合詞恭摺具

陳仰祈

聖鑒事竊臣等所轄九門並前三門內外地面各國兵分段駐紮數月以來官

權不伸各國洋兵間出滋擾而劣紳土棍又復勾結洋人多方罔利民間困苦

無所控告臣等以

記名副都統臣廕昌經慶親王臣奕劻電調來京議欵該副都統熟習德國語

言文字商向德國參贊裴克尊漢晤商安撫地面事宜德統帥瓦德西遂邀各

國統兵大臣與我地方官會晤臣奕劻隨囑臣敬信臣陳夔龍臣陳璧臣許祐

身並派臣廕昌幫同辦理自十月初二日始日在總理衙門公所與各國統兵

官會議惟法國兵官未到其餘按日陸續前來晤商先是各國兵官間有苛索

所駐地段民人供億又立零星月捐民間不堪煩擾旋與極力磋磨經臣奕劻核定每月暫由戶部給發各國兵官雇募華巡捕辦公經費銀二萬兩業允停止大宗科派而民捐可省矣五城司坊雖有管押人犯之所而
國家舊制究以刑部爲問刑總匯彼國先欲帶隊入辦刑部之事臣等迭次與商由刑部堂司各官仍在衙門辦事暫收各國送到人犯彼乃照允業經刑部尚書臣貴恆整理一切設法籌辦而刑曹可復矣爐房錢市聚於珠寶市以平交易爲開通市面第一關鍵乃有各種奸民朦混洋員阻撓舊市私立爐房錢市是以假銀私錢充斥日甚臣等與德國兵官伸說原由設法保護舊設爐房錢市逐漸復業而市易可定矣各國駐兵處所設立紳董辦事公所良莠不齊中有實爲民害者指出數人俾洋官勿得受其愚弄欺壓良民若輩略知斂迹而民害可去矣冬令有藏冰之舉

祀典攸關現與英國義國兵官商明開閘放水仍由工部督飭窖役照舊打冰存窖以備來歲需用而時政可理矣臣等在總理衙門公所會晤月餘略得要領業已聯銜出示安輯民生現在和局將定官權必須漸復民困方可漸蘇若俟洋兵撤退地方官始出辦事官民之氣中隔籌辦愈難此臣等所以殫竭血誠事事商請臣奕劻酌定施行凡此委曲求全苦衷當邀

聖明鑒諒伏查步軍統領衙門旗綠各營每月應需兵餉約在五萬兩之譜今每月僅籌撥二萬兩爲華捕辦公之用嗣後縱有用欵似亦無幾在洋兵不致苛擾而商民暫獲安居所出於公家者無多所全乎民生者甚大相應請

旨飭下戶部按月如數籌發以備支給而昭大信俟洋兵撤退之日即行酌量停發臣等惟有多方聯絡加意拊循必中外耦俱無猜而吾民乃能各安生業必官民豫聯一氣則後此乃可漸復舊觀所有會商洋員籌辦安撫地面事宜

及將管轄地面之權逐漸收復緣由謹合詞恭摺具陳伏乞

皇太后

皇上聖鑒訓示遵行謹

奏

光緒二十六年十二月初一日具奏奉

硃批著照所請戶部知道欽此

望嵒堂奏稿卷二

敬陳內治之要宜及時先去積弊以立紀綱摺

奏爲敬陳內治之要宜及時先去積弊以立紀綱恭摺具陳仰祈

聖鑒事竊維

國家定制以六曹總理庶務若綱在綱天下大政咸受成於是法非不盡善然行之既久而百弊叢生者何也官不親其事而吏乃攘臂縱横而出於其間也夫所謂大政者銓選也處分也財賦也典禮也人命也訟獄也工程也以吏爲之銓選可疾可滯處分可輕可重財賦可侵可蝕典禮可舉可廢人命可出可入訟獄可上可下工程可增可減使費既贏則援案以准之求貨不遂則援案以駁之人人惴恐而不能指其非天下之亂恆必由之然而公卿大夫不惟不能擯除且倚若左右手而聽其指揮者何也官非不欲親其事而例案太繁不

胥者與吏分肥任其弄法舞文無所不至其稍能自立者能不假手吏胥而檢查舊檔推究成案吏亦得以隱持之然則欲吏殺其權非官親其事不可欲官親其事非省例案不可二百餘年以來名臣魁儒忼慨憂時之士痛心扼腕大聲疾呼以求去此積弊而卒不勝者何也承平之世務爲蹈襲欲舉百司相承之例案拉雜摧燒之此必無之事也臣愚以爲天下積重難返之勢障川挽瀾難爲功從古亂極思治之時改絃更張易爲力自頃京師迭經兵火各衙門文卷册籍蕩然無存吏胥之窟穴其中者亦散而之四方或改他業以去然則昔之痛心扼腕大聲疾呼而求去此積弊而不勝者勝之此其時矣若遲之又久而散者盡歸改者盡復則若輩還定安集之日卽有滋蔓難圖之憂臣請

朝廷發一明詔

特簡通知古今公忠識大體之重臣將京中大小各衙門所有重複牴牾奧窔

不可猝瞭之例一時權宜可左可右無所折衷之案一切罷去留其足爲典要者遇事比附其無可比附者均恭候
欽定遵行亦以尊
朝廷而重制置也向例司員初到衙門無所事事一司辦事者不過數人其餘則旅進旅退而已夫司員既不辦事則每衙門多者數百人少亦百數十人安用此林林總總者虛糜太倉之粟爲哉臣請
朝廷發一明詔自今以始案卷盡提藏司堂司員親手分類記載續收續記逐日清理無令遺漏初到署之司員分司後一面閱看則例一面學習檢案檢案能矣即令學習擬稿無一案不出司員之手檢無一稿不出司員之手裁堂官以是定其賢否而加黜陟如此而人才不奮者臣不信也夫吏如虎也例案其爪牙也假虎以爪牙而任其搏噬及其傷殺人從而治之常不及之勢也不如

去其爪牙而虎自伏今省例案而以官主之亦去吏之爪牙也吏既無所藉手雖欲恫喝夫誰畏之雖欲婪索夫誰予之如此而積弊不除臣不信也或曰不任吏吏不已贅乎專任官官不已紛乎臣且無暇上徵往古第即今事以明之

軍機處初設擬

旨皆大臣主之後乃分任章京其上檔檢案皆由章京之手總理各國事務衙門案牘如山分章京治之而有餘所謂供事者但供繕寫而已夫軍機者宰相之職天下事無所不綜總理衙門主中外交涉天下安危所繫也此而可行豈部寺各衙門但司一事者反不可行哉即如微臣管理街道巡視中城蒞事時均將檔案嚴密提取事必躬親從不假手書吏雖當倥傯擾攘之時辦事仍覺順手推之各衙門當亦復然然非

朝廷有以鼓舞振興之則泄沓如故舊弊不除且又有甚於今之所云也昔漢

臣陳湯云國家議大事非常所見衆必不從今非必異於古所云也臣請
皇太后
皇上獨奮乾斷毅然行之而無疑臣見紀綱肅然人才日競內政既修然後可
圖自强天下幸甚管蠡之見是否有當伏乞
皇太后
皇上聖鑒訓示施行謹
奏
光緒二十七年正月初四日具奏奉
上諭御史陳璧奏內治之要宜祛除積弊以立紀綱一摺所陳洞中竅要有裨
治理殊堪嘉許亟宜切實施行著京師行在六部各衙門堂官按照所陳辦法
均責成各司員親自經理例案不准再行假手書吏當此兵燹案卷佚失之際

著即妥定章程遴派司員將現行各例刪繁就簡棄案就例悉心籌度詳細核定奏明辦理以杜積弊各該堂司官如再不振刷精神力除積習以期實事求是共濟時艱定即重加懲處不貸原摺均著鈔給閱看將此各諭令知之欽此

裁汰吏胥乃當前之急務片

再此次和議告成各國所索賠款異於尋常中國理財之道必應斟酌損益若使胥吏之弊不除因緣爲奸利未興而害滋甚卽如印花稅一節臣於光緒二十二年四月曾經

奏請仿行荷蒙

聖明俯賜采納

飭下出使各大臣查明印稅章程條例彙交總理各國事務衙門核辦在案當時臣卽聞各使議論中國吏胥爲政若行此法中飽之弊在所不免且慮别滋事端故第以理財言之不去胥吏雖桑孔復生亦恐難以奏效臣之亟亟於此或以爲他日事定後之緩圖而不知乃當前之急務也悽悽愚忱謹附片具陳伏乞

聖鑒謹
奏
光緒二十七年正月初四日具奏

籌辦防範事宜懇　恩酌復練勇原額以資得力而靖內匪摺

奏爲遵

旨籌辦防範事宜懇

恩酌復練勇原額以資得力而靖內匪恭摺具陳仰祈

聖鑒事竊臣等接准軍機大臣字寄光緒二十六年十二月十三日奉

上諭御史忠廉等奏京師內外棍徒持械劫取財物每日數起且聞四鄉村落土匪入室窮搜大爲商賈士民之害亟應設法保衛一摺著李鴻章步軍統領順天府五城酌撥所部兵勇嚴密巡查協力防範并慎擇將領申明紀律隨時約束毋任滋事將此各諭令知之欽此仰見

皇太后

皇上軫念民依除莠安良之至意臣等自應欽遵辦理查五城練勇原額共一

千名上年五月間五城團練分局復添募一千五百名自洋兵進城以後添募之一千五百名全數撤散原設之一千名亦因口糧無從支領陸續裁撤將盡所留無幾上年十月間因捕務緊要臣等咨明慶親王臣奕劻酌復練勇二百名由戶部支領口糧每月銀一千零二十兩均經

奏明在案五城地面遼闊二百名練勇本不足以資分布惟各國分段均派洋巡捕協同練勇晝夜梭巡獲盜多起內地土匪尚知斂跡現在和局大定臣等連日會晤各段兵官僉稱退兵期近中國務必先期添募兵勇照往年辦法執持軍械分段巡緝庶外國交代地面將兵撤退之後土匪不至乘機擾亂等語臣等詳加體察近日查街洋兵遞見減少該兵官所稱似係實情若不規復練勇原額實不足以靖盜風先經臣等咨商慶親王臣奕劻直隸督臣李鴻章妥籌善後事宜擬調得力營勇先駐近畿一帶屆時拔隊進紮九門以外嚴備大

股土匪乘間竊發已准咨覆以爲實係善後應辦之事當必不日請
旨遵行然嚴防外來賊匪固須早調營勇以咨剿辦嚴防內地土匪則宜規復練勇以資緝捕該練勇熟悉捕務第結夥持械敢於列隊拒捕者必須酌調營勇剿辦如僅零星盜匪強行搶刧該練勇亦能當場拿獲不必動輒調營入城五城練勇與調到營勇互相爲用地面可期相安五城勇額本係一千名行之已久即在常年緝捕分布或恐不周況當此羣情浮動何敢不預爲防範除團練各分局上年新募之一千五百名業經調有營勇毋庸酌復外惟有仰懇
天恩准於上年十月五城酌復二百名外再增八百名以符原額一千名之數每城各分二百名應領月餉照章每城向戶部支銀一千零二十兩應用號衣器械開辦等費前酌復練勇二百名係由戶部照一個月勇餉支給開辦經費銀一千零二十兩茲議復八百名擬再加撙節照一個月勇餉減半支領核實

報銷統候
命下之日由臣等隨時酌量添募移咨戶部照章給發如蒙
俞允臣等自當恪遵
諭旨嚴密巡查協力防範仍時加約束不准稍滋事端以資得力而清盜源所
有遵
旨籌辦防範事宜請復勇額緣由謹恭摺具陳伏乞
皇太后
皇上聖鑒訓示謹
奏
光緒二十七年正月十七日具奏奉
硃批著照所請該部知道欽此

同文館等項教習學生充當洋官繙譯品類不齊急宜嚴行甄别摺

奏爲同文館等項教習學生充當洋官繙譯品類不齊急宜嚴行甄别勿令害羣以重要務而正人心恭摺具陳仰祈

聖鑒事竊維京師設立同文館所以培養人材備辦理洋務之用意至美也上年夏間拳匪滋事該館及大學堂教習學生久無所事自七月二十一日後内外城各段大小洋官需用華人繙譯遂取材於此固有一二自好之士甘於養晦不爲彼族所用者亦有身雖受雇而其心尚知有

國家遇事調護藉以保全者夫以彼挾此片長值毫無依賴之日降志辱身以相從原可無事苛責乃有倚勢作威不知顧忌鮮衣怒馬跋扈飛揚事事矇混洋員遂至勾結匪類訛詐官紳商民掠取財物全無心肝又有謀充繙譯而不得及既充繙譯而被黜者竟敢串通洋兵始則搜索在京富戶繼則潛往近畿

州縣藉端詐財無所不至至紳董公所所延繙譯亦多工於謀利之流揆所自來固猶是我

國家重聘教習以教之寬籌膏火以養之者也夫同文館之設今已有年得人不少現在洋務棘手正宜徐議擴充大學堂亦應待時規復以儲人材乃爲若輩所累受害者敢怒而不敢言至歸咎立法之不善事定之後誠恐因噎廢食或議裁撤卽不然而有志之士良家之子弟從此裹足羞與爲伍中材以下染茲惡習心術益壞况此輩倘再入館續保一二次便登仕版於民人政事亦將以其道行之流弊更不可問事體雖微關係甚鉅趁茲洋兵未退訪查較確相應請

旨密飭總理各國事務衙門卽速嚴密查訪將劣迹昭著確有證見者查明存案一俟洋兵退後擇其情節較重者重懲數人餘亦酌行驅逐回籍不准逗遛

京師幷不准闌入各省學堂俾人人曉然于同文館大學堂爲
國家儲材重地不容此輩託足肄業諸生有所儆惕而益知自愛有志嚮學之
士亦將聞風而起人心旣正所出人材乃能爲
國効力而營私害公寡廉鮮恥之風可以少息矣愚昧之見是否有當謹繕摺
具陳伏乞
皇太后
皇上聖鑒訓示謹
奏
光緒二十七年二月十八日具奏

外城官溝淤塞日甚擬將歸還戶部撥欵展緩兩年以資淘修摺

奏爲外城官溝淤塞日甚謹擬將歸還戶部撥欵展緩兩年以資淘修恭摺仰

祈

聖鑒事竊維去歲瘟疫流行議者咸歸咎於溝渠不治穢氣薰蒸所致臣等查外城淘溝係由街道御史督率民淘自乾隆三十二年動欵十七萬餘兩修溝九千餘丈迄今百餘年坍塌淤填日甚一日光緒十五年御史本貴等奏請與修部臣以需欵太多仍令照舊淘淤以歸撙節而歷年已久鋪戶居民力量有限未能大加淘治宣導不暢一遇夏令大雨積水不能疏消穢濁益甚不得不設法辦理以期便民臣等接見街道御史詳加詢問據稱該衙門所管淘溝事宜一則官溝民淘一則營溝營淘每年春間督率司坊傳諭鋪民各將門前之溝淘盡營溝則催令南營汛弁同時幷舉惟官溝年久未經大修逐年民淘限

於力量只能就現通之處加以濬治其舖戶居民較少之地力所不及廢弛已多有磚石坍塌全段淤廢者有因一節多年失淘遂使全段溝流不暢者現在全段淤廢者工鉅費多萬難措手惟遞年常淘之溝往往長一二百丈而中間淤塞二三十丈或首尾淤塞四五十丈一節偶阻全身爲之停滯若從此處下手則應修者修應淘者淘需欵不多尚易爲力街道衙門每年生息一千八百兩僅敷修墊街道若欲淘修官溝非另籌欵項難以辦理等語幷造具圖册呈送前來臣等詳加察訪該御史所稱係屬實在情形現在年例民淘已通之溝節屆夏初將次修蓋完竣其大段疏通間有阻塞者共數十處若不分別修治竊恐年復一年情形愈重甚非通利環途便益商民之道而值此庫儲支絀未敢請欵興修又不能專責之民力臣等公同商酌熟籌通融辦理之法伏查光緒十八年臣衙門奏請將部撥五城緝捕經費展限歸還仍舊交商生息按年

提銀四千兩解還部庫八年限滿再提還二萬兩清款奏
旨允准遵行在案現在按年提解息銀已將及半擬請將本年及明年應行提
解戶部銀八千兩暫緩歸還再行展限二年照舊清欵將此項銀八千兩按季
提存街道衙門作爲淘溝之費核實動用如此一轉移間則歸還部庫不過暫
緩二年於庫欵毫無所損而外城溝道足資修濬似屬有益如蒙
俞允臣等當督飭街道御史會同五城御史認眞辦理將淤塞之處酌段修治
遇有磚石應行添補者即由該御史等購辦或移取廢溝物料以期節省俟完
竣時實用實銷數目開單奏
聞免其報部以歸簡便並酌定歲修章程俾資永久至營溝均在城溝下流有
三年一淘或歷年未淘者應由臣等咨商步軍統領衙門飭令汛弁設法辦理
將應淘之處同時併舉俾上流之水得以暢行庶幾宣洩得宜足資疏濬矣臣

等爲清理溝渠利益民生起見是否有當伏乞
皇上聖鑒訓示施行謹
奏
光緒二十七年二月二十日具奏

大局漸定懇請　回鑾摺

奏爲大局漸定懇請
回鑾以固邦本而安民心恭摺具陳仰祈
聖鑒事竊維上年七月
六飛出狩以來百萬商民倉皇失措現雖時局粗定而巨商大賈逡巡於近畿
士庶紳民徬徨于輦轂喁喁然惟望我
皇太后
皇上
回鑾得以重覩
天日二月間
電召步軍統領臣敬信

諭曰訓示回鑾事宜近日設立政務處
諭曰回鑾後切實施行
綸音傳播小民無不鼓舞懽欣交相告慰臣等巡視五城管理街道與民最親
實見萬衆一心瞻依迫切無非出於至誠此蓋我
朝深仁厚澤二百餘年
皇太后
皇上軫念民生痌瘝在抱又數十年感戴
國恩淪肌浹髓由來久矣然使大局未定臣等亦何敢遽以上
聞幸聞東三省俄約漸寢各國公約逐條分理正因勢利導之時臣等會晤各
國兵官據稱
中朝定有

回鑾準期各兵隊應卽撤退等語證以各公使挑選留京護館兵丁及美國營兵不日拔隊出都法國亦撤退正定府一帶營兵該兵官所稱當非欺飾各國早日撤兵不特償費可省所有慶親王臣奕劻大學士臣李鴻章

奏調各營亦得及時部署以備不虞庶幾民心漸安元氣漸復稅務商務官權利權均不至爲外人干預況復天氣清和雨暘時若

鑾輿就道今適其時臣等伏願

皇太后

皇上速定大計

明降諭旨早日

啓鑾

蹕路經由開封從容北上固

祖宗根本之地慰薄海臣民之望堅外人撤兵之意立中興自强之基悉在乎此臣等外審洋情内度民氣管蠡之見是否有當謹合詞迫切瀝陳伏乞
皇太后
皇上聖鑒謹
奏
光緒二十七年三月十一日具奏
硃批留中欽此

各國撤兵收回地面籌辦善後情形摺

奏爲各國撤兵收回地面臣城籌辦善後各情形恭摺具陳仰祈

聖鑒事竊維

京城自各國分段紮兵以來臣等所轄地面事務隨時極力維持於安撫黎元之中寓調停中外之意迨三月二十二日美營撤去德復派兵暫駐協助緝捕四月初十日德國亦交還羈留人犯逐漸退兵聯軍統領瓦德西業已回國五月十六日英營撤歸日本繼之德營約於六月十七日全撤即有展緩似屬不久自餘各國亦將次第拔隊出都每次交還地面時由慶親王臣奕劻內城派員接收前三門外令臣等接收所有地面一切應辦事宜自應力加整頓以臻妥善臣等謹就現辦善後情形爲我

皇太后

皇上縷晰陳之自上年十月間歸併臣城練勇二百名本年正月奏請規復練勇原額以資緝捕隨時添募至五月募足原設一千名之額分布各城按段巡緝所獲盜案多起先後擬結權立五城總公所外添設分公所三處遴派實缺司坊委員酌給薪水清理詞訟逐日收呈隨到隨詳隨傳隨結臣等不分畛域於一切因革事宜均經會商籌辦又復分赴各公所清釐案件此辦理緝捕詞訟之情形也今日所最難處置者莫如民教一事臣等與教士樊國樑節次會晤以但論匪不匪不論教不教之言曉之該教士允照此議旋有教民滋事經臣等飭勇緝獲送部懲辦彼亦帖服至於華人稍能外國言語文字者往往勾結匪徒洋兵訛詐民財臣等遇有此等案件設法根究雖有倚藉洋勢串通劣紳挾制長官擾害地面之人不惜力與外國商辦此輩稍知歛迹嗣後遇有繙繹不法情事仍當

奏明嚴辦前三門外德營分住民房廟宇一百五十餘所臣等晤商洋員每所查明眞正業戶給予執照一紙于洋兵將撤之先持照交割以杜冒佔臣等督同委紳面給業戶執照不假書吏之手此辦理臣城交涉之情形也各城粥廠截至三四月間先後停放永定門一帶窮民麕集各城開放餘米所存多寡不一臣等公同商酌將所存餘之米酌留西珠市口粥廠一處煮粥接續散放舊有棲流所傾圮不完爰就梁家園紳辦煖廠改爲官辦顏曰五城賑恤所收養廢疾無告之民給以飯粥臥具此辦理賑恤窮民之情形也市面流通視乎票號爐房以資周轉珠寶市爐房二十六家去年五月被火現將修蓋完竣號商去秋輟業回籍臣等于今春咨會山西撫臣轉飭該商啓程入夏以來稍稍到京臣近接戶部來文催令號商補繳上年七月以前銀兩經臣等傳志誠信等號到案開導已允遵照原數陸續交庫此外各商營運到京者亦復不少南省

漕糧六月內連檣到沽逕由火車盤運入倉此市面逐漸復舊之情形也現在雨暘時若雜糧出土蕃茂民情尚稱安謐惟外城地面及近畿一帶不免時有盜案專候全權王大臣所調各軍來防冀可稍弭京津蘆漢兩處鐵路英法乘議欵未定之時一由西便門一由永定門各開城缺而進接至正陽門外東西城根雖經臣等兩次咨請全權王大臣與之磋磨未肯中止尚冀改歸我國督辦後量移關廂門外各國兵大隊雖撤日來地面交涉之案漸多現就五城總公所中遴派委員繙譯官專理五城地面善後洋務各事遇有緊要案件臣等公同妥商仍咨明全權王大臣並會商襄辦京畿善後營務事宜臣胡燏棻善爲措置總期相安無事仰副

朝廷安內輯外軫念民生之至意所有收回地面籌辦善後各緣由謹合詞恭摺具陳伏乞

皇太后
皇上聖鑒訓示謹
奏
光緒二十七年六月十六日具奏奉
硃批知道了仍着將善後事宜會商妥籌辦理欽此

十五

恭報洋兵全撤官軍到防各屬地面籌辦大概情形摺

奏爲恭報洋兵全撤官軍到防各屬地面籌辦大概情形恭摺具陳仰祈

聖鑒事竊維京師前三門外於六月十六日各國洋兵盡撤八月初五日美國

日本國將守護

紫禁城洋兵一律撤淨先後交還地面拔隊南行雖留護使館鐵路諸兵亦戒勿生事提督臣姜桂題即於是日從京北清河鎭帶兵入衛分紮内九門外各地段紀律嚴明兵民浹洽至提督臣馬玉崑所部各營先已分紮京畿四路彈壓地面布置周密前有各鄉村劣紳勾串繙譯擅設保險局連莊會名目藉以苛歛民財暗害民命者現經該軍嚴拿首要會同臣等所派印委各員審實由營辦結脅服因而解散且値大約告成之候人心安定之時大半歸農不敢再出爲非至刑部自去冬規復以來驛路未通所有軍流徒犯暫停遣配近日陸

續發交五十餘名由臣等加派員弁認眞押解力杜中途縱脫四散結匪諸弊

復張貼示諭破除從前一切積習嚴飭各屬催科撫字相輔而行東南各州縣

間有被水之區亦已委員查勘分別緩征急撫加惠窮黎以期上慰

朝廷肅清畿甸軫念民生之至意所有洋兵撤退官軍到防籌辦善後各緣由

謹恭摺具陳伏乞

皇太后

皇上聖鑒謹

奏

光緒二十七年七月初五日具奏

硃批知道了欽此

補授太僕寺少卿謝恩摺

奏爲叩謝

天恩恭摺仰祈

聖鑒事竊臣恭閱邸鈔光緒二十七年七月初五日內閣奉

上諭太僕寺少卿著陳璧補授欽此臣當即恭設香案望行在叩頭謝

恩訖伏念臣以菲材備員臺省蒙

恩巡視中城適當搶攘之秋猥充扞掫之任雖慎勤以自勉深虞操縱之非宜

竭力從公撫衷滋懼茲乃渥承

天簡擢副月卿查太僕職典屬車少卿任兼監牧乘黃在廐敢期蕃息之能精

白持心願効馳驅之用庶勉襄夫鶩駕冀上答於

鴻慈所有微臣感激下忱謹繕摺叩謝

天恩伏乞

皇太后

皇上聖鑒謹

奏

光緒二十七年七月二十二日具奏

補授順天府府尹謝恩摺

奏爲叩謝

天恩恭摺仰祈

聖鑒事竊准大學士直隸總督臣李鴻章知照

行在電信光緒二十七年七月十九日内閣奉

上諭順天府府尹著陳璧補授欽此臣當卽恭設香案望

行在叩頭謝

恩訖伏念臣備員諫院未效微勞屬以變起邊庭震驚輦轂四郊多壘方滋愧

於徼巡羣牧忝司迺仰邀夫

恩眷撫躬循省祇益兢慚兹復渥荷

温綸擢授京尹聞

命而罔知攸措驚涯分之逈逾超階而未及兼旬實夢想所不到查京尹領三
輔之要區在平時爲已劇況値干戈滿池掃境瘡痍遽欲袵席斯民收功撫字
如臣雖叨京職實鮮吏能懼無補于時屯行將玷于國論惟有勉施愷悌共濟
艱難隨時隨事會商直隸總督臣李鴻章兼管順天府府尹事務臣徐會澧於
地方善後事宜認眞辦理體
聖主子惠元元之意竭微臣匪躬蹇蹇之心所有感激下忱謹繕摺叩謝
天恩伏乞
皇太后
皇上聖鑒謹
奏
光緒二十七年七月二十六日具奏

會辦五城事宜謝恩摺

奏爲叩謝

天恩恭摺仰祈

聖鑒事竊臣接准慶親王臣奕劻直隸總督臣李鴻章知照

行在軍機處電信全權王大臣所請陳璧會辦五城事宜奉

旨允准等因欽此復恭閱邸鈔七月十三日内閣奉

上諭張百熙奏整頓臺綱分別舉劾一摺陳璧辦事認眞不辭勞怨朝廷業經不次擢用仍著傳旨嘉奬等因欽此臣當即先後恭設香案望

行在叩頭謝

恩訖伏念臣旬日之間疊奉

恩綸由御史擢副卿超授京尹感激之餘彌增惶悚益以五城煩劇責在撫

綏復聆
天語輝煌榮邀
褒奬在
聖主寸長必錄自有權衡而微臣重任驟膺深虞隕越查京師自經兵燹小民
蕩析離居土匪劣紳勾結繙譯乘機肆擾防不勝防臣前與各城御史臣許佑
身臣唐椿森臣謝希銓等不分畛域竭力通籌一年以來幸無貽悞臣惟有懍
遵六月十六日
諭旨仍將善後事宜會商妥籌辦理不敢以事屬兼辦稍涉因循以期上慰
聖主安輯畿疆勉策臣工之至意所有微臣感激下忱理合繕摺叩謝
天恩伏乞
皇太后

皇上聖鑒再此摺係用太僕寺印拜發合併聲明謹
奏
光緒二十七年七月二十六日具奏

恭報洋兵盡撤官軍到防市面安謐片

再前三門外所駐美英德三國兵隊先後撤歸業經臣等奏明在案茲因大約告成各國兵定期全撤八月初五日守護紫禁城日本國美國兵隊及外城三五零星洋兵同日盡撤前設電桿亦先後拔去提督姜桂題所統武衛右軍即於是日進京內城分紮多處外城則於長椿寺給孤寺紮營臣等咨請慶親王飭撥該營兵於外七門分班駐守稽查出入以資保衛而靖閭閻惟大兵驟至加以馬玉崑所部各營分駐近畿四路錢價陡落糧價因之稍增臣等立傳各經紀飭令公平交易嚴禁壟斷居奇民心大安商賈復業上年正陽門西南被火之處百堵皆興依然成市臣等惟有妥籌安撫以期上慰

朝廷軫念民依肅清畿甸之至意所有洋兵盡撤官軍到防市面安謐緣由謹

附片具陳伏乞

聖鑒謹

奏

光緒二十七年八月初十日具奏

硃批知道了欽此

京師貧民待食懇　恩賞米石散給各粥廠以賑窮黎摺

奏爲京師貧民待食酌籌辦理籲懇
恩賞米石散給各粥廠以賑窮黎恭摺具陳仰祈
聖鑒事查同治六年七月二十五日奉
上諭戶部奏遵議外城粥廠酌給粟米一摺所有東城之臥佛寺南城之打磨廠西城之長椿寺法源寺北城之圓通觀梁家園各廠每月共需粟米二百七十石著照部議於八月初一日起由各該城按月咨戶部劄倉照數發給該御史務當督同紳士妥爲施放毋任侵漁用副軫念窮黎至意欽此嗣於光緒三年十月間前巡城御史臣訥隆阿等以近來各屬旱荒飢民日衆經費不敷奏蒙
恩准合中城之朝陽閣等八粥廠每月共

賞給粟米三百三十石分領支放叠經欽遵辦理在案竊維上年兵燹之後善紳星散由地方官酌量地段開辦粥廠經慶親王臣奕劻籌畫收回倉米數厰順天府會同臣等分廠煮粥散放經費咨請戶部撥給直隸督臣李鴻章亦推廣籌濟經費以救災黎

奏明有案此係一時權宜之計未便援以爲例現復瞬屆冬令自應酌籌辦法分飭司坊親赴各廠勸諭紳士等極力維持旋據司坊及各廠紳士先後稟稱本年五城

奏設西珠市口長年粥廠及賑恤所二處應歸五城會同籌畫經費辦理其中城之朝陽閣粥廠現移大席胡同玉泉菴擬亦由官委員開放自餘紳辦南城之普善堂西城之磚塔胡同北城之圓通觀及梁家園各紳士尚能湊集經費量爲開放以上官紳酌辦七廠籲懇

天恩俯准飭部發給米石以濟窮黎至東城臥佛寺育嬰堂承辦紳董出京屋舍殘破器具不全勢難一律開辦現在請米之七廠並另片請米之七廠共十四廠較之上年外城統歸官辦先後開放八廠實屬有增無減亦足以蘇民困而廣

皇仁謹將酌開各廠應需米石參酌成案另繕清單恭呈

御覽所有酌辦粥廠懇

恩賞給米石緣由謹合詞恭摺具陳伏乞

皇太后

皇上聖鑒訓示遵行謹

奏

懇　恩賞給崇善堂七廠米石片

再臣等案查歷年開辦粥廠請

賞米石之時所有南城清化寺街之崇善堂北城梁家園之百善堂南下窪太清觀之公善堂三處向設煖廠冬令收養貧民自光緒三年災歉後迭經奏請每年冬間各

賞給粟米三百石又西城教子胡同禮拜寺收養回民曾於五年奏請

恩賞粟米三百石又東城朝陽門外南海會寺崇文門外玉清觀各廠及崗子

上添設興善煖廠曾經奏請每年冬季三廠各

賞粟米一百五十石又南城東便門外三忠祠粥廠曾於十三年奏請每年

恩賞粟米一百五十石又十七年西城奏請宣武門外皮庫營西悅生堂請領粟米三百石又二十年東城奏請朝陽門外清眞粥廠請領粟米一百五十石

又二十一年東城奏請小市口煖廠請領粟米三百石先後奉
旨允准歷經欽遵辦理在案本年除百善堂已改爲五城賑恤所另行請米及
三忠祠悅生堂小市口煖廠各紳董稟稱屋舍傾圮器具殘失今冬暫請停辦
外其崇善堂公善堂禮拜寺三廠仍請每廠各
賞給粟米三百石其南海會寺玉清觀興善煖廠清眞粥廠共四廠仍請每廠
各
賞給粟米一百五十石所有各廠應領米石合無仰懇
天恩照數發給俾得及早開廠由臣等飭令官紳核實煮放以廣
皇仁理合附片陳明伏乞
聖鑒謹
奏

光緒二十七年八月二十五日具奏奉

上諭陳璧文瑔等奏籲懇恩賞米石散給各粥廠一摺京師外城各粥廠自上年兵燹之後復經地方官酌量添設現在瞬屆冬令貧民就食者多自應酌給米石以資散放所有單開之西珠市口等七廠暨另片奏請給米之崇善堂等七廠均著照所請數目賞給以惠窮黎餘著照所議辦理該衙門知道單片另發欽此

循案懇　恩賞給普濟堂功德林等廠米石並提早一月散放摺

奏爲循案懇
恩賞給米石以惠窮黎恭摺具陳仰祈
聖鑒事竊照廣安門普濟堂收養貧民向於十月十五日開堂起至次年清明節收堂止每年蒙
恩賞粟米三百石同治五年七月臣衙門以收養人數衆多米不敷用會同五城御史奏請
加賞粟米五百石奉
旨允准欽遵具領並分給功德林米一百五十石歷經施放在案臣等伏查本年順屬地方秋收雖稱中稔惟當兵燹之餘元氣未能即復且東安等處又有被水村莊貧民生計艱難倍於往昔一時開廠來食者自必增多所有普濟堂

功德林兩處粥廠應即援案提前一個月自九月十五日開放起至來年清明後展放一個月止仍察看開廠後如就食人數過多不敷支放及來春應否展限再行會同監放御史隨時奏

聞所有每年

恩賞粟米三百石並奏請

加賞粟米五百石一併仰懇

天恩照案賞給俟

命下之日臣等循照舊章於普濟堂功德林等處按數分派委員陸續關領認眞散放俾貧民早資果腹以期安集嗷鴻至上年各廠經費係由戶部發給本一時權宜之計現在開廠應用各欵向例每年由崇文門稅課項下提撥銀一千兩作爲煮粥經費查崇文門自本年七月始行開征誠恐收數短絀咨解不

敷應由臣等稍予變通照章由備荒經費內酌量提用是否有當理合恭摺具
陳伏乞
皇太后
皇上聖鑒訓示謹
奏
光緒二十七年八月二十五日具奏

援案懇恩賞給朝陽安定西直各門外三處粥廠米石片

再查朝陽安定西直各門外三處粥廠係前內務府大臣文錫因冬間乏食貧民生計維艱捐修廟宇置備器皿每屆冬令自捐銀米煮粥散放旋因災歉頻仍窮黎倍多力有不逮於光緒十年九月間將自置廟宇及粥廠所用器皿全數報捐並捐銀六百兩呈請歸官接辦前府尹周家楣以事關接濟貧民適查有平糶餘剩米石當選派委員紳士酌給薪水分廠經理嗣因經費不敷復經臣衙門於十一年奏懇聖恩賞給每廠粟米四百石即就該大臣捐交各門外廟宇處所分別委員煮放歷經遵辦在案臣等伏查本年附近各該粥廠貧民愈多自當照舊開廠煮放以資惠養相應援案仰懇天恩賞給每廠京倉粟米四百石共一千二百石俟

命下之日照章咨撥具領煮粥散放所需經費薪水卽由臣衙門備荒經費銀內核實動撥並仍派治中王夢齡督率稽查以期周密應自十月初一日煮粥散放起至來年三月底停止幷察看開廠後或就食人數過多實在不敷支放及來春應否展限隨時奏

聞以廣

皇仁而恤無告所有朝陽等門外三處粥廠照案請米緣由理合附片具陳伏乞

聖鑒謹

奏

光緒二十七年八月二十五日具奏

援案懇　恩賞給資善堂米石片

再查西城官紳捐資在廣安門內大街建立資善堂內設煖廠收養貧民前經巡視西城御史奏明自光緒三年起每年冬間奏懇恩賞粟米三百石由臣等於奏請普濟堂米時附片請領等因奉旨允准欽遵在案現屆具奏領米之期自應照案辦理所有光緒二十七年分粟米三百石擬請飭部一併撥給俟命下之日臣等知照西城御史派員會紳具領所需各項經費仍由該城官紳自行籌辦以濟窮黎理合附片具陳伏乞聖鑒謹奏

光緒二十七年八月二十五日具奏

援案懇　恩賞給廣仁堂米石片

再據廣仁堂董事掌浙江道監察御史徐士佳呈稱京師廣仁堂在廣安門內爛麵胡同收養無依幼童並分助守節婦女經歷任尹臣

奏准蒙

恩賞給每年粟米三百石在案自去歲京師猝遭兵燹貧民倍於曩日所有廣仁堂善舉亟應開辦援案請給粟米俾資及時散放等情前來臣等查核無異據情仰懇

天恩賞給粟米三百石以濟堂中按口授食之需俟奉

旨後即照成案咨部具領以期仰副

聖主加惠窮黎之至意理合附片陳明伏乞

聖鑒謹

奏

光緒二十七年八月二十五日具奏奉

旨徐會灃等奏循案請賞米石各摺片京師廣安門普濟堂等處收養貧民人數衆多普濟堂功德林兩處着賞給粟米三百石加賞粟米五百石朝陽安定西直各門外三處粥廠每廠著各賞給粟米四百石廣安門內資善堂煖廠著賞給粟米三百石廣仁堂著賞給粟米三百石即著該員紳等核實散放以惠窮黎餘著照所議辦理該衙門知道欽此

請將地安門外兵將局官房撥充首善中學堂校址摺

再臣等於光緖二十七年七月
奏請於府學內創設西文東文學堂欽奉
諭旨允行現在來學日衆學舍不敷案查光緖二十四年八月初四日前兼尹
臣孫家鼐等奏設首善中學堂請
旨飭下內務府將地安門外兵將局抄產官房一所撥給順天府作爲學堂之
用奉
上諭著內務府將該處官房撥給順天府設立首善中學堂用示作育人才之
至意該部知道欽此欽遵在案上年兵燹之後戶部衙署被燬暫假該官房爲
辦公之所現在戶部修蓋衙署工竣後卽行移回臣等擬謹遵前
旨仍以兵將局作爲首善中學堂該處距順天府署僅一里許臣案牘餘暇不

時親詣照料於一切督課事宜亦多便益且該官房屋舍多而堂宇隘以之設
立衙署規模不見有餘以之開設學堂體制無虞不足仍請
旨飭下內務府將該處官房撥給臣等設立學堂俟戶部移回後即行接收理
合附片具陳伏乞
聖鑒謹
奏
光緒二十七年九月初八日具奏奉
硃批著照所請該衙門知道欽此

續請　賞給盧溝橋粥廠米石摺

奏爲續請

賞給盧溝橋粥廠米石恭摺具陳仰祈

聖鑒事竊查畿西盧溝橋粥廠光緒二年奏准添設照普濟堂等處每年秋冬

時體察情形辦理按年奏蒙

恩賞粟米四百石設廠放粥提用西路同知發當生息銀一百六十兩通永道

捐解地租內撥銀一百兩臣衙門籌撥備荒經費銀五十兩作爲經費歷經奏

明在案上年兵燹之後房屋器具不全各屬生息地租均未報解未經開辦本

年亦擬暫行停止是以前次奏請

賞給各堂米石時未經隨案具奏唯查該處濱臨永定河地皆沙礫民情素苦

此次瘡痍未復生計愈艱臣等劄飭西路同知妥籌辦法據稱擬仍在盧溝橋

地方循舊設廠撥米四百石於十月初一日起每日煮粥散放至來年三月底止應需經費照常再加撙節約用銀二百八十兩本年請撥備荒經費俾資接濟至明年仍催收生息地租各項以期規復舊章稟請變通成案具奏等情前來臣等覆查無異理合籲懇

天恩賞給盧溝橋粥廠粟米四百石

飭部撥發由臣等飭令該同知督率紳士赴倉領運核實煮放即由臣衙門備荒經費項下撥給銀二百八十兩以充經費而惠窮黎所有續請

賞給米石緣由謹恭摺具陳伏乞

皇太后

皇上聖鑒謹

奏

光緒二十七年九月十七日具奏奉

硃批著照所請戶部知道欽此

續請　賞給育嬰堂米石片

再查東城廣渠門內育嬰堂每屆冬令由臣等奏請每月

賞給粟米三十石歷經辦理在案本年八月間臣等派令司坊詢問各堂紳士能否照常開放據稱該堂紳董出京房屋殘破暫行停辦是以臣等於奏請

賞給各廠米石時業已隨案聲明茲據育嬰堂紳士陳寶章等稟稱現在回京安業因念兵燹之後貧民衆多經綢緞行商人極力籌給經費修葺屋宇擬自十月初一日起照常開辦仍請援案奏請

賞給米石等情前來臣等查核無異合無仰懇

天恩賞給廣渠門內育嬰堂每月粟米三十石俟

命下之日臣等派員會紳按月赴倉請領所需經費仍由該紳自行籌辦理合附片具陳伏乞

聖鑒謹
奏
光緒二十七年九月十七日具奏奉
硃批著照所請戶部知道欽此

望嵓堂奏稿卷三

奏設五城中學堂兼治中外實學以興教育而圖自強摺

奏爲遵

旨請設五城中學堂兼治中外實學以興教育而圖自強恭摺仰祈

聖鑒事臣等恭閲邸鈔光緒二十七年八月初二日奉

上諭人才爲政事之本作育人才端在修明學術歷代以來學校之隆皆以躬行道藝爲重故其時體用兼備人才衆多近日士子或空疏無用或浮薄不實如欲革除此弊自非敬教勸學無由感發除京師已設大學堂應行切實整頓外著各省所有書院於省城均改設大學堂各府及直隸州均改設中學堂各州縣均改設小學堂幷多設蒙養學堂其教法當以四書五經綱常大義爲主歷代史鑑及中外政治藝學爲輔務使心術純正文行交修博通時務講求實

學庶幾植基立本成德達材用副朕圖治作人之至意等因欽此仰見
聖訓明切正本探源必先詳作育之方乃克備馳驅之選臣等敢不實力遵辦
加意甄陶伏思設立學堂原以造人才而儲
國器自教失其道遺體而取用舍本而逐末類皆一知半解薄技偏長
國家斷難收得人之益方今風氣大開交涉之事日夥議者皆謂不達洋務不
足以聯邦交固也然使於中國要書多未肄及下筆不能成文而徒標以西學
之名震乎西政之似無論其於外國如何就中國論之掌故之不諳典制之不
習欲其籌大局議國事能乎言不足以行遠辭不足以達意欲其草約章議照
會能乎上年臣等衙門與各國聯軍來往文牘頗多見其所用通事皆屬華人
亦能操洋語作洋字及察其中國文理陋劣殊甚適足供外人之驅策而已
國家安賴有此耶臣等公同商酌思矯此弊以文行交修講求實學爲宗旨擬

先設立五城公學一區擇學生之才識可取文理尤優年歲稍長者爲頭班其次則選其年輕資敏中文清通者延請通儒碩士爲之師長講解經義以明其理博綜史事以窮其變務使學有心得而後參攷時務搜覽譯書并聘洋文教習兼治外國實學旁涉藝事正在經營籌畫旹適幸明奉

諭旨此正鼓舞人才之一大轉機爰賃北城地面後鐵廠原有正蒙義塾并民房數所約百餘間公立爲五城中學堂略加修葺該房西南隅道通琉璃廠官窰作空地局勢寬敞可爲體操之場擬即詳定學規從速開辦其一切費用擬於步軍統領衙門發到地面經費項下極力撙節每月撥出銀六百兩以供支應一俟辦有成效再行廣購圖籍儀器請

頒的欵并收紳富樂輸俾資講求而圖經久遇有氣質純厚學識通達者由臣等咨送外務部考試錄用此外學有根柢周知外事者准其分赴各學堂作爲

教習如此辦理庶幾弊袪而實效彰本立末舉體大用宏行之數年
國家無慮乏才而自強之道基此矣詳細章程仍候政務處禮部奏定遵行所有請設五城中學堂兼治中外實學緣由謹合詞恭摺具陳伏乞
皇太后
皇上聖鑒訓示遵行謹
奏
光緒二十七年九月二十二日具奏奉
硃批著照所請該部知道欽此

監察吏部清釐檔卷完竣幷敬陳管見摺

奏爲監察吏部清釐檔卷完竣並敬陳管見恭摺具陳仰祈

聖鑒事竊臣等遵

旨監察吏部清釐檔卷經吏部堂官選派司員親手檢查臣等節次責令書吏逐漸交出業將有關銓選檔册先行查明奏報在案隨即接續清釐從文選司查起次及各司因彼時吏部衙署尚未收還各檔卷册繁多勢難盡數運到栢林寺公所是以俟至接收衙署後臣等赴署監同司員候補主事吳海逐一詳細檢查數月以來一律清釐完竣計文選司現存一十七萬五千七百五十七件考功司現存一千三百八十八件稽勳司現存二千四百二十九件驗封司現存三千七百六十四件通共總數一十八萬三千三百三十八件業於册上每本每束均鈐臣等查訖戳記幷另立總簿詳細登載交付司員親手收管此

後如有書吏續行呈出舊卷未經臣等鈐戳者自應作爲廢紙以杜弊端抑臣等更有請者此次所有查存檔卷有用者十之三四無用者十之六七且一檔中有應行删汰應行增修者若提存司堂地小不足以迴旋提存而未加整理司員尤艱於檢閱誠恐窟穴猶在積弊未除徒見紛更無裨實用臣等擬請明降諭旨飭下吏部堂司各官去其實在無用者焚燬務盡以絕舞文之根株留其可用可不用者彙存一處以備不時之探討慎選其現行常用者改大册爲小册釐定畫一尺寸便於取携歸併分册爲總册各衙門各直省連類登載勿令破碎夾雜難於索解統限一年竣事自茲以往月終年終時時删修務使一卷一册觸目了然不至視爲難讀之書秘傳之本雖有酌留之舊吏莫能再展其奸欺凡在學習之司員均得周知其底蘊如此而積弊不除臣不信也現在清釐竣事應請將臣等監察差使裁撤以符原奏除造具詳細清册分咨軍

機處政務處查核外所有監察吏部淸釐檔卷竣事并敬陳管見緣由理合恭
摺具陳伏乞
皇太后
皇上聖鑒訓示再此次辦公經費臣等無所需用并未支領合併聲明謹
奏

請　旨飭下吏部於選存檔卷迅行釐定片

再臣等于監察檔卷時按册略加展閱其中如文選司書吏分科分甲承管名目紛繁近十年來實缺官册病故者未撤升授者未登僅以升階註于原官之上司員無從校閱候補各員多未接續編入考功司官册光緒十六年後所用道府以下等官曾經修入新檔而兩司以上仍登嘉慶年間舊檔記載龐雜所注加級鐫級亦未全備稽勳司專核官員丁憂片付功選二司往往漏未登檔遇有應辦之事一司中行查各股各司中文移往返均延時日諸項官册並多漏載官員年歲舉其大略餘皆類是至于篇幅漫漶字跡模糊尤爲應行修改之末節也況

朝廷振興政務之時正臣下力圖報稱之日應請

明降諭旨飭下吏部督率分管司員歸併各科書吏於選存檔卷中迅速親加

釐定統限一年竣事汰繁文而求實際寬既往而策將來仰副
聖主澄叙官常之至意臣等區區愚忱是否有當謹
附片具陳伏乞
聖鑒謹
奏
光緒二十七年十月二十五日具奏奉
上諭如格陳璧奏監察吏部清釐檔卷完竣并敬陳管見各摺片吏部檔卷現
已清釐完竣惟其中繁複者多自應嚴加删汰仍著如格陳璧會同吏部堂官
督飭司員將實在無用者悉行焚燬其餘現行常用者改大册爲小册併分册
爲總册分省分衙連類登記勿令破碎紛雜總期一目了然統限一年竣事以
後仍於月終年終隨時删修所删檔册均提司堂以便檢閲至文選考功兩司

各項官册記載尤多龎雜著責成該管司員一併釐定其月選未擬選之先提前粘榜曉示既擬選之後印刷部示卽不投供之敎佐等官亦將應選緣由附入叙單每月編表刻册俾百爾咸知經此次示諭之後該堂官等務當認眞整頓實事求是毋得稍涉敷衍以肅銓政而杜弊端欽此

察看工藝局情形據實覆陳摺

奏爲察看工藝局情形據實覆陳恭摺仰祈

聖鑒事臣等於光緒二十七年十月二十六日接准署直隸督臣袁世凱咨開

前護督臣周馥奏前翰林院侍讀學士黃思永擬就外城琉璃廠義倉收養游民創立工藝局招股試辦一片奉

硃批著順天府察看情形或行或止酌核辦理欽此欽遵仰見

朝廷愼重工政體察輿情

聖慮周詳莫名欽佩臣等竊維政有九經勸工居一工政不修則利源外溢是工藝局一事所急宜切實舉行者也況內外城游民徒手而無一長以教工爲收養實爲兩得之計就京城地面而論一時卽未能推廣而城內城外各設一區亦必不可少創辦伊始一切章程均應斟酌妥善臣愚以爲紳辦而官督之

則流弊不滋紳辦而官助之則鼓勵益力查各國工藝學堂辦法以能習他國製造收回利權者爲上等其次則他埠貨物爲本土所無者學製以省轉運其次則就本土舊式製造時出新意精益求精如是則工有所勸民有所歸所謂日省月試既稟稱事身親而目驗之非徒託空言也且開局宗旨全在養民不同謀利常有公家給欵以濟成本之不敷代爲銷售以助民力所不逮與粥廠棲流所賑恤局意不相背現江南仿行工藝學堂已得大恉該前學士所定章程亦非墨守積習者比惟是小民効一手一足之勞總其成者不參私見事方可行局中試造景泰瑯裁絨織布刻字木器銅活皆本土小民所能爲然尚屬藝事惟如寄屯米石成做豆腐兩事於藝事無涉臣等面告該前學士以此類急應停止至招集股本年給官利一節誠如原奏所稱必人所信從始克集事將來能否就緒未可預期應否照准恭候

聖裁夫養民之道與教民之舉息息相通京城兵燹之餘瘡痍滿地凡可以紓民力開民智者悉宜舉行第欲觀厥成似當預杜流弊所有前學士試辦工藝局應行移設他處及日後推廣之處另有官紳續辦工藝等局均應懇請明降諭旨飭下五城御史一律認眞稽查詳加察看年終據實彙奏一次其中製造有未便於民者所行或與該局章程不符假善舉以爲名盡失本意者隨時禁止以期上體

朝廷惠工恤民實事求是之至意臣等公同察看工藝局據實覆陳緣由是否有當伏乞

皇太后

皇上聖鑒訓示謹

奏

請將工藝局遷移他所保存原有義倉續籌積穀片

再臣等查該前學士黃思永擬廢義倉招股試辦工藝局惟京畿無儲糧之地五城大宛各地面倉場而外祇有琉璃廠義倉官紳合籌積穀地實得中承辦之人易於過從雖所儲無多遇有荒歉之年實足濟賑撫所不及去年亂後京通各處卒鮮蓋藏以後急應規復向章存儲穀石推陳出新以備荒政九城善堂廟觀閒曠甚多該局皆可設立是勸工儘有市場而義倉獨關民命揆以理勢該工藝局自當及時挪移俾仍義倉之舊貫蓋同爲善舉事亦不容偏廢者也懇請

明降諭旨飭下五城御史仍選官紳續籌積穀按年酌量平糶以廣

皇仁而施實惠幷

諭令該前學士將工藝局限一個月速移他所妥爲試辦此處原有義倉後來

無論衙署學堂善局永不得再請改設倉旁餘地勿令民間侵佔庶倉厫幾廢而復興於地方實有裨益區區愚忱是否有當謹附片具陳伏乞

聖鑒謹

奏

光緒二十七年十一月十四日具奏奉

上諭徐會澧陳璧奏察看工藝局情形據實覆陳一摺前據直隸布政使周馥代奏已革翰林院侍讀學士黃思永現就京師外城琉璃廠義倉收養游民創立工藝局招股開辦當交該兼尹等酌核具奏茲據覆陳各節京師游民甚繁以教工爲收養實於生計有益著照所擬於京師內城外城各設工藝局一所招集公正紳士妥籌創辦由順天府府尹督率鼓勵切實舉行朝廷准立工藝局意在養民不同謀利該兼尹等務當加意考求使工有所勸民有所歸方副

國家實事求是之至意黃思永擬廢義倉招股開局應不准行仍著將備荒義倉認眞經理以惠窮黎餘著照所擬辦理欽此

恭進春山寶座摺

奏爲

進春事竊查光緒二十七年十二月二十七日己未丑初二刻五分立春得壬

寅年正月節例應恭疏具

題現遵

諭旨改題爲奏是日臣等護送春山寶座至

午門外同禮部官員敬謹捧

進伏候

命下臣等遵奉施行理合繕摺具陳伏乞

皇太后

皇上聖鑒謹

奏
光緒二十七年十二月初五日具奏奉
旨知道了欽此

請　准工藝局移設他所講求工藝以開風氣片

再臣等覆奏察看工藝局一摺奉
旨著於京師內外城各設工藝局一所由順天府府尹督率鼓勵等因欽此欽遵自應招集公正紳士妥籌辦法惟京城地面甚廣須多立局所方足以容窮黎現在新設之局正需布置則舊有之局亦不必中止查已革翰林院侍讀學士黃思永試辦工藝局已閱數月其中兼印京話報淺近明白人人易曉與原遞章程亦相符合際此振興庶政以開濬民智爲先工政報章并行不悖除擬廢義倉設局殊於荒政有礙謹遵
前旨著不准外可否仍
准該前學士黃思永遷移他所設立講求工藝等事開通風氣年終由臣等會同五城御史切實稽查彙奏以期仰副

朝廷勸工養民之至意謹附片具陳伏乞

聖鑒謹

奏

光緒二十七年十二月十一日具奏奉

旨知道了欽此

整頓當商章程以重帑欵而便民用摺

奏為整頓當商章程以重帑欵而便民用恭摺會陳仰祈

聖鑒事竊維稅當之設所以通有無利民用也而開張之始皆承領各衙門帑銀藉充資本各衙門亦按季提取薄息以為辦公經費官商及民莫不稱便上年兵燹後京城內外及大宛地面稅當二百零二座多被搶奪其未被搶及被搶未盡者只餘十座由是奸商乘機漁利徧設小押局暫押局息重期促攫取民財而帑息虛懸各衙門辦公無資亦難久待臣奕劻等體察情形亟宜設法維持以恤商艱而存官帑查從前新開稅當請領由單花費及各衙門陋規為數不貲現已懸為厲禁一律豁除所有新開稅當請由單隨到隨發領單後無論新東舊東仍就舊時基址或用原號或換新號均聽其便至舊當架貨被搶實因上年變出非常非往時被火被竊被刦例應賠償者比自應請免認賠未

經被搶及被搶未盡各家不在此例其限滿年月取息分數則當明定限期不准仍前苛刻至官帑一項除被搶未盡及全未被搶者照舊計算本息無庸變通外查各商舊欠各衙門官帑數十萬兩其時經升任順天府府尹臣陳夔龍令四恆將當商票據五十萬兩作爲抵押今若全行責令當商措繳商力誠恐不及擬令新由單之各當商每鋪每年報効銀一百六十兩以一半作爲各衙門息銀以資辦公一半作爲歸還內帑五十萬兩之用其有不繳此項報効銀兩不請由單者卽係私設當局或重利加剋短限止贖均屬擾害閭閻立予究辦此章定後凡資本微薄之小當局雖多歇業然果係殷實商人認欵請單既無花費前領官帑亦不追求則新定報効章程該商人等自當踴躍遵辦庶官商小民各得其平各守其業地方亦賴以久安所有臣等整頓當商以重帑款而恤商艱緣由應會擬詳細章程另繕清單恭呈

御覽謹合詞恭摺具陳伏乞

皇太后

皇上聖鑒訓示謹

奏

謹將會擬整頓當商章程開具清單恭呈

御覽

計開

一 京城內外及大宛地面原請由單之稅當二百零二座上年未被搶奪及被搶未盡者祇有十座此外全被搶空估値不下數百萬金若責令該商賠償力有未逮且係兵燹之變其不能保全之處情有可原所有被搶架貯自應擬請免賠以杜紛擾而示體恤

一 從前當商欠繳各衙門官款數十萬兩並四恆轉借當商官帑亦數十萬兩爲數過鉅今舊商既經被搶各衙門專指此項生息銀兩作爲逐年辦公之用未便虛懸無著至四恆欠官帑一百萬兩中已認繳五十萬兩其餘五十萬兩既有當商票據抵押自難再令四恒繳還現擬責成接開之新當每鋪每年報効銀一百六十兩按四季呈繳遇閏免加現因商情困苦格外體恤所有光緒二十八年春季分暫行免繳自二十八年夏季起如數呈繳此項報効銀兩以一半作爲各衙門息銀以資辦公一半作爲歸還內庫五十萬兩之欵俟還清帑欵後併入息銀內由各衙門收回卽照生息原銀准數按成均匀平分以照公允

一 從前新開當鋪應赴大宛兩縣請領由單及各衙門報開修理鋪面未免書役索費今爲便商起見如有願開新當者准赴順天府善後總

局具結報明請領善後局大宛縣會印由單隨領隨發嚴禁分文花費其從前各衙門陋規一律豁除以紓商力

一　現開新當祗准仍就舊當基址開張或仍用舊號或新換招牌均聽其便惟不准於他處及舊當鄰近之地另行開設以期規復舊制

一　舊開當商除架贓擬請免賠外所有欠人人欠各款由該管事及東家自行妥爲完結亦須平允

一　新開稅當無論何項貨物應以三十六個月爲期滿令格外體貼商情議定以三十個月爲限滿當本銀不及一兩錢不及十吊者三分取利一兩以上至十兩取息二分五厘十兩至百兩取息二分百兩以上取息一分五厘大個錢十吊至百吊取息二分五厘百吊至千吊取息二分千吊以上取息一分五厘不得任意增減唯現當兵燹後商力或

有未逮准其於六個月內暫用三分行息二十四個月為限滿以資周轉扣至明年五月底止一律遵照前開章程辦理

一　報開稅當已領由單其出入銀圓遵首每元作為庫平足銀七錢二分出入一律無論用銀用錢用大小銀元均以滿足數目計算不得有九八扣名目當銀以銀贖當錢以錢贖當銀元以銀元贖毋得折抵兩有吃虧

一　上年秋後私開當局滿期利息雜亂無章大為民害第願改為稅當仍擬准其報官請單自十二月為始所有滿期利息均照新開稅當章程一律辦理不准歧異

一　舊例當商每家每年應納稅銀二十五兩由大宛徵繳直隸藩庫現在整頓之始光緒二十七年十二月以前擬請蠲免自二十八年起完

納稅銀以示體恤如有從前預繳稅銀者舊商字號准其接連扣算新換字商人不准以預繳扣抵爲辭

一 新開稅當既認官帑所有房間租價不准房東高抬

一 從前當鋪往往揑稱係某衙門某官開設實與定例不符今內外城鄉當鋪均應照新章由該商人一律遵辦不得以某衙門某官開設爲辭冀圖邀免交欵

一 禁用物件及軍械贓賍均不准收當如違查究

一 上年被搶未盡及全未被搶之當鋪十家所有期滿利息亦照新章辦理惟所領官帑自應查照舊章計算本息不得援照新章以圖便宜取巧

一 各當鋪應照向章輪流值年遇有公事傳喚值年商議

一　自本年十二月爲始當票年月據實塡寫不得倒塡日期以防暗中重利刻剝之害

一　小押局暫押局更爲民害自出示之日爲止一律止當候贖限至贖盡期滿後概行勒令改業如違標封提究

一　拿獲賊盜供出贓物應聽地方官票查不准抗違悉遵定例辦理

一　以上大綱十七條意在官帑稍有著落民間亦能稱便此外尚有未盡事宜再行隨時會商辦理

光緒二十七年十二月二十三日具奏奉

旨依議欽此

整頓錢商變通章程以防倒閉而便民生摺 附章程

奏爲整頓錢商變通章程以防倒閉而便民生恭摺會陳仰祈

聖鑒事竊查京都內外城開設錢鋪向在大宛兩縣呈報取具五家聯名保結始准挂幌出帖從前內外城官准錢鋪五百一十一家兵燹後僅剩二十餘家其餘全係私開擅出錢帖銀價漲落由其自便及其虧空則閉門逃走無從究詰實於

國計民生大有妨礙當此大局底定欲求便民利

國則錢商虧空倒閉等弊必當設法嚴防查舊例錢鋪如有倒閉勒限一年追賠如三年不完勒令聯名互保之四家均勻給限代發定例本極周密乃行之日久地方官胥吏向新開錢鋪勒索重費既遂其欲則任便覓保而作保之鋪商俱係虛具保結不相過問以致虛出票張多逾成本之數一經倒閉或以一

二成實錢折扣開發或者竟成廢紙保家因有三年期限遂至逍遥事外總未照數攤賠坑害良民莫此爲甚臣等公同商酌擬將錢商一切事宜改歸順天府善後局經理遴委妥員會同大宛兩縣在局專司其事嚴禁書役索費抑勒等弊凡新開各錢鋪但令尋覓的確殷實鋪戶及錢商共三家出具切實保結聲明遇有關閉自願攤賠具呈到局即由局派公正員紳嚴密訪查如果保人均係殷實商家即准挂幌開張倘係小本營生希圖矇混即行駁飭不准如此認眞辦理庶不至關閉逃亡貽爲民害除咨戶刑二部查照外謹將擬定章程七條繕具清單恭呈

御覽所有整頓錢商變通章程緣由是否有當理合恭摺會陳伏乞

皇太后

皇上聖鑒謹

奏

謹將整頓錢商章程七條繕具清單恭呈

御覽

計開

一從前錢商保家必有當商一家在內現在當商歇業只令取具鋪戶三家暫行免取當商俟日後當商復業仍照舊例辦理

一鋪保三家中應有殷實同行之錢鋪一家其餘二家如金店官准爐房票號洋貨行布店糧行油酒行茶行官鹽公櫃大乾菓店綢緞店及著名殷實各行棧示以限制

一錢鋪所出之票不准逾成本之數應責成出具保結之鋪戶隨時稽查該錢鋪帳目如查有虛出票張准出具保結之鋪戶呈報到局派員

詳查如查有確據卽飭令該錢鋪勒限籌欵抵補倘出具保結之鋪戶平日漫不稽查致令該錢鋪有虧空倒閉脫逃情事卽嚴拏錢鋪掌櫃人等從嚴追欵如數開發票存並治以應得之罪如該錢鋪掌櫃人等或逃亡無獲或雖拿獲實係無力賠繳卽責成出具保結之各鋪戶如數分賠不准稍有推諉該錢鋪如無虛出票張情事具保之鋪戶亦不得挾嫌揑報致干重究

一 前三門外錢鋪卽在外城地面覔保內城錢鋪卽在內城地面覔保關廂錢鋪卽在關廂附近地面覔保以歸畫一而便稽查大宛兩縣送到按戶鋪保姓名册分別存案若有保家歇業關閉步軍統領衙門五城隨時查確轉移順天府飭大宛兩縣令該錢鋪補報保家毋得任意躭延干咎

一　錢業有新開者有舊存者其新開自應照章取保如舊開之錢鋪只有一二保家尚存應令該保家加具切實保結再行取保俾歸簡易如一概無存始照新章取補

一　錢鋪關閉呈請標封內城由步軍統領衙門承辦外城由五城御史承辦嗣後遇有此事登時先行批封並會同大宛兩縣傳到鋪東及保家登時責令十足賠補勿得折耗以防匪騙民財

一　該錢鋪鋪東掌櫃遇有倒閉一次即有罪名乃從前有連閉數號之掌櫃尚敢領東再開殊不足以安市面嗣遇有鋪東掌櫃倒閉查有折成買票等弊永不准再開錢店並嚴禁冒名混開等弊

光緒二十七年十二月二十三日具奏奉

旨依議欽此

四恒銀號欠繳帑欵分別認還勻還以紓商力摺

奏爲四恒銀號欠繳帑欵分別認還勻還以紓商力恭摺具陳仰祈

聖鑒事竊自上年六月間京城擾亂各處道路不通銀根大竭四恒現銀不敷周轉幾至關閉民情岌岌經升任府尹臣陳夔龍面奉

懿旨維持四恒商業奏准

賞借內帑銀五十萬兩戶部發給內庫銀五十萬兩交四恒商號分領支應市面藉以流通當飭四恒呈繳借給各當商票號銀款契據一百萬兩存在府署盈安庫以爲抵押迨至七月二十一日以後契據遺失各鋪大半失業帑欵均歸無著今年和約告成聯軍撤退各號商人呈報仍舊開張惟所欠帑欵爲數甚鉅一時遽令四恒全數繳還商力實有不及經升任府尹臣陳夔龍票傳該商等曉以大義令其設法歸還未及核辦臣陳璧到任接准移交當即傳集各

商面諭以帑欵重要不能聽任拖延據該四恒號商禀稱商情困苦未能如數認還現將各票號所欠該商市平銀四十三萬二千兩並該商補足庫平足銀六萬八千兩又補庫平足色約需二萬餘兩前後湊成庫平足銀五十萬兩自本年十一月起至明年四月止分作六期呈繳此外尚有借給各當商銀五十萬兩因當商等同遭兵燹難以措繳懇請設法通籌以清庫欵等情前來臣等體察情形四恒所欠一百萬兩中有轉借與各當鋪商五十萬兩且各當商原有欠繳各衙門帑銀數十萬兩一時均未能照繳兵燹之後民困商艱不能不稍示體恤臣等會同步軍統領五城御史各衙門奏請整頓當商摺內擬令每鋪每年繳銀一百六十兩以一半作爲各衙門息銀外所餘一半即歸還戶部所發內帑五十萬兩之欵似此辦法則庫欵不至虛懸商情亦不形困苦此次四恒錢商認繳庫平足銀五十萬兩勻作六期繳淸應請

飭下內務府查收至四恆錢商責成當商按季呈繳項下一併
飭下內務府戶部遵照辦理庶於愼重帑款之中仍寓恤商安民之意所有帑
欵分別認還匀還以紓商力緣由理合恭摺具陳伏乞
皇太后
皇上聖鑒謹
奏
光緒二十七年十二月二十三日具奏奉
旨依議欽此

敬舉人材以備任使摺

奏爲敬舉人材以備任使恭摺具陳仰祈

聖鑒事竊維立國之本在乎人才而觀人之方在乎心術現今振興庶務辦理交涉需才孔急之時但恐心術未純則一事未成流弊已不可問

國家亦安用此爲哉臣迭次恭讀

諭旨令內外臣工保舉人才以心術純正爲重仰見

皇太后

皇上虛己求賢深得致治保邦之本曷勝欽佩謹就平日所知時務通達確有成效者敬爲我

皇太后

皇上陳之一爲捐升郎中候選鹽大使李維格學貫中西兼通財政器局宏敞

任事實心現充湖北漢陽鐵廠總辦布置極有條理承鐵政局積弊之後極力補救頓然改觀一爲工部主事趙從蕃曉暢公事能持大體通權達變勤敏過人前充上海南洋公學監督措置一切尤爲井井有條現經尙書張百熙奏派大學堂教習一爲候選知府伍光建學問淵博器識宏遠曉暢戎機洞明治體出洋入英國國家水師學堂肄業習格物天算屢考第一於歐美財政源流交涉成案一一考核精詳現充上海南洋公學提調功效卓著衆所推服一爲安徽祁門縣知縣夏曾佑勤政愛民顧全大局學兼體用識度高遠前年北方不靖祁門人心洶洶欲劫縣令以袪教該令撫民保教悉合機宜一爲江蘇候補知縣高而謙專治西律品端學邃現充湖北江漢關繙譯所有辦理交涉均能措之裕如深有幹略該員既通律學於農務工藝諸務亦能究心若留順天隨辦庶政尤爲相宜以上五員臣知之有素參考輿論均無異詞洵足以宏濟艱

難有實效而無流弊合無仰懇
天恩明降
諭旨飭令工部堂官兩江湖廣總督安徽巡撫暨會辦商務大臣盛宣懷給咨
送部引
見如何擢用之處恭候
聖裁所有遵
旨舉荐人才緣由謹恭摺具陳伏乞
皇太后
皇上聖鑒訓示謹
奏
光緒二十八年正月十四日具奏

耕耤應用農具等件變通籌備覈實估計錢糧摺 附清單

奏爲

親行耕耤應用農具等件變通籌備覈實估計錢糧恭摺具陳仰祈

聖鑒事臣等欽奉

諭旨本年三月初三日

皇上親行耕耤禮自應欽遵辦理所有需用一切器具臣等督飭大興宛平兩

縣妥爲籌備旋據署大興縣知縣潘灜署宛平縣知縣謝錫芬禀稱所有

耕耤應用器具自兵燹後蕩然一無所存現在均須一律從新置備惟爲期已

迫不得不變通籌備如

御用犁張亭鞭靑箱亭向用木質雕刻龍文裝金貼翠今擬概用描金彩亭黃

紅牛袱向用黃紅緞平金絨繡今擬均用描金一切農具亦祇求適中合用不

敢稍有糜費業已飭匠核計錢糧造册前來臣等查雲緞繡金等工咨取內務
府傳辦往返尚需時日雕花金翠漆作覓匠承造亦屬趕辦不及茲擬變通辦
法凡輭片擬用描金器具暫用雕花一期尅日竣工一期錢糧簡省統歸飭匠
辦理臣等公同覈實估計共需十成銀二千零三十兩一錢四分實用實銷毫
無浮冒一面督飭兩縣敬謹置備不得躭延貽誤亦不得偷工減料俾重典禮
而昭核實所有此項錢糧應請
飭下戶部按照發給實銀以供支應謹繕具作法件數清單恭呈
御覽請免造具細册報部核銷所有
耕耤應用農具等件變通籌備核實請撥錢糧緣由謹恭摺具陳伏乞
皇太后
皇上聖鑒訓示謹

奏

謹將

親行耕耤大典籌備應用農具等件工料銀數繕具清單恭呈

御覽

計開

御用農具五十六件

龍犂正備三張緞套三張什件俱全

犂棹一張

五穀青箱棹一張連套

供棹六張連套

龍鞭二柄包袱二個總全

鞭匣二個包袱全
木匣套二個
描金黃緞夾牛袱二張
五花雙韁黃龍頭二個
黃緞描金繪雲龍大旗四個
彩亭三座
王卿農具二百八十八件
描金紅緞夾牛袱十二張
從耕紅犂十二張
五穀青箱五個
播種箱一個

木箱套六個

五花雙韁從耕紅籠頭十二個

五色綢彩旗五十面

從耕牌連架十四面

備用牌連架三面

彩鞭帶繐十二柄

黃紅斗笠三十頂

棕簑衣八件

草簑衣八件

演耕犂二張

金頂絨冠十九頂

布袍十九件
官鞾十九雙
官帶十九條
棉袍棉襖布鞋等七十六件
官帽七十六頂
挺帶七十六條
鞋韈七十二雙
以上製備農具旗幟鞭片冠服等件共需工料用十成京平足銀一千零三十兩一錢四分
光緒二十八年二月二十八日具奏奉
旨依議欽此

遵旨察看火藥局情形敬陳管見摺

奏爲遵

旨察看火藥局情形附陳管見恭摺仰祈

聖鑒事二月十六日准軍機處交片軍機大臣面奉

諭旨松溎等奏所管火藥局多經拆毀請飭估修一摺著派陳璧察看情形擇要核實估修欽此鈔錄原奏片交前來臣等當卽調派司員督同廠商前往勘驗並據該局工部司員呈遞節略圖說各一件臣復親詣該處詳細察看所有官廳堆撥庫座鷟橋均已拆毀盡成瓦礫之場卽柱頂石片地基亦難辨識僅存西南圍牆數十丈大半牕閃碾盤臼子二十餘座亦多殘失與松溎等原奏大略相同且該局地多潮鹻土性鬆浮掘地數尺水卽溢出從前屢次修理縻費雖多卒難持久今欲從新建造事同創始原房一百七十餘間牆六百四十

餘丈地盤打夯運取客土以及磚瓦木石雜項工料大小工匠用費極鉅卽如該局員所擬擇要興修房座一百二十餘間牆垣一概修齊亦須五萬兩上下然亦不過敷衍辦法略存舊規無關實用此微臣遵

旨察看火藥局之實在情形也抑微臣更有請者該局向用土法人力製造土藥以供京營及密雲察哈爾熱河綏遠城等處操防之用然但施諸前膛各槍一遇雨淋潮濕便不適用當日火器至此而止至於今日則人人目爲鈍貨各國嗤爲棄物若新式後膛毛瑟等槍彈則用銅壳鉛子中裝洋火藥江鄂各局皆能自製北洋現將重新製造近年迭奉

諭旨裁汰綠營改練常備續備巡警等軍概用新式槍彈各省遵辦漸有頭緒則前膛鳥槍來復槍悉已無用不用前膛槍安用前膛藥又安用製造前膛藥之局留京各軍全用新槍五城練勇今亦改用後膛不領土藥是旗營前膛自

宜一律更新且松滙等原奏僅稱熱河咨取可知兩年以來京旗及密雲等三處均未過問蓋軍械精利急欲更章已有不能不變之勢夫朝廷之舉動天下之所觀瞻一事之調停全局或因阻塞今方議改新軍悉用後膛而猶亟亟焉修此製造土藥之局以供前膛各槍之用臣愚竊以爲無此辦法或謂該局能製夯藥即能仿製洋法製造後膛藥舊有局座豈宜廢置不修不知製造洋火藥必用各項機器安設機器必須展拓房間自非統籌全局未易舉辦今若照舊興修必不適用仍須從新拆改糜費轉多則此次工程不可不從緩議矣臣明知舊制所存不容輕廢但今昔情形迥然不同此次欽奉

諭旨交臣察看

聖明在上臣既有所見又何敢苟安緘默如蒙

采納芻言應請

飭下政務處王大臣將各該處應行改練新槍妥定章程俾歸一律其應用後膛藥彈北洋擬在德州仿造似可前赴該處逕領回營以省周折俟籌有的欵能在京師製造然後將該局舊日規模從新展拓核實估修方不失練兵自強實事求是之本意所有火藥局工程擬請緩修緣由理合恭摺覆陳伏乞

皇太后

皇上聖鑒訓示遵行謹

奏

光緒二十八年三月十五日具奏奉

旨依議欽此

遵　旨設立中學堂謹將選聘教習開辦日期據實具陳摺

奏爲五城遵

旨設立中學堂謹將選聘教習開辦日期據實具陳恭摺仰祈

聖鑒事竊上年九月間臣等會奏請設五城中學堂兼治中外政學一摺奉

硃批著照所請該部知道欽此欽遵臣等購賃北城琉璃廠窰迤北舊有義塾民房趕緊修葺規模粗具因念漢文西文總教習二員實難其選臣等采訪輿論證以平日見聞查有福建舉人候選教諭林紓學優品粹守正不阿於中外政治學術源流皆能貫徹在福州主講蒼霞學舍在杭州主講東文學舍多年力闢邪說感化尤多堪以聘充漢文總教習又分省補用知縣王劭廉係直隸天津學堂學生卒業出洋復入英國大學堂肄業精於格致天算西學深邃心術純正於義利公私之界辨之甚嚴堪以聘充西文總教習均於上年十一月

間先後到京當經出示招考學生定額一百五十人因限於房舍先選百人在學肄業一切條規課程悉照升任山東撫臣袁世凱奏准頒行章程辦理本年正月二十五日開課其漢文西文分教習概由總教習各舉所知以資分理臣等仍復隨時到學詳加考查總分教習等均能循循善誘務絕歧趨學生中有天資聰穎者已覺勃然興起中材之士亦皆被服儒素矩步規行計日程功循序漸進其性質近鈍無志上進或稍染習氣者分別退出計開課兩月有餘粗有頭緒惟學舍無多仍須隨時展拓此外參酌課程不踰正學之矩書升論秀予以出身之途一切未盡事宜仍俟管理大學堂大臣張百熙奏定知照到學切實施行俾歸一律所有開辦五城中學堂各緣由除咨明政務處大學堂外謹合詞恭摺具陳伏乞

皇太后

皇上聖鑒訓示謹
奏
光緒二十八年三月三十日具奏奉
旨知道了欽此

附陳直督袁世凱每月協助五城中學堂經費片

再五城中學堂一切用欵僅恃領到步軍統領衙門每月地面經費銀四千兩內劃出銀六百兩以供支應實屬異常短絀經臣等先後咨商署直隸督臣袁世凱請爲設法籌助旋據咨覆以該學堂始基已立急宜成全協助常年經費每月銀一千兩自本年正月爲始分作四季解淸等因前來查五城學堂經費不敷無從籌措幸承署督臣力任興學顧全大局認籌鉅資裨益實非淺鮮臣等仍當事事撙節實用實銷不敢稍涉糜費除兑收備用隨時移覆並分別咨明大學堂戶部外理合附片陳明伏乞

聖鑒謹

奏

光緒二十八年三月三十日具奏奉

旨知道了欽此

請將琉璃廢窰撥充五城中學堂學舍片

再五城中學堂開課業已數月學生報名日多房舍不敷分布尙有穎異子弟無從附學實爲可惜查學堂南鄰琉璃廢窰空址自窰作遷移城外三家店後二百餘年以來此地積土成阜蓬蒿沒人棄而不用者久矣今擬就地剷刈因勢砌墻擇其平衍者添蓋房舍聯屬學堂易瓦礫之場爲弦歌之壤將來經費稍充尙可陸續推擴庶規模略備而造就益宏矣恭候

命下由臣等咨明工部查照備案理合附片陳明伏乞

聖鑒謹

奏

光緒二十八年三月三十日具奏奉

旨依議欽此

前請頒發免稅運米執照歸入直省併案辦理片

再前因順天糧價增長民食維艱當經臣等奏請招商發給免稅護照赴滬購米五十萬石運京復酌提賑欵項下赴滬運米平糶官商並舉俾資接濟奉旨俞允欽遵在案正在籌辦間經直隸總督臣袁世凱咨以順直連遭兵刦歲歉糧價久昂派員招商每歲購運南米六十萬石平糶發給印照沿途免納稅釐等情奏奉

硃批著照所請戶部知道欽此遵咨前來臣等咨商直隸督臣所有順天官商購米應用免稅印照統由直隸督臣給發以符順直購運六十萬石之數俾歸一律臣等前赴滬購米五十萬石免稅印照並未發給官商應請註銷前案以免兩岐現在江蘇禁米出口平糶米石尚未能北上應俟開禁後體察情形再行赶運以惠窮黎除咨明戶部直隸督臣江蘇撫臣查照外謹附片具陳伏乞

聖鑒謹

奏

光緒二十八年五月二十二日具奏奉

旨知道了欽此

順天原設捕盜營擬請裁兵加餉改名巡警軍訓練整頓以資得力摺

奏爲順天原設捕盜營擬請裁兵加餉改名巡警軍訓練整頓以資得力恭摺具陳仰祈

聖鑒事竊臣等恭讀光緒二十七年七月三十日內閣奉

上諭著各省將軍督撫將原有各營嚴行裁汰精選若干營分爲常備續備巡警等軍一律添習新式槍礮認眞訓練以成勁旅等因欽此仰見

朝廷整軍經武力圖自强之至意查順天原設捕盜營分中東南西北四營分隸四路同知管轄舊制五營員弁三十五員馬步兵七百十四名營馬二百五十七匹統計廉俸餉乾軍火公費修理軍裝每年需銀二萬七千餘兩分布各州縣專爲彈壓地面緝捕盜賊護送餉鞘押解人犯之用此項餉銀每年由直隸布政司於順屬各州縣地粮項下劃撥銀二萬七千餘兩如遇偏災則解不

足數豐年則帶征舊欠差可相抵向係按年提銷自光緒二十六年七月間順屬猝遭兵燹各路馬步兵散佚所有庫存餉項一切檔案卷宗蕩然無存業經前任尹臣陳夔龍先後奏明在案嗣因前任尹臣分飭中營及各路均先招馬兵步兵數十名爲彈壓地面之用臣陳璧去年八月蒞任後復以閭閻未靖捕務緊要迭經札飭陸續招募挑選驗補祇以各屬停征餉項無從籌解迄未募補足額臣等竊維該捕盜營從前廢弛情形固由訓練之不精亦由養贍之不足今欲從新整頓若概議加餉而撥解既有定額庫欵支絀自難籌增惟有因時制宜按照裁兵加餉辦法切實行之必可得力查照舊額裁減十成之三酌留營弁共三十員馬步兵四百七十六名營馬一百四十匹查舊制馬步兵每名月僅給餉米銀二兩三錢實不足以資餬口若照五城練勇奏定餉章每名給銀三兩六錢核與各州縣所解之欵不敷過鉅臣等酌中核議擬每月每名

給銀三兩其員弁廉俸及馬乾亦略予加增即以減存之餉爲加餉之用一轉移間於餉項並無增添而弁兵既資之以飽騰便可申之以教訓先就中營認眞教練洋操俟有成效再行推及四路一律操習新式後膛槍即改名曰順天巡警軍其千總把總外委名稱暫行仍舊唯裁汰無用之員弁招充洋操之教習以期得力餘俟政務處奏定各省巡警軍章程再行仿照更改俾歸一律中營及東南西北四營仍飭分布各路試辦巡警近來欽奉

諭旨交拿匪犯經臣等密飭該營弁兵屢有緝獲此外遇有搶刦盜案亦能購覓眼線設法緝獲以靖地方是該營弁兵當差勤奮尙無舊日綠營積習現在大亂甫定伏莽未靖土匪游勇時虞竊發尤須認眞訓練餉不虛糜冀收巡防警察之效力除有名無實之弊臣等爲整頓起見如蒙

俞允所有該營餉項本年五月以前仍照舊章奏銷自六月初一日改爲順天

巡警軍起卽照加餉新章辦理所有擬請將順天捕盜營裁兵加餉改爲巡警軍緣由並繕具數目比較清單理合恭摺具陳伏乞

皇太后

皇上聖鑒訓示謹

奏

謹將順天舊制捕盜營弁兵營馬各數目今擬減兵加餉改名巡警軍繕具比較銀數清單恭呈

御覽

計　開

一　中營千總一員舊制每月支廉俸十四兩今仍舊一員每月支銀十八兩計加銀四兩

一　五路把總五員舊制每月各支廉俸銀十兩五錢今仍五員每月各支廉俸銀十五兩統計加銀二十二兩五錢

一　經制外委十四員舊制每月各支廉餉銀三兩八錢今減爲九員每月各支銀六兩統計加銀八錢

一　額外外委十五員舊制每月各支餉米銀二兩三錢今仍用十五員每月各支銀五兩統計加銀四十兩五錢

一　馬步兵七百十四名舊制每月各支餉米銀二兩三錢今減爲四百七十六名每月各支銀三兩統計減銀二百十四兩二錢

一　營馬二百五十七匹舊制每匹春冬月支銀一兩二錢夏秋月支銀九錢今擬減爲一百四十匹每匹春冬月支銀三兩計加銀一百十一兩六錢夏秋月支銀二兩七錢計加銀一百四十六兩七錢

一　五營軍火舊制置備土藥火繩等項每月發銀一百五十九兩九錢四分

一　五營修理軍裝舊制每年發銀八百九十兩有奇

以上二條今擬改支衣帽戰靴皮帶後膛子藥槍枝等項之用支欵仍照原數不得逾額

一　五廳公費舊制每廳每季支銀七兩五錢今擬仍舊支給

統計每年舊制無閏共支銀二萬七千七百五十四兩零今擬減兵加餉每年新章無閏共支銀二萬七千五百四十七兩零遇閏按月照支核計每年節省銀二百七兩零即以此次節省銀兩擬備活支各項之用每月應扣朋建曠銀兩照舊辦理合併陳明

光緒二十八年五月二十三日具奏奉

旨依議欽此

遵　旨體察京師米貴情形懇請　賞撥米石平糶以惠窮黎摺

奏爲遵
旨體察京師米貴情形懇請
賞撥米石平糶以惠窮黎恭摺具陳仰祈
聖鑒事光緒二十八年五月二十四日軍機處片交軍機大臣面奉
諭旨御史關榕祚奏京師米貴請飭辦平糶等語著順天府體察情形酌核具
奏欽此欽遵仰見
朝廷軫念民依無微不至曷勝欽感臣等竊維京師前經兵燹民間卒鮮蓋藏加以本年開河後江浙年荒禁米出口來源既塞且有奸民乘機囤積希圖罔利米價日增自有必然之勢誠如原奏所稱上等每石九兩最次亦須六兩非設法以維持之官民受困情形有不可問者臣等早慮及此曾於春間招商運

米並酌提善後賑捐派員採米平糶業經奏報直隸督臣袁世凱亦奏准順直
購米槪免稅釐以利轉運第南省年荒禁米甚嚴復以洋商力持運米出口之
議是以未便遽奏請
旨弛禁商運官運未能到京原奏所稱閩浙兩湖籌運一節福建仰食於他省
浙江兩湖米價亦極騰貴招商承運不特出口爲難亦恐未能濟急臣等伏查
歷屆京師米價騰貴均蒙
天恩賞撥米石交臣衙門會同五城御史平糶以惠窮黎前如光緒二十四年
四月御史張兆蘭奏請平糶經戶部先後撥米四萬石光緒二十五年十一月
御史許祐身奏請平糶經戶部撥米三萬石各在案臣等再四思維惟有援案
懇請
恩施賞撥京倉米三萬石城內外設局平糶所收糶價查照向章解交部庫應

用經費卽於糶價內核實開支如蒙
俞允請
旨飭下戶部倉塲侍郎照數撥給臣等會同五城御史遴照認眞籌辦總期實
惠及民一面示禁奸民毋得囤積米石並勸諭米商果有存留米石則按戶悉
數赶售一俟米禁限滿則官商合力赶運民食充裕方足以上慰
宸廑所有遵
旨酌核平糶緣由謹繕摺具陳伏乞
皇太后
皇上聖鑒訓示謹
奏
光緒二十八年六月初一日具奏奉

諭旨順天府奏京師米貴請撥米平糶一摺著戶部撥給米三萬石交順天府
會同五城設局平糶餘依議欽此

遵　旨設立工藝局暨農工學堂大概情形摺

奏爲遵
旨設立工藝局暨農工學堂大概情形恭摺具陳仰祈
聖鑒事光緒二十七年十一月十八日內閣奉
上諭徐會澧陳璧奏察看工藝局情形據實覆陳一摺京師游民甚繁以教工爲收養實於生計有益著照所擬於京師內外城各設工藝局一所招集公正紳士妥籌創辦由順天府府尹督率鼓勵切實舉行朝廷准立工藝局意在養民不同謀利該兼尹等務當加意考求使工有所勸民有所歸方副國家實事求是之至意欽此又於光緒二十八年正月十七日承准軍機大臣字寄奉
上諭政務處奏遵議山西巡撫岑春煊奏請振興農工商業以保利權一摺農工商業爲富强之根本自應及時振興除商務已特派大臣專辦外其農工各

務即著責成各該督撫等認眞興辦查照劉坤一張之洞原奏所陳各就地方情形詳籌辦理並先行分設農務工藝學堂以資講習將此各諭令知之欽此

遵

旨寄信前來臣等伏維游民衆多正坐農工各務概未講求之故西人研究農工不遺餘力新理日闢獲利極豐中國視爲故常有志之士不屑措意業農僅者遵故老指授而已廣肥料選嘉種諸法未聞也業工者守高曾矩矱而已製機器精格致諸學未聞也以此窳敗之農工奈之何不貧且困乎是以小民終歲勤動往往事畜不完無籍之民習睹其法遂安於游手偷閑不事生產今欲振興農工創辦之初既可以游民充工作迨利益顯著趨者日衆游民自稀臣等奉命以來悉心考究參酌中西成法就目前財力所及先立工藝局並設農工學堂切實興辦謹爲我

皇太后
皇上分晰陳之工藝之事宜官助商辦臣等奉
旨後於外城下斜街購置寬敞民房一所又租賃數所並買毗連餘地擬添堂舍共計二百餘間所有先立各科如係南省專門工藝京師尚未仿造者則招集各該省工匠來京製造以廣其傳其京師已有之工藝尙當推陳出新者則招致良工益加考究以盡其量凡工執藝事十有六類均令一面作工一面授徒業於本年五月二十四日開工流匄中擇其少壯者亦量爲收留計口而授之以食因材而教之以勤此外仍當廣求門類續行增立此十餘項中易於仿造成本不至虧折者開局後卽行招商承辦其不易仿造必須籌墊成本者由官仍招匠教徒俟稍著成效再行招商承辦商辦之後官仍假以局所地場匠作器具並養贍藝徒犒賞工師該紳商等得此利益鼓舞樂從接辦一項則官

本減輕一分便可另辦他項工藝所教各藝徒分別年限卒業以學成之多寡定工師之殿最成材尤多者或給予功牌又於該局建設勸工場將局中製造各貨陳列縱人入觀至市面製成貨物有能獨出新意甚適時用者亦許送場陳列代爲銷售並給予優異商標執照能創製中國所無之藝事咨請外務部核驗酌給專利年限以示鼓勵京城工藝必能爭自磨礲力求精進其內城已定鐵獅子胡同房一所俟外城布置完善再行擴充分設以期教養窮黎臣等遵
旨設立工藝粗定基礎如此若仿照泰西辦法則必從聘教習選年少聰穎者教以物理學化學算學機器學繪圖學凡攻金攻木諸藝及辨別物料之法各種緊要製造之程式一一研求造就始廣惟現在各項考驗機器款絀未能盡購祗聘教習在局中教育藝徒每日限以時刻兼課識字習算繪圖及格致初

級之學俟經費稍裕徐圖充拓此工藝局中並設工藝學堂之大概情形也至於農務大利列爲本富禹貢辨土冀州爲上特農務家狃於舊聞蠶桑種植牧畜各類均無進步非地利不饒實人力未盡也臣等因經費難籌學堂未能分設就工藝局中騰出一區作爲農務學堂招集順屬各州縣才質聰穎通曉文字之學生延聘東洋農務教習課以農學選擇新出農書與北方相宜易於仿行者譯以淺近文法發交各州縣散給俾開風氣學生三年學成者給以文憑獎敘遣歸各屬更飭各屬試設勸農局即以農務學堂卒業學生駐局以善法傳授農民現就該學堂附近隙地及附城空曠處所試行考驗功效既彰歆動自易蠶桑一門永平府屬之遷安縣出絲頗旺該處與順屬接壤似易仿行擬廣購上等桑秧勸民試種教以樹桑之宜養蠶之術繅絲之工他如平谷涿州一帶產棉洵稱佳品尤宜推廣布種以保利權種植一門東南各州縣間有水

田西北各州縣素多樹果但求盡力開墾加意培植廣製肥料考究土宜若仿外洋鐵棒鎚井之法使農田別有水利不憂暵乾地鮮不毛民生自厚牧畜一門大至牛馬小及鷄豚飼牧得宜亦易孳息俾補耕田所不足以上農務創辦之始遇事見難實力行之當有收效之日此工藝局中並設農務學堂之大概情形也夫農工兩項外洋精益求精化瘠區爲沃壤轉游手爲良民今限於財力祇能以此先植其基兼營其事現愼選公正紳士及得力委員妥爲興辦如果經理得人進之以漸持之以恆數年之後民間必當改觀將來成效大著擬酌請獎敘用昭激勸其學堂中有穎異特出才識過人之學生仍送入順天中學堂一體考升以成大器京師爲首善之區開辦規模未便過隘現在所需經費臣於直隸督臣袁世凱解到順直善後賑捐內酌撥銀五萬兩常年用款擬由備荒經費項下按月支銀一千兩此舉係以教工養民爲宗旨於此兩項動

支名實正屬相符年終開單呈
覽請免造具細冊報部核銷恭候
命下遵行臣等惟有恪遵
諭旨志在養民不同謀利隨時親至該學堂局所督率鼓勵總期事有實濟款
不虛糜以仰副
朝廷勤求民瘼實事求是之至意此外未盡事宜仍當加意妥籌奏明辦理所
有遵
旨設立工藝局及農工學堂大概情形各緣由謹恭摺具陳伏乞
皇太后
皇上聖鑒訓示謹
奏

光緒二十八年六月初六日具奏奉

旨依議欽此

陳明教導女工倡辦紡織片

再查外國教工不獨男丁各執藝事且兼及女工即如上海紡紗繅絲火柴毛巾各廠女工亦多其中毛巾成本尚輕教法極爲簡易近來蘇浙等處仿製東洋木機織毛巾並能仿織粗細寬窄布疋行銷內地最廣京師貧家婦女游惰性成較各省尤甚若仿行織工亦足以厚民生而挽頹俗現由紳董沈鴻恩等招募善織毛巾及各項布疋之江蘇人朱姓全家男女來京選集女工以十餘人爲一班令其勤加教導二三個月即能畢業畢業後再招一班每年約可教成四五班一俟藝成者衆家喻戶曉互相傳授仍將朱姓全家咨送回籍惟需用木機非貧民所能自造擬由工藝局仿式廣製給民領回紡織俟風氣一開則減價銷售以補成本此項工藝因有婦女工作應飭該紳董在工藝局以外租賃民房借西城棲流所官房連爲院落另立一廠以示區別除移請西城御

史就近會同察核外並責成局員認眞稽查兼飭地面文武員弁隨時照料查順屬之普濟堂功德林五城之賑恤所各善堂均有女號房收養婦女此項教導女工事同一律亦擬准行唯須設法保護用符官助商辦新章臣等係爲籌濟窮民俾得自食其力並贊助紳董倡辦織工起見理合附片陳明伏乞

聖鑒謹

奏

光緒二十八年六月初六日具奏奉

旨依議欽此

遵　旨查明京師棉質粗脆織布局礙難創辦摺

奏為遵

旨查明京師棉質粗脆織布局礙難創辦恭摺覆陳仰祈

聖鑒事竊臣等於光緒二十八年三月二十七日承准軍機處片交軍機大臣

面奉

諭旨御史陳恆慶奏請於京師設立織布局一摺著順天府覆議具奏欽此欽

遵查原奏稱近年湖北等省已設有紡紗織布局北省為產棉之地順直一帶

產棉尤多每遇豐稔棉價至廉請

飭下商務大臣先行購買織布機器一分選派精於此藝者來京教習交順天

府擇地開辦廣集工匠專心學習並令細考其機器之鍵竅製造之法門不數

年後定能自造機器無須購自外洋等語臣等伏查湖北上海通州各處均設

有紡織廠遵即遴派講求製造之刑部主事工藝局紳董蔣芳增按照原奏各節前往各廠考察情形並飭令携帶北省棉花數種躬親試驗不厭求詳茲據覆稱現存各廠皆紡紗而不織布以織布之工倍於紗而售布之值不敵織工故不願枉費也上海華廠九洋廠二十有五所用之棉率仰給於通州貨少廠多利分而薄湖北一廠視上海爲優然銷路雖暢成本較昂惟通州本輕銷廣每歲獲利之豐遠過滬鄂以該處紡工甚衆産棉最多亦最良故也查棉質之良者以美利堅爲最其絨長至二十五分韌力可懸五鼇中國之棉通州爲上絨長者五分强韌力五鼇以上湖北之棉絨衹四分韌力較輕故通州上海之紗其細可紡至三十號湖北則不過紡至二十號若北省之棉不外綫花絮花二種綫花之絨有至二十一分者然其韌力不及二鼇質粗而脆入機易斷不克成紗絮花更劣長僅二分强懸一鼇則絕此種極多不合機器紡紗之用據

實稟覆前來臣維欲興紡織必先考棉質之優劣北省棉質粗脆既不合機器之用價值亦較南省爲昂則紡織無從措手若購自南省糜費更甚虧累尤多且一廠之費機器等項動須百萬金或數十萬金現在欵項支絀雖不敢以籌畫維艱遂畏難而自阻亦不敢冒昧從事致勞費而無功此織布局礙難創辦之實在情形也惟有勸興農學廣求棉種改變棉質爲將來試辦之根本耳所有查明機器織布局礙難創設緣由理合恭摺覆陳伏乞

皇太后

皇上聖鑒再派查之員周歷湖北上海通州各廠往返需時是以覆奏稍遲合併陳明謹

奏

光緒二十八年六月十四日具奏奉

旨知道了欽此

辦理平糶大概情形並開局日期摺

奏爲辦理平糶大概情形並開局日期恭摺具陳仰祈
聖鑒事竊於光緒二十八年五月二十四日軍機處片交軍機大臣面奉
諭旨御史關榕祚奏京師米貴請飭辦平糶等語著順天府體察情形酌核具
奏欽此欽遵臣徐會灃臣陳璧遵
旨體察京師米貴情形懇
恩賞撥京倉米三萬石開辦平糶以惠窮黎於光緒二十八年六月初一日覆
奏本日奉
旨順天府奏京師米貴請撥米平糶一摺著戶部撥給米三萬石交順天府會同五城設局平糶餘依議欽此欽遵並准戶部倉場撥定倉口知照前來當經臣等會同核議仍援光緒二十四二十五等年上兩屆平糶辦法委署順天府

治中史廷華爲總辦會同正任通州知州孫壽臣准補大城縣知縣現任順天府經歷邢兆英等總司分撥歷屆在順天府治中署內設立總局本屆酌改在順天善後局內辦理一切較爲節減並擇定正陽門外打磨廠普善粥廠崇文門外左安門大街玉淸觀宣武門外車子營廣惠寺東直門內北新橋報恩寺阜城門內西四牌樓西廣濟寺共設局五處分委署糧馬通判董開沅正任平谷縣知縣趙德元候補知縣于文光胡光泰何承謨會同五城委員揀發副指揮牛燊薛宏亮揀發吏目金朝儀南城副指揮高儀廷揀發吏目倪權林等辦理復派候補知縣畢承緗赴倉領米分運各局飭經總局詳議章程酌定價值於本月十五日開糶並嚴定零數限制不准躉售以杜奸商轉賣之弊此次部撥倉米三萬石一切運脚局費應請查照上兩屆成案仍由糶價開支事竣開單報部並將糶價易銀解歸部庫除由臣等隨時分往各局稽察並飭總局各

員督飭各分局認眞經理外所有現辦平糶大概情形並派員開局出糶日期謹合詞會陳伏乞
皇太后
皇上聖鑒謹
奏
光緒二十八年六月十八日具奏奉
旨知道了欽此

望嵓堂奏稿卷四

順天府　文廟歲久失修謹擬籌欵擇要修葺以崇正學摺

奏爲順天府

文廟歲久失修謹擬籌欵擇要修葺以崇正學恭摺具陳仰祈

聖鑒事竊維人才之盛衰由於學校之興廢未有學校不興而能正人心端士習者也京師爲首善之區學宮規制實爲天下學校所取法方今整興學務圜橋觀聽之所尤應隨時葺治以肅觀瞻查順天府學

文廟自光緒八年前任尹臣周家楣籌欵重修以後迄今二十年歲久失修風雨剝蝕雖照例歲修而限於欵項即補罅亦有未備至庚子之變不無損壞臣等每於朔望行香宣講

聖諭後敬謹查勘見有傾圮滲漏情形心焉憂之以欵絀未遑估計迨前日大

兩正座滲漏圍墻傾圮較前尤甚若再不亟加修治而因循遷延將來工程益大從事更難因於前月派員飭商擇要核實勘估所需瓦木灰石油飾一切工料擇其開價最少者計合十成銀一千零一十兩五錢臣親加覆估無異惟以現在戶部庫款支絀未便紛紛籲請擬於直隸督臣袁世凱解到善後賑捐款內如數劃扣提速興修並派滿學教授德壽逐日常川在學監工務期工堅料實輪奐一新以仰副

聖天子崇儒重道之至意至動用款目應請免其造冊報銷以省案牘所有撥用善後款項修葺

文廟以崇正學緣由理合恭摺具陳伏乞

皇太后

皇上聖鑒謹

奏

光緒二十八年七月初五日具奏奉

旨依議欽此

懇　恩開去會辦五城差使摺

奏爲天津已還時局大定懇

恩開去會辦五城差使各專責成恭摺瀝陳仰祈

聖鑒事竊臣於光緒二十七年秋間在中城御史任内渥荷

天恩累遷今職復經慶親王臣奕劻原任大學士臣李鴻章電奏保留會辦五

城事宜欽奉

諭旨允准溯城差蒞事以來前後三載奉職無狀嫌怨叢生責備既加分宜廢

棄乃

聖慈格外寬仁屢加曲宥臣雖木石亦知舍身圖報何敢稍形退避第五城責

任綦重職守各有專司臣謹就當日保留會辦之由與今日毋庸會辦之故爲

我

皇太后

皇上陳之庚子兵燹之後前三門外地面事繁各國分駐兵官照會均送中城辦理維時臣巡視中城聯絡各城設立總公所一區爲五城會議辦公之地交涉事件紛至沓來倚恃洋勢魚肉商民者實繁有徒而華人充當繙譯間有擾累閭閻其時臣與臣敬信臣那桐臣陳夔龍等日赴總理衙門公所與各兵官晤商地面事宜得以隨時伸說弊竇以故若輩多不得售其奸迨洋兵出都慶親王臣奕劻委臣接收地面募足練勇一千名以中城綜之巡防警察合力緝捕獲盜則寘之法地方漸靖而奸商攙和假銀爲害民間且顯立爐房字號紛紛向中城混稟妄干批准自餘佔據財産假公濟私之案不一而足臣皆一概峻拒而窮詰之由是罔利行私之徒方欲得臣而後甘心相與騰諸訾議播入報紙日有數條言官摭拾風聞據以入奏臣愚以爲乘此變亂之後必欲將從

前積弊痛予剷除非用重典繩峻法不足爲治故臣會辦之日愈久而府怨於人亦愈深臣一身何足惜但求於國事民事有益而已在王大臣因當日地面之事尚未就緒故奏請以臣會辦本一時權宜之舉而臣上感
主知下念民困即亦不辭勞怨引以自任臣非不知嫉惡過嚴乃身世招尤之道惟私念
聖明在上終必鑒臣愚忱故不敢偷一日之安而恤衆人之口今天津已還時局大定盜賊漸息交涉不繁況臣差務既多才具苦短撫躬循省在在疚心再四思維惟有懇
恩開去會辦五城差使以釋負荷而專責成至應如何分辦詞訟合辦緝捕事宜五城御史臣文瑔臣謝希銓臣茹泰臣陳田臣聯魁臣左紹佐臣連陞臣潘慶瀾臣成昌臣高枬必能和衷共權以濟時艱臣並無經手未完事件唯有歷

次獲盜出力各員紳應行奬勵之處請由五城御史等查明奏奬以昭激勸合
併聲明所有懇請開去會辦五城差使緣由理合恭摺具陳伏乞
皇太后
皇上聖鑒訓示謹
奏
光緒二十八年七月二十八日具奏奉
旨著照所請欽此

五城中學堂應否仍由順天府會同五城御史通籌辦理片

再臣創設五城中學堂經營規畫至今一年有餘其應用欵項除奏准酌提五城辦理地面經費外皆由直隸督臣籌濟自本年正月開課後歷經臣會同五城御史奏明在案現在房舍未完書籍未備儀器未購尙須極力併營臣前與五城御史會商公同邀約工部主事沈瑤慶刑部主事卓孝復戶部主事李毓芬出而贊助或充監督或充提調皆心術純正學術兼優辦事認眞臣與同鄉知之最深該員等以風氣初開經費支絀在堂辦事不敢支領薪水近因言者涉及學堂即欲遠嫌引去臣因學堂甫經辦有頭緒該員等正資得力未便遽易生手再三挽留今臣奏請卸辦五城事宜而此項學堂會同五城奏辦經年尙多未竟之事規模粗具尤待擴充應否仍由順天府會同五城御史通籌經理抑或逕交五城御史合辦之處出自

聖裁至五城中學堂與各省中學堂情形稍異遇有應行咨商管理大學堂大臣查核審定之件隨時隨事照章辦理以一事權而重學務合併聲明謹

奏

光緒二十八年七月二十八日具奏奉

旨仍著順天府會同五城御史妥籌經理欽此

賞給貧民棉衣實銀遵照奏定章程會陳請領摺

奏爲

賞給貧民棉衣實銀遵照奏定章程會陳請領恭摺仰祈

聖鑒事光緒九年三月二十八日稽察普濟堂功德林粥廠御史常慶洪良品

奏稱仰蒙

皇恩將五城例放棉衣錢文改作實衣經順天府派員赶製期限太迫擬請自

光緒九年起將例發棉衣銀兩於六月內由內務府撥欵墊發仍由順天府請

領分發在京各善堂具領早爲製備一俟辦齊由順天府五城委員驗查開放

如此辦理庶可從容置製備工堅價廉可以多製貧民益霑實惠等因一片奉

旨依議欽此欽遵辦理在案茲屆本年六月應照定章先期製備之時合無仰

懇

天恩飭下內務府查照歷屆成案將棉花實銀三千六百兩籌欵放給臣等庶得會同派員從容置備益期實惠及民理合恭摺會陳伏乞

皇太后

皇上聖鑒謹

奏

光緒二十八年八月初二日具奏奉

旨依議欽此

順天中學堂籌備經費以資逐漸擴充摺

奏爲順天中學堂籌備經費以資逐漸擴充恭摺具陳仰祈

聖鑒事竊臣衙門於光緒二十七年七月間奏明設立學堂先就府學內開辦

動用備荒經費荷蒙

俞允嗣因學舍不敷請將兵將局官房作爲學堂奉

硃批著照所請該衙門知道欽此本年四月准內務府移交前來臣等派員接收查該處房屋不合學堂規模兼有坍塌糟朽略爲修理復購買毘連民房數所以期擴充所有活支經費除前候補京堂李經邁助捐銀一萬兩外尚有不敷擬仍動用備荒及善後經費按屆截數報銷其常月經費亦應早爲區畫查管理大學堂大臣奏定宗室覺羅八旗中學堂章程每月經費銀三千兩欵目較鉅順屬實不易籌擬仿照五城中學堂試辦成案每月先畫定用欵一千六

百兩將來辦有成效逐漸擴充再由臣等請領經費以示鼓勵惟此項銀一千六百兩現用之數臣等再四商酌僅能於備荒善後各經費項下每月劃出六百兩以備應需其短絀之數臣等咨商直隸督臣袁世凱協力籌助旋准咨覆籌得常年經費銀一萬二千兩遇閏照加按月解銀一千兩接濟自本年八月爲始等因臣陳璧前設五城中學堂既賴督臣每月撥解一千兩始克集事奏明在案今又於順天中學堂認籌多資實屬力任興學顧全大局裨益良非淺鮮臣等仍當事事撙節實用實銷不敢稍涉虛糜其規模遵照管學大臣奏定中學堂章程切實開辦遇有應商管學大臣審定施行之處隨時咨明辦理仍分飭各州縣迅速興辦小學堂爲中學堂儲人才始基爲

國家廣作人先路所有籌備順天中學堂活支及常年經費各緣由理合恭摺具陳伏乞

皇太后
皇上聖鑒訓示謹
奏
光緒二十八年十月初六日具奏奉
旨知道了欽此

籌設金臺校士館片

再管理大學堂大臣奏定中學堂章程內開以十六歲爲入學堂之年又稱甫經創辦應予變通二十五歲以下學過初級普通者得入中學堂等因順天現設中學堂遵照頒定章程敬謹辦理其有志切嚮學年齡不合例者尚不乏人亦應宏其造就爲籌教育之途查京師金臺書院基址規模未備不合學堂之用擬由臣衙門籌銀一千五百兩略加修葺改爲金臺校士館查取直隸山東校士館章程切實舉行專課年長文優之舉人暨正途貢監生員如遇學問優長通達時務者酌量派往順屬各小學堂充當教習至書院現有經費僅直隸每年籌解六百兩又奏准當商捐欵新章年約匀分五百兩每月不及百兩擬於善後項下每月再籌一百兩作爲校士館常年脩脯膏火之資使學優年長諸生既導以嚮學之路復廣其樂育之方庶於古今中外政藝各門亦得優游

浸漬蔚爲
國家有用之才未始非補助學務之一端謹附片陳明伏乞
聖鑒訓示謹
奏
光緒二十八年十月初六日奉
旨知道了欽此

整頓京西保甲經收駝捐化私爲公改充巡警局經費摺

奏爲整頓京西保甲經收駝捐化私爲公改充巡警局經費以衛地方恭摺具

陳仰祈

聖鑒事竊查京西一帶地狹山多居民多畜駝馬馱運爲業民俗信祀馬王有倡爲馬王會以保護牲畜爲名散帖歛錢按戶勒派閭閻苦之而因利爲奸各地立會互相爭控遂成積訟之勢光緒十一年衙門口村紳董禀請設立保甲派員彈壓以杜爭端經前任尹臣周家楣批准並選附近紳董協同經理每年牧戶到局報捐凡駱駝一隻捐當十錢三千文馬牛一匹捐當十錢一吊五百文驢一頭捐當十錢九百文兩季交納用以僱募局勇保護馱運行之幾二十年斯地頗稱靖謐疊經前尹臣酌給外奬在案無如日久懈生官紳互諉防務漸弛捐欵虛糜而西山一帶齊家莊石港口等處山深箐密伏莽易滋在地棍

徒復勾結外來游勇肆擾地面業經飭屬會同營汛嚴拿懲辦刻屆冬防尤關緊要據西路同知林紹清代理北路同知吳畬宛平縣知縣趙炳文會同辦理保甲委員候補知縣吳友賢詳請舊有捐項改設巡警軍以資捍衛等情前來臣等竊維巡警之設不可緩經費之出不易籌查核該員等所擬就舊之捐目按章經收不加分文核實撙節改充巡警局經費通盤籌算約敷額立巡勇五十名之用酌派員弁訓練成隊協同紳董認眞巡緝尙屬可行擬即檄飭實力整頓責成西路同知宛平縣知縣隨時稽查其辦理巡警員紳果能始終勤奮仍由臣等酌給咨獎以符向章而示鼓勵以地方之欵辦地方之事以舊時之捐項爲民間之實用小民既已樂輸十八載今可養勇數十名一轉移間化私爲公於捕務實有裨益其按季收捐錢欵以錢易銀解交臣衙門盈安庫專欵存儲按月由員紳具領支用臣等不拘年月加委廉明之員到局稽察務使涓

涵歸公以昭核實仍請免其造册送部以歸簡易其未盡事宜隨時酌核籌辦所有整頓京西保甲經收駝捐化私爲公改充巡警局經費緣由謹會同護理直隷總督臣吳重熹合詞恭摺具陳伏乞

皇太后

皇上聖鑒訓示謹

奏

光緒二十八年十月十七日具奏奉

旨知道了欽此

議奏各城司坊各官分辦詞訟合辦緝捕並請將巡城御史改爲三年一任摺

奏爲遵

旨會同議奏事光緒二十八年七月十八日准軍機處片交巡視中城御史文瑔等奏請將中城副指揮各城吏目專管勇局分辦詞訟合辦緝捕一摺奉

旨政務處會同都察院核議具奏欽此並抄錄原奏傳知前來臣等查原奏內稱前年秋間經慶親王臣奕劻劄飭五城辦理地面事務必須不分畛域一體會同辦理是爲五城合辦之始設立公所審理詞訟規復勇局整理緝捕均奏明有案去年七月間升任中城御史臣陳璧經全權王大臣奏准會辦五城事宜復經會商凡詞訟案件查明向章分城審理督勇捕盜仍沿合辦之法原設之總公所一處爲五城合辦地面事宜會議之所並以合辦緝捕之事擬請毋庸裁撤其公所四處爲各城分理詞訟訊案之所一時亦難遽撤等語臣等查

五城地面詞訟繁多向章司坊各官衙門只准敘供錄詳無論大小案件均解
城訊結前兵燹時詞訟暫歸五城合辦本一時權宜之計今計分城審理自應
仍照向章解城訊結庶無流弊惟司坊官中賢否不一應飭巡城御史認眞稽
察若實有聲名素劣之員隨時指參毋得徇縱至設立練勇始於同治八年由
每城五十名增至二百名現共一千名按段彈壓會緝盜賊較之從前分城捕
盜尤爲得力應請
飭下五城御史督率委員哨官認眞巡警以靖地方其總公所爲五城會議之
所嗣後毋庸議撤分公所係各城審理詞訟應俟各衙署修竣後再行各歸本
署辦理其所請分辦詞訟合辦緝捕仍在各公所辦事各節尙屬妥協均擬照
准又原奏內稱坊官承緝盜竊案件全用捕役積弊過深現在五城正指揮衙
署除酌留各地段總甲數名承查命案外捕役全行裁去所用緝捕專用練勇

不分城而分段傳案解犯亦用弁勇弊竇尙少擬將各城實缺吏目專充各城勇局坐辦職司緝捕不准承辦詞訟中城副指揮派充練勇局領辦各城正指揮專理命盜各案一切詞訟均令其錄供詳解外坊副指揮仍照舊制遇有命盜移司驗詳其城外詞訟就近錄供詳解仍飭令司坊各官赴山東道呈報盜竊各案以憑稽察惟捕役裁汰二年之久相安無事所有追比捕役一節請毋庸議等語臣等查正指揮秩正六品係正印官專司命案逃兇并經理詞訟副指揮秩正七品吏目秩未入流係佐貳官承緝逃盜不准擅受民詞載在

欽定臺規該御史等既議不准吏目擅受民詞專司緝捕原爲整頓地方起見第吏目流品甚雜自愛者少從前豢養捕役多名於緝捕之外尙有擅受詞訟其流至不可究詰自前年開辦公所後實缺吏目即不令辦事迄今計已兩年若復派辦勇局帶勇緝捕必至仍前滋弊徒擾居民與其留一擾累多事之冗

員曷若盡行裁去臣等公同商酌擬將五城兵馬司吏目五缺一併裁撤實缺則交部照例對品銓選候委則准其對品分發其在部候選者亦准對品改選以示體恤所有各城命盜詞訟案件責令正指揮錄供詳城訊結東南西北四城副指揮分防關外遇有命盜移司驗詳其詞訟就近錄供詳辦中城副指揮係駐城內未便仿照外坊辦法一切詞訟既由正指揮訊詳中城地面五城雜處最稱緊要從前原有以副指揮幫同照料之案現中城副指揮既駐城內即令幫同照料至各勇局坐辦幫辦應由該御史等於到城候委之正副指揮內公同揀派樸實耐勞之員遇有盜案責令承緝仍照向章呈報應行稽察各衙門辦理限滿無獲查明撤參局勇當差三年無過照章獎叙至於捕役業經裁汰二年之久吏目亦議裁撤其招充追比一節自應毋庸置議其有未盡事宜應由五城御史奏明辦理抑臣等更有請者御史巡城關繫緊要必須品行端

方聽斷明允之員方能稱職若一年差滿卽行更換地面情形甫將熟悉遽爾交卸似非所以重公事而重地方恭讀

欽定臺規從前巡城有三個月一換六個月一換者康熙十五年都察院題奏京師乃五方雜處之地御史巡城正在訪詢民隱究察奸宄之際未幾而差滿更換嗣後滿漢御史巡城應一年一換又雍正元年奉

上諭都察院堂官不時訪察該御史內有聲名不好者不必待一年量其輕重或題參革職或降級或撤回本衙門其聲名好者卽行保留巡城二三年欽此

臣等尋繹

聖謨足見巡城御史整理地方必久任方能奏效擬請嗣後改爲三年差滿更換若辦理未能妥協仍由都察院查明隨時撤換如蒙

俞允現在巡城各御史核計到差留差年限由都察院遵照新章辦理以期有

裨地方各盡職守是否有當恭候
聖裁所有遵
旨會同核議各緣由謹合詞會陳伏乞
皇太后
皇上聖鑒訓示施行謹
奏
光緒二十八年十月二十五日具奏

續請紳辦藍靛廠粥廠懇　恩賞給米石摺

奏爲續請紳辦藍靛廠粥廠懇
恩賞給米石以惠窮黎恭摺具陳仰祈
聖鑒事竊臣等准巡視五城御史咨稱據西城副指揮沈銘新呈據藍靛廠紳董薩布漢等稟稱京畿人民繁庶自兵燹後率多失業五城雖設粥廠無如老弱婦女携抱童孩黑夜卽赴粥廠奔到日已三竿太早則嚴風凛冽稍遲則粥已放完竟抱空缶號泣而歸紳等土居斯地目睹斯艱實難坐視請在本街設立粥廠一處俾附近窮民得以就食懇祈按月給米試辦五六月至應用傢具薪夫由紳等捐備等情並另咨請援城外普濟堂功德林蘆溝橋等處粥廠成案應由臣衙門奏請轉咨核辦前來臣等伏查藍靛廠地居京西旗民萃聚庚子兵燹各處迭被蹂躪迄今元氣未復貧民生計維艱自係實在情形查光緒

二十五年通州紳董因回民失業請設清眞寺粥廠曾經倉場會臣銜門奏蒙
恩賞通州清眞寺回民粥廠粟米在案茲據藍靛廠紳董擬設粥廠請撥米石
情事相同合無仰懇
天恩賞撥藍靛廠粥廠粟米三百石俾得煮粥施放以惠窮民而廣
皇仁應需經費即由該紳等自行捐備仍由臣等隨時委員稽查以昭核實所
有續請藍靛廠紳辦粥廠懇請
賞給米石緣由理合恭摺具陳伏乞
皇太后
皇上聖鑒訓示謹
奏
光緒二十八年十一月初五日具奏奉

上諭順天府奏請賞給米石一摺京師西直門外藍靛廠設有粥廠加恩著賞給粟米三百石由順天府具領發交該處紳董煮粥散放以惠窮黎欽此

援案續請通州清眞寺回民粥廠賑米以濟窮黎摺

奏爲援案續請通州清眞寺回民粥廠賑米以濟窮黎恭摺具陳仰祈

聖鑒事竊查通州濱臨河道本係水陸衝途境內居住回民多無恆產向年惟恃南省貨物由船載至通州一切落地下棧回民藉此食力自南省貨物改由

天津鐵路運京回民多有失業曾經倉場督臣會同臣衙門於光緒二十五年十月十六日附片奏懇

天恩賞給通州清眞寺回民粥廠賑米二百石奉

上諭另片奏添設通州清眞寺回民粥廠請撥賑米等語

加恩著賞給該廠粟米二百石以惠窮黎欽此欽遵在案本屆據通州知州詳稱通州王恕園等處各粥廠粥米共一千五百石外添給清眞寺回民粥廠粟米二百石懇請具奏等情前來臣等檢查成案通州王恕園等處粥廠及煖廠

棲流所共米一千五百石前經奏明作爲常年定例惟淸眞寺回民粥廠僅有光緒二十五年一次奏請賑米二百石嗣後並無續請成案非王恕園等處作爲常例者可比謹查臣衙門於光緒二十年十一月二十二日欽奉

諭旨順天府奏請賞敬節會善堂米石等語此次著照所請賞給倉米三百石交順天府給領嗣後仍著於廣仁堂所請米石內酌量分撥此外善堂均不得於年例請賞外逐漸加增以示限制欽此此次淸眞寺回民請賞米石核與敬節會之案相符既奉

諭旨在先自應撙節辦理是以回民粥廠米二百石未經隨案續請茲復據署通永道王仁寶詳稱通州地面自遭兵燹以後漕糧改行窮民失業現値嚴寒哀鴻滿目殊堪憫惻雖設有王恕園等處粥廠僅能拯救貧苦漢民而回民尤多窮困仍請設立回民粥廠等情臣等伏維庚子之變以通州地方蹂躪爲最

漢民既藉粥廠得以存活回民自應一視同仁合無仰懇
天恩賞給通州清眞寺回民粥廠粟米二百石俾資煮放以惠貧困而廣
皇仁所有臣等援案懇請續撥粥米緣由謹恭摺具陳
伏乞
皇太后
皇上聖鑒訓示謹
奏
光緒二十八年十一月二十一日具奏奉
上諭順天府奏請賞給粥米一摺通州清眞寺粥廠收養回民甚衆著賞給粟
米二百石以惠窮黎欽此

各省歷欠備荒經費懇　恩飭下各督撫速籌清解以恤民艱摺

奏爲各省歷欠備荒經費懇
恩飭下各督撫速籌清解以恤民艱恭摺具陳仰祈
聖鑒事竊查順天應需賑撫款項向恃江蘇安徽福建浙江四川江西湖南湖北廣東廣西十省每年各解備荒經費銀一萬二千兩遇閏各加銀一千兩又湖南省每年另解漕折銀七萬二千三百餘兩到部以供提支按年報銷曾經
奏蒙
恩准無論何項要需此款槪不改撥欽遵在案仰見
聖恩俯恤災黎無微不至各直省督撫宜如何推廣
皇仁以培根本乃自庚子年起所有備荒經費除江西省將光緒二十六七兩年銀兩解齊外如廣東省僅將二十七年銀兩批解四川省僅解銀五千兩江

蘇省僅解銀九千兩安徽省僅解銀六千兩福建省僅解銀三千兩浙江湖北廣西則竟絲毫未解至湖南亦僅於漕折項下解到三萬二千三百餘兩其常年應解一萬二千兩亦未報解兵燹以後臣衙門庫儲蕩然一切賑撫善後各事宜較從前被災更重需款尤鉅而解數轉見寥寥順屬又無別項可籌去年冬撫及本年春撫幸有直隸分撥順直善後賑捐之款以資接濟稍紓災民目前之急今已停捐自屬無可協助而此項賑撫

畿輔百姓視為

恩膏歲逮之舉若任各省將原有之的款紛紛欠解賑撫一事勢必無以慰民望且北地民多無業饑寒一迫甚易流為盜賊設遇水旱偏災更不可無以善其後此臣不能不思患預防也前經臣等咨催各督撫多以賠款為辭豈知

京師為根本重地賑撫實弭盜要圖各疆臣舍此不顧顯存畛域則此非臣之

所敢知矣應請
旨飭下江蘇等十省各督撫臣先將二十八年及以前欠解備荒經費並湖南漕折銀兩務於二十九年三月以前解清其應解二十九年分備荒經費及漕折銀兩務於七月以前一律解到以備要需嗣後仍應各遵定章年淸年欵如數解交戶部專備順天賑撫善後各要需提用則災民得以及時拯救庶可消患於無形民生幸甚地方幸甚除咨戶部查照外所有各省歷欠備荒等欵請
飭速籌淸解各緣由謹恭摺具陳伏乞
皇太后
皇上聖鑒訓示謹
奏
光緒二十八年十二月二十三日具奏

請　旨飭下湖南撫臣將漕折銀兩按年撥解片

再查順屬賑撫善後事宜專恃江蘇等十省應解備荒經費及湖南省漕折銀兩以資接濟前准湖南撫臣俞廉三咨稱湖南省漕折一項因戶部指撥一十六萬兩抵還洋欵所餘不敷撥解順天備荒之數所有光緒二十七年應解順天備荒漕折無從籌措咨覆前來臣等伏查此項備荒漕折爲數無多從前偏災薄欠尚不敷用兵燹之後災歉頻仍若再少此的欵勢必愈形竭蹶前經臣等奏明江蘇等十省無論何項需用概不改撥順天備荒漕折兩款仰荷

聖恩允准乃湖南獨以抵還洋欵爲辭殊不知京師爲根本重地民生凋敝需欵尤殷順天本無的欵可籌若各疆臣均以賠欵爲辭紛紛改撥賑撫一項無可措手於地方實有窒礙除二十七年分湖南漕折銀兩業已抵撥應毋庸議外相應請

旨飭下湖南巡撫臣仍自二十八年爲始將漕折銀兩按年撥解以濟要需嗣
後無論何項需用概不准再行動撥應解順天備荒漕折銀兩以廣
皇仁而培元氣臣等爲顧全大局起見是否有當理合附片具陳伏乞
聖鑒訓示謹
奏
光緒二十八年十二月二十三日具奏奉
上諭順天府奏各省歷欠備荒經費請速飭通籌淸解各摺片順天應需賑撫
各欵向恃各省籌解備荒經費近年各省欠解甚多竟有絲毫未解者現在需
欵孔亟著各該督撫將前欠銀兩迅速淸解其湖南漕折銀兩應自本年爲始
按年報解不得稍有蒂欠以濟要需欽此

修葺京師左翼節孝祠片

再京師左翼節孝祠建造在內城霞公府地方向由臣衙門典守前經原任直隸督臣李鴻章籌欵修葺在案庚子之變被義國兵隊蹂躪殆甚至交還地面後該國兵一哨尚借住未撤光緒二十八年十二月初一日准外務部函稱義國兵於是日徙去交臣接收臣親往查看祠中神龕供桌門窗隔扇蕩然無存牆垣改樣牌坊傾斜自應略加修葺以重典祀派員督飭廠商核實查估應用銀一千四百八十一兩五錢此項無欵可籌擬於臣衙門善後經費內提用俟

命下之日趕緊興工修竣以便節孝各家屬祔主入祠洗前此之兵氛振一時之正氣並請免其造册報銷以歸簡易是否有當謹附片具陳伏乞

聖鑒謹

奏

光緒二十九年三月初四日具奏奉

旨依議欽此

陳報順天中學堂分科講授延聘中教習片

再順天中學堂於光緒二十七年借府學內試辦兼習英文東文因經費過絀所聘西東文教習均未甚得力二十八年秋間移設兵將局官房添購民間房屋稍加修理置備儀器等件略具規模每月籌劃常支經費銀一千六百兩其活支經費動用備荒善後各項歷經奏明在案恭查奏定中學堂章程第二章第一節內載各科學均由中教習講授惟外國文一門必用外國教習或以中教習之通外國文者副之將來各學堂通外國文者漸多中學堂教習卽可輟聘西人以省經費所習外國文以英文爲主法文日文任擇一國兼習各等因茲該學堂另聘漢文教習舉人陳鴻章等五員課以各科普通學幷聘定中國人之精通英文者英國學堂畢業生分省補用知縣王劭廉等五員分班專課英文及算法格致體操諸學該員等品學兼優循循善誘戒諸生勿染惡習恪

守學規教導頗有頭緒所有東文一門暫不兼課庶免紛營將來英文畢業經費籌充之時或任擇法文等學以資兼習而符定章是否有當謹附片具陳伏

乞

聖鑒訓示謹

奏

光緒二十九年四月初八日具奏奉

旨知道了欽此

援案懇　恩加撥米石接續平糶摺
奏爲前次
賞撥倉米一萬石接續平糶現又將罄再行援案懇
恩加撥倉米二萬石以濟貧民恭摺具陳仰祈
聖鑒事竊維京師糧價昂貴上年經臣徐會灃臣陳璧奏准提撥備荒經費項
下銀兩購運白米一萬石於本年正月十六日開局平糶復備價購買倉塲奏
准變價米石以資接濟嗣因存米無多閏五月二十六日臣徐會灃臣陳璧復
奏請
賞撥倉米一萬石會同五城御史接辦平糶蒙
恩俞允在案臣等遵於已設城外之中局南局城内之北局接續平糶外又於
城外之廣渠門添設東局城内之西四牌樓添設西局遴員分辦於六月初十

日亦已開糶每斤收價當十京錢三百文祇因夏間得雨較遲市上糧價未落各局就糶貧民有一萬餘人每日糶米至三百三十四石之多約計扣至七月初十日前後又將糶罄值此青黃不接之時礙難遽止臣等公同商酌勢不能不援案辦理以拯嗷鴻伏查上年六月間因米價昂貴經臣等奏懇
賞撥倉米三萬石糶至九月十五日始行截止本年現請倉米一萬石平糶原冀糧價稍平即可撤局無如糴米人衆甫經一月卽將告罄合無再懇
天恩加撥倉米二萬石俾資分運各局接續平糶一俟秋收登場糧價平減卽行截止如有餘賸仍照去年成案截留存倉所收糶價解部一切經費亦照章於糶價內核支事竣彙案開單奏銷應請
旨飭下戶部倉場各衙門照數迅速撥給仍由臣等會同認眞經理務期實惠及民仰慰

朝廷軫念民依之至意所有前請平糶米石將罄再行援案懇
恩加撥倉米以濟貧民緣由謹恭摺合詞具陳伏乞
皇太后
皇上聖鑒訓示謹
奏
光緒二十九年七月初八日具奏奉
旨依議欽此

補授商部右侍郎謝恩摺

奏爲恭謝

天恩仰祈

聖鑒事七月十六日內閣奉

上諭現在振興商務應行設立商部衙門商部尚書著載振補授伍廷芳著補授商部左侍郎陳璧著補授商部右侍郎應辦一切事宜著該尚書等妥議具

奏欽此伏查泰西立國首重工商

朝廷屢簡大臣布列中外顧始設通商衙門乃邦交之總匯繼復考求商務爲

疆吏之兼銜中國物產豐盈商情踴躍

俯從羣議特設專官當茲締造之初尤屬觀瞻所繫何圖重寄逮及菲材臣臺

省歷官都畿縣尹迭蒙

拔擢未效涓埃惟有勉矢愼勤詳加考察與尙書臣載振等和衷商辦期漸振興以冀仰答

高厚鴻施於萬一所有微臣感激下忱謹繕摺叩謝

天恩伏乞

皇太后

皇上聖鑒謹

奏

光緒二十九年七月十七日具奏

請　賞給順天中學堂及工藝局圖書集成摺

奏爲請

旨賞給石印圖書集成以資觀覽而裨學務恭摺具陳仰祈

聖鑒事竊臣等恭查光緒二十八年十月二十九日軍機大臣面奉

諭旨劉坤一等奏石印圖書集成存儲尚多請旨辦理等語著即進呈二十部派員解京並賞給每省一部發交學堂以資觀覽其餘解交外務部收存候旨頒發欽此欽遵在案臣等竊維順天中學堂開設伊始擬廣購書籍以備學生課餘流覽並工藝局附立學堂一區略仿學堂辦理無非使諸生考驗實學以求有用如天文地輿種植收養以及算學測量製造之類必先粗涉門徑具有根柢而後始入大學堂認習專門惟現在堂中所儲各種書籍多有說而無圖足以佐理想不足以攷形式至於各家雖有箋釋要皆一知半解無補見聞片

幅零篇祗呈匡略是則圖書集成一書博物家所奉爲初祖而藏書者所寳爲奇珍也查是書現存外務部有四十餘部相應籲懇
天恩頒給順天學堂及工藝局圖書集成各一部如蒙
俞允俟
命下之日卽由臣等備咨派員赴部請領以便轉發各學堂俾得薈萃羣書研求新理以仰副
朝廷振興學務之至意所有請
旨賞給石印圖書集成緣由理合恭摺具陳伏乞
皇太后
皇上聖鑒訓示謹
奏

光緒二十九年七月二十日具奏奉
旨著照所請由外務部頒給欽此

請　賞給五城中學堂圖書集成摺

奏爲援案請
旨賞給石印圖書集成以資觀覽而裨學務恭摺具陳仰祈
聖鑒事竊臣等恭查光緒二十八年十月二十九日軍機大臣面奉
諭旨劉坤一等奏石印圖書集成存儲尚多請旨辦理等語著即進呈二十部派員解京并賞給每省一部發交學堂以資觀覽其餘解交外務部收存候旨頒發欽此欽遵在案臣等維五城中學堂開設將及兩載陸續置備各種書籍不下萬卷分爲經史子集四門編成目錄近復向外國採購史學哲學算學等書取其切於教科足與中學相發明者亦數千卷別構一室藏之原以供教習諸生課餘流覽講習之用惟是載籍極博而藏書貴多圖書集成一書實薈萃羣籍而天下所奉爲至寶也查是書現存外務部有四十餘部業經順天府兼

尹臣徐會澧等奏奉
諭旨頒給順天中學堂及工藝局各一部竊以五城中學堂爲國家育才而設
事同一律相應援案籲懇
天恩頒給圖書集成一部如蒙
俞允俟
命下之日即由臣等備咨派員赴部請領發交該學堂敬謹收藏俾諸生藉以
擴見聞而植根柢以仰負
朝廷振興學務之至意所有援案請
旨賞給圖書集成緣由理合恭摺會陳伏乞
皇太后
皇上聖鑒訓示謹

奏

光緒二十九年七月二十九日具奏奉

旨著照所請由外務部頒給欽此

補刻順天府志片

再順天府志書自光緒十二年經前府尹臣周家楣重修板存署中二十六年被兵板片殘毀亟應將板片修補完整以備徵考業經臣等招匠補刻齊全刷印成書分發各屬共計工料用銀四百七十兩在臣衙門善後賑餘項下提撥列於年例報銷開除理合附片具陳伏乞

聖鑒謹

奏

光緒二十九年七月二十九日具奏奉

旨知道了欽此

工藝局兼辦農務漸著成效請續撥經費以資擴充摺

奏爲工藝局兼辦農務漸著成效請續撥經費以資擴充恭摺具陳仰祈

聖鑒事臣光緒二十八年六月初六日具奏遵

旨開辦工藝局大概情形摺內陳明所需經費在直隸督臣袁世凱解到順直善後賑捐欵內撥銀五萬兩常年用欵由備荒經費項下按月支用一千兩等因奉

旨依議欽此欽遵在案臣等竊維歐美各國商政首重公司而該局所辦農務工藝爲今日商業之基礎實異日公司之權輿開辦以來募致外洋外省專門工師來京分科製造器物教習藝徒所設各工科多係京中未有之藝事鑿井鐵工二科爲農務之要用織工則洋毛巾一科斗紋布一科漆工則畫漆一科雕漆一科木工則華式洋式木器各一科籐工則華式洋式籐器各一科洋式

固爲洋人所合用而繡工科箱工科鐫磁工科間亦仿製洋式至於胰皂科玻璃工科爲抵銷洋貨之最玻璃原質有硬石軟石二種產於順屬房山縣所有硝礆灰煤各料取材近畿廣東日本各匠通力合作若再招集鉅商設立公司利源尤大又在
南苑領出荒地招農開墾助以官本考究種植收養之法現在各工科招商認辦者多地畝亦已陸續招墾其注意尤在購農具選種籽近水之處先開稻田教以種法餘種葡萄桑麻備他日釀酒繅絲打索各公司之用就此已成之局招徠商董分辦農工予以利益當更樂從自開局後起蓋廠屋購買地畝採辦質料佽助官本一切費用已逾前領五萬兩之數其不敷之欵由臣等籌墊接濟竊以京畿閒民之多非從農工實業辦起無以裕生計而濬利源臣壁迭次召見荷蒙

天語垂詢仰見
聖懷軫念民依無時或息臣等敢不實力整頓以期上慰
宸廑現該局辦有頭緒亟應寬籌經費以圖經久擬再由直隸總督臣解到善後賑捐欵內續撥銀五萬兩以其半抵還墊欵以其半留待擴充將來公司多立商業日興使在地貧民從事農工得以自食其力此亦順直善後極要之事如蒙
俞允臣等當即欽遵辦理至局中用欵仍按屆開具清單呈
覽免其造册報銷以省煩擾所有工藝局兼辦農務續請撥欵擴充緣由理合恭摺具陳伏乞
皇太后
皇上聖鑒訓示謹

奏

光緒二十九年八月初六日具奏奉

旨依議欽此

擇地建祠奏聞請　旨摺

奏爲擇地建祠奏

聞請

旨事光緒二十七年十一月十三日奉

上諭朕欽奉

慈禧端佑康頤昭豫莊誠壽恭欽獻崇熙皇太后懿旨奕劻等奏據呈爲已故大學士功德在民請建專祠一摺李鴻章懋建殊勳安定疆宇已准於原籍及立功省分建立專祠茲據奏請京師建立專祠漢大臣尚無此曠典惟該大學士功勳邁常自宜逾格加恩以示優異李鴻章著於京師建立專祠列入祀典由地方官春秋致祭用示篤念藎臣至意等因欽此二十八年二月二十九日禮部以該大學士係屬漢員尚未辦有成案具奏請

旨淮軍機大臣片交軍機大臣面奉

諭旨本臣禮部奏已故大學士李鴻章建立專祠請旨遵行一摺著順天府建造典守欽此臣等欽遵辦理先行相度地基據故大學士之子候補四品京堂李經芳三四品京堂李經邁等呈請將坐落崇文門內總布胡同住宅一區交出改造臣等親往查勘周圍丈尺尚足敷用惟祠堂規式與住宅不同均應拆卸修蓋以符定制估計工料約需銀四萬餘兩又據李經芳李經邁等呈稱前

蒙

恩賞銀五千兩敬謹存儲以備建祠之費通盤合計不敷之數尚多近來各省

勑建專祠均由故員家屬親故捐修不支官欵故大學士久勞征伐戰功懋著南北各省俱有專祠籌欵已屬不貲業經先後竭力舉辦京師專祠自前年奉

旨至今已及兩年現僅籌有地基營造尚需鉅欵竊維京師專祠之設本屬曠

代

殊恩在

國朝不過數家而漢臣尤爲異數從前如額勒登保褒忠祠等曾蒙

先朝恩施特沛發帑庀材李鴻章光輔

中興削平巨寇往年京師之釁事機萬緊故大學士與慶親王奕劻同拜全權

大臣之

命仰承

慈訓遠秉

宸謨協力同心維持大局疊蒙

懿旨稱爲忠誠堅忍力任其難

宗

社復安朝野攸賴是其功績固遠過於額勒登保諸人京師建祠尤爲中外各
國觀瞻之所繫况漢大臣膺茲鉅典本無成例可循合無仰懇
天恩賞撥部欵一萬兩以資創造其餘不敷之數該家屬自行捐集仍由臣衙
門督飭廠商估定切實錢糧再行繪圖呈
覽如式蓋造俾得早日觀成以副
聖朝篤念殊勳逾格從優之至意理合繕摺陳請伏乞
皇太后
皇上聖鑒訓示謹
奏
光緒二十九年八月初六日具奏奉
旨依議欽此

請　賞給工藝官局每月粟米片

再臣衙門初立工藝官局之時招募技師教導藝徒尚未及安插流丐及竊犯充當工役兩事光緒二十八年六月初六日經吏部尚書臣張百熙都察院左都御史臣陸潤庠具奏開辦醫局摺內聲叙給事中吳鴻甲所請安插流丐擇其強壯可用撥入工藝局各等語本日奉

旨依議欽此臣等欽遵辦理已有年餘又五城御史自二十八年以來所有屢次犯案之竊犯陸續移送工藝局充當工役查此項窮黎到局後養而兼教食粟實多茲據工藝局員禀稱現在局中收養人數日有加增每日需米近弍石均係長年需用比之各粥廠需米較多若仍於常月經費內動支轉恐於擴充工藝力有未逮禀請援照五城辦理西珠市口長年粥廠及梁家園長年賑恤所成案奏請

賞給米石等情前來臣等伏查京畿官辦粥廠及各善紳公所收養貧民每年需用米石經臣衙門奏請迭蒙渥沛恩施此項貧民比較各粥廠養而未教者尤勝一籌可否援照五城長年粥廠並長年賑恤所之例賞給工藝局内貧民粟米每月六十石以資教養之需出自鴻慈逾格俟命下之日由臣等咨照商部轉飭該局照章領發以廣皇仁理合附片具陳伏乞聖鑒訓示謹奏

光緒二十九年九月初一日具奏奉

旨著加恩每月賞給粟米六十石欽此

轉補商部左侍郎謝恩摺

奏爲恭謝

天恩仰祈

聖鑒事本月二十七日內閣奉

上諭陳璧著轉補商部左侍郎欽

命之下感悚莫名伏念臣猥以庸愚久叨驅使疊

拔擢未効涓埃珥筆諫垣旋驟遷於京尹濫竽政地更從事於理財前當商部

之初開又荷

聖慈之特簡茲復仰承

恩命俾晋班資雖職司無異於舊新而行走已分於先後一階一級莫非

高厚之施亦步亦趨益懍虔恭之志所有微臣感激下忱謹繕摺叩謝

天恩伏乞

皇太后

皇上聖鑒謹

奏

光緒二十九年十一月二十八日具奏

會辦五城練勇局事宜謝恩摺

奏爲叩謝

天恩恭摺仰祈

聖鑒事十二月二十七日准軍機處片交軍機大臣面奉

諭旨五城練勇局事宜仍著陳璧會同五城御史辦理欽此聞

命之下感悚莫名伏念臣猥以庸材久叨驅使疊蒙

恩遇未效涓埃屬以時事多艱邊庭未靖方且議防地面思策良圖迺復仰荷

天章仍循舊事查五城爲烟稠戶密之區練勇乃戢暴安良之舉前塵未遠敢云駕輕就熟之能庶務雖繁彌切絜領提綱之意所有督率練勇巡防緝捕事宜臣惟有矢慎矢勤與各城御史臣貴秀等不分畛域竭力通籌不敢以事屬兼理稍涉因循以期上慰

聖主整飭防務慎重地方之至意所有微臣感激下忱理合繕摺叩謝
天恩伏乞
皇太后
皇上聖鑒謹
奏
光緒二十九年十二月二十八日具奏

籌辦五城防護事宜請撥經費添募練勇摺

奏爲籌辦五城防護事宜擬請撥經費添募練勇以靖地面恭摺具陳仰祈

聖鑒事光緒二十九年十二月二十七日軍機處交片軍機大臣面奉

諭旨五城練勇局事宜仍著陳璧會同五城御史辦理欽此欽遵臣等竊維日俄失和用兵密邇東境中國雖守局外中立之例而京師重地巡防保護尤宜加意籌維臣等所轄之前三門外地面遼闊人烟稠密加以各國教堂醫院及洋商散處各處當此警報頻聞誠恐匪徒土棍乘機煽惑藉端生事殷鑒不遠自應力加防護以期消患無形查練勇之設實具警察規制爲內政中之一要圖五城原有額設練勇一千名城廂內外分段紮街巡夜尚在不敷分布又司坊捕役前經裁撤詞訟傳案亦歸勇丁實有鞭長莫及之勢臣等公同商酌援照歷次設防募勇成案擬招募練勇五百名添立巡局五所每局分練勇丁一

百名挑選額設洋操勇丁二百名作爲游弋之隊專備巡防保護其餘額勇汰弱補强仍按舊章辦理分紥各城地段不足原額自應以新招之勇充補並調派員紳分理各事督同哨弁認眞防護所需經費仍照五城向章添募勇丁五百名每月請領薪糧銀二千五百五十兩臣等已電商直隸督臣袁世凱並商允神機營王大臣借撥新式鎗枝應用尙有軍衣皮帶靴帽繩笛各件用欵不貲擬查照成案請加領薪糧一個月以資置辦逐漸敎以警察規則以期一律整齊幷與步軍統領所管之營汛提督姜桂題所統之武衛軍聯爲一氣互相援應總期地面安謐以仰副

朝廷綏靖閭閻保商衛民之至意如蒙

俞允應請

旨飭下户部自本年正月起將添募練勇五百名每月應用薪糧銀二千五百

五十兩按月照數給領幷加撥薪糧銀額一個月以備置辦軍裝年終另案開單奏銷一俟日俄事定此項添募各局勇數卽行奏請裁撤以節經費其未盡事宜容臣等隨時奏明辦理所有籌辦五城防護事宜請撥經費添募練勇各緣由謹合詞恭摺具陳伏乞

皇太后

皇上聖鑒訓示謹

奏

光緒三十年正月初九日具奏奉

旨依議欽此

請將軍流徒三項罪犯改爲監禁片

再臣城詞訟照例祇問枷杖以下罪名徒罪以上均送刑部審訊由部按律定擬三流五軍量罪發遣歷經遵辦在案獲罪之犯由兵部順天府遞至配所自京縣起按縣簽差接遞長途跋涉稽核爲難且驛站之廢弛差役之偷滑已成積習及至罪犯逃逸州縣亦無由覺察而犯罪至軍流徒者類多凶狡不逞之徒潛逃賄脫百弊叢生軍流或可到配徒罪每中途脫逃倖而獲免絕無悔心報復尋仇逞强搆釁變本加厲魚肉良民即使控告到官再配再逃視爲常技罪不至死其惡實有浮於死罪者非變通辦理何以懲此凶徒查上年四月間護理山西巡撫臣趙爾巽曾奏請各省通設習藝所安置軍流徒犯一摺部議未經議准以變通軍流徒辦法工作之外尚有監禁罰贖二條必三者相輔而行乃爲良法惟疆臣部臣皆就已經發遣而言於中途脫逃一層未經慮及臣

等以爲與其籌安置於事後使得倖逃莫若嚴防禁於事前俾知戒懼擬請
飭下刑部核議將軍流徒三項罪名軍流到配及徒罪發解之時改爲監禁其
禁年之多少准罪之輕重爲衡年滿後再行發入工藝廠習藝遏其凶燄革其
非心更課以生計懲創之中實寓成全之意如蒙
俞允俟部議定後再推廣各省施行謹附片具陳伏乞
聖鑒謹
奏
光緒三十年三月十八日具奏奉
旨依議欽此

遵　旨議奏御史儼忠等節省土水車經費摺

奏爲遵

旨議奏恭摺仰祈

聖鑒事光緒三十年四月初四日准軍機大臣片交街道御史儼忠等奏節省土水車經費另議章程一片奉

旨該衙門議奏欽此查原奏內稱土水車粃自庚子每月額定經費銀一千四百六十兩向歸各城紳士經手年來車額日減辦法各歧除由中城每月給發經費外餘皆無從過問如果改訂章程經理得宜即每月節省經費十分之二撥運溝泥尙屬實濟至近年官溝營溝坍塌尤爲不少値此庫欵支絀何敢奏請興工如將節省水土車經費一項將來即撥爲經理前三門外溝渠的欵實爲挹注甚易補益甚大等語查土水車之設始於光緒二十七年六月間原以

糞除灑掃潔淸街衢爲衛生防疫必不可缺之政泰西各國極重此節前臣城爲其有益地面特仿而行之按定段落廣狹分撥車輛工役派交各段紳士管理當聯軍之在城也五城各設局所公舉廉正紳士辦理地面交涉頗著成效故將此項土水車仍責成紳士兼管其事由臣等於地面經費項下每月酌提銀一千四百六十兩分交各紳以爲添置車具餵養牲口津貼工薪之費僅足敷用在事紳士多係鄉黨自好之流辦事頗知認眞尙無浮冒不實之弊臣等仍隨時考察遇有奉公不力者卽時遴選更換以期實事求是開辦以來民多稱便此項經費似屬無從節省至營溝向係步軍統領衙門管理本年酌量撥欵改歸街道御史與官溝一併淘修責無旁貸惟行法不欲紛更而辦事尤宜兼顧街道淘溝一事與土水車均爲衛生要政自當相助爲理臣等公同酌擬嗣後每屆春令淘溝之時將土水車勻撥街道衙門作爲盤運溝泥之用藉省

該衙門經費一俟封溝之後仍將此車歸回五城如此變通辦理於溝渠稍濟實用而土水車亦不致因之廢弛實於地面兩有裨益至此項經費仍留臣城爲添置車具餵養牲口津貼工薪費用請無庸撥付所有遵議緣由理合恭摺具陳伏乞

皇太后

皇上聖鑒訓示謹

奏

光緒三十年六月初三日具奏奉

旨依議欽此

匪徒持槍拒捕請按律格殺勿論片

再臣城所屬前三門外地方人烟稠密遊娼土妓不無溷跡其間時有土匪執持洋槍強搶勒贖之案本年三月間曾經臣等督飭員弁拿獲疊搶妓女勒贖槍斃事主拒傷弁勇之田老卽田邦如等六名奏准交部審辦在案迄今日久尚未接准懲辦明文其在逃黨羽著名匪棍如魁禿雜面李鄧子良侯老師付牛四孔四彌猴眼王四馬永子卽厤永子二李慶六等仍復肆無顧忌結夥執持洋槍搶人勒贖擾害地面屢經練勇跟踪追捕該匪等胆敢施放洋槍拒捕乘機脫逃查律載罪人持杖拒捕格殺無論等語嗣後遇有匪徒執持洋槍擾害地面臨時拒捕者按律格殺勿論俾匪徒知所儆懼地面可期相安應請

飭下刑部將本年三月間奏交之匪犯田老卽田邦如等六名訊明從速懲辦並由臣等分咨步軍統領順天府工巡局留京武衛軍將在逃盜匪魁禿雜面

李等嚴密踊緝務獲究辦以儆效尤謹附片具陳伏乞

聖鑒訓示謹

奏

光緒三十年六月初三日具奏奉

旨依議欽此

五城中學堂添設理化等科摺

奏爲五城中學堂籌欵添設理化等科以符定制而廣造就恭摺仰祈

聖鑒事竊臣等於光緒二十八年間開設五城學堂維時諸事草創用欵不貲當經設法籌辦幷咨商署直隸總督臣袁世凱慨然協助經費事得有成業經先後奏明在案所有學科規條均遵學務大臣奏定章程辦理迄今三年各教習均能按照學科循循善誘而各班學生功課日密性靈日瀹程度亦日增查奏定章程中學堂至第四年應設物理化學等科以此時學生學有階級宜與講各物之形體性質幷運用變化之妙各據標本體驗務得眞確之知識使適於日用生計以備他日講求農工商實業及理財之源現在頭班學生已滿三年足以語此急宜籌設此等學科以資化導惟添購圖器延聘教習充拓各項堂舍在在需費五城既無欵可籌不得不待濟於外省復經臣等咨商兩江總

督旋准署督臣周馥咨覆按月協撥經費銀一千兩匯解濟用等語查五城學堂開設最早規模亦逐漸宏敞若僅恃臣城所撥常月經費尚恐不敷何能按照定章及時推廣幸南北洋力顧大局先後肩任分籌接濟方能於

京師首善之地冀成一完備中學堂以資教育實於學界裨益匪鮮其應行添設事宜臣等仍撙節覈實妥籌辦理以期仰副

朝廷興學育才實事求是之至意除分咨學務大臣南北洋大臣外所有五城中學堂籌欵添設理化等科緣由謹合詞恭摺具陳伏乞

皇太后

皇上聖鑒訓示謹

奏

光緒三十年十二月二十五日具奏奉

旨知道了欽此

禁止京城地面小錢片

再前因京城地面小錢充斥物價飛騰歷經商部戶部順天府先後奏明設法整頓在案臣等查九城內外錢市萃於前門外珠寶市一處錢紀八名爲交易者定價各家視錢市爲定衡經臣等自二月初旬遴派委員於逐日開市時稽查整頓嚴飭經紀禁用私錢買賣俱用大個錢定盤勸諭錢商通用大錢毋任屯積居奇并傳集官准挂幌錢店開用大錢票張其從前所開之寄存原串錢條及未挂幌各家所開錢條限於一個月內概令收回不准再用審商情之趨向出示六次因勢利導民尙樂從近日市面通用大個錢小錢不得行使原串錢帖可望收盡物價漸平人心安謐差可上慰

宸廑臣等仍於錢市認眞稽查庶幾小錢不至再出謹附片具陳伏乞

聖鑒謹

奏

光緒三十一年三月二十五日具奏奉

旨知道了欽此

紳商設立水會請　旨飭部立案摺

奏爲紳商設立水會總分各局援照五城章程請

旨飭部立案恭摺仰祈

聖鑒事竊據永濟水會總局員紳正翼尉烏珍副翼尉鶴春委尉淸山等禀稱庚子以後地面巡防極關緊要員紳等募設水會三局總局在東四牌樓南路東於二十七年十二月間開局一在安定門內爲北局一在東安門外爲南局紳商通力合作以期保衛地方所有置辦激桶水具各項經費修蓋房間幷屢次辦理消防諸節用欵日繁均經衆商等捐資籌畫現屆三年期滿頗有成效懇請援照五城水會局章程奏明立案等情前來臣等查五城先後奏設水會局十九處無論何處遇有火患無不竭力捍禦曾經部定章程每屆三年期滿准其酌核保奬以示鼓勵今該紳等募設水會總局各局已屆三年不無微勞

足錄合無仰懇
天恩飭部援照五城水會章程准予立案以昭公允除將該水會局員紳銜名
分咨吏兵二部查照外謹繕摺具陳伏乞
皇太后
皇上聖鑒訓示遵行再此摺係五城主稿會同步軍統領衙門辦理合併聲明
謹
奏
光緒三十一年四月十七日具奏奉
旨依議欽此

清末民初文獻叢刊

望岩堂奏稿

（中册）

［清］陳璧 著
陳宗蕃 輯

朝華出版社
BLOSSOM PRESS

望嵓堂奏稿卷五

署理戶部右侍郎謝　恩摺

奏爲恭謝

天恩仰祈

聖鑒事本月十九日內閣奉

上諭戶部右侍郎著陳璧署理欽此跪聆之下感悚莫名伏念臣自列諫垣渥

承

殊遇綰符三輔頻邀

遷擢之榮貳職六均愧乏涓埃之報兹復

恩綸特賁暫蒞農曹忝被

鴻施感深鼇戴溯贊猷於民部唐重崔羣緬作副於度支宋推陳旭如臣愚昧

深懼弗勝惟有勉竭悃誠益殫措畫金倉奉職務恢五府之儲塵露用酬庶報

九重之德所有微臣感激下忱理合恭摺叩謝

天恩伏乞

皇太后

皇上聖鑒謹

奏

光緒三十一年八月二十日具奏

調補戶部右侍郎謝　恩摺

奏爲叩謝

天恩恭摺仰祈

聖鑒事本月二十五日內閣奉

上諭陳璧著調補戶部右侍郎欽此跪聆之下欽悚莫名伏念臣溯列臺班渥

膺寵遇襄猷九列遂躋尹正之榮作貳六均更攝少農之秩涓埃未報悚惕實

深茲復忝荷

珠綸眞除金部漢崇佐計擇材首屬於張蒼宋重度支選副莫先於包拯如臣

愚昧深懼弗勝叨沐

鴻施感深鼇戴惟有勉殫擘畫益勵忠誠司赤符黃籍之征敢疏綜覈拜

蘭檢芝泥之

詔矢答
生成所有感激下忱謹恭摺叩謝
天恩伏乞
皇太后
皇上聖鑒謹
奏
光緒三十二年正月二十六日具奏

兼署順天府府尹謝恩摺

奏爲叩謝

天恩仰祈

聖鑒事本月二十七日內閣奉

上諭順天府府尹著裒樹勛補授未到任以前著陳璧兼署欽此跪聆之下欽

感莫名伏念臣新承

恩簡移秩農曹方勤綜覈於九征更拜兼權於三輔溯襄猷於閑牧已持內史

之符洎擢貳於均輸將滿考功之課涓埃未報兢惕方深茲復

渥沛丹綸暫臨赤甸唐崇維尹仲郢以累歷知名宋治浚都公弼則重來著效

如臣愚昧深懼弗勝惟有益矢靖共務殫忱悃舊臺還涖敢存駕輕就熟之心

新績宜修冀報

厚地高天之德所有微臣感激下忱謹繕摺具陳伏乞

皇太后

皇上聖鑒謹

奏

光緒三十二年正月二十八日具奏

設立派辦處分股辦事摺

奏爲設立派辦處遴員分股任事以課吏才將原有善後局裁撤恭摺具陳仰祈

聖鑒事竊維

朝廷勤求治理屢下

詔書飭辦庶政以期興利除弊漸臻富强內外臣工奉行唯恐不逮順天爲京畿首善而吏治未能起色良由候補人員平日閒散歷練無資一旦臨民不免顢頇債事查各省分立局所延攬人才多方研究臣衙門財政支絀勢難普設前有善後一局今應裁撤擬設立派辦處爲總匯辦事之區內置坐辦幫辦各一員分股委員十員辦理學務警務洋務賑務實業商業等事仍以通永道治中總其成刊給木質關防文曰順天派辦處之關防遇有應行核議案件由臣

等批交該處議稿呈核以覘其才識學問之差等業於本月十四十六等日面試各員擇其文理明通證以平日品行派任股事臣等仍不時到處考察勤惰求治事之速省文牘之煩試屬員之才祛吏胥之弊在事各員學習稍得門徑將來出理民事庶有秩序可循不致毫無把握至經費一項查前善後局兼辦洋務奏准由備荒經費內支銷今改設派辦處事繁員多用費自宜略充惟每月不得逾八百兩之數以示限制其按年奏銷仍援歷屆成案開具詳細清單免其造册如此變通辦理人才奮則庶事無不舉之虞吏治勤則民生多受益之處所有裁撤善後局設立派辦處各緣由理合恭摺具陳伏乞
皇太后

皇上聖鑒訓示謹

奏

光緒三十二年二月三十日具奏

旨依議欽此

就功德林普濟堂改設局所分收貧民罪犯摺

奏爲就功德林普濟堂改設局所分收貧民罪犯各籌辦法以期實濟恭摺具陳仰祈

聖鑒事竊維光緒三十一年五月初三日商部會同戶部議覆御史王振聲奏

變通官粥廠改設教養局一摺奉

旨依議欽此欽遵辦理經臣衙門奏准先就德勝門外之功德林粥廠改設教養局兼辦習藝所在案惟該處於去年六月開辦已逾半年普濟堂粥廠亦當

變通籌辦於本年十六日開局以符原奏謹按普濟堂在彰義門外二里許康熙年間曾蒙

御製碑文並

御賜匾額以紀其事仰見

皇仁廣被今昔同揆凡在臣工莫不同聲欽頌查前改功德林粥廠爲教養局兼習藝所係以教養局安置貧民以習藝所收留罪犯臣衙門辦結各案並刑部解到發配徒犯每年約有百人上下三年即兩倍其數雖有限滿之日而徒犯以下各輕罪送所者亦多大約總以能容五百人爲率該所附於局內難容多人臣等公同商酌擬請以功德林爲習藝所距臣衙署較近易於照料所有發配徒犯及各輕罪盡數收留其中略仿天津習藝所章程派員經理其事以普濟堂爲教養局安置貧民略仿商部工藝局章程各籌辦法倘有赤貧無告情願就近附入習藝所學習手工者亦准收留少數分所教導教養局重在藝徒亦以能容五百人爲率不收犯人以示區別入其中者均令分科學習粗淺工藝學成之後得以自食其力不致流爲游惰致罹刑章其常月活支各經費在功德林普濟堂兩處原領崇文門稅務津貼銀二千兩又戶部每年所發恩

賞普濟窮黎銀一萬兩內酌量分撥如尚不敷再由備荒經費項下動支此畢
與賑撫事同一律請准作正開單報銷至應領
恩賞米石由臣等通盤核計每局所按月先領粳米各六十石以供煮食將來
人數加增尚須添領若干再行酌量情形咨部核發似此人以分理而責成專
事經比較而收效速庶足以副
朝廷嘉惠窮黎矜恤罪犯之至意所有改設局所分別辦理各緣由理合恭摺
具陳伏乞
皇太后
皇上聖鑒訓示謹
奏
光緒三十二年閏四月初五日具奏奉

旨依議欽此

大興宛平高等小學堂添修學舍擴充經費摺

奏爲大興宛平高等小學堂添修學舍擴充經費恭摺具陳仰祈

聖鑒事竊查光緒二十七年七月臣衙門奏設東西文學堂暫借府學内開辦嗣經奏定章程小學堂專習國文旋將曾習東西文之學生移歸添設之順天中學堂肄業其大興小學堂另招學生按照定章辦理迨二十九年因戶部歸併顔料庫于南池子緞疋庫内該庫官署附近法國教堂必須建立學堂以宏教育三十年五月於該處續設宛平高等小學堂以上兩學堂經費每月劃定銀二百四十兩暫在義學地租項下支給歷經奏明在案第當時先後開辦兩學堂均係因陋就簡而各省學員抵京調查意在觀風首善者無不大失所望且風氣漸開向學日衆更應設法推廣以造就畿輔人才臣等謹就大興學堂左近購買民房四所共價銀二千三百一十兩修蓋講堂五座並學舍三十二

間用十成實銀五千四百三十兩宛平學堂地址尚寬亦就地添蓋學舍三十間用十成實銀三千三百九十八兩每堂可容學生一百六十人分作四班教授規模均有可觀每月兩堂共需經費銀六百兩京畿首邑官立學堂自未便籌措於民間而前項義學地租光緒三十年復經學務大臣奏定每月以六十兩撥歸五城學堂又以全年一半撥歸八旗高等學堂所剩之數已不敷原撥之額順屬無欵可籌擬請

旨准照順天中學堂奏定章程將此項常月經費幷此次擴充地基學舍暨將來活支各欵一併由備荒經費內開支其按年奏銷仍援歷届成案開具詳細清單免其造册除分咨戶學二部立案外所有推廣大宛兩縣高等小學堂緣由理合恭摺具陳伏乞

皇太后

皇上聖鑒訓示謹

奏

光緒三十二年五月二十日具奏奉

旨依議欽此

西路蘆溝橋粥廠改設教養局兼習藝所分收貧民罪犯摺

奏爲西路蘆溝橋粥廠改設教養局兼習藝所分收貧民罪犯恭摺具陳仰祈

聖鑒事竊維光緒三十一年五月初三日商部會同戶部議覆御史王振聲奏

變通官粥廠改設教養局一摺奉

旨依議欽此經臣衙門先後奏准以功德林改爲習藝所安置罪犯以普濟堂改爲教養局安置貧民欽遵籌辦在案茲據署西路同知梁廷相稟稱該處蘆溝橋粥廠上年八月二十七日由臣衙門援案奏請

恩賞米石奉

上諭順天府奏援案請賞蘆溝橋粟米四百石著加恩賞給仍著俟各處教養局開辦後另行變通辦理等因欽此亟應遵

旨改設教養局收留無業貧民並兼辦習藝所收西路各州縣輕罪人犯以百

人爲率均使習成一藝自食其力所有修改房屋開辦經費以及常年額支活
支經費銀兩米石詳請詧給前來當經臣等撥給開辦經費二百兩並查照按
年例給該廠經費銀二百三十兩之數酌量加增每月額給經費銀三十兩統
由備荒經費項下開支今既改設局所其原有應領
恩賞米石擬請仍照舊章每年領米四百石於本年秋季起赴倉支領一次以
供全年煮食庶足以副
朝廷嘉惠窮黎矜恤輕罪之至意所有西路盧溝橋粥廠改設西路教養局兼
習藝所緣由理合恭摺具陳伏乞
皇太后
皇上聖鑒訓示謹
奏

光緒三十二年七月十九日具奏奉

旨知道了欽此

補助各公立小學女學經費片

再京師大學高等學中學規模日廣而各項蒙小學堂女學堂地方官當擔任責成勸令民間徧設伏維蒙小學爲造就中學以上之人才女學爲家庭教育之根本自茲以往極力提倡方可期教育普及臣衙門在內城官立中學高等小學共三處限於財力目前尚未擴充旋據紳士翰林院侍講學士惲毓鼎等在原設金臺書院公立順直學堂一所學生徐建蕃等在地安門磚兒胡同公立高等小學堂一所紳士韓寶煦等在正陽門外板章胡同公立日新兩等小學堂一所紳士袁鑑等在宣武門外南下窪公立小學堂一所刑部主事江紹銓等在西城公立女學傳習所一所候選州判沈鈞在東城公立豫教女學堂一所均因經費不敷呈請略爲補助前來臣等查戶部銀行存放順天備荒經費成本生息銀兩奏明爲各項新政之用擬於此項息銀分別酌籌接濟自本

年起按年發給惲毓鼎等公立順直學堂銀圓一千二百元徐建藩等公立高等小學堂銀圓一百六十元韓寶煦等公立兩等小學堂銀元六百元袁鑑等公立南下窪小學堂銀圓一百六十元江紹銓等公立西城女學傳習所銀圓一千二百元沈鈞等公立豫教女學堂銀圓一千二百元劃分兩學期給領其按年奏銷仍援歷屆成案彙開清單免其造册將來成本提用息銀無存此項經費即行停止以公立濟官立所不及以補助動公立之羣情學務庶有起色除分咨戶學二部立案外謹附片具陳伏乞

聖鑒謹

奏

光緒三十二年七月十九日具奏奉

旨知道了欽此

籌辦巡警遵　旨覆奏摺

奏爲籌辦巡警遵

奏爲籌辦巡警遵

旨覆奏事光緒三十二年二月初八日准軍機大臣字寄奉

上諭御史朱錫恩奏京畿地方盜竊滋多請推廣巡警一摺著巡警部順天府

妥籌辦理原摺著抄給閱看欽此遵

旨寄信前來查奏稱京師向章城內緝捕歸提督衙門及五城御史城外緝捕

歸順天府大興宛平等縣上年奉

旨裁撤五城御史設立巡警部專辦城內城外巡警尚未徧及地方官捕務廢

弛警部未遑兼顧致使近畿重地捕務無所責成直隸一省巡警辦法最爲周

妥順天爲首善之區尤宜切實舉行應請

飭下順天府督率所屬各州縣遵照警部章程兼仿直隸辦法推廣警政俾京

畿內外一律安謐各等語臣百熙等查近畿各州縣勸辦巡警程度尚低而舊設之馬步二隊亦未能得力當將舊設之巡緝馬隊改編巡警咨商直隸督臣袁世凱調到天津得力警官勤加教練購換鎗械數月以來略有進步現在青苗滿地分撥近畿四路各要隘遊弋梭巡偵探盜賊出沒窮其所往地方尚稱安謐第巡長若盡取材於天津不敷調遣當於四月間挑選學生五十名附入巡警部巡警學堂速成科肄業旋於公廨左近建設巡警講習所商諸巡警部勻派日本教習分班教導爲步隊改章之預備俟速成班學生畢業後再將舊駐四路廳之步隊巡警一律調集中央挑選歸併三百名改置巡官酌加餉銀卽以速成畢業生分別補充勤加訓練將來此項步隊分巡近畿各處補助各州縣巡警所不及現在籌畫粗有頭緒其一切施措尙須參酌巡警部及天津各章程隨時益求精進冀收實效至馬步之改置警額之酌減餉章之加增並

擬動用原有劃撥地糧餉銀以供各項支應另行奏明辦理巡警部查京城關
廂以外例有劃歸五城外坊及步軍營管理地段前因臣部整理內外城警務
添設巡警需欵過鉅籌措不易暫難顧及外坊當經行令留京各營統領姜桂
題酌撥馬隊協同步軍營順天府兵隊會查以免疏虞現內外城巡警布置漸
有端緒即當寬籌欵項推及外坊與順屬各州縣劃分權限詳擬辦法以期周
密另行奏明辦理至巡警爲內治根基民事總匯必須恢保安之用乃能清盜
賊之源原奏趨重緝捕一端尙係治標辦法臣等職守攸關尤期辦到完全程
度以立地方自治之基礎下爲畿輔消除奸宄之方上慰
朝廷整興庶政之意所有籌辦巡警遵
旨議覆各緣由理合恭摺具陳伏乞
皇太后

皇上聖鑒訓示再此摺係順天府主稿會同巡警部辦理合併聲明謹

奏

光緒三十二年七月十九日具奏奉

旨依議欽此

設立順天巡警講習所兼辦學堂摺

奏為設立順天巡警講習所兼辦學堂恭摺仰祈

聖鑒事光緒三十二年七月十九日臣衙門會同巡警部覆奏籌辦近畿巡警摺內聲明所有各項事宜另行奏辦在案竊維巡警為內政基礎策治安之效清盜賊之源必須脉絡貫通乃能標本兼治第行政在人而樹人以學現在改編馬步巡警除警巡等官由天津調取外其餘仍從挑選而來倘非進之以學則資格尙低而效果未著臣衙門於本年四月間招考學生附入巡警部警務學堂學習速成以資任用旋因所設學堂改為高等三年畢業此項速成學生無所附麗當就公廨左邊修蓋巡警講習所兼辦學堂參酌巡警部及天津警務各章程於七月二十一日開學卽以速成學生五十名調回肄業其馬步巡警則按期輪班到所講習俾得逐漸改良計建蓋講堂兩座學舍十五間食堂

廚房七間羣房十一間共用過工料十成實銀四千六百三兩六錢常月經費約用三百兩每年統計常年活支不得逾五千兩之數以示限制均於歷年節存兵餉正欵項下開支仍彙案覈實造報其各州縣未有此項學堂者准其湊集成班籌備學費附入肄業該速成班畢業後再行添辦高等班學生以期陸續推廣辦到完全程度立地方自治之基所有設立順天巡警講習所兼辦學堂各緣由除咨明各部查照外理合恭摺具陳伏乞

皇太后

皇上聖鑒訓示謹

奏

光緒三十二年七月二十九日具奏奉

旨知道了欽此

填修德勝彰義門外土道片

再內政始於道路古者司空以時平易著有常經京師內外城道路將次修理平坦而十六門以外尙付闕如查德勝彰義兩門外臣衙門設有習藝所教養局二處當經札飭該局所委員僱覓工人帶領苦力先將該兩門外年久失修之大道節次填築以利行旅唯彰義門外爲各省餉車孔道尤關緊要大街石工浩大無從動手而土路中散置石塊現已僱工移歸石道兩傍俾土石界限分明庶無阻礙所用石工約銀二百八十餘兩所費土工兩門外約共用銀六百餘兩此項工程除局所中委員不支薪水罪犯充工無容另費外所用款項擬卽在備荒經費生息項下開支不動正款仍援案彙開淸單報銷免其造册至於各門外路工容俟隨時酌量辦理除咨戶工二部外理合附片陳明伏乞

聖鑒謹

奏

光緒三十二年七月二十九日具奏奉

旨知道了欽此

改良順天府監獄片

再臣衙門原設監獄一所房屋殊不合法凡刑部送到軍流人犯及現審罪犯均麕聚其間殊非恤囚之道自應及時改良將房屋拆蓋圍牆修整其細者如改木籠搭高鋪墁甬路疎地溝等工亦當一律修理自餘給醫藥製衣履置沐具備梳洗應需經費計共用十成實銀一千二百五十一兩九分又舊有待質所棲止無罪可科之人因陋就簡已歷多年亦將此項房屋一併拆蓋住房四間迴廊三間廚房二間羣房二間共計用十成實銀五百五十八兩現該兩處窗舍通風得受空氣變湫隘之區爲潔淨之地俾居其中者不致生病稍合衛生之法亦振興庶政之一端所有用欵擬於備荒經費成本生息項下開支仍援案彙開清單報銷免其造册除分咨查照外理合附片陳明伏乞

聖鑒謹

奏

光緒三十二年七月二十九日具奏奉

旨知道了欽此

撥給京師育嬰堂經費摺

奏爲撥給京師育嬰堂經費恭摺仰祈

聖鑒事竊維慈幼乃仁政之基保赤爲愛民之本育嬰堂之設所以懷少恤孤

誠善政也查京師廣渠門內舊有育嬰堂一所雍正二年蒙

御製碑志

勅賜帑金

特命府尹臣經理其事光緒二十六年後經臣衙門飭委糧馬通判修葺屋舍

清理房地各租及成本生息銀兩統計每年進款僅九百餘金但育嬰日漸加

多不敷支用擬於本年七月起由戶部所發

恩賞普濟窮黎銀兩項下每月支銀七十兩以資補助而廣

皇仁仍援案彙開清單報銷免其造册除咨戶部查照外所有撥給京師育嬰

堂經費緣由謹恭摺具陳伏乞
皇太后
皇上聖鑒訓示謹奏
光緒三十二年八月初三日具奏奉
旨依議欽此

金臺校士館改設順直公立學堂摺

奏爲金臺校士館改設順直公立學堂恭摺仰祈

聖鑒事竊臣衙門所屬金臺書院奏改校士館後停課留辦學堂於光緒三十一年十一月二十九日附片具奏奉

旨知道了欽此欽遵在案伏維京師爲首善之區非普及教育不足以開民智而樹風聲順屬財政支絀若統由官辦復苦力難兼顧茲據順直紳士翰林院侍讀學士惲毓鼎侍講學士李士鉁編修劉嘉琛等呈請就金臺舊址改辦順直公立學堂擬招學生二百名擇日開學並請提撥經費等因查該紳等眷念維桑以興學爲己任洵足助官力之不逮實於造就幾輔人才大有裨益自應將金臺校士館改辦學堂其款項不敷業經彙案奏明由備荒經費生息項下每年撥給銀元一千二百元以資補助臣等有維持教化之責又得紳等共盡

義務庶官立公立學校如林以仰副
朝廷作育羣材之至意所有以金臺書院舊址改設順直學堂緣由除分咨戶
學二部查照外理合恭摺具陳伏乞
皇太后
皇上聖鑒訓示謹
奏
光緒三十二年八月初三日具奏奉
旨知道了欽此

歸併各省銅幣局廠續擬辦法摺

奏爲歸併各省銅幣局廠續擬辦法恭摺仰祈

聖鑒事竊臣處臣部前經奏請

欽派大臣前往各省歸併銅幣局廠並酌擬辦法十四條欽奉

諭旨著派陳璧前往考查辦理欽此欽遵在案臣璧奉

命之下遵將奏定歸併事宜與臣等悉心規畫所有酌留裁併各局廠一切部署承接事體極爲繁重自宜逐細豫籌周妥以便次第施行查原奏辦法十四條內聲明如有未盡事宜及應行更改之處由

欽派大臣會同臣等商定奏明辦理等因現經詳加審酌謹就原奏所陳細爲推闡續擬辦法四條會同商定恭呈

御覽

一 酌留局廠原有之總會辦等經此次查考會同督撫加札委用後廠中一切事宜均責成該總辦等妥愼經理其由部派充各該廠會辦司員專司監查遇有廠內應行呈報事件仍令會銜辦理

一 裁併局廠擬派司員一人前往接收除廠屋機器能否改作他用應由該省自行酌辦外其銅鉛物料令該廠查明開列清單會同該司員點驗後即由該廠派員運交歸併之處所有料價運費均准作爲裁併省分之成本至該廠如有挪借公私欵項裁併後亦由該省自行清理

一 結算餘利應以一年爲一屆每三個月綜結一次按照鑄成銷售數目應得餘利若干核明照章分撥不得預用提用溢支致有虧累其廠中應分花紅仍俟年終再行分派

一 近來各省局廠購買銅鉛均係報明臣處臣部由各省自行購買惟價

值漲落無常有時各省爭購商人遂可抬價居奇成色價值參差不一現在上海天津兩處均設有臣部銀行與商家往來貿易尚屬接洽擬即飭令該兩行隨時考查市價代爲辦理各省需用時即就近預爲電商發價訂購或派員會同商辦以期周妥

以上各條如蒙

俞允即咨行各該督撫遵照此外所有未盡事宜應由臣璧至各省時察體情形再行奏明辦理又查此次歸併各局廠係整齊幣制統籌兼顧之辦法前經電商鑄幣省分各督撫意見大致相同現雖由臣處臣部居中調度仍賴各疆臣協力維持是以臣等前奏已經聲明總辦各員會同督撫劄委嗣後廠內事宜由總辦等分報臣處臣部及該督撫批示辦理各等因將來歸併接收以後仍應由各省督撫就近督飭稽查以資整頓並請

飭下各督撫一併遵照所有續擬歸併局廠辦法緣由是否有當謹會同恭摺具陳伏乞

皇太后

皇上聖鑒訓示遵行再此摺係臣璧主稿會同財政處戶部辦理合併聲明謹

奏

光緒三十二年九月初十日具奏奉

旨依議欽此

遵　旨前往各省考查銅幣恭請　聖訓摺

奏爲遵
旨前往各省考查銅幣具摺恭請
聖訓事竊臣奉
命前往各省考查銅幣局廠業經奏明隨帶司員並會奏續擬辦法四條先後
欽遵在案查酌留局廠九處裁停局廠八處有須派員分途調查者有須臣親
詣察勘者均應按照原奏並隨時斟酌情形妥愼辦理所有酌留局廠除雲南一廠開辦較晚應遵照派員駐局外其餘皆沿江沿海省分近日江南因辦賑需錢變通暫廣鑄數豫鄂粵閩各省鑄數亦未能悉遵奏明定額急須先往考查預擬行程先由京漢鐵路赴河南再至湖北乘江輪至江寗便道赴淸江查收局廠機器畢至上海航海至粵閩旋由上海赴四川回至天津奉天次第考

查辦理唯四川居長江上游聞該廠鑄數行銷不似沿江沿海之繁雜擬先派
司員前往調查統計各省相距窵遠事體繁重程途先後亦難預定唯有督飭
隨帶司員妥速經理至到某省及出省日期暨應行奏報各件均擬電請軍機
處代
奏遇有緊要事宜隨時與臣部函電互商妥籌辦法俾差務速蕆以仰副
朝廷整齊圜法裕國便民之至意所有微臣前赴各省考查銅幣原由謹繕摺
具陳恭請
皇太后
皇上聖鑒再臣前因病請假病痊因臣部尚書臣溥頲到任在即應行晤商此
次辦理考查各節及所擬更定臣部職掌事宜啟程是以稍遲合併聲明謹
奏

光緒三十二年十一月二十三日具奏奉

旨知道了欽此

考查銅幣由部發給川資無需地方供應片

再臣此次考查銅幣所到省分既多水路陸途較遠一切費用擬皆自行發價無需地方供應至隨帶司員支給薪水及派員分赴裁停各廠調查分駐酌留各廠會辦均臣酌給川資需欵實繁但此時未能預計擬請由部發給銀二萬兩俟差竣回京後造具詳細用册咨部核銷有盈則如數照繳不足則再請補發如蒙

俞允俟

命下之日由臣欽遵咨領以資辦公而祛錮習謹附片具陳伏乞

聖鑒訓示謹

奏

光緒三十二年十一月二十三日具奏奉

旨依議欽此

陳報考查汴廠情形電

外務部轉軍機處辰密璧奏

旨考查銅幣請

訓後十一月二十八日就道十二月初二日抵汴現已考查完竣汴廠自光緒三十年十月奏設就南門外機器局分建南北二廠共印花機九部每日可鑄當十銅元四十七八萬枚計一百二十餘枚合汴平銀一兩行銷各州縣民間尚稱信用惟廠内章程未甚完備已擬定整頓辦法飭令該廠照辦所得餘利遵照奏章自七月二十九日奉

旨後以四成提解練兵經費初十日出省赴鄂再經過直隸地方前已得雪豫境前月得雪甚微農田現尚待澤謹請代奏

陳報考查鄂廠情形電

外務部轉軍機處辰密鑒於十二月初十日自河南起程前往湖北業將汴廠考查大概情形電請代奏在案十三日行抵鄂省現已考查完竣鄂廠自光緒二十八年八月奏設在省城三佛閣街銀幣局傍計印花機一百五部每日可鑄當十銅幣三百萬枚又從前在銀幣局及兵工廠附鑄銅幣印花機一百部均已停鑄行銷價値計一百五十餘枚合銀一兩本省各府州縣皆已通用廠中規制尙稱完備惟該省限數日鑄百萬現據鄂督咨稱若照限制鑄數餘利無多新政待用孔殷必須增鑄以無礙錢價爲度等語應俟回京後彙總會同度支部核議本年應解練兵經費已解十萬現議續解十萬明年補解二十萬至三十三年應解之欵自正月起儘餘利四成提解現定二十六日出省赴甯經過地方得雨深透民情安謐謹請代奏

陳報考查寗廠情形電

外務部轉軍機處蘇密璧於上年十二月二十六日由湖北起程前赴江甯業將鄂廠考查大概情形電請代奏在案二十九日行抵江甯現已考查完竣甯廠自光緒二十七年就水西門內原設之鑄造銀元制錢東西兩廠附鑄銅元嗣又添設中廠並在機器局附設南廠及三十一年復建新大廠以南廠機器併入璧詳加考查東西中三廠布置均不合法新建大廠尚屬完善卽令以後專用新廠以節糜費該印廠共有印花機六十四部每日可鑄銅幣二百餘萬枚查安徽江西歸併江甯爲一廠每日應鑄一百六十萬枚現因辦賑需錢奏明加鑄應令該廠於額鑄之外遵造奏案酌量加鑄專供賑需俟賑務辦結再由部核定鑄數行銷價值一百六十餘枚合銀一兩各屬皆已通用已咨明江督將來銀幣須行後務須遵照奏定例價辦理以維圜法廠中弊竇甚多現定

整頓辦法十六條札令遵辦該省上年應解練兵經費九十萬五千兩據該督咨稱丁漕十萬五千兩解清銅幣餘利八十萬兩因辦賑需款無力籌解自八月至年底應提四成餘利銀十一萬餘兩今年趕籌補解等語已咨度支部核覆三十三年應解之欵自正月起儘餘利四成提解現定十二日出省赴清江浦查收浦廠後由滬赴粵謹請代奏

陳請押追已革江甯造幣廠總辦記名道潘學祖電

外務部轉軍機處蘇密查江甯造幣廠前派總辦江蘇記名道潘學祖經辦廠務多有浮冒侵蝕情弊業由兩江督臣端方於到任後卽行查明三十二年春季銷册造報不實現經參革勒追惟該革道於三十年十月到差至三十二年四月卸差其三十一年分浮報之欵該督尙未核辦璧到甯後調閱卷宗詳細考核其中浮報料價多開火耗廠用煤斤物料任意濫支以及購機建廠亦多不實不盡統計爲數甚鉅伏查該廠歷任總辦前經升任侍郎鐵良於光緒三十年查辦案內查明餘利虧短有中飽情弊部議交兩江總督分別查參在案該革道猶復不知儆戒浮冒鉅欵現當整頓銅幣之際非重懲嚴處實無以儆將來第案卷紛繁欵目轇轕非一時所能清結璧考查銅幣甫及三省未便在此久延致稽時日除按欵開列咨行該督併案辦理外相應請

旨飭下兩江總督臣端方從嚴澈究迅行押追因恐奏報稽延該革道聞風或將原籍及宦所家產寄頓致虧公帑謹電乞代

奏請

旨

陳報考查清江浦廠情形電

外務部轉軍機處鈞鑒蘇密璧於正月十二日由江甯起程赴清江浦業將甯廠考查大概情形電請代奏在案十三日抵浦查清江係停鑄之廠按照前財政處原奏本應派員考查因該廠機器較多總廠擬留備用前經奏明親往接收現已考查完竣該廠在清江縣城外瀕臨運河布置尚屬合用印花機七十七部日可鑄銅幣三百餘萬枚其餘機件甚多所有廠房機器物料派員看守並咨明度支部核辦該處錢價每銀一兩易銅幣百四十餘枚行銷尚暢去冬聚集災民四五十萬業經陸續資遣回籍就賑近日羈留及由甯揚鎮江遣回過者仍復不少幸賴官紳竭籌賑撫現復接辦春賑地方尚屬安謐十六日啟程由滬赴粵謹請代

奏

陳報考查粵廠情形電

外務部轉軍機處鈞鑒蘇密璧於正月十六日由清江啟程赴滬業將清江一廠停鑄後大概情形查明電請代奏在案二月初一日由滬航海行抵廣東現已考查完竣粵廠自光緒十五年開設坐落大東門外黃華塘地方原造制錢於十六年改鑄銀元又於二十六年兼鑄銅元計印花機六十六部每日可鑄小銀元二十萬枚銅元一百萬枚現在每日鑄小銀元三萬六千枚銅元四十萬枚行銷價値計銅元一百五十餘枚合銀一兩省城通用大小銀元各屬類用制錢故銅元銷路未暢小銀元習用已久部中銀幣祖模尚未頒發現在鑄造暫仍其舊廠中規制原甚完密近年稍形疏懈已擬定整頓辦法十條札令遵照辦理該省認解練兵經費原不在餘利之內去年廠中鑄數較少餘利僅十餘萬兩已行令自八月初一日起至年底止提解四成作爲練餉現定初十

日出省赴閩謹請代

奏

請　旨飭下閩浙總督松壽迅赴閩任電
外務部轉軍機處鈞鑒蘇密璧於二月二十二日行抵福建省城銅幣局三處
均已停鑄正在分別考查署督崇善因病請假據司道等面稱該督精神恍忽
久未接見屬員地方一切要政無所禀承璧與該督接晤亦見其病情綦重非
旦夕所能就痊現閩省米價騰貴人心浮動海疆緊要交涉紛繁新任督臣來
閩尚須時日該署督亦曾電催未知已否起程應請
旨飭下閩浙總督松壽迅速航海赴閩以資督率謹乞代奏請
旨奉
旨陳璧電奏悉著松壽迅即起程赴任欽此

請將閩關銅幣局總辦候選道馬景融革職押追電

外務部轉軍機處蘇密前在上海候船據商號義昌成等五家禀控閩關銅幣局總辦候選道馬景融拖欠銅價十餘萬兩爲日已久懇情究追並准農工商部迭次電咨查辦璧到閩後即往該局考查據福州將軍崇善面稱所欠滬商銅價局中早以銅幣抵付清楚有册可稽如帳目轇轕應責成馬景融清理等語查閱該局報册前項銅價均已開支顯係該道私挪官項誑騙商欵現在上海總商會公舉商人來閩算帳該道仍一味玩延實屬特符狡賴若非參革押追恐其挾貲遠颺以致欠欵虛懸有失

朝廷保商之道並聞該道辦理局務物議沸騰尚有不實不盡之處擬請

旨將候選道馬景融先行革職押追聽候查辦乞代

奏請

旨奉

旨陳璧電奏悉馬景融著先行革職押追查辦欽此

陳報考查閩廠情形電

外務部轉軍機處蘇密璧於二月二十二日由粵到閩閩省造幣分廠現已查竣該省於光緒二十六年在城南蒼霞洲商辦銀元舊局設立銀元局兼鑄銅元嗣於三十一年在省西洪山橋機器局內附設銅元西局又由福州將軍在馬尾船政局附設東局璧到閩親往該三局逐細考查辦理均未合法東西兩局距省遙遠機器亦多不合用三局久已停鑄所留員司均令一律裁撤酌就南局廠屋機器改設一廠遴委妥員經理飭擬詳細章程核定遵辦其裁撤之東西兩局應留為將來擴充機局及船政之用查南局廠屋臨江運輸甚便該局原有印機二十四部每日可鑄六十萬枚市價每庫平一兩易當十銅幣一百五十餘枚省城市面通用大小銀元及各項錢票以致搭用銅　甚少各屬亦均未能暢銷現並不利於多鑄應令按照額定鑄數以內酌量鼓鑄以期推

廣行銷再在閩因查辦革道馬景融一案是以稍稽時日謹乞代

奏

請將革道馬景融交閩督查追併將馬慶騏張啓正一併革職辦理電
外務部轉軍機處蘇密閩關銅　局總辦候選道馬景融虧欠商欵十餘萬兩
延不清償承辦局務不實不盡經璧查明奏參奉
旨馬景融著先革職押追查辦等因欽此當即分別核明應還商欵數目遵飭
押追在案查該革道經理局務違章購用銅餅並於報明停鑄後未領部頒祖
模擅又陸續開鑄辦理已屬不合此次所呈報册含混局中帳簿短缺甚多第
就册簿考核浮報物料多開火耗員司冗濫薪費虛糜購機建廠尤爲不實不
盡統計侵虧公私欵項爲數甚鉅押追十餘日僅繳銀二萬餘兩聞該革道近
令家屬將財物搬運遠颺以爲寄頓抗繳之計非從嚴懲治不足以儆官邪現
新任閩浙總督已經到任璧應行考查銅　尚有數省未便在閩久延前在江
甯參辦潘學祖侵欵未完事件係奏交江督查追擬援案請

旨飭下閩浙總督松壽將軍道馬景融查抄監追並將宦所原籍及寄頓各地方一律查封備抵以爲貪黷者戒該局提調直隸候補知府馬慶麒總監工候選縣丞張啓正朋比貪劣物議沸騰應請一併革職歸案辦理如蒙
俞允應俟
命下即抄錄查辦卷宗及未完事件移送閩督查追謹乞代
奏請
旨奉
旨陳璧電奏悉馬景融一案著交松壽認眞查追馬慶麒張啟正著一併革職歸案辦理該部知道欽此

請假回鄉省墓電

外務部轉軍機處蘇密璧籍隸閩省自光緒二十五年服闋入都至今已閱九年先人墳墓久未省視此次奉差至閩璧距鄉居僅三十里松楸在望彌切瞻依現在閩廠考查就緒懇

恩賞假十五日回里省墓假期之內所有各省廠往來文件仍照常辦理假滿卽當束裝起程謹乞代

奏請

旨陳璧肅效奉

旨陳璧電奏悉著賞假十五日欽此

陳報派員考查川廠情形並請　旨應否親往考查電

外務部轉軍機處蘇密璧起程請

訓摺內奏明先派司員前往四川考查該司員現回至閩據所呈報册內開四川造幣分廠於光緒二十九年就省城東門內機器局附設陸續購置印機二十三部尚未到齊現日鑄當十銅幣二十餘萬枚每銀一兩易銅幣一百四十餘枚各屬行銷未暢尚可徐圖推廣統計餘利平均計算約有本七利三之譜雖川江路險轉運艱難物料時有沉失仍較閩粵各廠餘利爲多辦理尚屬核實惟所設上海漢口宜昌重慶嘉定轉運五局費用稍鉅已令酌量裁減以節虛糜並擬定辦法十二條令行遵照辦理璧四月初七日假滿回至省城候輪定於十二日出省赴滬換江輪順路抵安徽考查溯江而上四川一省應否親往考查之處候

旨遵行謹乞代

奏請

旨奉

旨陳璧電奏悉既經派員考查著即毋庸前往欽此

陳報考查皖廠情形電

外務部轉軍機處蘇密鑒於四月十二日由福建啟程赴皖業將閩廠及派司員考查川廠大概情形電請代奏在案現於二十四日行抵安徽省城查安徽係裁併之廠按照前財政處原奏派司員前往考查本月初四日到省該廠於十六日遵章停鑄前因皖省辦賑需用銅幣奏請寬限加鑄經度支部議覆暫准加鑄俟鑒到日裁併此次舟抵安慶考查司員前已查竣鑒到廠覆查該廠在省城東門內舊銀元局印花機二十二副所餘銅鉛已令遵照奏案運至甯廠廠房機件擬改爲製造局又聞該省辦賑尙屬得法鑒沿途查訪大江南北麥收豐稔人心安謐堪以上慰

宸廑二十五日啟程至漢搭火車前往天津謹請代

奏

會陳奉廠情形並請　旨應否前往電

外務部轉軍機處辰密璧奉

命考查各省銅幣現抵天津考查直隸分廠適世昌紹儀在天津會晤議及奉省造幣事宜世昌查前任盛京將軍趙爾巽奏請鑄造銀元經度支部議准俟世昌到任後體察情形奏明辦理等因奉省銀銅幣同在一廠鑄造似應一併由世昌體察辦理璧查奉天係酌留之廠遵照前財政處原奏本應親往考查惟現在該省情勢與前不同璧應否暫緩前往或即遴派司員赴奉將該廠從前鑄造事宜及一切欵目考察清楚嗣後即由世昌等體察情形奏明辦理謹乞代

奏請

旨

光緒三十三年五月初一日奉

旨陳璧徐世昌等電奏悉即著徐世昌等一併考核奏明辦理陳璧著即回京

亦毋庸派員前往欽此

補授郵傳部尚書謝　恩摺

奏爲叩謝

天恩恭摺仰祈

聖鑒事臣在上海行次恭閱電鈔光緒三十三年四月十八日內閣奉

上諭郵傳部尚書著陳璧補授欽此跪讀之下感悚莫名臣謹卽恭設香案望

闕叩頭謝

恩訖竊以臣榕城下士薇省起家擢貳度支已荷

溫綸渥沛旁諏圜法方持使節巡行迺蒙

恩命遙頒特畀尚書重任伏查郵傳爲海宇交通之紐規模正待擴充臣部係

朝廷新設之官制度尤多草創職司緊要深懼弗勝惟有殫竭悃誠力求整頓以冀梯航輻輳開風氣於舟車消息棣通頌大同於文軌所有微臣感激下忱

謹恭摺叩謝

天恩伏乞

皇太后

皇上聖鑒謹

奏

光緒三十三年四月二十日具奏

擬請整頓閩海關稅務摺

奏爲擬請整頓閩海關稅務以裨財政恭摺仰祈

聖鑒事竊臣奉

命出都考查銅幣所至各省財政困難以福建爲最該省歲入不敷歲出興學練兵諸新政因陋就簡未能擴充地方捐欵幾已搜索靡遺竭澤而漁復恐民不堪命欲求上可裕

國下不病民惟有取諸官吏之中飽查閩海關常稅向歸福州將軍管理每年應征正額盈餘銀十八萬六千五百四十九兩五錢四分七厘該關稅源甚旺昔與粵海齊名今雖稍不如前而取諸民間者尚多歸諸公家者實少據最近奏報自光緒三十年十月初一日起至三十一年九月底止一年期滿共徵銀三十九萬六千三百餘兩其所增二十餘萬兩之數均係附近閩厦兩口改派

稅務司代徵之欵一經改良明效昭著其餘常關照舊徵收各分口仍照定額徵解無甚出入臣此次至閩博采輿論僉謂該關積弊甚深中飽私肥相沿成習若能湔除夙弊涓滴歸公榷稅所入當可視今銳增並聞該關總辦查辦銅幣案內已革候選道馬景融經管四年侵蝕鉅款人言藉藉不盡無因因思常關積弊各省皆然福建財政艱窘之地尤不可不亟圖整頓第蠹書猾吏盤踞舞弊錮習已深若欲澈底清厘自非改絃更張必無實效恭查光緒三十年五月二十七日欽奉

懿旨粵海關淮安關兩監督即行裁撤其粵海關一切事務著歸兩廣總督管理切實整頓等因欽此嗣因兩廣督臣岑春煊督師西征由前廣東撫臣張人駿破除情面積弊一清約計厘剔撙節所得每歲增銀四十餘萬兩後經督臣岑春煊接辦每歲復增銀數十萬兩閩海關情事相同可否援照粵海關成案

請

旨飭下度支部稅務大臣會同速議改由閩浙總督管理該督即一面調查粵海關接辦稅務詳細章程實力整頓剔除中飽庶增國家正稅之額並充地方新政之需其舊管關稅將軍衙門應行津貼辦公經費並令該督酌核奏明辦理臣爲裕國便民起見是否有當伏乞

皇太后

皇上聖鑒訓示謹

奏

光緒三十三年五月初七日具奏奉

上諭陳璧奏請整頓閩海關稅務以裨財政一摺閩海關著改歸閩浙總督兼管切實整頓應辦一切事宜按照原摺所擬各節妥議具奏欽此

請將福建船政提調高凌漢革職永不敘用片

再福建船政提調丁憂前任福州府知府高凌漢辦理廠務日就廢弛臣此次到閩查勘閩關銅幣局該局附於船政廠參觀廠屋半就圮毁機器霉鏽材料散蝕腐敗情形實堪詫異雖由經費支絀未能擴充而敗壞至此殊難爲之解免且該員在福州將軍前署閩浙督臣崇善署內充當文案因將軍年老多病精神未能周到該員招權納賄工於朦蔽其劣迹昭彰不在革道馬景融之下人言藉藉一時以高馬並稱似此貪員未便同罪異罰應請旨將丁憂前任福州府知府高凌漢革職永不敘用以儆官邪臣愚昧之見是否有當謹附片具陳伏乞

聖鑒謹

奏

光緒三十三年五月初七日具奏奉

上諭陳璧奏福建船政提調丁憂前任福州府知府高凌漢辦理船廠事務日就廢弛在福州將軍前署閩浙總督崇善署內充當文案招權納賄工於朦蔽等語高凌漢著革職永不叙用以儆官邪該部知道欽此

望嵓堂奏稿卷六

考查各省銅幣事竣恭覆　恩命摺 清單三件附

奏爲考查各省銅幣事竣恭覆

恩命仰祈

聖鑒事竊臣於光緒三十二年七月二十九日准軍機處片交財政處會奏整頓銅幣請

派大臣考查辦理一摺奉

旨著派陳璧前往考查辦理欽此查原奏內稱各省現在鑄造銅幣多至十六省一省或至二三局限制之數雖多遵照然不急行整頓恐多鑄爭銷之弊仍難盡免惟有將現在局廠酌量歸併除總廠外山東歸併直隸爲一廠湖南歸併湖北爲一廠江西安徽江蘇清江歸併江甯爲一廠浙江歸併福建爲一廠

廣西歸併廣東爲一廠合奉天河南四川雲南四廠共九處惟雲南一廠開辦最晚規模較隘即由該大臣遴員前往以期妥速等語又原奏清單第一條內稱酌留局廠接收之時查明房屋機器每日鑄造若干繪圖列表送部彙核第二條內稱酌留局廠現存銅鉛斤重煤炭料物數目購價開單列表送部登記第三條內稱裁併局廠派員查明機件數目能否改作他項之用現存物料查明接收就近運交酌留之廠開單列表送部登記第四條第五條內稱酌留局廠原有之總辦會辦幫辦等應接見查考辦事妥協者由部會同該省督撫加札委用由部遴選司員隨同前往接收後札留一員作爲會辦購買銅鉛料物及鑄造數目發收行用銅幣價值責成該員監查各等語又於九月初十日臣會同前財政處戶部具奏續擬辦法四條一摺第二條內稱裁併局廠派司員一人前往接收除廠屋機器能否改作他用由該省自行酌辦外銅鉛料物令

該廠查明開單會同點驗卽由該廠派員運交歸併之處料價運費均准作爲
裁併省分之成本該廠如有挪借公私欵項裁併後亦由該省自行清理等語
嗣於十一月二十三日請
訓摺內奏明前往各省考查次第程途並四川一省擬先派員前往緣由先後
均奉
旨依議欽此欽遵於十一月二十八日帶領隨員及由部奏派各司員束裝就
道由京漢鐵路赴河南湖北乘江輪至江甯便赴清江浦至上海搭海輪至廣
東福建並請假回里省墓假滿起程復因赴四川考查司員回閩電奏川廠情
形應否臣親往考查三十三年四月十一日奉電傳
諭旨著卽毋庸前往等因欽此欽遵由閩旋至上海因前准度支部咨安徽撫
臣恩銘電奏皖省辦賑需用銅幣請暫寬限加鑄經部議覆暫准照限制數目

加鑄一倍俟臣到皖時再行停鑄當即由上海溯江至安慶復至漢口搭火車至天津次第考查均隨時將各廠大概情形及到省出省日期電請軍機處代奏在案雲南一廠已遵照原奏派員前往據電稱該廠機器未到尚未開辦應俟開辦時由度支部另行核辦又奉天一廠係酌留省分應往考查臣至天津與東三省督臣徐世昌奉天撫臣唐紹儀會晤據稱前任將軍趙爾巽奏請鑄造銀元經度支部議准俟世昌到任後體察情形奏明辦理奉省銀銅幣同在一廠鑄造似應一併由世昌體察辦理等語當經會同電奏於三十三年五月初一日奉電傳

諭旨即著徐世昌等一併考核奏明辦理等因欽此亦應俟奏報時由度支部另行核辦至裁併省分除廣西一省由部電詢據該撫覆稱未經開辦應毋庸議外清江安徽兩廠由臣親詣考查其山東湖南江西蘇州浙江五省共八廠

均遵照奏案派員分頭前往將原奏指查之廠機料物等項逐件點驗繪圖列表一律竣事訖臣伏查中國之造銅幣權輿於廣東而江甯湖北繼之初時餘利甚豐各省因籌款艱難冀得餘利競相建廠購機爭銷多鑄遂致圜法敗壞公私交困不得已而始有裁停歸併之舉臣忝持使節自

陛辭出京七閱月所至各廠相其房屋之宜否試其機器之良窳驗其物料之省費察其員司之賢不肖核其餘利之多寡及出入欵項之虛實綜而論之機器鑄數餘利之多以湖北爲最廣東廠房極爲合用辦事規則細密爲諸省冠祇以近年銷路未暢餘利甚微直隸廠機安置得宜辦理精核江甯舊廠亂雜無序新廠仿照廣東尙屬完好機器鑄數幾埓湖北惟從前經理未善餘利短絀河南機廠無多亦以章制未備欵目動輒舛誤福建南局開辦較早稍有贏餘東西兩局開辦未久卽停徒以鉅欵易此廠機尤爲可惜四川餘利優於粵

闔惟僻處西隅轉運不易卽廠機亦未完備尙待擴充已擬定整頓辦法行令各該廠遵照辦理謹將所查酌留各廠廠房機器成本餘利出入欵目等項彙開一單裁併各廠廠房機器物料數目彙開一單擬定劃一章程十六條彙開一單恭呈

御覽其餘圖表摺册清單應遵照原奏咨送度支部登記備核裁併各廠出入欵目因停鑄後淸理需時已行令造具妥册送部抑臣更有請者整飭財政貨幣實重要之端現在

朝廷更新百度部臣亦汲汲定幣制議本位銅幣爲輔助品若不將各省供求相需之數確定而平準之卽此九廠所鑄亦必積漸日多則泉貨壅滯價値低落而幣制終無劃一整齊之效相應請

旨飭下度支部統籌全局妥議各廠鑄數並將銀銅各幣著爲定價官民收發

公其出入而嚴其限制頒示天下用昭德守一二年後仍當察看情形酌量停

鑄減鑄以劑其平庶足維持永久而圜政不至紊亂矣所有微臣考查各省銅

幣情形恭摺具陳伏乞

皇太后

皇上聖鑒訓示謹

奏

謹將考查酌留各省造幣分廠廠房機器成本餘利出入欵目彙開清單

恭呈

御覽

計開

河南造幣分廠

舊管

無項

新收

一 借藩庫銀九萬五千兩

一 借糧道庫銀四萬五千兩

一 借釐稅局銀五萬兩

一 借賑捐局銀一萬九千五百六十九兩四錢七分一釐六毫二絲四忽

一 息借官錢局銀二萬兩

一 息借商號銀六十八萬二百三十兩四錢七分五釐九毫七絲七忽

一 售銷銅幣價値銀一百六十三萬九千二百八兩六錢八分四釐九

毫一絲二忽

一 各州縣繳賠遺失銅價銀八十六兩九錢一分三厘八毫九絲三忽

以上共收庫平銀二百五十四萬九千九十五兩五錢四分六厘四毫六忽

開除

一 廠屋銀四萬三千九百三十四兩一錢八分七毫六絲六忽

一 機器並借用機器局鍋爐引擎作價配造零件銀九萬二千六百二十二兩五錢二分五毫五絲四忽

一 銅鉛物料並運費匯費等項銀一百十九萬八千九百五十九兩六錢七分九厘九毫六忽

一 煤炭銀七萬三千四百八十二兩四錢六分四厘三毫六絲五忽

一　薪工銀八萬八百九兩七錢八分三厘一毫二絲一忽

一　廠費銀四萬二千七百四十五兩二錢五分六厘二毫二絲六忽

一　撥還藩庫銀九萬五千兩

一　撥還賑捐局銀一萬九千五百六十九兩四錢七分一厘六毫二絲四忽

一　撥還厘稅局銀二萬兩

一　撥還商號銀六十八萬二百三十兩四錢七分五厘九毫七絲七忽

以上共支庫平銀二百三十四萬七千三百五十三兩八錢三分二厘五毫三絲九忽

實在

存庫平銀二十萬一千七百四十一兩七錢一分三厘八毫六絲七忽外

加廠機估價銀十一萬二百九十五兩七錢九分七厘二毫二絲又存
料作價銀五萬五千一百六十三兩二錢一分二厘八毫三絲六忽又
存幣作價銀十八萬六千一百七十八兩八錢三分六厘一毫四忽共
存庫平銀五十五萬三千三百七十九兩五錢二分六絲七忽
外欠糧道庫銀四萬五千兩釐稅局銀三萬兩官錢局銀二萬兩共欠庫
平銀九萬五千兩
以上存欠相抵計獲餘利庫平銀四十五萬八千三百七十九兩五錢六
分二絲七忽內提撥
花紅銀四萬五千八百三十七兩九錢五分六厘二忽
學務經費銀一萬兩
巡警學堂經費銀八千兩

陸軍學堂開辦經費銅幣一千萬枚合銀八萬二千三百一兩六錢八分二釐四毫

以上共撥支庫平銀十四萬六千一百三十九兩六錢三分八釐四毫二忽

實存餘利庫平銀三十一萬二千二百三十九兩九錢二分一釐六毫二絲五忽

查河南造幣分廠自光緒三十年十月奏設在省城南門外三里堡機器局內迤西先建一小廠出數甚微又於迤北添建一廠規模稍大計廠房六十六間辦公及員司工匠住房庫房等二百五十八間鎔銅烘片烘餅烘模等爐四十二座井四口水櫃一具煙筩五座引擎二副鍋爐二座輾片機三架舂餅機四架光邊機四架印花機九架電燈機二副各項零星

機件皆備每日可鑄當十銅幣四十七八萬枚所有廠機料物成本均係借用官商各欵除陸續歸還外所欠無幾計自開辦至三十二年十一月二十九考查之日止鑄造當十銅幣二萬三千五十四萬五千八百五十枚行銷二萬七百三萬一千四百九十三枚提撥陸軍學堂一千萬枚實在存一千三百五十一萬四千三百八十七枚市價每一百二十餘枚合銀壹兩較各省錢價爲高民間極爲信用因出數無多各屬尙難徧及惟該廠開辦數年章程規制均未完備如該廠中間隔以機器局宜築墻分界以稽出入員司冗閒晚間又不宿廠宜將員數大加删減湔除官場習氣並令分班値宿以愼職務匠徒工食宜由總辦監發以杜中飽廠內各所收發數目宜彙總考核並多立簿册以重欵項至採辦物料尤宜切實勘驗兌收嚴定功過以除宿弊已擬整頓辦法八條飭該廠總辦河南候

補道朱啓鳳認眞辦理擬定廠名爲度支部造幣汴廠此查明河南造幣分廠之情形也

湖北造幣分廠

舊管

無項

新收

一 售銷銅幣價值洋例銀一千八百三十七萬二千四百四十八兩三錢四分四釐

開除

一 銅鉛煤炭物料銀一千二百三十五萬七千六百四兩一錢二分

一 薪工銀三十三萬八千八百七十七兩四錢五分

一　廠費銀十一萬一千三百十七兩二錢五分
以上共支洋例銀一千二百八十萬七千七百九十八兩八錢二分
實在
存餘利洋例銀五百五十六萬四千六百四十九兩五錢二分四釐內提
撥
建造廠屋銀十七萬一千七百六十八兩八錢九分四釐
添購機器銀六十七萬一千二百六十四兩六錢六分
續添機件銀一萬七千四百三十兩二錢二分
花紅銀十四萬六千七百十七兩二錢二分
正陽門工程銀二千六百六十三兩二錢六分
練兵經費銀七十四萬七千六百七十兩六錢四分

賠款銀一百七萬三千兩

雲南銅本銀十四萬四千二百八十五兩七錢一分

解藩庫存儲備用銀二十一萬四千六百三十七兩二錢四分

解善後局還息借款銀二十一萬四千二百八十五兩七錢一分

解官錢局備各學堂購地經費銀二萬四百八兩一錢六分

各學堂經費銀四十六萬九千四百二十三兩九錢二分

圖書館經費銀五萬一千二十兩

各學堂局所祠宇及鐵路工程銀三十萬五千一百七十兩七錢四分

各處購買民房地畝價銀十五萬六千四百四十一兩九錢九分

鑛務局經費銀二十萬兩

工藝局經費銀三千三百六十七兩三錢二分

遷善所經費銀七百九十六兩三錢六分

習藝所經費銀三百十一兩二錢八分

勸業場經費銀一千八百三十九兩

代墊紗布絲麻等局股本銀八十萬六千一百二十二兩四錢四分

代織布紡紗製麻三局還官錢局欵銀四萬八百十六兩三錢三分

荆餉米折運費津貼銀四千七百二十一兩六錢三分

協賑湘災及運糶米欵銀十四萬六千三十三兩八錢

赴豫秋操用欵銀十萬三十兩六錢一分

淺水輪船價銀二十五萬兩

官窰磚瓦銀一萬二千三十六兩三錢六分

漢口後湖隄工銀五萬四千三百兩

潛江西灣隄工銀二萬十兩
白沙洲塡土工程銀一萬一百十兩
以上共撥支洋例銀六百五萬六千六百八十三兩五錢四分四厘除將
前項餘利全數動支外不敷洋例銀四十九萬二千三十四兩二分係
向官錢局挪借墊支應援照光緒三十二年九月初十日臣會同前財
政處戶部奏案由該省自行清理
外存物料作價合洋例銀五十三萬六千九百七十一兩四錢五分
湖北銀元局附鑄銅幣
舊管
無項
新收

一　售銷銅幣價値估平銀八百六十五萬五千六百五十九兩八分

開除

一　銅鉛物料銀五百五十四萬六千四百八十九兩九錢八分

一　薪工廠費銀八十三萬二千四百九兩六錢三分

以上共支估平銀六百三十七萬八千八百九十九兩六錢一分

實在

存餘利估平銀二百二十七萬六千七百五十九兩四錢七分內提撥

花紅銀十三萬七千二百六十六兩五錢

建造廠屋銀十一萬六千五百四十八兩一錢二分

添購機器銀二十四萬六千一百八十六兩八錢七分

解京銀元合銀五千九十兩四錢

練兵經費銀三十一萬四千二十五兩九錢六分

賠欵銀四十六萬六千二百兩

雲南銅本銀六萬六百兩

各學堂經費銀三十八萬九千兩九錢二分

圖書館經費銀五千三百五十七兩二錢一分

各處購買民地銀六萬七十九兩三錢

各項工程銀三十八萬三千七十九兩四錢一分

漢口後湖隄工銀二萬二千二百八十二兩九分

武泰閘工程銀十二萬兩

兵工廠經費銀九萬兩

公家花園開辦經費銀二萬一千九百七十三兩五錢二分

製麻局添購機價銀十萬兩

修造官窰經費銀五千四兩五錢八分

馬路工程銀三百九十四兩四錢

商報股本銀八百三十二兩

以上共撥支估平銀二百五十四萬四千六百二十一兩一分除將前項餘利全數動支外不敷估平銀二十六萬七千八百六十一兩五錢四分由該局在銀元餘利項下撥支

外存物料作價合估平銀十三萬四千五百十六兩五錢六分

湖北漢陽兵工廠附設銅幣廠

舊管

無項

新收

一　售銷銅幣價值估平銀三百五十六萬三千六十一兩四錢三分

開除

一　銅餅價銀二百八十二萬四百五十九兩六錢四分

一　煤炭雜料銀十萬九千六百八十八兩七錢三分

一　薪工銀四萬三千七百八十一兩五錢九分

一　廠費銀一萬九千二百八十五兩九分

以上共支估平銀二百九十九萬三千二百十五兩五分

實在

存餘利估平銀五十六萬九千八百四十六兩三錢八分內除建造廠屋銀十萬九千八百四十兩八錢一分購置機器銀二十七萬六千三百

一兩四錢一分餘估平銀十八萬三千七百四兩一錢六分悉數撥作
漢口後湖隄工及修建營房購買民地之用動支無存

查湖北造幣分廠共爲三所一爲銅幣局一在銀幣局附鑄一在兵工廠
附設銅幣局自光緒二十八年八月奏設在省城三佛閣街銀幣局東就
舊鑄制錢局廠屋開鑄二十九年擴充庫房及鎔銅輾片兩廠並大水池
各項工程三十年擴充電燈房馬力房印花搖洗兩廠及庫房各項工程
三十一年擴充數錢處鎔銅輾片等廠及汽爐各項工程計廠房十七間
庫房三所辦公及員司雜役住房四十四間鎔銅及烘片烘餅烘模等爐
二百四十口水池一口水櫃二具大小烟筩二十九座引擎十一副鍋爐
十一座輾片輥三十副舂餅機二十三架光邊機十三架印花機一百五
架電燈機兩副各項零星機件皆備每日可鑄當十銅幣四百萬枚開辦

時未提成本遇有用欵隨時向官錢局挪借陸續歸還自開辦起至三十二年十二月十五考查之日止鑄造當二十當十當五三種折合當十銅幣二十五萬四千八百三十二萬七千五十五枚均交官錢局如數行銷廠中無存市價每一百五十餘枚合銀一兩民間信用各屬皆已徧及廠中規制尚稱完備出數之多得利之厚爲各省廠冠因武漢爲長江樞紐近年京漢路成商務日見繁盛故銅幣銷場較他省爲大然該廠近年鑄造已多銅幣價値遞見短絀若不加以限制恐將來供過於求銀益貴錢益賤必至現在之價値亦不可保已飭該廠總辦丁憂湖北試用道高松如暫將鑄數減半鑄造妥慎經理銀幣局在省城三佛閣街自二十九年閏五月附鑄銅幣除舊鑄銀元廠機外添建工廠十一間辦公及員司匠役住房六十六間鎔烘等爐六十八座水井二口水櫃一具大烟筩一座

引擎二副鍋爐三座舂餅機四架光邊機四架印花機三十九架各項零星機件皆備自二十九年閏五月起至三十二年二月初一日止共鑄當十銅幣十二萬一千一百六十五萬三千二百九十九枚行銷無存兵工廠附設之銅幣廠在漢陽西門外梅子山下自三十一年二月建廠購機計廠屋六所辦公員役住房庫房三十七間鎔烘等爐一百十六座水池一口水櫃一具煙筩七座引擎三副鍋爐四座輾片輥十二副舂餅機八架光邊機八架印花機五十架各項零星機件皆備自三十一年二月底起至三十二年二月止共鑄當十銅幣五萬二千七百五十四萬四千七百枚儘數行銷及提撥各用廠中無存該兩廠鑄造銅幣現已遵章停止酌留銅幣一局擬定廠名爲度支部造幣鄂廠此查明湖北造幣分廠之情形也

江甯造幣分廠

舊管

無項

新收

一 借籌防局庫平銀一百二十二萬二千八百六十二兩八錢八分五釐一毫五絲九忽九微

一 借江安糧道庫平銀四十萬兩

一 借支應局湘平銀二十萬兩折庫平銀十九萬二千八百兩

一 借支應局規平銀十萬兩折庫平銀九萬一千二百四十兩八錢七分五釐九毫

一 借兩淮運司庫平銀十五萬兩

一 借海州分司庫平銀五萬兩

一 借籌防局庫平銀十萬兩

一 借籌防局規銀三十萬兩折庫平銀二十七萬三千七百二十二兩六錢二分七厘七毫

一 借上海製造局規銀一百萬兩折庫平銀九十一萬二千四百八兩七錢五分九厘

一 售銷銅幣價值庫平銀一千九十萬九千八百六十四兩二錢九厘七毫八絲九忽八微

一 銀圓餘利撥作購料等用庫平銀十萬三千五百七十兩五錢九分六厘三毫二絲四忽四微

一 存廠餘利撥作購機建廠等用庫平銀三十二萬六千一百六十八

兩六錢一分一厘五毫

以上共收庫平銀一千三百二十六萬二千四百六十六兩三錢二厘七毫七絲四忽一微湘平銀二十萬兩折庫平銀十九萬二千八百兩規銀一百四十萬兩折庫平銀一百二十七萬七千三百七十二兩二錢六分二厘六毫共合庫平銀一千四百七十三萬二千六百三十八兩五錢六分五厘三毫七絲四忽一微

開除

一　廠屋銀三十七萬六千一百二十一兩四分六厘三毫

一　機器銀一百三十六萬九千八百四十二兩二錢七分二厘五毫

一　銅鉛錫煤炭雜料銀七百四十一萬三千三十七兩八錢四分七厘

一　薪工銀四十四萬三千九百二十二兩九錢八分一厘四毫

一　廠費銀十九萬四千九百二十六兩八錢二分九厘

一　提還借欵銀一百二十二萬九千九百五十九兩五錢七分一厘八毫八絲四忽五微

一　由廠提獎花紅銀一萬六千九百九十一兩三錢五分一厘一毫三絲三忽

以上共支庫平銀一千一百四萬四千八百一兩八錢九分九厘二毫一絲七忽五微

實在

存庫平銀三百六十八萬七千八百三十六兩六錢六分六厘二毫內除

存司庫鑄本銀七十八萬九千四百七十五兩八錢四分八厘三毫又

存廠庫鑄本銀五萬二千五百七十六兩一錢一分二厘九毫又存廠

庫大小銀圓條片合銀一萬七千九百四十七兩一分六厘二毫又應行收回購銅定銀三萬八百三十九兩四錢七分八厘又革道潘學祖欠繳公欵以住宅作抵銀二萬兩共庫平銀九十一萬八百三十八兩四錢五分五厘四毫均作該廠存本另欵列存外實存餘利庫平銀二百七十七萬六千九百九十八兩二錢一分八毫外加磅餘銅斤作價銀二萬六千三百二十三兩四錢九分共庫平銀二百八十萬三千三百二十一兩七錢八毫均解交司庫撥用內提撥

花紅銀十四萬四千七百六十七兩六錢三分二厘二毫

歸還借欵銀六十一萬八千七十九兩七錢三分

還欵補平銀一萬四千七十五兩一錢五分四厘

修理西廠工程銀七千四百二十五兩六錢二分三厘

銅價銀二十五萬兩
還廣東機器銀四萬五千五百兩
司署經管銅幣官吏津貼銀四千一百三十八兩
購銅委員川資薪水銀五百一兩六錢
翰林院經費銀五百八兩
京師工巡局經費銀二千三十二兩
考察政治經費銀六萬三百四十四兩七錢
雲南銅本銀十萬六十兩
浚浦經費銀三萬三千七百六十三兩二錢二分九毫五絲
各學堂工程經費及出洋學費等項銀一百五十一萬六千七百七十九兩六錢五分二厘八毫

各營軍裝器械等項銀十六萬四千八百九十七兩九錢八分二毫

各項工程銀八萬四千七百七十一兩二錢四分一厘二毫

提解司庫節省二萬四千五百十七兩二錢

旗營練兵經費銀一萬八千五百兩

善後局經費銀一萬六千八百二十六兩九錢二分

警察局經費銀四十萬三千七百五十六兩六錢三分一厘

商務局幷商品陳列館經費銀三萬九千五百六兩四分七厘

工藝局經費銀四萬二千七百五十兩

蠶桑公所經費銀三萬四千七百二十五兩三錢八分六厘

江皖贛鑛務局開辦經費銀一萬四千四百六十兩

官報局經費銀十萬一千五百兩九錢四分五厘

下關商埠局經費銀一千九百二十五兩四錢八分
牛痘局經費銀一千六百八十二兩六錢一分四厘五毫
普育堂經費銀五千八百五十兩
開井經費銀二萬七百五十兩一錢五分五厘
京口工藝傳習所經費銀二千八百九十二兩
清江銅幣局借撥經費銀二萬兩
彌補皖岸報効銀三萬五千五百五十五兩五錢五分
醫院購地及治病電機銀三千二百六十三兩八分
撥補義賑銅幣兌價不敷銀四萬三千三百十二兩六錢九分八厘
提還商務局撥付比國賽會用欵等項銀二萬九千七百七十二兩九錢四厘

商務局紅獎銀七千七百九十二兩

北洋編譯約章工價銀三千四十二兩

鉛字機器銀三千八百兩九錢五分四厘

雜支銀一萬二千九百八十兩四分五厘九毫

以上共撥支庫平銀三百九十三萬三千二百七兩八錢六分四厘七毫五絲內除由司收回原動本欵實撥支庫平銀三百四十四萬四千七百十五兩二錢六分三厘七毫一絲除將前項解司餘利並磅餘銅斤作價及光緒二十九年以前西廠代江甯藩司鑄造銅幣項下另存餘利庫平銀二萬六千八百七十五兩八錢八分六厘四毫鑄本餘存庫平銀七兩三厘仝數撥抵外尚不敷庫平銀六十一萬四千五百十兩六錢七分三厘五毫一絲均由司庫墊支應援照光緒三十二年九月

初十日臣會同前財政處戶部奏案由該省自行清理又由廠墊付花紅庫平銀一萬七千九百十四兩七錢一分九厘應由司庫歸還

外欠籌防局庫平銀五十四萬四千三百七十五兩九錢六分五毫一絲八忽八微規銀三十萬兩折庫平銀二十七萬三千七百二十二兩六錢二分七厘七毫上海製造局規銀七十九萬六千六百七十九兩三錢九分四厘五毫折庫平銀七十二萬六千八百九十七兩二錢五分七厘七毫共欠庫平銀一百五十四萬四千九百九十五兩八錢四分五厘九毫一絲八忽八微

外存廠機物料原價庫平銀一百八十八萬四千九百九十一兩四錢二分八厘

查江甯造幣分廠自光緒二十三年十一月奏設在省城廻龍街原建東

西兩廠東廠鑄造銀圓西廠鑄造制錢次年因制錢虧本停鑄二十七年秋間蘇州藩司撥欵就制錢機器代鑄銅圓繼江甯司局亦仿照辦理二十八年復因銀元利薄東廠亦改鑄銅元歸江甯藩司代銷二十九年又建中廠共三廠名曰老廠革除代鑄名目三廠所鑄均歸江甯藩司銷售復奏於揚州添一分局又議就上海製造局附鑄三十一年奏明歸併滬揚兩局機器另建一廠因揚局機器先到暫借金陵機器局安設冬間建廠工竣名曰新廠規模比前爲大四廠共計廠房七十八間員司辦公住房庫房等二百二十六間鎔銅烘片烘餅烘模等爐二百九十五座水池一口水櫃四具大煙筒四座引擎十三副鍋爐二十一座輾片機五十架舂餅機二十七架光邊機十六架印花機九十七架電燈機三架各項零星機件皆備另存鍋爐引擎在外每日可鑄當十銅幣四百餘萬枚從前

提借成本現尚欠銀一百五十四萬餘兩係由籌防局上海製造局息借應令在本省應提餘利六成內陸續歸還現在銅價昂貴餘利無多此項銀兩均係官欵並令止息還本以期逐漸清償該廠鑄造除銀元已停並西廠代鑄銅幣不計餘利外自二十八年東廠改鑄起至三十二年十二月底考查之日止鑄造當十銅幣十六萬三百九十八萬四千八百五十枚均交官錢局如數行銷廠中無存市價每一百六十餘枚合銀一兩民間信用各屬均已通行歷年鑄造共得餘利銀三百十萬三千一百六十六兩八錢二分二厘三毫內由廠列收餘利三十二萬六千一百六十八兩六錢一分一厘五毫作爲建廠購機等用自二十九年改章起解司餘利銀二百七十七萬六千九百九十八兩二錢一分八毫撥作新政用欵查該廠開辦日久廠機之多與鄂省相伯仲章程規制亦有可採而委任

未能得人以致弊端百出前經升任兵部侍郎臣鐵良於光緒三十年查
辦案內查明該局餘利虧短歷任總辦劉思訓等五員中飽情事部議交
兩江督臣分別查參此次臣往考查查明道員潘學祖浮冒鉅欵奏奉電
傳
諭旨交兩江督臣端方查抄押追在案是該廠廠務之敗壞已非一朝夕
之故整頓更不容緩該老廠廠機布置均未合法新廠尚屬完善已令將
老廠全行裁停專用新廠裁汰員司以節虛靡選用工匠以資熟習撙節
煤斤以輕鑄本慎儲機器以免鏽壞嚴查門禁以防偷漏詳核功過以定
賞罰删減節賞津貼以省浮費革除料價折扣以祛中飽至該廠鑄本仍
另款存儲司庫以備購買銅鉛煤炭物料之用按季報部查核不得挪作
他用已擬整頓辦法十六條飭該廠總辦江蘇候補道匡翼之認眞辦理

又據廠員聲稱新廠機力每日約可鑄二百八十萬枚該廠因辦賑需欵已由度支部議准加鑄銅幣當與兩江督臣議定以一百六十萬作爲定章額鑄一百二十萬作爲賑欵加鑄俟賑務告蕆再由部核定常年鑄數擬定廠名爲度支部造幣江廠此查明江甯造幣分廠之情形也

廣東造幣分廠

舊管

無項

新收

一　善後局撥廠機成本銀四十六萬一千九百十七兩七錢四分六厘

一　銷售大小銀元價値銀八千六百十九萬一千七百二十九兩八錢一分

一　售銷銅幣制錢價值銀六百七十八萬九千一百三十六兩七錢五分六厘八毫

以上共收九九五平銀九千三百四十四萬二千七百八十四兩三錢一分二厘八毫

開除

一　廠屋銀十四萬六千九百十七兩七錢四分六厘

一　機器銀三十一萬五千兩

一　寶紋銀條價銀七千九百一萬七千八百四十七兩五錢六分八厘七毫五絲

一　銅鉛錫價銀四百四十一萬一千五百七十四兩二錢二分一厘九毫五絲

一　雜料銀八十四萬八千六百七十四兩五錢四分六厘三毫四絲
一　薪工銀八十四萬四千三百五兩二錢六分五厘五毫
一　廠費銀九萬八千九百三兩八錢
以上共支九九五平銀八千五百六十八萬三千二百二十三兩一錢四分八厘五毫四絲

實在

存餘利九九五平銀七百七十五萬九千五百六十一兩一錢六分四厘二毫六絲內除添建廠屋續購機器等項銀二十八萬一千三百三十三兩三錢四分三厘六毫五絲又售銅虧折押銅利息倉租借息等項銀二十萬九千一百十三兩三錢九分三厘一毫八絲實存餘利九九五平銀七百二十六萬九千一百四兩四錢二分七厘四毫三絲均解

交善後局撥用內提撥

花紅銀二十萬二千一百五十六兩五錢二分二厘三毫

解部銅元合銀九萬五千二百九十四兩一錢六分四厘

解部銀元水脚銀七千六百三十四兩八錢

解部銅元水脚銀三萬二千九百十六兩六錢三分九厘

各省兌換銀元津貼運費銀二十八萬三千六百九十三兩七錢一分二厘九毫

留存鑄本銀二十萬兩

善後局海防經費銀四百八十八萬二千七百八十二兩二錢九分四厘四毫一絲八忽

練餉銀二十二萬九千兩

籌備海軍經費二十萬兩

北洋協餉銀十萬八千九百兩

廣西津貼銀十二萬兩

還匯豐鎊欵銀六十六萬六千兩

萬國紅十字會經費銀三萬六千兩

本省平糶米價銀二萬二千四百三十四兩六錢七分八厘八毫九絲

各省賑欵銀二十七萬七千七百七十二兩七錢四厘

教案䘏欵銀五萬七千六百兩

給局員家屬養贍銀二千六百六十四兩

以上共撥支九九五平銀七百七十二萬八百四十九兩五錢一分五厘

五毫八忽除將前項餘利全數動支外不敷九九五平銀四十五萬一

千七百三十五兩八分八厘七絲八忽均由善後局挪借墊支應援照光緒三十二年九月初十日臣會同前財政處戶部奏案由該省自行清理

外存銀元銅幣銀銅鉛錫雜料作價合九九五平銀四十五萬二千六百八十三兩五錢三分三厘

查廣東造幣分廠自光緒十三年正月奏設在省城大東門外黃華塘地方建造廠屋十五年開鑄制錢十六年開鑄銀元嗣因銅鉛價漲虧耗太多停鑄制錢二十六年開鑄銅幣三十二年增鑄一文銅幣計廠房三十八間辦公及員司匠役住房車房等七十二間鎔銀鎔銅烘片烘餅等爐一百七十三口烘模爐一座水池一口水櫃一具大小烟箭二十八座引擎六副大小鍋爐十座輾片機二十四架舂餅機十四架光邊機十二架

印花機六十六架電燈機兩副各項零星機件皆備每日可鑄小銀元二十萬枚當十銅幣一百萬枚建廠購機及物料成本皆由善後局籌付除前鑄制錢不計外自開辦起至三十二年年底止共鑄五種銀元重八千六百二十萬五千七百十九兩零當十銅幣九萬五千八百六十萬六千枚又一文銅幣五萬二千四百八十七串均由善後局行銷廠中存積銀元重一萬三千九百八十九兩零當十銅幣九百二十六萬四千枚一文銅幣六千九百八十七串市價銅幣每一百五十餘枚合銀一兩省城通用大小銀元各屬類用制錢故銅幣銷路未暢歷年鑄造銀元銅幣共得餘利七百七十五萬九千五百六十一兩五錢六分四厘二毫六絲該廠出入欵目向以銀銅兩項合併計算無從分析查各省鑄造銀銅各元皆創始於廣東司其事者爲該局提調候補直隸州知州薛培榕廠機布置

之妥帖章程修纂之細密迥非他省所能比擬自該牧故後近亦漸不如前已擬整頓辦法十條飭該廠總辦廣東布政使胡湘林幫辦江蘇候補道方政認眞辦理又該省銀元通行已久市面需用甚多度支部銀幣祖模尙未頒發暫令照舊辦理惟小銀元鑄造已多貼水日重現令專鑄大銀元以劑其平銅幣銷路太滯令日鑄四十萬隨時察看幣價之漲落以爲增減並擬廠名爲度支部造幣粤廠此查明廣東造幣分廠之情形也

福建造幣分廠

舊管

無項

新收

一　借鹽道庫銀二十二萬二千七百七十一兩五錢四厘六毫

一借賑捐局銀十一萬兩

一借售銅幣價値銀二百六十八萬三千五百五十七兩五厘三毫

以上共收庫平洋銀三百一萬六千三百二十八兩五錢九厘九毫

開除

一銅價銀一百八十五萬三千一百四十四兩七錢三分六毫五絲

一煤炭雜料銀九萬六千七百五十四兩八錢五分八厘一毫七絲

一薪工廠費銀十一萬三千一百三十二兩一錢七厘五毫

一提還鹽道庫欵銀十四萬一千八百六十六兩一錢一分八厘五毫

一提還賑捐局銀十一萬兩

以上共支庫平洋銀二百三十一萬四千八百九十七兩八錢一分四厘八毫二絲

實在

存庫平洋銀七十萬一千四百三十兩六錢九分五厘八絲除提存成本銀二萬九千一百五兩四錢七厘九毫外實存餘利庫平洋銀六十七萬二千三百二十五兩二錢八分七厘一毫八絲外加存幣作價銀二百八十六兩八錢八分八厘二毫又應收回西廠銅價銀二萬八千八百七十五兩八錢五分存積雜料並應收回火藥局及西廠料價銀七千七百七十七兩六錢九分四厘三毫共存餘利庫平洋銀七十萬九千二百六十五兩七錢一分九厘六毫八絲內提撥

花紅銀十萬三千七百二十六兩七錢五分二厘

廠屋工程銀十一萬三千四百五十八兩四錢九分四厘九毫

機器價值銀十七萬九百八十九兩三錢三分二厘五毫

學堂經費銀六萬四千一百五十八兩二錢四分七厘九毫

浚浦經費銀一萬七千八百六十五兩

樟腦賠欵銀五萬二千四百三十兩七錢二分二厘五毫

農桑局經費銀五千兩

旗營修理房署銀二萬四千八百九十五兩九錢四分六厘四毫

解財政局銀七千八百九十六兩四錢六分五厘二毫

解藩庫銀三萬二千一百七十六兩七錢九分五厘四毫

財政局發電燈公司銀六千八百三十六兩

出洋經費銀七千六百七十八兩一錢六分七毫

本廠停鑄期内薪工廠費息欵等項銀二萬八千三百二十九兩二錢四分七厘八毫

各屬領銷銅幣酌貼運費銀一萬一千三百六十二兩七分二厘八絲
各廠銅屑提回淨銅酌給紅獎銀一千一百九十八兩七錢四分八厘
以上共撥支庫平洋銀六十四萬八千一兩九錢八分五厘三毫八絲
實存餘利庫平洋銀六萬一千二百六十三兩七錢三分四厘三毫連前
提存成本銀二萬九千一百五兩四錢七厘九毫統共存庫平洋銀九
萬三百六十九兩一錢四分二厘二毫
外欠鹽道庫庫平洋銀八萬九百五十兩三錢八分六厘一毫另欠廈門
息借商欵洋銀一萬元折庫平洋銀七千二百五十兩共欠庫平洋銀
八萬八千二百兩三錢八分六厘一毫
福建機器局附設銅幣西廠
舊管

無項

新收

一　借藩庫銀二十萬七千九百二十七兩七錢六分四厘六毫八絲

一　借鹽道庫銀七萬三千六十四兩八錢九分一厘

一　借財政局銀七萬二千二百九十一兩四錢三分二厘五毫

一　售銷銅幣價值銀五十萬二千五百九十八兩二分六厘一毫三絲三忽

以上共收庫平銀八十五萬五千八百八十二兩九錢一分四厘三毫一絲三忽

開除

一　廠屋銀三萬六千六百五十二兩六錢八分三厘

一　機器銀十七萬八千五兩五分六毫二絲

一　銅餅銀四十五萬三千九百七十八兩二錢八分九厘五毫九絲

一　雜料銀一萬七千七百四十一兩五錢五厘七毫二絲一忽

一　薪工銀一萬六千一百七十六兩七錢五分一厘六毫四絲五忽

一　廠費銀二萬一千三百六十二兩五錢八分九厘六毫九絲七忽

一　購買銅餅應付利息機租等項銀一萬九千一百八十六兩一錢六分七厘二毫二絲九忽

一　提還藩庫借欵銀七萬七千五百六十五兩五錢三分四厘

以上共支庫平銀八十二萬六百六十八兩五錢七分一厘五毫二忽

實在

存庫平銀三萬五千二百十四兩三錢四分二厘八毫一絲一忽除提存

成本銀八千五百三十七兩一分二厘七毫八絲外實存餘利庫平銀二萬六千二百七十七兩三錢三分三絲一忽凑撥購買銅餅應付利息暫租之欵全數動支

外存延平官運局未繳幣價銀七百五十兩一錢八分二厘六毫四絲又存幣價銀二千十二兩六分八厘四毫九絲又廠屋原價銀三萬六千六百五十二兩六錢八分三厘又機器原價銀十七萬八千五兩五分六毫二絲又存料作價銀三萬四千八百十五兩七分四毫二絲七忽共存銀二十五萬二千二百三十五兩五分五厘一毫七絲七忽內除應撥還南廠銅炭雜料價銀三萬三百五十三兩六錢一分八厘七毫八絲七忽實存銀二十二萬一千八百八十一兩四錢三分六厘三毫九絲連前提存成本銀八千五百三十七兩一分二厘七毫八絲共實

存庫平銀二十三萬四百十八兩四錢四分九厘九絲

外欠藩庫銀十三萬三百六十二兩二錢三分六毫八絲鹽道庫銀七萬三千六十四兩八錢九分一厘財政局銀七萬二千二百九十一兩四錢三分二厘五毫共欠庫平銀二十七萬五千七百十八兩五錢五分四厘一毫八絲

閩關銅幣局

舊管

無項

新收

一 借船廠洋欵銀十四萬六千九百八十兩五分

一 借軍庫銀七萬七千五百九十三兩五錢三分二厘

一　息借商欵銀五萬兩

一　軍庫墊撥銀三萬七千六百七十七兩七錢五分八厘

一　售銷銅幣價値銀四十七萬七千四百二十五兩三分一厘

一　紫銅變價銀十萬三千一百九十四兩

以上共收庫平銀八十九萬四千八百七十兩三錢七分一厘

開除

一　廠屋銀六萬三千四百七十五兩

一　機器銀十三萬二千四百七十三兩三錢八分

一　紫銅銀十七萬三千十二兩九錢九分三厘

一　銅餅銀二十八萬三百六十六兩三錢六分一厘五毫

一　鉛錫煤炭雜料銀三萬三千三百兩二錢四分五厘

一　薪工廠費銀四萬九千五百四十兩三錢三分五厘

一　提還軍庫借款銀三萬六百二十五兩二錢三厘

一　提還軍庫墊撥銀三萬七千六百七十七兩七錢五分八厘

一　提還商款銀五萬兩

以上共支庫平銀八十五萬四百七十一兩二錢七分二厘八毫

實在

存餘利庫平銀四萬四千三百九十九兩九分八厘二毫外加存幣作價銀一萬二千三百九十八兩九錢二分存料作價銀一萬一千九百八兩八錢二厘八毫共存餘利庫平銀六萬八千七百六兩八錢二分一厘內提撥

還軍庫借款銀四萬八千九百六十八兩三錢三分

洋欵利息銀一萬八千四百五十九兩五錢八分三厘

商欵利息銀二千三百七十六兩二錢三分八厘

押銅利息銀一千六百五十六兩

代船政付洋欵利息銀一萬九千二百十八兩一錢七分五厘

船政借用銅斤合銀二千六百八十一兩二錢一分四厘三毫

船政借用焦炭合銀二千七十二兩一錢二分一厘

漳州道借用水災賑欵銀二千三百二十六兩五錢二分五毫

以上共撥支庫平銀九萬七千七百五十八兩一錢八分六厘三毫除將

前項餘利全數動支外不敷庫平銀二萬九千五十一兩三錢六分五厘三毫已遵照光緒三十二年九月初十日臣會同前財政處戶部奏

案咨行福州將軍自行清理

外存廠機原價庫平銀十九萬五千九百四十八兩三錢八分

外欠船政洋欵庫平銀十四萬六千九百八十兩五分

又該局建造廠屋添配機件動用船政材料合庫平銀八萬四千餘兩未列報册現准福州將軍咨明亦應列作該局欠欵即於列存廠機原價項下加銀八萬四千餘兩出入相抵合併聲明

查福建造幣分廠共三所一爲南局一爲西局一爲閩關銅幣局南局自光緒二十六年閏八月開辦在省城南門外南台蒼霞洲地方就從前商辦銀元舊局鑄造銀銅各元陸續建廠購機計廠房十二間辦公及員司住房庫房等十一間鎔銀鎔銅烘片烘餅等爐五十一座水井五口水櫃十二具烟筩九座引擎七副鍋爐八座輾片機二十架舂餅機十四架光邊機十架印花機二十八架各項零星機件皆備銀元停鑄每日可鑄當

十銅幣六十萬枚成本由鹽道庫撥借歸還外尚欠銀八萬餘兩自開辦起至三十一年年底止鑄當二十當十當五三種折合當十銅幣三萬四千七百二十四萬四千八百六十八枚半除行銷外廠存四萬一千九百六十六枚西局於三十一年九月開辦在省城西門外洪山橋機器局內計廠房三十八間辦公及員司匠役住房庫房一百四間鎔烘等爐五十座水井一口水櫃一具烟筩六座引擎三副鍋爐四座輾片機十四架舂餅機六架光邊機十架印花機三十六架電燈機一架各項零星機件皆備每日可鑄當十銅幣三十一萬餘枚成本由各庫借撥提還無幾自開鑄起至年底停鑄止鑄當十銅幣七千九百五萬九千二百四十九枚除行銷外存積二十九萬三千七百六十二枚閩關局自三十一年七月開辦在馬尾船政署前先於三十年五月間福州將軍崇善奏就魚雷廠鑄

造借銀十萬元卽可敷用嗣於三十一年八月奏另擇地籌欵建廠購機計廠十一間辦公員司匠役住房庫房七十間鎔烘等爐五十二座水井一口水櫃三具烟箭一座引擎一副鍋爐三座輾片機十二架舂餅機八架光邊機十一架印花機二十架各項零星機件皆備每日可鑄當十銅幣五十餘萬枚成本借官商各欵應由福州將軍自行清理計自開鑄起至年底停鑄止共鑄當十銅幣三千三百七十萬一千九百五十二枚除行銷外抵支無存市價每一百五十餘枚合銀一兩省城通用大小銀元各項錢票搭用銅幣無多各屬亦均未能暢銷查該省設立三廠鑄造纂多開辦之初因銅幣餘利甚豐競相建廠購機爲籌欵之計當奏咨立案時戶部慮其一省三廠必致各顧餘利減價爭銷乃不數年錢價大落向一枚抵市錢十三四枚者祗抵八九枚官欵無著負債纍纍各省幣政之

壞虧耗之多未有甚於閩省者也南局開辦最早餘利尚多西局廠機抵還成本尚屬不敷閩關一局總辦候選道馬景融竟有虧挪官項誆騙商欵之事准農工商部電咨澈查究辦經臣查實電奏參革押追又因欠欵抗不清繳奏奉

諭旨交閩浙督臣松壽查追等因欽此欽遵在案現在三廠均久已停鑄臣逐往考查辦理皆未合法所留員司一律令其裁撤東西兩局距省遥遠機器多不適用應留爲將來擴充船政機器之用南局地勢適中運輸甚便與閩浙總督松壽福州將軍崇善商酌擬就南台一局廠屋機器改設一廠札令該廠總辦福建藩司連甲幫辦鹽法道鹿學良遵照部章妥慎經理擬定廠名爲度支部造幣閩廠此查明福建造幣分廠之情形也

直隸造幣分廠

舊管

無項

新收

一 息借商欵銀一百十六萬九千四百六十四兩一錢八分六厘

一 機器東局津商舊欠撥備資本銀二萬一千七十七兩四錢七分

一 售銷銀元價值銀四百八萬六千三百四十二兩八分五厘

一 售銷銅幣價值銀四百五十六萬九千三百六十三兩五錢六分八厘

一 山東奉天等處附鑄貼費銀一萬八千三百五十二兩四錢三分七厘

一 各處造件及撥用料價銀一萬二千三百三十二兩六錢六分四厘

一訂購料物預付定銀一萬六千一百十八兩九錢五分四厘

一購料回用銀十五萬九千九百三十兩二錢七分一厘

一由鐵路餘利項下協濟銀二十五萬七千六百三十五兩七錢五分

以上共收京平銀一千三十萬六千六百十七兩三錢二分二厘

開除

一廠屋銀十萬七百九十八兩九錢九分一厘

一機器並雜件銀二十四萬七千九百二十六兩九錢二分八厘

一鑄銀元用白寶價銀三百九十四萬四千九百五十五兩一錢一分

一銅鉛錫價銀二百八十七萬四千一百九十六兩一錢一厘

一銅餅價銀三十二萬七千五百七十九兩三錢八分九厘

一煤炭雜料銀二十一萬五百四十九兩六錢三分五厘

一　薪工廠費銀四十一萬九千二百五十九兩六錢七分二厘
一　商欵利息銀十四萬八百十七兩六錢三分六厘
一　刊印銅幣票價銀八千五百四十四兩三錢九分
以上共支京平銀八百二十七萬四千六百二十七兩八錢五分二厘
實在
存京平銀二百三萬一千九百八十九兩四錢七分內應提存成本京平銀九萬七千三百五十兩五錢三厘實獲餘利京平銀一百九十三萬四千六百三十兩九錢六分七厘內提撥
花紅銀九萬九千三百六十六兩一錢
公債抵欵銀八十二萬四千四百三十四兩四錢一分
解巡警部銀一萬七百三十八兩三錢一分八厘

解練兵處銀一萬七百二十三兩四錢四厘

淮軍軍火價値銀二十一萬四千七百六十六兩三錢七分七厘

建造陸軍武備學堂二十二萬七千三百二兩七錢四分五厘

工藝局及工業學堂等處經費銀四十八萬九千八百三十七兩七錢二分四厘

官醫局痘苗局女醫局經費銀五萬八千五百八十兩八錢三分六厘

官立小學堂等處經費銀三萬四千六百十三兩三錢五分一厘

勸業會廠地價並建造學務公所銀四萬八千十八兩七錢九分八厘

以上共撥支京平銀二百一萬九百十二兩六分三厘內由成本項下撥

抵京平銀九萬七千三百五十八兩五錢三厘實存京平銀二萬一千七十七兩四錢七厘由該分廠提存備撥

外欠息借商欵銀一百十六萬九千四百六十兩一錢八分六厘又應提歸資本銀十八萬四千八百四十五兩九錢五分五厘應提備兵餉銀六萬一千六百四十四兩一錢三分三厘應提存公債銀十一萬七千九百六十七兩六錢六分六厘應提存官利銀八萬三千兩應提歸機器房屋折舊銀十四萬九千四百四十四兩二錢一分九厘應提節省餘欵銀一萬五百六十九兩四錢二分應提歸機器東局津商舊欠資本銀二萬一千七十七兩四錢七厘共欠京平銀一百七十九萬八千十二兩九錢八分六厘

外存廠機原價銀三十四萬八千七百二十五兩九錢一分九厘存積銀元作價合銀一千一百二十三兩九錢二分存積銅幣作價約合銀七十六萬一千三百六十三兩六錢八分八厘存積銅鉛錫物料作價銀

二十五萬四千六百九十六兩三錢五分九厘共存京平銀一百三十六萬五千九百九兩八錢八分六厘

查直隸造幣分廠自光緒二十八年六月開辦在天津河北西窰窪就大悲院建設三十年復行擴充計廠房一百四十間辦公及員司夫役住房庫房八十二間鎔銀鎔銅烘片烘餅烘模等爐八十四座水櫃二具烟筩四座引擎六副鍋爐五座輾片機二十三架舂餅機十一架光邊機五架印花機三十九架電燈機二架各項零星機件皆備每日可鑄銀元一萬一千餘元當十銅幣六十萬枚有奇建廠購機及物料成本共息借商欵銀一百十六萬九千四百六十四兩一錢八分六厘尚未清還應由該省自行清理自開辦起至三十三年三月底止共鑄大銀元五百七十一萬一千九百一元二角小銀元十五萬二千九百九十一枚當二十當十當五一

文四種銅幣共折合當十銅幣六萬八千二百十八萬五百二十枚半除行銷外廠中存積大銀元一千五百六十一元當十銅幣一萬六百五十九萬九百十六枚現時銅幣市價每一百五十一二枚易銀一兩因與奏定價值懸殊故存積未售各屬行銷尚未遍及歷年鑄造銀元銅幣共得餘利銀一百九十三萬四千六百三十兩九錢六分七厘出入欵目向以銀銅兩項合併計算無從分析查該廠廠機布置均尚如法規則細密近因銅幣價落停售多日恪遵奏定例價亦較各省減價爭銷者辦理合宜惟與度支部總廠同在一處將來鑄造日多則銅幣充斥堪虞已飭該廠總辦直隸候補道丁象賢幫辦分省補用道熙鈺遵照限制鑄數妥慎經理擬定廠名爲度支部造幣津廠此查明直隸造幣分廠之情形也

四川造幣分廠

舊管

無項

新收

一 借藩庫銀十萬四千四十兩

一 借鹽茶道庫銀三萬一千二百五十七兩

一 借鹽局銀七萬兩

一 借警察局銀一萬兩

一 借籌賑局銀二十九萬兩

一 借成綿道庫銀二萬八百八兩

一 借銀元局銀三十六萬三千六百三十兩七錢九分四厘

一 借機器局銀六萬八百八兩

一　借機器新廠銀二十四萬八千四百一兩七錢八分四厘

一　息借鐵路公司商欵銀三十萬一千七百十六兩

一　息借各票號商欵銀一百二十二萬七千七百十二兩三錢六分九厘

一　各處墊撥回繳等項雜欵銀二十四萬一千一百八十八兩二錢八分八厘六毫二絲三忽

一　售銷銅幣價值銀二百十八萬七千八十兩八錢二毫二絲

以上共收九七平銀五百十五萬六千六百四十三兩三分五厘八毫四絲三忽

開除

一　廠屋銀一萬一千二百九兩三錢四分四厘三絲

一滬漢宜渝嘉五轉運局領購機器銅料價款銀二百七十一萬四百七十七兩二分二厘四毫五絲二忽

一本廠購買機器銀十萬二千六百五十四兩七錢六分九厘五毫

一本廠購買銅鉛炭觔物料銀二十七萬八千七十四兩三錢五分二毫九絲七忽六微四塵

一外屬銅本銀四萬二千四十兩九錢二分五厘

一機料運費銀六萬八千四百五十二兩九錢四分四厘一毫

一匯費銀二千二百九十兩一錢二分三厘三毫

一打撈沈銅費銀一萬五千七百五十二兩九錢九分九厘九毫九絲

一薪工廠費銀九萬三千三十八兩二錢一分四厘六毫六絲五忽九微六塵

一　提還官商借欵銀一百五十萬三百八十七兩一錢五分三厘

一　借欵利息銀七萬三千九十七兩二錢一分四厘一毫三絲七忽二微

一　鐵路股本銀二千六百二兩三錢

一　銀行股本銀二萬八百八兩

一　各項雜欵銀三萬六千八百四十四兩三錢五分六厘九毫五絲

以上共支九七平銀四百九十五萬五千二十九兩七錢一分七厘四毫一絲一忽八微

實在

存九七平銀二十萬一千六百十三兩三錢一分八厘四毫二絲二微外

加廠屋原價銀一萬四千五百二十三兩七錢五厘三絲機器原價銀

三十三萬一千五百五十二兩九錢四分八厘八絲存積銅炭雜料作價銀一百二十四萬八千七百二十兩四錢四分八厘一毫三絲八忽七微五塵又應收機器局及新廠銀二萬二千八百八十兩五錢三分三厘五毫重慶造幣商局銀九萬一百八十兩五錢九厘九毫勸工局銀二千兩成棉道等處銀六千六百四兩四錢八分九厘鐵路銀行股本匯費銀二萬三千五百十四兩三錢四分各轉運局存銀十萬二千二百三十六兩八錢七分二厘一毫四絲共銀一百八十四萬二千二百十三兩八錢四分五厘七毫八絲八忽七微五塵連同前欵共應存九七平銀二百四萬三千八百二十七兩一錢六分四厘二毫八忽九微五塵

外欠官商借欵銀一百二十二萬七千九百八十六兩七錢九分四厘除

由來往賬目劃還官銀號銀十兩外實欠藩庫銀八萬三千二百三十二兩鹽庫銀一萬四百四兩警察局銀一萬兩籌賑局銀二十六萬六千七百四兩銀元局銀三十一萬九千九百四十兩七錢九分四厘鐵路公司商欵銀二十四萬九千六百九十六兩各票號商欵銀二十八萬八千兩共欠銀一百二十二萬七千九百七十六兩七錢九分四厘外加應付還厘金總局轉關借欵銀一萬七千八百四十兩商欵利息銀一萬四千四百七十八兩七錢三分六厘機器局廠房機器爐座等件工料銀六萬六千五百六十二兩三錢四分六厘三毫統共欠九七平銀一百三十二萬六千八百五十七兩八錢七分六厘三毫

以上存欠相抵計獲餘利九七平銀七十一萬六千九百六十九兩二錢八分七厘九毫八忽九微五塵內提撥

花紅銀四萬五百十二兩八錢六分

機器新廠餘利銀十六萬二千三百四十七兩八錢八分三厘八毫

出洋學費銀一萬四千四百三十兩三錢五分一厘一毫二絲

工藝學堂經費銀七千四百六十七兩一錢三分六厘二毫六絲

以上共撥支九七平銀二十三萬四千七百五十八兩二錢三分一厘一毫八絲

應存九七平銀四十九萬二千二百十一兩五分六厘七毫二絲八忽九微五塵除應撥付機器新廠餘利銀八萬一千二百五十二兩一錢一分六厘二毫外實存餘利九七平銀四十一萬九百五十八兩九錢四分五毫二絲八忽九微五塵

查四川造幣分廠自光緒二十九年七月開辦在省城東門內迤南下蓮

池街機器局内三十年建造銅廠三十一年添建印花等廠計廠房六十九間辦公及員司匠勇住房庫房等四十七間鎔銅烘片烘餅等爐五十九座水井六口磚鐵水櫃各一座煙箭五座引擎一副鍋爐二座輾片機四架舂餅機十四架光邊機一架印花機二十三架各項零星機件皆備訂購機器半未到齊每日可鑄當十銅幣三十餘萬枚陸續提借官商成本爲數甚鉅除隨時提還尚欠銀一百二十二萬餘兩應由該省自行清理計開辦起至三十二年年底止共造當二十當十當五三種折合當十銅幣二萬七千五百五十一萬二千九百四十四枚共銷二萬七千四十九萬九千九百三十六枚存積五百一萬一千五百八枚零市價每一百四十餘枚易銀一兩各屬仍用制錢行銷未暢現正徐圖推廣查該廠鑄造行銷尚無弊竇核計所得餘利亦不爲少惟川江路險運料艱難時有

沉失之處在上海漢口宜昌重慶嘉定等處設局轉運費用稍多起運物料往往不將料價運費分批開報又有機器局所運物料籠統在內前後參錯各局不相聯貫淸査欵目良非易易且運局既有轇轕則該廠結算餘利祇能約計其大略不能十分確鑿應令審査情勢將五局分別裁留嗣後購運機銅務飭承辦之員將購價運費按批劃淸報廠存案年終總結一次該廠月報亦即照數開列以憑稽核途中沉失銅斤經冬春水枯打撈無獲應即査明重量價値如數開除另册詳報不得虛列存欵其續行撈獲多寡即歸入餘利項下以昭核實仍將沉失撈獲各確數隨同月報報部未到各項機器有無沉失亦應査明詳報該省土產銅斤尤宜加意調査廣行收購以塞漏巵以省運費至廠中員司亦應裁汰冗閒嚴定功過革除津貼節賞乾修諸名目冀廠務振興日有起色已擬定整頓辦

法十二條飭該廠總辦四川試用道丁昌燕認眞辦理擬定廠名爲度支部造幣蜀廠至該省重慶一廠係川漢鐵路公司所辦未領官本現將廠機器改作他用訂購銅斤悉數出售未及開辦即已裁停此查明四川造幣分廠之情形也

謹將考查各省裁停局廠廠房機器料物數目彙開清單恭呈

御覽

計開

一　江蘇省於光緒三十年在淮安府清江浦仁義窪運河北沿購地建造銅幣廠計自三十一年正月開鑄起至三十二年七月底停鑄止共鑄當十銅幣七百四十八萬五千五百八十五枚銷售無存該廠辦公房住房廠房庫房共三百二十間鎔銅烘片烘餅烘模等爐一百三十

座大小烟筩十五座水池九口水櫃一具建造工程漕平銀十八萬八千七百五兩三錢七厘四毫廠內機器計大小鍋爐七座引擎六副輾片機十二架舂餅機十三架光邊機十架印花機七十七架電燈機一架一切零星機件皆備又運料小火輪一隻共購置原價漕平銀四十一萬二千六百一兩二錢四分四厘查該廠開辦之初機器未齊訂購銅鉛早到借撥官商成本數百萬兩棧租息欵尤爲不貲財政困難事極危迫幸市價尚好銷路甚暢不惟彌補鉅虧並將廠房機器原價六十萬悉數提還結算之時欠提庫銀三萬餘兩所存料物約值四萬餘兩抵還有餘臣此次紆道前往查得該廠濱臨運河轉運便利廠房布置均甚合法機器用煤極省錢價較貴江北水路數千里貨幣流通實非他廠所能比擬江北提臣廕昌謂廠棄置可惜擬請留鑄以供賑需

查該處辦賑需錢甯廠額鑄加鑄爲數甚鉅儘可酌撥接濟若再准留該廠恐停鑄省分援案請留愈形紛攪面議作罷惟度支部從前原有收回自辦之議已派委員看守廠機至將來如何辦理應由度支部酌議此查明江蘇清江裁停局廠之情形也

一　江蘇省於光緒二十九年在蘇州盤門內梅家橋購地建造銅幣舊廠又於三十年在胥門外棗市橋華利甎瓦公司舊趾添購民地建造新廠舊廠自三十年二月開鑄起至三十二年五月十二日停鑄止共鑄當二十當十兩種銅幣折合當十銅幣五萬二千九百四十三萬八百六十七枚除代寶蘇鑄錢局換收當五制錢共用當十銅幣九百六十三萬六千一百九十六枚不計價値外其餘儘數銷完共獲餘利庫平銀一百三十四萬六千一百五十八兩零新廠自三十一年五月開

鑄起至十月二十五日停鑄止共鑄當十銅幣三萬五千四百八十一萬二千八十九枚銷售無存共獲餘利漕平銀四十萬六千三百四十二兩二錢三分九厘兩廠餘利均已動支查舊廠辦公房住房廠房庫房共一百四十四間鎔銅烘片烘餅烘模等爐五十八座大小烟筩七座水櫃一具建造工程庫平銀六萬七千七百九十七兩零新廠辦公房住房廠房庫房共三百五十六間鎔銅烘片烘餅烘模等爐一百座大小烟筩六座水櫃一具建造工程庫平銀二十萬四千一百二兩六錢八分一厘舊廠機器計大小鍋爐四座單汽缸連四輪爐一副大小引擎四副輾片機六架舂餅機六架光邊機四架印花機二十四架電燈機一架一切零星機件皆備共購置原價庫平銀十六萬六千七百五十餘兩新廠機器計大小鍋爐七座引擎二副輾片機十二架舂餅

機二十二架光邊機六架印花機五十一架一切零星機件皆備共購置原價庫平銀三十五萬八千三百八十六兩二錢二分六厘前項機器新式者多現在該兩廠均已遵章裁停機器廢置可惜適度支部總廠因試鑄銀幣鐫刻祖模須添置印花壓模等機呈由前財政處轉咨於各省停鑄之廠指定酌撥現已電咨江蘇巡撫調取印花機八架舂餅機四架剪機二架壓模機二架檢齊零星機件運津濟用由蘇至津運費應請准其作正開銷其餘機器及新舊廠屋能否改作他用仍應遵照光緒三十二年九月初十日臣會同前財政處戶部奏案由該省自行酌辦至舊廠存積物料合庫平銀四千六百八十四兩六錢七分八厘新廠存積銅鉛物料合規銀六萬三千四百五十八兩二錢二分二厘亦應令該省遵照奏章酌核辦理此查明江蘇蘇州裁停局廠之

情形也

一 安徽省於光緒二十八年四月就省城東門內鷺鷥橋銀圓局開鑄銅幣二十九年擴充東廠三十年又添建西廠查該廠係在裁停之列應遵照光緒三十二年七月二十九日前財政處戶部原奏派員往查惟十二月間安徽撫臣恩銘電奏以辦賑需欵請寬限加鑄一倍俟臣到日卽行歸併裁撤因又親往覆查查得該廠自開鑄起至三十二年四月十六日停鑄止共鑄當二十當十當五三種銅幣折合當十銅幣五萬一千九百三十六萬一千三百三十四枚銷售無存共獲餘利漕平銀七十九萬一千二百三十七兩二錢三分四厘六毫除動支外尚存漕平銀九萬三千三百九十七兩一錢五分七厘該廠新舊辦公住房廠房庫房一百四十四間鎔銅烘片烘餅等爐五十二座烟筒二座

修建工程漕平銀六萬二千二百十六兩九錢七分九厘廠內機器除借用銅圓局舊存各件外計大小鍋爐五座引擎八架輾片機九架舂餅機七架光邊機六架印花機二十二架一切零星機件均備共購置原價規銀十六萬七千九百七十四兩五錢三分一厘現在遵章裁停前項廠機該省擬改爲製造局廠內存積銅斤煤炭雜料合漕平銀十九萬二千七百八十五兩二錢五分四厘九毫除煤炭雜料由該省留作製造局用外所存銅斤應令遵照光緒三十二年九月初十日臣會同前財政處戶部奏案由該省派員運交江甯分廠此查明安徽裁停局廠之情形也

一 山東省於光緒二十九年在省城西門外東流水購地建造銅幣廠計自三十年七月開鑄起至三十二年十二月十四日停鑄止共鑄造

當十當二兩種銅幣折合當十銅幣二萬九千六百二十七萬四千五百五十六枚銷售無存共獲餘利庫平銀三十四萬六千零五十五兩一錢八分八厘除動支外實存庫平銀三萬三千七百七十三兩九錢一分一厘該廠辦公房住房廠房及廠棚車棚等共六百一間鎔銅烘片烘餅烘模等爐五十二座煙筒四座水櫃二具建造工程庫平銀十二萬四千二百四十兩一錢八分四厘廠內機器及大小鍋爐四座引擎四副輾片機十八架舂餅機十二架人力撞餅機一架光邊機八架印花機二十四架電燈機一架一切零星機件皆備共購置原價原平銀十九萬三千三百七十四兩九錢二分一厘現在遵章裁停前項廠機能否改作他用應遵照光緒三十二年九月初十日臣會同前財政處戶部奏案由該省自行酌辦至該廠現存物料合庫平銀三萬一千

九百八十三兩一錢五分亦應令該省遵照奏章酌核辦理此查明山東裁停局廠之情形也

一 江西省於光緒二十八年在省城德勝門外沙窩撥購地畝建造銅幣廠自二十九年三月十六日開鑄起至三十二年十月底停鑄止共鑄當十銅幣三萬七千九百七十二萬二千三百七十六枚均銷售無存共獲餘利銀五十四萬五千九百四十餘兩均已動支查該廠辦公房住房庫房三百零一間鎔銅烘片烘餅烘模等爐四十四座大小煙筒六座水櫃六具建造工程庫平銀五萬三千一百五十七兩九錢一分二厘廠內機器計大小鍋爐十座引擎九副輾片機二十四架舂餅機十五架光邊機八架印花機四十三架手搖印花機四架一切零星機件均備共購置原價銀三十一萬二千六百八十一兩八錢現在遵

章裁停前項廠機能否改作他用應遵照光緒三十二年九月初十日

臣會同前財政處戶部奏案由該省自行酌辦所存物料約合銀四萬三千九百餘兩亦應令該省遵照奏章酌核辦理此查明江西裁停局廠之情形也

一　浙江省於光緒二十九年就省城報國寺舊軍裝局製造毛瑟槍子廠內開鑄銅幣後又擴充餘地添建廠屋是爲總局三十一年又於省城西大街寶浙鑄錢公所舊址添購民地建造廠屋是爲分局總局自二十九年二月開鑄起至三十二年十二月底止共鑄四種銅幣折合當十銅幣八萬二千一百十萬七千三百八十四枚除行銷外存積當十銅幣八千七百五十五萬一百九十二枚共獲餘利洋銀二百二十九萬二千一百三十圓零均已動支分局自三十一年四月開鑄起至

十二月底止共鑄當十銅幣一萬六千三百二十五萬三千三百八十枚銷售無存共獲餘利規銀十五萬一千二百五十九兩一錢二分三厘四毫除動支外實存規銀一萬五千一百十兩九錢一分五厘九毫總局辦公房住房庫廠房共四百二十八間鎔銅烘片烘餅烘模等爐一百三十二座大小煙筩四座水櫃二具建造工程規銀十三萬七千三百三十五兩六錢分局辦公房住房二百六十二間西式廠房庫房五座淘砂廠房一間鎔銅烘片烘餅烘模等爐一百三十八座大小烟筩六座水櫃四具建造工程規銀十三萬七千六十七兩四錢二分四厘總局機器計大小鍋鑪四座引擎五副輾片機七架舂餅機十五架光邊機十四架印花機四十架電燈機二架一切零星機件皆備共購置原價規銀二十五萬九千五百二十六兩八錢分局機器計大小鍋

爐四座引擎四副輾片機八架舂餅機十三架光邊機七件印花機三十一架電燈機二架一切零星機件皆備共購置原價規銀二十萬四千三百二十兩六分二厘現在遵章裁停前項廠機能否改作他用應遵照光緒三十二年九月初十日臣會同前財政處戶部奏案由該省自行酌辦至總局現存物料合洋銀三萬九千九百二十四元零分局存料合洋銀四萬四千二百三十二元零規銀二萬十一兩零亦應令該省遵照奏章酌核辦理此查明浙江裁停局廠之情形也

一　湖南省於光緒二十八年在省城內賃屋開局試鑄銅幣嗣假舊鑄造局房屋分設一局安置機爐後又於省城南門外靈官渡上首購地建立新局陸續擴充至三十一年全廠落成計舊局自光緒二十八年六月開鑄起至三十二年八月底停鑄止共鑄當十銅幣一萬七千九

百九十五萬九千一百枚銷售無存共獲餘利長平銀二十萬六千五百八十七兩六錢四分四厘連存積銅炭雜料在內一併撥交善後局充作修建新軍營房之用新局自三十一年六月開鑄起至三十二年十二月初八日停鑄止共鑄當十銅幣六萬三千二百三十五萬六千八百二十五枚銷售無存共獲餘利長平銀一百五萬四千八百四十兩五錢二分一厘七毫二絲撥作練兵浚浦興學等用除全數動支外不敷長平銀四十三萬一百四十九兩七錢七分三厘六毫八絲均係善後局墊支應遵照光緒三十二年九月初十日臣會同前財政處戶部奏案由該省自行清理現在兩局均已裁停查舊局廠屋原係租賃民房業已退租應毋庸議新局辦公房五十六間庫房廠房二十所公事廳樓房另院房屋各一座鎔銅烘片烘餅烘模等爐一百八口水池

一口水臺一座水櫃一具大小烟筩十座建造工程長平銀十六萬三千九百七十二兩七錢九分二厘舊局機器係借用銀元局機爐添新補舊計購輾片機六架舂餅機二架光邊機二架印花機二十七架連一切零星機件共購置原價規銀四萬六千九百四十七兩洋例銀五萬六千一百兩新局鍋爐二座引擎二副輾片機十五架舂餅機十六架光邊機十四架印花機三十架電燈機一架一切零星機件皆備共購置原價長平銀二十八萬八百四十四兩三錢四分一厘前項廠機能否改作他用應遵照奏案由該省自行酌辦至舊局存積銅炭雜料等項共合長平銀十五萬六千五百七十兩一分四厘已撥交善後局變價動支其新局所存銅鉛煤炭雜料共合長平銀三萬六千三百二兩三錢三分四厘八毫應令該省遵照奏章酌核辦理此查明湖南裁

停局廠之情形也

謹將考查各省造幣分廠酌擬劃一章程十六條繕具清單恭呈

御覽

計開

一　各廠現在每日鑄數河南四十八萬枚湖北二百萬枚江甯二百八十萬枚廣東四十萬枚福建三十萬枚四川二十餘萬枚直隸六十萬枚與從前限制之數互有增減此時市價惟河南爲最高四川次之湖北尙稱平穩江甯已日見跌落直隸分廠則與總廠互相維持未肯減價多銷市價亦無定準廣東福建不甚行用雖所鑄較限制之數爲少已恐銷售爲難應卽遵照前財政處戶部原奏由部核定鑄數行令各該廠遵辦仍不時考核市價如跌落太甚卽隨時減鑄停鑄以維圜法

一銅幣價值之漲落固繫乎鑄造之多寡而行銷時之操縱尤爲緊要關鍵查各省銷售之權廣東歸善後局餘率歸官錢局當時恐廠中與錢商直接或有流弊故有此議惟各官錢局等往往將兌價延擱不交致與鑄本有誤且行銷之局又利於錢價低落以爲販運得利之計則價值更不能保是事權益分卽流弊滋甚各省分廠經此次考查後由部札派總辦自應按照奏案所有鑄造行銷事宜均責成該廠經理如有不實不盡惟該廠員是問現汴廠已因兌價延擱電由河南撫臣札令由廠行銷無論何處領兌均須按照市價隨時繳清現銀其餘各廠亦應令仿照辦理倘市價低落即暫行停鑄不得任意兌銷致棄圜政如廠中存幣過多准電由度支部酌量撥運需用銅幣省分行銷

一從前因各省競爭運銷通商大埠錢價大落不得已禁止大宗販運

出口後因各省辦理太苛遂奏有行旅出口進口准隨帶銅幣二千枚之條現若遽弛出口之禁則商人逐利亦滋紛擾惟本省以內概禁商運殊失流通泉貨之意嗣後行旅進出海口仍照從前辦理其在本省及裁併之省均准商人販運關卡不得攔阻勒措又沿江沿海等處裁併省分赴酌留省分領運銅幣進口出口應由廠刋發護照填明枚數次數及運往處所經過關津查驗放行仍隨時報明度支部查核並由部察酌情形如果各省行銷疏暢即將例禁刪除以廣流通

一 銅幣始於廣東初時幣模第一等鑄五十枚換一圓二等鑄百枚換一圓三等鑄二百枚換一圓字樣後各省因民間習用制錢均用當二十當十當五等字樣現在銀幣分量已經奏定此項銅幣若仍用制錢計數則價値漲落靡常轉失補助銀幣之意應令度支部飭由造幣總

廠詳議將銅幣鐫刻字樣花紋改定模式頒發各廠俾歸一律

一　從前所頒祖模均鐫明各廠省分及年分干支字樣因廠數衆多所造成色不一若不顯爲識別則成色不足者不知爲何廠所鑄何人承造難以專其責成而各省遂因之畫分界限此省之幣不能行於彼省一國之中自生畛域實與圜政有礙嗣後新頒祖模應將前項識別刪除仍於花紋筆畫間稍識區別以便稽考俾新幣可以通行

一　各廠從前所鑄銅幣當十爲多當二十當五者亦間鑄造惟當二及一文兩種咸以工本過重鑄者寥寥查日本國銅幣計分二種有白銅青銅之分亦可仿照辦理其當二十當十當五三種仍用紫銅當二及一文兩種改用黃銅則工本較輕庶可推廣多鑄以濟民用

一　廣東湖北直隸三廠均鑄有一文銅元廣東係用黃銅有孔與制錢

同前經度支部奏令各廠仿造湖北係用紫銅無孔仍與各種銅幣模式一律惟工本較大恐多虧賠直隸係用黃銅無孔鑄明零用一文字樣形質各殊亦有礙於畫一應令造幣總廠調驗酌核重爲擬定通行各廠一律仿造

一 各廠廢模收藏不愼易啟偷竊售賣之弊已行令將各種新舊廢模查明數目燒燬搥碎沉諸江河嗣後仍應照前辦理並於報部冊內聲明備查

一 各廠月報格式參差不齊有僅列銅鉛分量不列價值者頗難考核此次查閱各廠惟甯廠冊式尚屬詳細應由度支部調取該廠冊式詳細審定刊刻頒發各廠以後卽照式塡報

一 各廠工作簿記實爲最要如汴廠從前隨意記載無詳細簿冊考查

時欵目舛誤稽核殊難今調各廠簿式惟廣東較爲完善應由度支部調取簿式審定刊刻頒發遵用

一 各廠從前餘利指撥之欵太多如湖北廠餘利銀五百五十六萬餘兩全數動支外不敷四十九萬餘兩江寗廠餘利銀三百十萬餘兩全數動支外不敷六十一萬餘兩廣東廠餘利銀七百七十五萬餘兩全數動支外不敷四十五萬餘兩直隸廠餘利銀一百九十三萬餘兩全數動支並由鐵路餘利項下協濟外不敷銀四十三萬餘兩以有限之餘利供無窮之撥支實足爲廠務之累除以前提撥不敷之欵應援照光緒三十二年九月初十日臣會同前財政處戶部奏准續擬辦法第二條由該省自行清理嗣後各省分撥餘利應卽遵照原奏辦法第三條以一年爲一届三個月綜結一次提出四成解部作爲練兵經費六

成歸本省公欵不得預行提用溢支再滋虧累

一 從前各廠餘利先儘撥欵轉置本廠欠項於不顧如江寗一廠新舊借欵積欠至一百五十四萬餘兩之鉅其他各廠所欠欵項亦復不少前項借欵均作建廠購機採運物料等項成本之用獲有餘利自應首先清還乃因撥欵太多儘數提用以致廠中負欠鉅債無欵歸償嗣後應在六成餘利項下分年陸續歸還以清積欠

一 各廠收回幣價銀兩及存儲大宗欵項應隨時發交殷實商號生息所得息銀即列入餘利項下報部查核

一 花紅一項爲獎勵員司之用必須各分廠成數一律方昭公允從前各省自分畛域各不相謀花紅成數參差不一最多者爲福建一省初按餘利提銀二成嗣提八厘充興學經費實獎給銀一成二厘河南提

一成四川初提五厘自光緒三十二年秋季亦按一成提獎江甯提銀六厘除以一厘二提存備用外實獎給銀四厘八湖北提銀五厘除以二厘五提存備用外實獎給銀二厘五惟廣東歷年提獎花紅平均計算不及二厘五爲數最少嗣後擬定劃一數目通行各廠概按五厘提獎至前項五厘花紅內獎給員司銀若干提存備用若干應視鑄數之多寡廠務之繁簡由各省體察情形報明度支部核定惟實缺司道及部派會辦司員毋須分給又查造幣總廠所定分給花紅章程內有酌提部飯成數上年河南分廠亦有由花紅內提解部飯銀兩各廠自應照辦由部核定成數以歸一律

一 前財政處戶部原奏清單內稱各省局廠自總辦至工役薪工數目由臣詳查列表送部查核釐定又查明每日鑄造銅幣若干應用焦煤

雜料銅鉛火耗數目列表送部比較查核各等語查各廠員司薪水多寡不齊報用煤焦開支火耗亦參差不一現已遵照原奏將考查情形分別列表咨送度支部參考比較酌中審定數目行令各廠一律遵照

一　此次考查酌留各廠擬定廠名河南曰度支部造幣汴廠湖北曰度支部造幣鄂廠江甯曰度支部造幣江廠廣東曰度支部造幣粵廠福建曰度支部造幣閩廠直隸曰度支部造幣津廠四川曰度支部造幣蜀廠雲南曰度支部造幣滇廠應請

飭下度支部刊刻關防頒發各廠以資信守

以上章程十六條係就此次考查情形酌擬應由度支部詳細核定通行

各分廠遵照辦理

光緒三十三年五月初八日具奏奉

旨度支部議奏欽此

整頓幣制以維圜法片

再臣奉

命赴各省考查銅幣持節所至詳察利弊竊見各省銅幣鑄多銷滯價値低落官民交困推原其故因中國舊時通用制錢以制錢一文爲貨幣之單位各省所鑄銅幣當二當五當十當二十皆由制錢一文起算此項銅幣實質重量不能與制錢等特虛立法價以與制錢相權近年鑄造日多行銷日滯法價已不可保若非加意整頓亟圖補救圜法敝壞貽害將無底止查東西各國幣制有本位貨有補助貨以中國現時情勢而論金本位既未易驟行惟有赶鑄新式銀幣以銅幣爲之補助定銅幣若干枚易銀幣一元公私欵項出入一律如是則易中之品以銀幣爲主民間行用銅幣但視銀幣準價値自無須與制錢較銖兩一面仍照各國補助貨幣之例限制鑄造庶法價可以維持而圜政亦得

資補救矣銀幣重量前財政處原擬庫平一兩現度支部已奏准改爲七錢二分因民間行用銀元之習慣整齊而劃一之以爲將來改定金本位之預備貨幣流通當無窒碍查銀幣一項前財政處奏明專歸總廠鑄造仍留南北洋粵鄂四分廠其餘並應停罷嗣雲南以抵制外洋銀元奏請開鑄經前財政處議准暫行辦理近奉天又援案請鑄亦經度支部議覆俟東三省督臣徐世昌到任後體察情形奏明辦理至四川一省前經財政處議准專仿印度盧比鑄造重三錢二分銀幣通行衛藏現據赴川考查銅幣司員聲稱該省機器局附設銀幣廠仍兼造內地行使重七錢二分之銀元並未遵章停鑄是鑄造銀幣總廠以外將有分廠七所設廠未免太多深恐成色參差不歸一律各分畛域阻碍流通從前各省開鑄銅幣設廠過多不數年間流弊百出事後補救頗極爲難銀幣關繫尤重不可不慎之於始臣愚以爲整頓幣制必求劃一前項銀幣

宜專歸度支部總廠鑄造各省分廠概令停罷必不得已亦應由度支部統籌全局將各分廠酌量歸併仍與總廠相爲維繫一切鑄造行銷事宜即責成此次所派會辦銅幣廠務司員一併監查以期核實抑臣尤有請者貨幣流通全恃操縱得法各省造幣分廠必須與度支部銀行聯爲一氣方能酌劑盈虛脈絡貫注現各省分行尚未徧設亟宜籌議推廣又各省財政困難多發行銀錢官票以資流轉鄂省所發尤多閩省通行商票幾於市無現銀前項紙票發行太濫隱患無窮惟赶緊由度支部發行正式紙幣庶足及時挽救以上各節均由銅幣推類而及擬請

旨飭下度支部核議施行以維圜法而裕財政是否有當謹附片具陳伏乞

聖鑒謹

奏

光緒三十三年五月初八日具奏奉
旨度支部議奏欽此

查報各省廠銅幣餘利應解練兵經費片

再前財政處戶部原奏內稱銅幣餘利一項向由各省認爲練兵經費及各該省學堂新政之用此次歸併如辦理得法餘利亦不致盡無仍應內外兼顧結算之日除開支局用薪紅外實得餘利提出四成作爲練兵經費等語於光緒三十二年七月二十九日具奏奉

旨允准則各省廠分撥提解此項餘利自應以奉

旨之日爲斷查各省認解練兵經費欵目紛繁臣此次親往考查酌留各省如河南光緒三十二年分應解練兵經費銀三十萬兩已由菸酒稅內解清又應自八月初一日起至十一月底止遵照奏案提解部庫四成餘利銀五萬四千二百九十三兩三錢三分一厘六毫九忽已專欵存儲候解湖北三十二年分應解練兵經費銅幣餘利銀五十萬兩據湖廣督臣張之洞咨稱銅幣餘利三

十二年分約僅銀一百萬兩有零以內四外六核計應解銀四十萬兩四月解銀十萬兩十二月二十二日解銀十萬兩擬三十三年正月內補解銀八萬兩復於鄂省應留六成內先儘本年下欠銀十二萬餘兩全數解足江甯三十二年分應解練兵經費銀九十萬五千兩據兩江督臣端方咨稱由丁漕內認解銀十萬五千兩全數解清銅幣餘利內認解銀八十萬兩因辦賑需欵無力籌解自八月至年底應提四成餘利銀十一萬六百七十四兩六錢七分八厘容即竭力騰挪分期籌解等語已咨由度支部酌核咨覆廣東三十二年分應解練兵經費銀四十萬兩已據解清又應自八月初一日起至年底止遵照奏案提解四成餘利銀二萬三千六百八十四兩八錢六分六厘七毫五絲以上各省應解銀兩均於奏報各廠大概情形電內陳明在案福建造幣分廠於三十一年年底停鑄三十二年分無餘利可提其每年應解練兵經費銀十萬兩向

未指定欵項已據報解銀七萬兩直隸應解練兵經費銀一百十萬兩係在菸酒捐及所提中飽項下認解四川應解銀八十萬兩係在菸酒捐項下認解已各咨將自三十二年八月初一日起至年底止銅幣餘利四成遵照奏案核明數目提解部庫以裕餉儲至以後各廠所得餘利亦均行令按三月一結照章分成劃撥起解所有查明各省廠銅幣餘利應解練兵經費緣由理合附片具陳伏乞

聖鑒謹

奏

光緒三十三年五月初八日具奏奉

旨該部知道欽此

歸併各省銅幣局廠酌派會辦片

再前財政處戶部奏准歸併銅幣局廠辦法第五條內稱酌留局廠各派會辦一員隨臣前往擇其人地相宜者札留一員作爲會辦等語由戶部遴派員外郎奎隆主事張茂烱景淩霄胡大崇葛毓芝陳斌麟王宗元丁憂主事佘晉芳許汝棻等九員隨臣往查臣遵照原奏派委丁憂主事佘晉芳前赴雲南考查即留充該廠會辦四川一省亦由臣於請

訓摺內奏明派員往查當派主事葛毓芝王宗元兩員前往葛毓芝查竣銷差即派王宗元留充會辦河南湖北江甯廣東福建直隸等省經臣親往考查次第竣事查得員外郎奎隆堪以留汴主事張茂炯堪以留鄂景淩霄堪以留甯胡大崇堪以留粵葛毓芝堪以留閩陳斌麟堪以留津均令充當會辦駐廠監查惟主事張茂炯前經臣另摺奏調派充隨員現在清理檔案尚有經手未完

事件一時未能到差鄂廠會辦派令陳斌麟暫行代理遞遺津廠會辦卽令許汝棻暫行代理除分别札委並咨部查照外謹附片具陳伏乞

聖鑒謹

奏

光緒三十三年五月初八日具奏奉

旨知道了欽此

探採贛滇銅鑛以供鑄造而挽利權片

再各省鑄造銅幣購用洋銅實爲絕大漏卮近年銅價奇昂大利尤多外溢查中國各省鑛産甚饒即如江西雲南所産之銅前經度支部總廠鎔化試驗頗合造幣之用惟銅質提鍊未淨鎔鑄工耗稍多若能廣行開采精加提鍊嗣後造幣需用即無須取給外洋臣此次奉

命考查銅幣贛滇兩省均經奏明派員前往即飭順道探訪銅鑛茲據赴贛考查司員呈稱贛鑛苗旺質佳又據赴滇考查司員電稱東川等處銅鑛尚旺各等語贛滇鑛産豐富銅質亦佳足供鑄造擬請

旨飭下度支部農工商部切實調查籌議開采此外如有佳鑛亦宜推廣籌辦以興寶藏而挽利權實於幣制鑛務均有裨益謹附片具陳伏乞

聖鑒謹

奏

光緒三十三年五月初八日具奏奉

旨該部議奏欽此

望嵒堂奏稿卷七

請撥民政部公所改作本部衙署摺

奏爲請撥民政部公用處所改作郵傳部衙署恭摺會陳仰祈

聖鑒事竊郵傳部自上年九月設立以來已八閱月暫行租賃民房作爲公所辦事因房屋狹隘布置殊難迭經遷移均未合用現在官制將次議定即須會同具奏急應分司職掌凡鐵路輪船電報郵政事務殷繁租賃民房自非經久之計且不敷辦公之用遍選城內各處驟難得適中相宜之地兹查西長安街路北向有儀愼親王舊第一所前蒙

恩賞作鑾儀衛衙署其西偏空閒房院撥歸民政部公用於上年九月由民政部會同鑾儀衛奏准在案臣等詳加查勘該處房舍雖稍加修葺以經費未充一切書籍陳設尚未備具且地基不甚寬廣若撥歸郵傳部改建衙署現時尚

堪敷用又地近前三門與車站及所轄各處人員來往較便最爲相宜開辦之始足資辦公將來按照新設官制添設各局所仍須酌量展拓查該處鄰右羣房餘地尚多再行添購數處逐漸擴充可臻完備臣等咨商面商意見均屬相同合無仰懇

天恩俯准將民政部前請公用處所全部撥歸郵傳部改建衙署以資辦公是否有當謹恭摺會陳伏乞

皇太后

皇上聖鑒訓示再此摺係郵傳部主稿會同民政部辦理合併聲明謹

奏

光緒三十三年六月初五日具奏奉

旨依議欽此

遵　旨擬議本部官制事宜摺 清

奏爲遵
旨擬議郵傳部官制事宜繕具清單恭摺仰祈
聖鑒事光緒三十二年九月二十日內閣奉
上諭欽奉
懿旨輪船鐵路電綫郵政應設專司著名爲郵傳部原擬各部院衙門職掌事宜及員司各缺仍著各該堂官自行覈議悉心妥籌會同軍機大臣奏明辦理此次酌定損益原爲立憲始基實行預備如有未盡合宜之處仍著體察情形隨時修改循序漸進以臻妥善等因欽此臣等受任以後昕夕籌維博訪詳求期於適用查各國官制其交通一部或領八局或領五局或領四局或領三局英法則專轄郵電德比則兼轄鐵路惟日本之遞信省始統轄鐵道商船郵便

電信四政之全臣等深維今昔之情勢熟審中外之機宜斷不敢稍涉鋪張致
形疎闊亦不敢苟安簡漏有礙推行謹就愚慮所籌擬定臣部員缺爲我
皇太后
皇上縷晰陳之竊維全部之綱領必有總匯之機關茲謹遵官制通則清單設
承政參議兩廳若機要若考績若會計均屬於承政廳以左右丞領之若法制
若覈稿若檢查均屬於參議廳以左右參議領之兩廳各置僉事二員七品小
京官二員分設五司曰船政司掌全國船政凡輪船應行考覈調查及籌畫擴
充並審議船律各項事件曰路政司掌全國路政凡鐵路應行考覈調查及籌
畫擴充並審議路律曰電政司掌全國電政凡電政應行考覈調查及籌畫擴
充並審議電律各項事件曰郵政司掌全國郵政凡郵政應行考覈調查及籌
畫擴充並審議郵律各項事件曰庶務司掌部內各雜項事件爲四司所不能

晐者綜計臣部共置左右丞各一員左右參議各一員僉事四員郎中十員員外郎十二員主事二十四員七品小京官十四員按照原奏各部官制通則擬設八九品錄事不定額缺伏思立部之初首以綜覈名實爲亟如果缺多事簡自應懸缺待補將來推擴日廣綜領日繁員缺如有不敷仍應隨時續請增置期於職修事舉無濫無闕船路電郵四政均係專門之學應有專科之書擬設圖書館一區分咨各國出使大臣購寄各種圖書庋焉並設講習所俾合部人員得於暇時研究以資練習其餘應行附設之考工通譯各局所統由臣等體察情形陸續籌辦此外尚應仿照農工商部之例酌設顧問官議員凡於四政素有經驗及著有名譽之京外官員紳商由臣部愼選奏派令隨時往來調查報告藉廣詢謀而備採擇郵傳所司職事無一不附麗於輿地更無一不關繫於工商就今規畫固以釐定部制爲急圖而造就人才尤以增設學堂工廠爲

要務庶幾機器料件不至仰給於鄰邦而建築駕駛製造管理之人員亦免借材於異域凡此皆必宜擴張事似緩而實急也至臣部關涉各部之權限容俟會商畫定另行具奏以上各項事宜均由臣等公同商酌悉心核議意見相同謹繕清單恭呈御覽嗣後倘有未盡合宜之處自應恪遵

諭旨隨時奏明修改俾臻妥善所有議定郵傳部官制緣由謹恭摺具

奏伏乞

皇太后

皇上聖鑒訓示再此摺係郵傳部主稿會同軍機處辦理合併聲明謹

奏

謹將酌擬郵傳部職掌員缺章程繕具清單恭呈

御覽

第一條

郵傳部管理全國輪船鐵路電綫郵政事務凡京外官商輪船鐵路各公司廠局及電局郵局並關涉本部各學堂皆有統轄考核之責

第二條

郵傳部擬設承政廳參議廳凡二廳擬設船政司路政司電政司郵政司庶務司凡五司

第三條

承政廳任一部總滙之事擬設左右丞各一員以領之凡承辦機密考核各司籌核經費典守部庫各項事件皆屬焉設僉事二員秩正五品七品小京官二員將來各項擴充事務漸繁再於各司內選員分任

第四條

參議廳任一部謀議之事擬設左右參議各一員以領之凡考訂章程覆核文稿檢查事例及提議交議決議各項事件皆屬焉設僉事二員七品小京官二員將來各項擴充事務漸繁再於各司內選員分任

第五條

船政司置郎中二員員外郎二員主事四員七品小京官二員掌全國船政舉內港外海各江航業所有測量沙綫推廣埠頭建設各項公司營闢廠務以及審議運貨保險檢查燈臺浮標各事凡有關於船政者胥掌焉

第六條

路政司置郎中二員員外郎三員主事六員七品小京官二員掌全國路政所有規畫路綫釐定軌制籌還借欵提倡商辦並工程購料通運行車以及推廣電車各事宜凡有關路政者胥掌焉

第七條

電政司置郎中二員員外郎三員主事六員七品小京官二員掌全國電政畢官局商局之則例海綫路綫之規章萬國電政聯盟之條欵下至城市所敷設之電話電燈各事凡有關於電政者胥掌焉

第八條

郵政司置郎中二員員外郎二員主事四員七品小京官二員掌全國郵政畢一切郵遞方法郵便匯兌郵便包裹郵票欵式郵盟條約各事凡有關於郵政者胥掌焉

第九條

庶務司置郎中二員員外郎二員主事四員七品小京官二員掌承辦各司員升遷調補監用典守堂印收發文件電報並署內會計營造購辦及

不屬於各司之一切雜項事件胥掌焉

第十條

以上五條所掌事件範圍甚廣條目尤繁所有各司辦事細章應由臣部核定分科分所酌添司員經理以專責成

第十一條

擬照原奏各部通則設八九品錄事繕寫文件料理雜務由臣部酌量委用不定額缺咨行吏部存案並設額外繕寫錄事不列品級其辦事獎勵各章程均仿照外務部農工商部之例辦理

第十二條

擬仿照農工商部之例設一二三四等顧問官一等視丞二等視參議三等視郎中四等視主事不作爲缺額凡京外著有名譽官員紳商及於輪

路電郵四項素有經驗者均由臣部愼選奏派以備咨詢顧問官於此四項有所建議亦可隨時函呈臣部用資採擇

第十三條

擬仿照農工商部之例設議員從前鐵路事隸商部曾經由部奏明揀派熟悉路務之員分在各路作爲議員令其逐事考察研究隨時報部其後鐵路改隸臣部商部改爲農工商部又分設農工商務議員臣部自應仿照辦理商部原派路務各員卽由臣部加劄委派此外各員均由臣部博訪精選熟悉船路電郵之員作爲臣部議員分在各省調查一切利弊徑報臣部以備採擇

第十四條

擬設圖書館掌收儲東西各國專門圖書以備臣部各員隨時考察分科

研究酌派司員經理

第十五條

擬設講習所爲部員講習專門學業之地幷附設閱報所以資研究

第十六條

擬設考工局置測繪員一二等藝師一二等藝士各員其藝師藝士均以得有專科畢業文憑者由臣部考驗選擇分別奏補委用一時難得此項人才應俟查有合格之員再行酌定

第十七條

擬設通譯局置繙譯編輯各員掌繙譯臣部與各國交涉文牘合同章程帳册並編纂譯述各國有關係輪路電郵四項專科書籍現在暫由參議廳經理將來擴充以後事務殷繁再行設局

第十八條

本部所轄除上海實業學堂外擬擇地設立鐵路商船電報各學堂而以車務工廠船務工廠電務工廠附焉俾各堂學生皆得就地實驗而各廠藝師藝士亦得隨時證明學理至郵政學堂亦擬另行建設由臣部延訪人才籌畫經費隨時舉辦

第十九

郵傳部所轄四司俱係專門與他部人員不同所有應用各員及議置各缺擬請援照外務部農工商部奏准成案辦理不歸籤選以收因職任材之效

第二十條

郵傳部實缺人員每屆京察保列一等暨俸滿截取並保送各項差缺均

請按照各部通例辦理

第二十一條

部外各局與本部關係至重應分設總理協理總辦幫辦總副監督由臣部酌量事體擬定階級再行奏派

以上各條爲現擬事例辦法嗣後如有應行增修删改之處由臣等公同商酌妥協隨時會同軍機大臣奏明請

旨辦理

光緒三十三年六月二十三日具奏奉

旨依議欽此

預保丞參摺 附清單

奏爲遵
旨豫保堪勝郵傳部丞參及復加察驗各員聽候
記名簡用恭摺仰祈
聖鑒事光緒三十三年二月初九日奉
上諭各衙門丞參前經降旨飭令該堂官於試驗得力人員出具切實考語豫行保薦乃各部有奏請先派行走者有聲明員缺徑行開單請簡者雖非指名奏補辦理究未能一律嗣後著懍遵前旨豫行保薦聽候記名由軍機處開單請簡以昭慎重欽此查會奏臣部章程內開設左右丞各一員任一部總匯之事左右參議各一員任一部謀議之事該員承上啟下職務殷繁必須熟悉船路電郵四政情形方足以資佐理本年三月二十八日臣部奏請將鄭孝胥張

元濟姚紹書李稷勳魏瀚馮元鼎等六員分派在丞參上行走聲明俟數月後
詳加察驗再行分別請
旨記名簡補欽奉
諭旨允准在案臣等詳加察驗除魏瀚尚未開復現已派充廣九鐵路總理馮
元鼎現經臣部派往沿海考察輪船郵便事宜外謹將曾經臣部保薦幷此次
慎加遴選共得十員出具切實考語繕具清單恭呈
御覽擬請交軍機處
記名遇有臣部丞參缺出請
旨簡放以資任使所有遴保堪勝丞參及詳加察驗各員緣由恭摺具陳伏乞
皇太后
皇上聖鑒謹

奏

謹將預保臣部丞參幷復加察驗各員繕具清單恭呈

御覽

左參議那晉

和平細靜遇事留心臣部開辦之初即蒙

簡放參議到署迄今八月始終勤慎力任勞怨闔署人員均甚推服允爲稱職

廣東按察使鄭孝胥

才識淵深任事果決中外古今政治得失均能洞悉源流於輪電鐵路各事尤能考求利弊抉擇精透言皆可行現在各事正資整頓實爲臣部不可少之才

外務部候補員外郎張元濟

深諳交涉精究時務難進易退志節卓然迭經京外保薦人才允孚衆望

丁憂候補五品京堂梁士詒

熟悉路政條理縝密論事辦事均有决斷外交應付綽有膽識現充臣部各路

提調籌畫措施極爲精細該員現未服闋如蒙

簡放應請作爲署理

開缺興泉永道李經楚

心細才長羣推幹練理財之學最爲專家會計精能一時罕儷

分省補用道李稷勳

才器雅正宅心和厚講求部務不涉虛浮在署半年有餘安詳穩練

安徽布政使連甲

通達政體樸實耐勞歷任司道卓有名績辦理各新政均認眞考求身體力行

勤能不懈

四川候補道林貽游
精通法文人品篤實曾經周歷歐美熟習各國情形
廣東補用道姚紹書
才具開展識議明通隨同調任尚書岑春煊辦事有年稱其才具操守卓然可
信在署經理一切均屬裕如
奏調郵傳部差遣升缺升用法部郎中陳毅
劬學治事思力深沈於路政尤能講求編輯成書綜理精密
光緒三十三年六月二十三日具奏奉
旨留中欽此

密陳京漢鐵路清還洋欵期限摺

奏爲密陳京漢鐵路清還洋欵期限恭摺仰祈

聖鑒事竊京漢鐵路與比公司借欵籌辦利權外溢本應及早收回迭蒙

訓示周詳並

垂詢清還洋欵限期仰見

聖明顧慮深長莫名欽感查借款合同第三欵內開此項借欵自一千九百零九年起分二十年期由比京總銀行按照合同附表拔還應於每年正月第二個禮拜二日辦理又第五欵內開在一千九百零七年九月一號以前中國不得增還股本或全還借欵在一千九百零七年以後中國無論何時可將借欵還清一經全還所有合同卽時作廢各等語所謂自一千九百零九年起卽光緒三十四年十二月初十日所謂一千九百零七年九月一號卽本年七月二

十四日蓋自本年七月二十四日以前中國不得增還股本即不得全還借欵自是年七月二十四日以後中國無論何時可將借欵還清若屆時未能清還則亦可自光緒三十四年十二月初十日起分二十年期拔還事本聯貫文亦分明著在章程原無疑義外閒未細讀合同全文僅於第三欵所開斷章取義以爲截至明年十二月初十日即不得全數歸還比公司之意又逆揣中國一時無此鉅欵特爲迫速其時期冀我向其商議展長期限藉得利益乃於合同中强爲解說欲將第五欵第三欵分作兩處各有辦法以惑衆聽遂至疑義紛然臣等早有所聞更將合同細加研究並飭通曉法文員司將法文合同詳加繙譯字字推求均相符合伏查京漢鐵路造成以後行車進欵遞年增加將來粤漢川漢之路辦成利益更大且爲中國鐵路南行第一幹綫尤爲大局所係自應早日將全路贖還在未贖還之前比公司享有合同所載之權又逐年坐

分二成餘利希望頗遠如有遷延日久難保不别生事端臣等再四籌商必須儘明年十二月以前籌欵收回以保固有之利權而免意外之枝節除將贖路辦法商同度支部詳細擬議送交會議政務王大臣等議定再行具奏外應先將借欵合同内所載清還年限詳細分析以紓
宸慮而釋羣疑理合恭摺具陳伏乞
皇太后
皇上聖鑒謹
奏
光緒三十三年七月初三日具奏奉
旨留中欽此

遵　旨籌畫全國鐵路軌綫摺

奏爲遵

旨籌畫全國鐵路軌綫幷繕呈圖說恭摺仰祈

聖鑒事光緒三十三年四月三十日軍機處片交兩廣總督岑春煊奏鐵路亟

應統籌全局預畫軌綫一摺奉

旨郵傳部議奏欽此原奏內稱鐵路之經緯版圖猶山川之經緯大陸非析分

枝幹實無軌綫可言就今籌之當首定京城爲軌樞而區分海內諸軌爲東西

南北四大幹四幹既定循而求枝於是或爲東幹之枝或爲西幹之枝或爲南

幹之枝或爲北幹之枝等語查鐵路一政無在不附麗輿地即無在不關係兵

商欲定軌樞當自講明地學始西人言地學派別有所謂政治地理者有所謂

兵勢地理者有所謂商業地理者我國津榆鐵路起於開平之運煤而京漢鐵

路現僅達於漢口由是談路政者率以漢口爲軌樞或又移於西安以政治地理揆之均有未合蓋體國經野義尙尊王輦轂所居遂曰首善禹貢所列貢道東西南朔皆歸本於冀州今京城當爲海內之軌樞斷無疑義據目前諸軌而論其南出者自當遵京漢軌綫達漢口俟粵漢路工抵武昌後跨江與接即可定爲南幹其北出者現修之路原有京張臣部前議覆肅親王善耆籌建蒙古鐵路摺內已聲明京張路成再展至庫倫更展至恰克圖即可定爲北幹其東出者關內外綫早已行車現既收回奉新更名爲京奉臣部於三月間議覆前署黑龍江將軍程德全創修江省鐵路摺內已議准由新民洮南齊齊哈爾抵愛琿一俟全工告蕆即可定爲東幹其西出者現正自正太入手至太原以西仍聯屬同蒲更西則與陝西撫臣曹鴻勛所議由潼關至蘭州之綫相接以達於伊犂即可定爲西幹此臣部籌畫幹路

軌綫之情形也惟鐵路之用義取相聯故幹軌易明而枝軌難定是宜用政治地理區畫州縣之法析而分之南幹自京城迤南至鄭州分一枝由開封入安徽至信陽分一枝向江浦入江蘇至漢口分一枝入西安至武昌分一枝入江西至湖南分一枝入貴州更南至廣州分兩枝一爲廣九一爲廣澳一歷惠潮抵厦門一歷梧州抵桂林由是豫皖蘇浙贛閩鄂湘黔桂粤諸軌皆可定之爲南枝其北幹抵張家口後擬依察哈爾都統誠勳考察察防原奏分兩枝一東趨熱河爲張熱一西趨綏遠爲張綏至庫倫又分兩枝赴內外諸蒙古由是蒙古熱河邊牆諸軌皆可定之爲北枝其東幹至天津分一枝爲津鎭以通膠濟至溝幫子分一枝爲營口以通旅順至奉天分一枝東斜趨以與俄人承修之東三省路相接由是山東奉天吉林黑龍江諸綫皆可定之爲東枝其西幹至太原分一枝出大同以聯張綏至平陽分一枝出澤州以聯澤道至潼關分一

枝出洛陽以聯汴洛至西安分兩枝一西北趨平凉入甯夏一西南趨漢中入成都其西南趨者則東聯川漢南聯滇蜀以與滇越滇緬接又西至蘭州分一枝出青海衛藏而聯印度由是晉陝甘新川滇青藏諸軌皆可定之爲西枝此臣部籌畫枝路軌綫之情形也又原奏内稱都會繁盛商賈輻輳之區定爲最急地域稍僻貨産較蕃之區定爲次急土瘠民貧産磽貨滯無關形勢之區定爲最緩其有關形勢者定爲次緩又稱時重商家東南固急於西北時重軍國西北又急於東南等語臣等查鐵路一端誠不外兵商兩策大都西北臨邊便於軍國東南通海便於商家若定蒙藏設省之謀則庫倫衛藏爲急而青海熱河次之若資海陸交輸之益則粤漢爲急而川漢滇蜀次之比年路政大興蘇皖贛閩率出自紳商之籌辦滇黔晉陝又出於督撫之主持規則既覺參差財力尤形支絀相時籌度自必由便商入手乃可冀路有餘利以爲擴充軍用鐵

路之資且一路工貲動需鉅萬無論同時幷舉財力難支即次第興工東南尙可集股於紳商而西北則必須借貸於外債臣等詳覈各省官商鐵路圖說錯綜貫串繪爲總圖爲幹爲枝粗有端緒擬俟部章稍定即行派員偕工程司攜圖四出如有增改軌綫之處隨時注記幷將各省緩急情狀一一詳報部中屆時重繪詳圖附以簡表一俟圖表告竣再行分頒各省俾得按圖對表劃段程功庶幾各省得通力合作之資而部臣有提綱挈領之效此臣部籌畫軌綫緩急之情形也斷而言之陸軍不強則鐵路臨邊轉滋敵馬潛窺之患工藝不振則鐵路通海亦增外貨輸入之虞欲利交通必先注重於整軍勸工兩大端而後軌綫縱横外可以便行軍轉餉之謀内可以收通商惠工之效此則臣部與陸軍部農工商部所當通盤籌畫各任其難者也謹先將現在各省已辦及擬辦鐵路繪圖列說恭呈

御覽所有遵議籌畫全國鐵路軌綫幷畫呈圖說緣由理合恭摺具陳伏乞
皇太后
皇上聖鑒訓示謹
奏
光緒三十三年七月十三日具奏奉
旨知道了圖留覽欽此

遵　旨展繪籌畫全國鐵路軌綫圖摺

奏爲遵

旨展繪籌畫全國鐵路軌線圖恭摺

進呈仰祈

聖鑒事光緒三十三年七月十三日臣部具奏遵

旨籌畫全國鐵路軌綫并繪呈圖說一摺本日奉

旨知道了圖留覽欽此嗣因臣等於七月十四日

召見面奉

諭旨昨所進圖著展放重繪裝爲橫幅再行呈進欽此遵即督飭司員比照原呈圖幅放寬四倍敬謹展繪查前次繪呈圖式除輪廓不計外縱長合營造尺一尺三寸六分橫寬合營造尺一尺六寸五分圖中路綫比例爲九百九十萬

分之一此次所繪圖式除輪廓不計外縱長合營造尺二尺七寸二分横寬合營造尺三尺三寸圖中路綫比例爲五百六十萬分之一枝幹各路較諸原圖篇幅寬展軌綫尚屬分明所有遵旨展繪籌畫全國鐵路軌綫圖緣由謹恭摺具陳幷將圖二分恭呈

御覽伏乞

皇太后

皇上聖鑒謹

奏

光緒三十三年八月二十三日具奏奉

旨知道了欽此

由奉運直糧米免收車費辦法摺

奏爲由奉運直米糧免收車費謹擬辦法以求實濟恭摺具陳仰祈
聖鑒事本月十二日軍機處抄交翰林院侍讀學士惲毓鼎奏請順直災區由
奉運直糧米免收車費稅釐一片奉
旨著照所請該部知道欽此原奏內稱順直被災至明歲麥秋始有新糧接濟
莫如寬商販之稅脚使糧多價減實惠均霑擬請
飭下度支部郵傳部凡有運奉天紅糧小米到順天府屬者免收火車費并免
各口稅釐至明年麥秋爲止等語在該學士目覩災區待哺情形以爲運費減
省糧價可以漸平立意非不甚善惟是鐵路仰給於餘利而商販每巧爲營私
若不酌定章程一概免收車脚未免漫無限制查奉天產糧以高糧小米爲大
宗常年除運直外并有運赴山東江蘇各省者即以直隸一省而論亦非盡屬

災區設因免收車價之故奸商爭投巨資紛紛購運屯積居奇又或運直之後四出販賣恐災民未受平價之惠而商賈轉坐收龍斷之利徒損國計無濟民艱此糧石免費運節所當分別酌辦者也至於就京奉鐵路而論則歲入之欵實以米糧車脚爲多此路前借中英公司二百三十萬鎊原議分年攤還本年在餘利項下撥洋一百六十六萬元贖回新奉一路合同訂明東岸路工須由南滿洲鐵路公司借欵并自籌一半通共八十萬元現在統計該路每年進欵除行車養路經費薪工材料借欵本息及一切開支外所得餘利應解民政部北洋唐山路礦學堂南票煤礦各經費京張門頭溝新奉西岸各路工道清借欵利息幾於入不敷出尚有必須推廣之路綫正苦無從籌措若將由奉運直糧石概行免費則商販聞風趨利併力營運車價全減行車之費倍增將來另籌應解之欵復將何以爲計此又不能不明定限制者也臣等正在籌議間據

京漢鐵路道員周長齡等將辦理爲難情形稟請覆核具奏前來查關內外鐵路借欵合同第七條載有如遇賑務政府運送糧食均不給價等語是賑糧免價係指政府而言其尋常商販自不在此例擬請由鐵路運載奉天紅糧小米如係直隸總督順天府府尹籌欵購辦以爲被災各區賑饑平糶之用者准由該督等刋印護照塡明數目以及運道起訖咨行臣部飭令京奉鐵路局轉飭各站驗明護照一概放行不收車費仍將免過數目隨時報部一俟糧價稍平或免至若干萬石以上應否續免屆時再體察情形奏明辦理一以普
皇仁於畿輔一以昭大信於外人斟酌權衡兩得其當如蒙
俞允再由臣部分咨遵辦至請免稅釐一節應由度支部辦理所有另擬奉糧運直辦法緣由是否有當謹恭摺具陳伏乞
皇太后

皇上聖鑒訓示謹

奏

光緒三十三年九月二十一日具奏奉

旨依議欽此

正太鐵路告成派員驗收情形摺

奏爲正太鐵路全路告成派員驗收情形恭摺仰祈

聖鑒事竊維正太一路與京漢幹路銜接起直隸正定府屬之石家莊訖山西太原府城計長四百八十四里有奇光緒二十八年九月由前督辦臣盛宣懷與華俄銀行訂立合同聲明三年竣事嗣以磋商軌式未決至二十九年七月經外務部奏明准用窄軌三十年五月勘畢興工本年八月全工告竣臣等委派丁憂候補五品京堂鐵路提調梁士詒帶同主事何啟椿闞賡麟前往驗收旋據呈稱於九月初四初九等日先後督率華洋各員由石家莊開車逐段勘驗此路依山帶河獲鹿以東榆次以西稍覺平坦中間四百一十餘里層峯環繞下臨深谷山洞一十九最深者九百六十餘尺石橋八百三十一最長者三百四十餘尺鐵橋七十三最長者四百九十餘尺車站三十四儲水塔一十二

車頭廠六機器廠三鎔鐵爐二鑄模廠一木廠一材料廠一道房四十九監工房一十二規模完備所有洞道石橋沿溪隄工均由華工包造堅細牢緻外人亦深羨服沿途多由石橋少用鐵橋實減用洋料之意各處鐵橋經用驗橋尺鍼試驗其動力靜力弧徑均能如式該路高低水平相差三千三百一十餘尺路綫千尺須陡高至二尺一寸以致彎道極多蜿蜒曲折行車各員均須愼選專門業經飭知總工程司將水溝涵洞隨時疏濬道旁土埕加工削平以爲備禦水患之計汽車初抵太原之日局廠均懸龍旗士民稱慶等情前來臣等覆查正太路綫半依峭壁半臨深流其橋梁山洞等工艱難險阻幸於三年三個月內克底於成此皆仰荷

朝廷主持於上督撫及前督辦諸臣經營於下得以蕆此鉅工自來外人覘國莫不以煤鐵之暢旺卜國勢之富强晉省鐵煤甲於中原沿路礦苗豁露從此

轉輸利便礦務漸興
國與民均受其益現在工程完竣行車伊始所有分別辦事權限以收主權添
設華員要職以相扼制通籌財政考核養路各節臣等督飭梁士詒等次第與
借欵公司洋商逐節磋商漸有頭緒務期實力振興以仰副
聖朝注重交通之至意至行車後豫算該路歲計出入另行奏明辦理所有正
太鐵路全路告成派員勘驗緣由理合恭摺具陳伏乞
皇太后
皇上聖鑒訓示謹
奏
光緒三十三年九月二十四日具奏奉
旨知道了欽此

接收新奉鐵路及增改工程籌撥欵項辦法摺

奏爲接收新奉鐵路及增改工程先後籌撥欵項恭摺仰祈

聖鑒事竊查奉天至新民屯鐵路前由日本築造光緒三十一年十一月中日全權大臣會議由中國備價收回本年三月間外務部與日本使臣訂立合同奏明該路售價日金一百六十六萬元由津榆鐵路餘利項下籌撥在案臣部接准行知當由京奉鐵路餘利項下提付日金一百六十六萬元於三月十二日交日本使臣林權助收訖一面派京奉鐵道總辦道員周長齡等辦理接收事宜於四月二十一日按照日使交來清單將全路約一百二十里暨車輛材料器具點驗清訖自是關內外全綫由

京師直達奉天

兩京同軌悉慶蕩平當由臣部奏請將該路定名京奉仍飭周長齡兼管在案

查該路綰轂要衝於軍事實業諸端關係至爲切要今既收回自辦亟應改良盡善以期便利轉輸該路當日築造時本爲行軍而設工程既不合宜材料亦多窳劣其鐵軌距離較京新舊綫尚狹一尺二寸彼此車輛不能聯接必須展寬軌道方便交通而遼河木橋長約一千九百餘尺尤須改造鐵橋以免危險其餘工程材料急需改處尚多察看全路情形幾須全行改築經飭總工程司等切實估計約須銀元一百九十餘萬元臣等詳加覆核均屬實在要需自應預行籌備仍飭分期領用撙節開支惟臣部現無存欵該路所需一百九十餘萬元除遼河以東工欵照外務部所訂接收該路合同應向日本籌借一半現議借銀元四十萬元外自餘一百五十餘萬元擬即由京奉餘利項下分年撥付以資挹注而重路工綜計全路增改工程約明年夏秋可以完竣現就原路急加修理業於五月十九日由京至奉全路通車一面趕辦增改工程庶尅日

程工藉副
朝廷興業便民之至意所有接收新奉鐵路及增改工程先後撥用欵項緣由
謹恭摺具陳伏乞
皇太后
皇上聖鑒訓示謹
奏
光緒三十三年十月初四日具奏奉
旨知道了欽此

預算正太鐵路明年歲入不敷擬籌辦法摺

奏爲預算正太鐵路明年歲入不敷擬籌辦法恭摺仰祈
聖鑒事本年九月二十四日臣部具奏正太鐵路告成一摺內稱行車後預算該路歲計出入另行奏明辦理等語竊以鐵路工竣以後其一切管理之法純仿商業辦理必須預先統計以覘一歲之盈虧經飭提調梁士詒督同華洋員司通盤籌畫呈覆審定臣等再三詳核預算光緒三十四年歲出之數約計借欵法公司利息二百萬佛郎另撥資本利息二十五萬佛郎局務車務廠務養路車站華洋員役薪費一百二十九萬佛郎煤炭綿花機油銅鋼鏈鋤材料等項三十八萬佛郎大修小修五萬佛郎共三百七十四萬佛郎以近日鎊價合銀一百九萬八千餘兩預算光緒三十四年歲入之數約計貨票進欵一百七十一萬佛郎客票進欵六十四萬佛郎以近日鎊價合銀五十一萬七千餘兩

出入相抵不敷銀五十八萬一千餘兩爲數甚多亟應設法補救伏維棣通之路興利與除弊幷重草昧之路興利比除弊爲先當從招商利運入手以期增益進欵查沿路貨票以煤鐵爲大宗平定州境礦苗豁露惜商本微薄遇水輒止運道崎嶇載脚甚昂現派農礦科畢業生譚天池商科畢業生陸夢熊實行調查如礦豐本絀者或由部酌附股本協助商力如井口去軌道過遠者或接修枝路及小鐵路添築各車站之貨棧岔道雙軌以利轉輸幷派工程司李大受洋員沙克測勘直隸石家莊至山東德州枝路爲交通津鎭路綫計統籌該路全局總期新添之資本於利息無虧於幹路有益凡此挹彼注茲之法即規畫久遠之基舉行尚有時日也目前籌辦之法應添設商務司事二員在鐵路附近廣爲招徠隨時體察京津京漢煤價以操縱運價漲落如須京奉京漢暫行減價以廣銷運者亦酌量議減飭令該員恪守營業宗旨和平招待士商行

之數月積計進欵能否增於預算之外再行設法惟是鐵路阻力一在水患一在釐捐水患害路在乎工程司之預爲防範釐捐阻運在乎督撫臣之共體艱難倘諸事籌畫得當數年後諒不至再有虧折現大功告成華縷初起臣等惟有督飭華洋各員切實經理撙節動支以期毋負朝廷經營路政之至意所有預算正太鐵路歲入不敷擬籌辦法緣由謹恭摺具陳伏乞

皇太后

皇上聖鑒訓示謹

奏

光緒三十三年十月十七日具奏奉

旨依議欽此

查明四川川漢鐵路公司出入款目並酌籌辦法摺

奏爲派員查明四川川漢鐵路公司出入款目並酌籌辦理情形恭摺仰祈

聖鑒事竊臣部前以川漢鐵路公司只收租股此外集資無多接晤四川京官僉請清查股款復據法部主事涂熙雯等聯名呈稱該公司挪用股本報銷簡略請派員澈查等語曾經據情

奏派會辦四川造幣分廠度支部主事王宗元河南候補道費道純就近清查以期核實茲據該主事等呈稱奉派後即赴公司傳集收支員紳調齊簿册文卷就收支存三款分年按月就簿勾稽收款以各州縣報册並票根證之支款以每月報册督批准銷印文證之存款以成都重慶各票商當商鹽商存放息摺證之宜昌上海距川路遠均以近月報册暨道員沈致堅紳士施典章電文證之自光緒三十年開辦之日起截至本年五月止綜計所支官股票股租股

暨燈捐土釐各項除調任督臣錫良文提燈捐土釐銀六十餘萬兩抵作銅圓分廠虧短外實共收庫平銀七百五十七萬五千七百八十九兩有零支欵以各州縣局用解費扣息獎賞並出洋留學調查鐵道學堂等項爲大宗勘路經費幷工兵月餉次之修造購備各項又次之局用又次之計成都重慶宜昌三處一切共支七十四萬三千四百五十六兩有零存欵則成都重慶宜昌上海四處實共存六百八十一萬二千九百三十九兩有零至有無挪用一節查調任督臣錫良創辦伊始奏定路股無論異日有何項急需絕不提挪惟三十一年以後歲收股票租股約在三百餘萬以上年息四釐未籌保息之法彼時開工無期故將公司前後所收股銀陸續存放各商號生息省渝宜滬所存欵項以票莊爲最鉅此外借撥及挪用如戒煙總局二十萬兩製革公司四萬六千一百三十餘兩濬川源官銀行股本二萬兩湖北水泥廠股本二萬兩商務局

紙廠公司一萬八千零八十餘兩皆一律認息與存放之款無異惟重慶銅圓局挪用款至二百餘萬兩係以公濟公意在獲利與別項朦混不同至於租股取之農戶數多奇零查該公司本年奏改商辦第九條章程云抽穀之股以租穀之多少不能定限數目但租股之數在五十兩以上者准其換取整股票一張在五兩以上者准其換給零股票一張其所餘奇零之數仍照租股專章給與收單自行收存俟積成股數再行換領股票分爲大小兩股該公司業已著爲定章再重慶銅圓局共用過公司銀二百一十二萬六千六百九十三兩三錢三分九厘三毫五絲六忽一微收回銅觔變價銀一百二十九萬三千六百五十二兩五錢六分一厘九毫八絲零五微燈捐土釐抵過銀六十一萬三千六百五十一兩八錢六分二厘二毫九絲零三微籌還現銀三十萬兩共收回二百一十萬零七千三百零四兩四錢二分四厘二毫七絲零八微尚欠銀一

萬九千三百八十八兩九錢一分五厘零八絲五忽三微以上各節均係認眞稽核一面刊刻報告發給各州縣張貼並彙登報紙現將查明該公司出入欵目造具表册呈請核辦前來臣等督飭司員按其表册逐欵復核與所呈各節均屬相符其未用股銀存放各商號分撥各公司銀行按年生息係爲保息起見尚屬正辦惟年息若干及此次清查後出入各項四柱應令該公司每屆年終核算列表報告各埠並切實報部稽核以昭衆信重慶銅圓局挪用之欵固與別項支用有間業經陸續抵還其尚欠銀一萬九千餘兩應責成四川督臣飭局設法還清至調任督臣錫良文提燈捐土釐銀六十餘萬兩原議作鐵路官股現既撥抵銅圓分局虧短此項官股應即註銷俾清界限將來該省如能籌出官欵仍可隨時入股以上核擬各節恭候

命下臣部分別咨照欽遵辦理抑臣更有請者路工爲全國交通之計股本係

民生財產所關必衆人有所徵信而遠邇始能交孚必大吏力爲維持而上下
庶無隔閡況川漢路綫三千三百餘里之長用欵約計至七千餘萬兩之多全
藉疆臣統籌一切董率該省公正紳商始終經營不至欵集路成不止臣部綜
理大綱務使官商一氣紳民協力始基一定漸底於成以仰副
朝廷注重路政之至意所有派員查明四川川漢鐵路公司出入欵目並妥籌
辦理情形謹恭摺具陳伏乞
皇太后
皇上聖鑒訓示謹
奏
光緒三十三年十月十七日具奏奉
旨依議欽此

派員會勘吉長鐵路摺

奏爲派員會勘吉長鐵路估計工需以便議借興築恭摺仰祈
聖鑒事光緒三十三年三月初三日中日協定條欵內開中國政府自辦吉林省城至長春府鐵路將所需欵項之半數向南滿洲鐵路公司籌借又派令中國工程司會同日本工程司履勘該路以憑估計該路需欵完畢後應於六個月內與公司訂立借欵各等語經外務部奏准由臣部將應辦事宜次第籌畫辦理在案事關借欵築路亟應按照原約派員履勘以期早日接修茲查有美國鐵路畢業生候選道羅國瑞熟諳工程堪以派令會勘當即飭令會同日本所派鐵路技師谷直諒測勘該路路綫開列詳細工程估單覆核伏思此段路綫關係吉奉兩省交通前年中日兩國全權大臣會議時日本業經提議展造再四力爭始改爲中國自行籌欵築造如有不敷則由日本貸借十成之五是

將來借欵數目之多寡一視乎此次勘估工欵之若何苟能於路工少糜一分
即中國少擔一分之外債臣等務當責成該道核實估勘毋得稍有浮濫仍俟
核定用欵數目後再由臣部咨行外務部照商日本使臣按照協約訂定借欵
合同並查照光緒二十八年戶部原奏自行籌欵辦法請
旨遵行所有派員會勘吉長鐵路估計工需議借興築緣由理合恭摺具陳伏
乞
皇太后
皇上聖鑒再此次勘路添派調部行走工科舉人吳烓靈李宣威隨同候選道
羅國瑞前往以資歷練合並聲明謹
奏
光緒三十三年十一月十八日具奏奉

旨依議欽此

擬設交通銀行摺 清單附

奏爲擬設交通銀行藉以綰合輪路電郵四政收回利權恭摺仰祈
聖鑒事竊臣部所管輪路電郵四政總以振興實業挽回利權爲宗旨卽如借欵所辦各路存放欵項向由匯豐道勝華比等行分儲各立界限此盈彼絀不能互相挹注且由歐匯華由華匯歐又不能自爲匯劃坐受各銀行取利而鎊虧之折耗猶其顯者也京外各商埠外國銀行合羣競進度支部雖設銀行勢力尚難悉敵自應聯合官商廣設銀行以爲中央銀行之助臣部所管四政可興之利甚多設欲籌借資本無抵押者不足取信有抵押者復恐難行現擬贖回京漢鐵路需欵尤鉅議辦債票股票必須有總匯之區專司出納該路尚未贖回若由路局出票核與合同不符未贖路之先所出債票股票須由銀行擔任否則所有應辦事宜與部直接微獨無此政體且不能消息銀市機關諸多

窒礙查東西各國無論官商營業准設銀行於通都大邑多至百數十處但遵守中央銀行所定之法律與中央銀行並行不悖國內銀行愈多交通愈普國事民事均受其益近據各埠殷實華商以路電各欵多由洋商銀行操縱迭請規仿日本興業銀行集資設立以期利不外溢核其辦法尚合機宜擬由臣部附入股本設立銀行官商合辦股本銀五百萬兩招募商股六成先由臣部認股四成以應開辦之用名曰交通銀行將輪路電郵各局向由洋商銀行存欵者改由該行經理就臣部各項散欵合而統計以握其經畫之權一切經營悉照各國普通商業銀行辦法兼采奏准之中國通商銀行四川濬川源銀行及咨准之浙江鐵路興業銀行各規則與中央銀行性質截然不同援照商業各銀行銀號通例兌出銀元銀兩紙幣以資週轉一俟度支部頒發銀行鈔票準備金章程及銀行法律卽與京外各埠商業銀行一律遵守將來擴充郵政凡

郵便匯兌郵便儲金實爲臣部專責及聯絡海外華僑遞信匯兌諸事調度較靈愈足以堅人信故輪路電郵四者互爲交通而必資銀行爲之樞紐即中央銀行劃一全國幣制得鐵路車站電報郵政各局所爲之經理匯兌儲金使國幣通行內地而鄉曲沿用生銀之習亦可漸次改良交通銀行之設外足以收各國銀行之利權內足以厚中央銀行之勢力是輪路電郵實受交通利便之益而交通利便固不僅輪路電郵實受其益已也臣等謹就各國普通商業銀行章程擇其合於本國程度者酌擬三十八條繕具清單恭呈

御覽恭候

命下即由臣部分別咨照迅速籌辦於四政實有裨益所有擬設交通銀行緣由理合恭摺具呈伏乞

皇太后

皇上聖鑒訓示謹

奏

謹將擬設交通銀行章程繕具清單恭呈

御覽

計開

宗旨

一　交通銀行純用商業銀行性質由郵傳部附股設立官股四成商股六成一切均照奏定商律辦理

二　該行藉以利便交通振興輪路電郵四政

三　度支部定有銀行鈔幣準備金章程施行各銀行時該行一律遵守

四　度支部定有銀行法律施行各銀行時該行一律遵守

特別營業

五　該行爲京漢贖路時總司一切存欵匯欵消息鎊價預買佛郎克等事

六　贖路債票股票章程俟奏定後由該行經理收發

七　輪路電郵各局所存儲匯兑揭借等事該行任之此係指郵傳部直接管理之各局而言商辦各局願歸該行經理與否任聽其便

八　先就鐵路所經省分設立總分行各海岸陸續增設所有準備金額卽以度支部國幣及通用現銀爲準

尋常營業

九　該行收入輪路電郵欵項卽與尋常商業貿易一律看待

十　總行設在北京鐵路可通之天津上海漢口厦門鎮江廣州六處先

立分行或與殷實商號訂立合同作爲代辦必須因地制宜隨時酌定以後各商埠路綫漸通續行添設分行及代辦行

十一　該行設立以後將來體察情形擬在外埠外國設立分行或覓殷實華僑代辦

十二　凡官紳商民人等有在銀行入股及存放欵項應按照外國銀行通行規則辦法妥爲收存營運不能問其欵之所從來且欵項旣存行內卽有保護之責無論該欵有何關係轇轕之事非持存欵憑劵不得用官力向銀行强迫閲帳查辦致使銀行信用稍有損礙

十三　該行係官商合辦之業凡各部省各地方官雖因公事若無抵押的欵不得違章挪借致失國民信用

十四　該行專理存放欵項買賣荒金荒銀匯兌劃撥公司欵項折收未

滿期票及代人收存緊要物件其餘未及詳列之欵以及各項禁令均照中外商業銀行章程辦理

十五　該行開辦之初凡辦事人員各有應盡義務欵項出入各有交代責任但貿易之道頭緒紛繁須立一定規則方足以資遵守其詳細規則由總理協理擬議呈核頒發各分行一律遵行

十六　該行所集官商股本定爲常年官息六釐半年結算一次年終結帳一次先分官息如有餘利彙結得有實在數目除公積花紅外餘按入股之遲早均分

十七　該行擬仿照京外銀號及各國銀行印刷通行銀紙分一百元五十元十元五元一元五種並仿照各銀號印出該埠市面習慣通用平色各種銀票以及各項票據惟不得出國幣紙票俟度支部禁止各埠

銀行出票實行後該行所出通行票紙即當照章收回與各埠銀行一律辦理

權限

十八　以北京爲總行行內特設總管理處派總理一人協理一人專管總分行事另派管理鐵路人員爲幫理使欵目互相關顧不至有所牽掣

十九　總行分行均定派總理一人酌派副辦一人專理一行事務與總理協理權限不同

二十　總理協理均聽郵傳部堂官命令

二十一　該行總理協理總辦副辦各員必須有專門財政學出洋考察財政學或曾在銀行充當職事及曾辦銀行著有成效者其分行總辦

副辦先由總管理處遴選預備額數呈核由最大股東於核定員內公舉

二十二　該行總辦副辦係有辦事全權另由部派出總稽查一員隨時赴行專司稽查之任此員與總理協理均有稽查各行之責如前往各該行時總辦副辦應將帳目現銀及貿易情形呈出查核

二十三　各行總辦副辦由總管理處遴選預備額數呈部核定再由股東按照商律於核定人員內公舉總管理處遴選之員應照第二十一條辦理公舉既定由總理等與之訂立合同取具押櫃銀兩妥實商號保單先行試用仍責成該總理等隨時分赴考察一切出入款項及帳目要件均須過目如有不能勝任者准該總理等隨時呈請照章另舉更換

二十四　該行總辦等員一經選定訂立合同後即作爲能遵守該行條例之據所有應得利權卽應給予罰約亦應遵守

二十五　該行每季詳造營業資財切實報告送呈郵傳部查核年終結帳轉咨度支部查核郵傳部並可隨時調查該行各帳此外各項貿易事業公家決不干預

二十六　總行中重要事件進出鉅欵總辦副辦與總理協理詳細商酌其與各行有關係者並須預先電商辦理此外各項貿易總辦與副辦會同酌辦由司帳逐欵登帳如有司帳未經登帳欵目該行不能承認各行應照章保險如遇有兵險意外之事及因兵險意外牽涉之事須預先妥爲設法補救如實有不及防範意外之事應由總辦副辦查明核結其或有因公虧損資本息銀亦應預先籌畫商量補救先以公積

銀彌補俟考查明確再行核實結算

二十七　行內辦事人等不能兼爲他人管理生意並不得自開支店其原有之自己貿易俱准照常開設惟不得以其字號出名在銀行借欵如他人在銀行借欵亦不得以其字號作保現銀交易滙兌不在此例

股章

二十八　該行先備資本銀五百萬兩分爲五萬股每股庫平足銀一百兩由郵傳部籌欵認購二萬股其餘三萬股無論官紳商民人等均准購買俟貿易擴充之時再行陸續添招五萬股隨時由辦事人及大股東等議定呈准施行

二十九　該行照有限公司辦法股分以外不再向股東添取銀錢即有虧欠與股東無涉惟添招股分之時先儘舊股東承受如舊股東不買

方可另招新股

三十　凡認買股分券者均先繳足四分之一其餘俟該行貿易應用之時再行報告分次收取惟購買此項股分券者必須書明姓名籍貫註册以本國人爲斷外國人不得購買其原有股分者亦不得轉售及抵押與外國暨入外國籍之人

三十一　該行分次續取股本之時均於兩月以前普行報告股東若屆時未將續交各欵交到者須俟其補交時令於應交數目外增加十分之一若再逾兩月之久仍未交到卽將其股發賣由其已交本銀內除淨所罰加一之欵及因發賣所需一切費用如有盈餘交還原主倘或不足仍向原股東追繳其股東處在外省或外洋者可再展期兩月照此辦理

三十二　該行既為官商合辦有限公司則官股商股本無歧異所有未經限滿以前股本銀兩不能隨時提用亦不得藉詞挪借如商股東欲將股票賣給或讓與他人須由原主函知該行核准再行通知本人將賣給或讓與之契據兩造簽名畫押連股票送至該行登註股分總冊並由該行人員於後面格內簽字畫押此外有執持股票來行自稱股東者該行均不承認惟認曾經註冊者為實在股東

三十三　該行營業伊始拆息銷路未暢亦無須資本過多商股一時如未足數聽人自購俟布置就緒續行招足

三十四　該行執事各員每月須有大會議一次議辦一切要事如有特別會議另行知照總管理處辦理

三十五　股東會議到場有全數之半其所持股分有全股之半並該行

執事人到及一半者即可議定否則改期再議若不能如上所限而在場股東以爲事在可行者已居多數可以暫時議决至業經公會議定諸事未經赴議之人不得退有後言查農工商部奏定商律內公私會議章程極爲詳細凡該行未經詳列者一切均可查照該章程辦理

三十六　郵傳部既認二萬股卽爲最大股東可以選派總理協理由股東公舉董事四人爲稽核總管理處事務之員會議時總理爲議長如遇一事可否各半者議長有判决之權總理如有事故以協理代之又各行設監事二人由股東公舉監察本行一切事務毋庸常川駐行此外司帳等員均由總辦延訂

三十七　董事非有百股以上監事非有四十股以上不得當其選舉董事選舉後須呈明郵傳部再行任事監事徑由股東公舉

三十八　以上章程定後尚須隨時修改並酌擬詳細辦法但與原定章程宗旨不甚懸殊者均可刊刻通行

光緒三十三年十一月初四日具奏奉

旨依議欽此

擬改鐵路提調處爲鐵路總局並派梁士詒充局長摺

奏爲借欵各鐵路擬裁撤提調處改設鐵路總局辦理恭摺仰祈

聖鑒事竊中國創辦鐵路伊始規制未定從前商部與各路督辦大臣不相統繫特設郵傳部以統治之所有各路均歸部管理查東西各國事無大小必分立法司法行政三項然後事權始別責任乃專故日本遞信省官制內設鐵道局以任全國鐵道立法司法之事另設鐵道作業局專任官辦鐵道行政之事均係遞信省屬官蓋鐵道行政頭緒紛繁非臣部路政一司所能統籌兼顧前奏准另立提調處雖已分任其事惟欲劃淸權界似非設局經理不足以持久遠而免疏虞查官辦京漢京奉正太汴洛道淸滬甯廣九各路皆由外人借欵興築事尤轇轕該公司每以請派督辦爲詞今路事均歸部辦則部臣應擔負督辦責任呼應乃得靈通惟交涉機要或有不便直接之處臣等再四籌商擬

仿照日本鐵路作業局之規略參民政部巡警總廳學部督學局之制設局辦理名曰郵傳部鐵路總局即設臣部署中遴派局長總辦借欵各路事宜局長職守作爲差使一借欵公司交涉各事秉承部臣指揮接洽一與各國駐使交涉各事應由外務部辦理者呈案核定轉咨一關於行政之事呈稿判行一切承上啓下與丞參現行辦法從同如此明定責掌以立法司法之事屬之路政司而行政之事歸之該局局長以本部屬官承委督辦之事各路外交要務理財機關既免疏略而在司各員尤藉以就近觀摩經歷練而才皆可用於路政實有裨益如蒙

俞允擬派現充各路提調臣部丞參上行走丁憂候補五品京堂梁士詒改充局長並隨時札派局員及酌留前提調處熟悉路政各員分辦該局諸事從前奏設之提調處卽行裁撤俾歸簡易所有借欵各路設局經理緣由是否有當

謹繕摺具

奏伏乞

皇太后

皇上聖鑒訓示謹

奏

光緒三十三年十一月二十八日具奏奉

諭旨著派候補五品京堂梁士詒充郵傳部鐵路總局局長餘依議片併發欽

此

年終統計官辦各路待撥要需並擬提前籌付辦法摺 清單附

奏爲年終統計官辦各路待撥要需幷擬提前籌付辦法恭摺仰祈
聖鑒事竊維
國家建設鐵路其利約分兩端一間接之利如軍行迅捷土貨暢銷開通民智平均物價是也若是者不論路利有無贏餘
國家均受其益臣部自當審度形勢急圖擴充一直接之利如行車餘利是也若是者營業之盈虧全視經畫之善否臣部自當熟權子母消息盈虛準因本取利之方施量入爲出之策其官辦之路前因借欵時折扣太重及累年鎊虧過鉅以致資本不充工程遲緩尤當早圖補救藉善將來現計各路有行車已獲利者有行車未獲利者有路工未告竣者惟京奉京漢已得餘利其餘京張正太滬甯汴洛道清各路餘利未見而工程尚興應辦之事甚多應籌之欵自

鉅臣等公同酌議擬即加添撥欵併日圖功使已開工者早日竣工已竣工者早日生利庶利源漸拓可爲挹注他路之需前虧亦借以彌補經飭鐵路總局局長及各路監督總辦總工程司等分別籌算統計各路需欵約分四項一爲原估工程不敷之欵計滬甯約銀九十三萬四千餘兩正太約銀六十餘萬兩一爲加增工程之欵計新奉遼河西岸約銀一百零五萬兩滬甯約銀三十八萬餘兩京張門頭溝枝路約銀六十三萬餘兩一爲趕工提前撥給之欵計京張需銀一百萬兩一爲籌付借欵利息之欵計道淸需銀十五萬五千餘兩共約需銀四百七十四萬餘兩預計京奉京漢本年應得餘利除提付京張路工南票礦本唐山路礦學堂經費幷照章協撥各項用欵外約餘銀二百萬兩有奇以之全數劃抵此外實尚不敷銀約二百七十四萬兩臣等再三考核該欵係藉資本以營路利按之商業原理目前雖支此鉅數日後仍本息有歸若因

欵絀而誤工程恐失運輸之利各借欵公司亦因此屢請續借然續借必援據正合同其扣折吃虧更甚各路待用孔急臣部本無存欵祇可設法另籌現先向戶部銀行借銀一百萬兩以應急需其餘一百七十四萬餘兩無可指撥臣部因籌辦各項要政用欵浩繁現正需息借商欵或仿直隸辦法募集公債擬俟籌有成數先行撥充應用其借募之欵即以京奉京漢兩路光緒三十四年三十五年應得餘利作抵約計該兩年所得餘利准可陸續撥還不過以京奉京漢之利撥濟各路之本一轉移間無合同續借洋債之吃虧有早日完工獲利之成效所有息借商欵辦法容俟體察情形再行奏明分別試辦總期上裨路政下洽商情藉副

朝廷整飭交通之至意謹將各路需欵情形開具清單恭呈

御覽如蒙

俞允即由臣部欽遵辦理一面督飭路員撙節開支並將各路進支各欵詳晰具報由臣部分別開單奏請覈銷以重公欵而維路政所有官辦各路需欵及提前籌付各緣由理合恭摺具陳伏乞

皇太后

皇上聖鑒訓示謹

奏

謹將官辦各路需欵情形數目開具清單恭呈

御覽

一　京張鐵路提前籌撥及門頭溝枝路工欵不敷共銀一百六十三萬兩

該路前由升任直隸督臣袁世凱奏明撥京奉餘利修築全路均用華工程司爲中國自造鐵路之始現商辦各路因該路工員多諳建築紛紛招致自

應早圖竣工以便騰出工員分布各路免致多用洋員且早一日行車即可早一日獲利該路原定每年撥銀一百三十萬兩光緒三十八年完工現據總工程司詹天佑禀報能於明年正月加撥銀一百萬兩則光緒三十六年可以完工計為期可早兩年現擬除每年例撥一百三十萬兩外明年加撥一百萬兩又該路門頭溝支綫估價銀六十三萬餘兩向未指實的欵均經陸續撥付藉竟全工以期運輸獲利

一 重修新奉工程用欵約銀一百零五萬兩　新奉路軌式與關內外路綫不同材料亦多窳敗贖回後幾須全行改築估計工欵除遼河東岸一段按條約應向日本息借一半約銀四十萬元外約不敷銀一百五十萬元前經

臣部於十月初四日

奏明在案現擬折撥銀一百零五萬兩

一 正太工程不敷銀六十萬餘兩 該路工欵不敷五百萬佛郎三月間續據洋總工程司請添購車頭車輛須欵九十四萬佛郎另此欵利息三十萬佛郎共約折合銀一百八十萬兩經臣部於本年正月二十七日奏明不借洋欵將京漢餘利一百六十八萬元全數撥用外計尚不敷銀六十餘萬兩

一 滬寗添築枝路碼頭機房及添購車輛需銀約三十八萬餘兩 該路由滬到鎮業已通車惟該處河港交縈百物皆由水運鐵路貨脚難以增益前經該省督撫臣奏准將漕米改歸火車運滬稍資補助惟須添造枝路直達運河兼建吳淞碼頭棧房等以便取卸存儲並須添購車輛方敷運載統共須銀三十八萬餘兩

一滬寗工程不敷之欵約銀九十三萬四千餘兩　該路借欵合同本訂明借欵三百二十五萬鎊另購地二十五萬鎊現前後共借過銀公司欵二百九十萬鎊按之原訂合同所借本未足數因去年洋工程司所開估單每鎊作銀十元連年鎊虧共約四十四萬兩又估單預算行車進欵十五萬鎊抵作工欵現計進欵祇有十萬鎊計不敷五萬鎊約折銀三十二萬兩又全路工程預算明年西三月完工現計竭力催趲亦須明年西六月底始完此三個月借欵利息須從工程欵內支出計三萬六千二百五十鎊約合銀二十七萬兩又撥還淞滬官本原估十二萬五千鎊現經估實須加四千六百八十七鎊約合銀三萬二千餘兩四欵共銀一百零六萬二千餘兩皆因原估單錯誤暨意料不及之事並非於估單外另有續估惟既添加欵項經飭華洋員將不急工程認眞刪減計尚應撥銀九十三萬四千餘兩

一　道清借欵應付利息銀十五萬五千餘兩　該路當時因福公司自造急於贖還所索贖價過鉅成本既重運道又非衝要以致行車進欵入不敷出按照合同借欵利息應由國家設法彌補除本年上半期利息業經奏明由京奉開支外計本年下半期應付利息一萬九千九百四十餘鎊合銀十五萬五千餘兩

以上總共須撥銀四百七十四萬餘兩除光緒三十三年京漢京奉應得餘利按照向章提撥各項用欵外約餘銀二百萬兩全數撥用實尚不敷銀二百七十四萬餘兩

光緒三十三年十二月二十四日具奏奉

旨依議欽此

籌辦銀錢平價事宜設立公估局以維市面摺

奏爲遵
旨籌辦銀錢平價事宜設立公估官局以維市面恭摺會陳仰祈
聖鑒事本月十三日內閣奉
上諭京師人煙稠密貧戶孔多食用物價稍涉昂貴小民生計立形困難近日銀價陡漲物價因亦增高嗟我黎庶其何以堪着度支部迅即撥銀五十萬兩發交順天府府尹承領即責成該府尹妥擇官商銀號代爲貶價收錢以平銀値一面嚴禁各商肆任意抬高物價其有私運大宗銅圓入京者由崇文門監督郵傳部認眞查禁倘有奸民私鑄銅圓潛銷充斥者著責成民政部直隸總督順天府步軍統領嚴密查拿盡法懲治俟銀價物價皆平由該府尹將承領銀兩解繳部庫其貶價虧耗之欵准其核實開單奏銷尙書陳璧前在府尹任

內辦理銀錢平價尙屬得法並著該尙書會同府尹妥籌辦理務使操縱得法
國帑不至虛糜用副朝廷體恤民困之至意欽此臣等欽遵辦理公同酌定密
派偵探多員嚴禁私販於火車上下時實力稽查並親到商會與衆商集議宣
布
朝廷德意各商感激樂從遴選向來辦事得力各員日向商民勸導第盈虛消
息操縱全在幾先非在錢市左近設局隨時熟籌對待不足以資箝制十六日
當就正陽門內設立公估官局刊刻關防一顆文曰奏辦京師公估官局關防
發交該局經理以資信守各員逐日到市監查妥籌辦法一售買銅元飭商率
由舊章由買主自赴該鋪拉運禁止賣主親送到門以杜私運求售情弊一錢
商利於行使銅元票張責令該商不准虛出票張應有藏儲銅元爲準備庶不
致市面充斥一百貨價值視錢價爲起跌糧店尤關小民日食錢價一定應責

成各鋪商平價交易以上籌辦各情形果使各商顧全大局或可順手庫欵未
發之先暫由臣等設法籌墊分交妥員殷商貶價收買數日以來屢次出示曉
諭市價漸見平和第此次錢市之壞與歷來情形不同往年官板私鑄顯而易
別今則私造銅元銅質形式與官鑄略同祇可斷其捆運而來不能令人分別
行使現經步軍統領衙門民政部與臣部臣衙門認眞查禁但私販不再運入
目前當可支持至局中經費應俟撤局時與貶價虧耗之欵一併開單核實報
銷以副
朝廷軫念民依愼重出入之至意所有籌辦銀錢平價先設公估官局緣由理
合恭摺會陳伏乞
皇太后
皇上聖鑒訓示謹

奏

通飭近畿各州縣聯絡一氣以平錢價片

再查天津保定由火車來京相隔祇三四時兩處銅元價值每銀一兩尚在一百八九十枚至二百枚之數而近畿各州縣市鎮則私自扣折均與京市市價懸殊是錢價驟賤之故影響所及不盡由京市奸商把持茲奉

諭旨發帑收買雖相機操縱尚可暫救目前第就九門以內設法限制深恐難以久持應請

旨飭下署直隸督臣楊士驤妥籌整頓一面由臣潤庠臣樹勛通飭近畿各州縣聯絡一氣務期錢價一律平均物價不至騰張庶民困稍蘇矣謹附片具陳

伏乞

聖鑒謹

奏

光緒三十四年正月二十二日具奏奉

旨知道了欽此

滬寗鐵路改訂辦事章程摺

奏爲滬寗鐵路改訂辦事章程恭摺仰祈

聖鑒事竊查滬寗鐵路借欵合同第六條內開鐵路開築之時即設立管理造路行車事務處名曰滬寗鐵路總管理處設在上海共辦事人員五名內中國人員兩名除總工程司外洋員兩名如遇中英人員有意見不合則由督辦大臣與銀公司之駐華代理人會同和衷商辦等語歷經按照合同辦理光緒三十一年冬間前督辦大臣唐紹儀審知該路事事吃虧而受病之源尤在於設立總管理處凡事皆須華洋員會議將欲挽回利權非改訂總管理處章程無從着手屢與英使並中英公司代理人提議該使等亦知此路靡費太鉅貽人口實願體中國

國家之意允予商改旋據開具購地籌欵續借路本購料用錢事略三條聲明

須此三條議定再將總管理處章程酌量删改唐紹儀未及辦結旋改外任臣等接續提議督飭鐵路總局局長梁士詒與中英公司代理人濮蘭德討論逐字磋商中間因有他路事件牽阻致稍延擱至今始克就範現照原開三條詳加議定

一購地嗣後如添加雙軌所需地基由

國家欵項購置二路本凡築造路工預備行車不敷之欵由

國家擔認籌備不再續借三購料用錢凡在上海購料中英公司應得用錢從前暫停支付者算至西歷一千九百零六年十二月爲止共銀四萬七千兩訂明折減付銀三萬五千兩作爲了結自去年正月至未改章以前均照原數每百成以七十四成折減付給既改定章之後凡購中國原料及中國製造品概不支給用錢如在中國購買洋料其價值在二千五百兩以上及在外國購買洋料始照合同給用五釐又經訂明如有相宜別家行店其在外國或在中國

能爲購辦者中國可以託其代辦至改訂總管理處章程辦法凡從前華員二人洋員二人會議取决於多數者現改爲中國派一總辦所有全路工程行車廠務之事權責任均歸其决議施行無須時時會議以上各節經飭梁士詒與濮蘭德彼此繕函作據以免異議此改定滬甯鐵路總管理處辦法之大略情形也臣部查滬甯一路用欵既較他路爲最多事權亦較他路爲最少自非改定總管理處辦法無以爲整頓之基今幸磋商就緒主權不失財政有裨較之原訂合同已多補救臣等仍隨時督飭在事各員認眞經營顧全利權以仰副聖朝整頓路政之至意所有滬甯鐵路改訂辦事章程緣由理合恭摺具陳伏乞

皇太后

皇上聖鑒訓示謹

奏

光緒三十四年二月二十七日具奏奉

旨知道了欽此

萍潭鐵路擬改歸本部管轄摺

奏爲萍潭鐵路擬改歸臣部管轄恭摺仰祈

聖鑒事竊臣部定制凡官商鐵路均有統轄之責光緒三十三年間開部伊始

准督辦關內外鐵路大臣袁世凱督辦京漢滬寧各路大臣唐紹儀先後將京

奉京漢滬寧京張正太汴洛道清各路關防文卷移交當經臣部分別奏明接

管在案查萍潭一路亦用官欵修築前以該路係爲運煤而設暫由前督辦鐵

路總公司事務大臣盛宣懷一手經理現萍鄕煤礦已奏明合併漢冶萍廠礦

公司專歸商辦是商股官本自應劃清界限且該路既須展築至昭山四十餘

里利便運輸尤須一律籌備官本俾資添修之用經總理盛宣懷與臣等面商

擬即改歸臣部管轄以符定制除俟盛宣懷將文卷移交到部再行奏明所有

萍潭鐵路擬改歸臣部管轄緣由理合恭摺具陳伏乞

皇太后
皇上聖鑒訓示謹
奏
光緒三十四年三月初八日具奏奉
旨依議欽此

擬接築洙昭鐵路片

再萍潭鐵路原議上起安源礦界下訖湘潭縣迤東之昭山逐節興修以便煤焦運抵昭山後由船轉載漢口程途暢捷銷售利便惟萍洙一段雖已告成洙昭一段尚未展築船載之煤由洙州而下須紆湘潭曲灣淺水阻擱行舟從前每日出煤數百噸已不能源源載運現煤礦大槽已通每日約可出煤二三千噸若不速籌通運將有貨棄於地之虞且漢陽鐵廠現正竭力擴充需用煤焦數倍往昔尤應力圖接濟以振要工查由洙州至昭山計程約四十里接築尚不甚難臣部正在籌議間准漢冶萍廠礦公司總理盛宣懷咨商前因並稱訪聞粵漢湘境幹路擬由洙州繞至湘潭對河太平街以達易家灣較洙昭直綫須多行五十里計算運費過多於礦廠均有損害且礦局每日運煤以三千噸計每車裝煤二三十噸當有重車空車共二百輛日往來於此四五十里幹路

之上轉輸輻輳行車時刻難以騰挪若與他項客貨車相遇趨避不及益多危險查各國大礦恒有專運鐵路誠以銷場既廣出貨復多一或停滯受虧必鉅今萍礦運道甚艱自應就萍株已成之路接連展築以達昭山水次便可由輪船直運漢口藉符原議當經節次派員前往勘估由株至昭約四十里需欵在五十餘萬兩擬由臣部妥籌興築旋據湖南粵漢公司呈稱湘潭紳商力懇將幹路由株州逕達易家灣直綫改爲遶道湘潭對河太平街以達易家灣弧綫以保潭埠商務呈請核辦等情臣等以該公司所擬辦法與臣部展築株昭路綫均爲保全商業起見彼此利益不相妨礙應准其改用弧綫萬一將來粵漢商路再築株州易家灣直綫則官築之株昭應聲明不載他貨以期無損於商路即或客貨趨便附載其所定車脚亦應比粵漢較昂庶於平均貨率之中即寓維持商本之意恭候

命下臣部欽遵估工展築奏明辦理再此係因萍洙成路在先粵漢湘境尚未興造自不能不先由萍洙展築以救垂成之礦本如此後有近礦之路籌議興築仍應先歸附近幹路承辦縱使專運礦產仍不得援此爲例合併聲明所有籌擬接築洙昭鐵路緣由謹附片具陳伏乞

聖鑒訓示謹

奏

光緒三十四年三月初八日具奏奉

旨依議欽此

擬議江浙鐵路公司存款章程摺 附清單

奏爲擬議江浙鐵路公司存欵章程恭摺仰祈

聖鑒事本年二月初四日臣部會同外務部奏明商民承領部撥存欵路歸商

辦一片奉

旨依議欽此原摺內稱兩省公司接欵還欵容電商江浙督撫臣妥籌辦法幷

徑由郵傳部議定章程俾資遵守等語當即擬議章程邀約股東公舉人來署

閱看均稱妥洽堪資遵守其部借合同原有折扣虧耗各欵當日係欲收回草

合同之虧損因定以利易權之法惟路歸商辦商力微弱臣部有維持路政之

責自未便專令商民受虧而江浙兩公司亦能仰體時艱於所領部撥存欵承

認年息五釐五毫其不敷之欵由臣部分別籌墊除籌墊欵項辦法另片奏明

外謹將擬具章程十四條繕列清單恭呈

御覽伏候

命下臣部分別咨照欽遵辦理一面勻撥欵項交該兩公司趕緊接造以期克底於成抑臣等更有請者滬杭甬全路約六百餘里之長所領存欵仍慮不敷兩公司亟應多集股本濟用且路短則利微路長則利厚兩公司尤須陸續接展始足以資周轉而便交通臣部綜理路政責無旁貸仍隨時咨商督撫臣勸令各該省商民循名責實始終勤奮該兩公司深明大義必能竭力維持以副

朝廷振興實業之至意所有擬議存欵章程緣由謹恭摺具陳伏乞

皇太后

皇上聖鑒訓示謹

奏

謹將擬議江浙鐵路公司存欵章程繕單恭呈

御覽

第一條

郵傳部於二月初四日奏明商民承領部撥存欵路歸商辦一片奉

旨依議欽此茲特議立存欵章程以資遵守

第二條

江浙兩公司係奉

旨商辦故滬杭甬一綫承受郵傳部存欵仍係完全商辦並無變更郵傳部仍與他商辦之鐵路公司一律看待

第三條

江浙兩公司之滬杭甬路局承受郵傳部存欵所有郵傳部向中英公司借欵付息還本各事均由郵傳部經理滬杭甬路事中英公司毫不干涉

第四條

此項存欵約計一千萬兩其撥存時或不及一千萬兩總以多不過一千萬兩少不過七百五十萬兩爲度由郵傳部分期撥付每屆撥付之前十日由郵傳部電知江浙公司接收第一期自光緒三十四年二月初四日起於七個月內撥付八十萬兩第二期於十二個月內一律撥清如有事故可展至十八個月至遲不得過二十四個月倘到期不能撥付或撥付不全者此項存欵章程即日作廢滬杭甬路局即查照已收之實存本息限六個月內如數繳清至遲不得逾十二個月

第五條

江浙兩公司之滬杭甬路局需用欵項應用公文聲明原由向郵傳部支領如欲提欵至十三萬兩以上須於十五日前電知郵傳部預備照付

第六條

此次存欵常年五釐五毫起息每半年付息一次所有部借合同內中英公司應得之九三扣及九三扣虛息提付餘利及提付餘利虛息還本小二二五行用還利小二二五行用倫敦存欵四釐虧息購料包用及購料包用虛息共九欵除上海之滙豐銀行利息吃虧一欵滙費一欵十年外加還二鎊半一欵均先由郵傳部墊發外其餘不敷之欵由度支部兩江總督江蘇巡撫浙江巡撫及郵傳部先行分墊以上墊欵俟江浙兩公司獲有餘利時即於原奏江浙兩公司承認報効餘利中每二十分中之一分儘數歸還墊欵

第七條

滬杭甬綫由上海至杭州江干各段業已次第鋪軌行車此項部撥存欵

由江浙兩公司滬杭甬路局擔任清還本息之責

第八條

自光緒三十四年二月初四日起至扣足十年後以第十一年至三十年爲止兩公司應按年期照本攤還其應於每年某月某日爲攤還本銀之期屆時由部酌定再行知照兩公司兩公司應於每次還本銀之期前十四日將應攤之本銀如數交付如於第十一年後願一次還清或數次還清均可聽便惟須於六個月以前報明郵傳部一俟存欵還清此章程即日作廢

第九條

存欵利息自撥欵之日按照撥到實數起算每半年付息一次其應於每年某月某日爲結算利息之期屆時由部酌定再行知照兩公司兩公司

當於每次結算利息之期前十四日將利息如數交付

第十條

江浙兩公司應於六個月之前預備下期利息存上海交通銀行第十年下半年以後每六個月之前亦預備下期還本還息之欵存在上海交通銀行所存欵項之利息按照該銀行存欵息率給回兩公司至少不得減於部撥存欵息數

第十一條

兩公司自有遵照商律由股東公舉之查帳員郵傳部並不因既入存欵別令人至兩公司查帳

第十二條

滬杭甬鐵路建造工程以及管理一切之權全歸江浙兩公司建造工程

之時由江浙兩公司選派滬杭甬路局總辦秉承兩公司總協理命令選用英總工程司一名或在英國選擇或在中國國家鐵路工程人員內選擇咸聽其便該總工程司須聽命於總辦或總辦他往即聽命於其代辦其僱用該總工程司之合同由總辦自行訂定至該路上派用專門人員分派各該員應辦各事以及辭退各該員由總辦或代辦與該總工程司商酌辦理如有意見不合郵傳部可令總協理查照僱工合同判斷至工程造竣後在存欵期內須用英國籍之總工程司一人料理

第十三條

滬杭甬路局續購洋料如願托中英公司經理應給之行用已另行給予包用無庸滬杭甬路局另給如不願托其經理另向他處購辦聽便惟願給之行用由滬杭甬路局另給不能從中英公司所得之包用扣回

第十四條

郵傳部指定上海交通銀行爲繳欵處所以便付息還本其平色悉準存欵平色一律

以上十四條俟奉

旨後分咨度支部兩江總督江蘇巡撫浙江巡撫幷照會蘇省鐵路公司全浙鐵路公司一體欽遵辦理

光緒三十四年三月十五日具奏奉

旨依議欽此

望嵒堂奏稿卷八

遵　旨薦舉人才摺

奏爲遵

旨薦舉人才以備任使恭摺具陳仰祈

聖鑒事光緒三十三年九月十三日内閣奉

上諭朕欽奉

慈禧端佑康頤昭豫莊誠壽恭欽獻崇熙皇太后懿旨振興國勢必先簡拔人才朝廷側席求賢全賴内外臣工虚心訪薦著在京大學士各部院尚書侍郎都御史副都御史在外各省督撫率同藩學臬三司公同訪求詳慎甄擇不拘官階大小有無官職如確知有才堪大用及各擅專長者即行切實薦舉以備任使等因欽此臣等跪聆之下欽佩莫名竊維時艱孔亟庶政維新必先儲幹

濟之才而後有振興之效臣等公同訪求詳慎甄擇查有廣東陸路提督秦炳直才優識卓沈毅有爲經世之學尤所究心由舉人內閣中書歷保知府分發福建初充善後局差使先行調查三閱月始出任事剔除積弊洞中窾竅僚佐駭服旋補廣東高廉欽道正値土匪滋事迭次剿辦首要前經督臣陶模奏保有案任贛臬時整飭吏治不避勞怨適値萍醴各處土匪迭起曾奉
特旨派往勦辦駐紮數月之久於淸鄉善後事宜均能力任其艱該員兼資文武不僅以知兵見長丁憂候補五品京堂梁士詒才大心細識力過人講求時務洞見本原官編修時雅負物望經外務部奏保人材奉
旨以五品京堂候補歷充中藏中俄議約參贊官籌畫精詳外交具有卓見經臣部奏保丞參充丞參上行走兼鐵路局局長交通銀行幫理各差於路政財政尤爲綜核臣部深資贊助卓然經世之才丁憂安徽布政司連甲品端學裕

器識閎深通達治體措置有方官編修時辦理八旗學堂管理得法歷任山西冀甯道山東按察司提學司福建安徽布政司考求吏治終日不倦凡僚佐以逮紳商之來謁者不時接見因得以考察吏治之賢否於地方利弊討論尤爲精詳各該省督撫無不深相倚重翰林院編修林炳章爲原任兩廣總督林則徐曾孫學識宏通議論純正英年通籍潛心有用之學現充閩省高等學堂監督工藝局總理成就多才士商推重自奉

旨禁烟以來倡設去毒局東南各省戒烟以福建最著成效論者謂該故督提議禁烟於前該編修董勸戒烟於後家學相承世濟其美法部高等檢察長李焜瀛敦篤謹飭品學兼優前隨考察政治大臣出洋經歷數國遇事講求旋經出使美國大臣奏留當差專心考查於列國情形頗能諳習力求上進實爲不可多得之才以上五員均堪大用如蒙

優加拔擢必有成績可觀以仰副
朝廷側席求賢振興國勢之至意所有遵
旨薦舉人才緣由謹恭摺具
奏伏乞
皇太后
皇上聖鑒訓示謹
奏
光緒三十四年三月十五日具奏奉
旨吏部知道欽此

陳明籌畫擴充電政商力不支擬歸官辦摺

奏爲籌畫擴充電政費增利減商力不支擬歸官辦以恤商艱恭摺具陳仰祈
聖鑒事查電報爲交通全國機關關係於商民者事小關係於國家者事大故各國電報之權皆爲國家所獨有中國電報開辦初基原歸商辦而光緒初年商股微薄仍賴各省官力出資補助亦非完全商業性質歷屆獲利約計五六百萬果使全國交通藉以推行無阻則富商即以富國商家多得贏餘即國家增長勢力亦何必另議更張迺揆覽圖籍現在商綫所至之處皆屬市鎮都會之區而邊遠省分如雲貴廣西甘肅新疆最關緊要無利可圖之處則均推歸官辦雖商力實有未逮而顧一已之私利忘國家之遠圖按之
朝廷設立郵傳部之初心實有未合思維再四窒碍滋多揆諸東西各國之通例衡以中國現在之情形自非改爲官辦設法改良無以定區畫之方即末由

收攬充之效請爲我

皇太后

皇上縷晰陳之查東西各國綫路縱橫如脈如織邊隅內地策應靈通故伏莽滋生旋即撲滅中國電報勿論要荒即腹地稍僻者亦多未設立一旦有事道途修阻文報方到賊已遠颺實於軍務機關大有阻礙况當此百度維新之際外交內政關係匪輕稍滯交通輒滋流弊近來科布多川藏蒙古閩浙江西蘇松各屬紛紛奏咨請設電綫本年四月欽奉

諭旨飭部迅速設立貴陽至興義電綫又准陸軍部咨稱秋間江鄂各軍在安徽會操請設安慶至太湖電綫又准外務部咨催建設川藏通印電綫以爲收贖英人江孜綫路張本又准湖廣總督咨稱湖北官電各局賠累不堪請改歸本部籌辦紛來沓至均爲不可稍緩之圖核計各省請設各綫不下萬有餘里

約計工程當在一百餘萬以上且此萬餘里中設局不下百數十處半皆荒村僻壤報務不多常年經費若局員報生巡丁薪水工食以及修理等費更屬不貲此項電報增一綫即賠一綫之本修一里即虧一里之費前此添設雲貴一二邊省各股商尙慮吃虧今此統籌荒瘠之區更難著手若利則歸已損則歸公恐亦無此情理此展綫之宜歸官辦者一也又查各省綫路應修未修者居其多數半皆腐敗不堪而以陝豫閩三省爲尤甚遇有風雨動輒不通假有軍務倉卒不堪設想近來外務部陸軍部要電往往延擱職此之由亟應大加修理以臻完善現在派員調查各綫路情形通盤籌畫有應移近鐵路者有關係交涉亟須先占者有文報日多應行添綫者百廢具舉工程浩繁業已飭員密行勘估其大修移設之費約在五六十萬以上此項巨費即盡括商股餘利息項亦難支抵此大修之宜歸官辦者一也又查中國報費昂貴甲於全球考東

西各國報價在本國境內排發者每二十字或十五字約合銀四五錢不等其同一省內者幾與快信之費略同故人人視爲利便中國報價凡遠省一二字之費幾與各國二十字相等且譯報有費密碼有費加校對有費加點句有費又於四等商電則延擱錯誤致商人多用加二倍之費改發三等似此層層重剝節節爲難實於電政釁生阻力近據甯夏副都統志銳奏請核減報費以利交通又據臣部派赴葡京會員周萬鵬電稱葡京公會亦以中國報費太昂爲詞自當酌量核減以期發達而廣招徠去年經臣部批令電政局籌擬核減嗣因商本微薄動多牽掣故略爲慎重稍緩實行之期近復派員調查統籌全局一時雖難驟減多數必當分別酌減以饜人心嗣後報費遞增即報價遞減但期桿綫羅布中國開交通絕大之機關而志不在謀利必使價目與各國略同卽爲入萬國電政會之預備斷不能沾沾目前不顧後日之進步也惟是核計

電報歲入約銀元三百萬元若酌減一二成即在五六十萬以上如遞減至四五成或減至與東西洋相等則爲數尤多此事一行則商股年息恐不可保餘利更不待言此減費之宜歸官辦者一也以上三事實爲電政今日最要之圖即爲商股今日最損之策若蹈常習故不加整頓固有所不能若一意孤行不顧商本又有所不忍與其苟且因循日積月累致官商之兩病曷若揆情度理平價收贖期上下之交益臣部實見夫今日電報有必需擴充之勢卽有不免折閱之時在商人祗課贏餘在

國家必求利便事實不同斷難强合所謂離之則兩美合之則兩傷也臣部議收電股實於國勢商情統籌兼顧無所用其苛刻更何計乎便宜况此後電政日益推廣今日報費之所入即爲明日桿綫之所出肇端之始需用實繁此十數年間斷無厚息嗣後電局歷年報告商家取閱必知臣部立意之無他近年

日本商辦鐵路亦經改歸官辦彼國臣庶均無異詞則今日收贖電報想該商等必能深明大義願表同情也臣等伏查光緒二十八年曾經欽奉諭旨改爲官辦核實估計籌欵撥還商股等因欽此此次收贖電報臣等公同商酌博采輿論訪之公正各股商亦以歸官收贖爲宜擬恪遵前次諭旨由部備價收贖持平辦理按照市面票價酌中給值於每股股本外特予加價以示

國家恤商之意其有逾限未交者隨時准其呈報領款惟不得占此優待以後利息微薄不得復有後言以示限制俟商議妥定後即將收贖情形另行奏明辦理一面籌畫次第辦法以仰副

朝廷振興電政之至意至此次收贖之欵擬由臣部籌措欵項支抵另行設法歸還以淸欵目合併聲明所有擴充電政商力不支擬歸官辦而恤商艱緣由

謹恭摺具陳伏乞

皇太后

皇上聖鑒訓示謹

奏

光緒三十四年五月十九日具奏奉

旨知道了欽此

遵　旨勘查商路修訂路律先擬大概辦法摺

奏爲遵

旨勘查商路修訂路律先擬大概辦法恭摺仰祈

聖鑒事准軍機大臣字寄光緒三十四年五月二十七日奉

上諭鐵路爲交通大政利商賑災運兵轉餉以及開通風氣振興實業胥賴乎此近年來各省官辦鐵路皆能尅期竣工成效卓著而紳商集股請設各公司

奏辦有年多無起色坐失大利有碍交通著郵傳部遴委妥員分往各路確實勘查各路工程應分幾年造竣公司股本能否按年接濟一面妥擬辦法嚴定期限倘所集股資不敷尚鉅或各存意見推諉誤工以致未能依限完竣即由該部會同該管督撫另籌辦理並將該員所舉承辦人員差使查照商部歷次

奏案分別撤銷以期各路迅速造通上裨國計下厚民生如再因循瞻顧坐誤

事機定惟該部及該管督撫是問其應行路律並着該部速議具奏欽此遵
旨寄信前來仰見
朝廷整頓交通維持要政之至意竊維商路之設以公利與諸民然其事動與
國家行政相關布置一或失宜大局輒多阻礙是以各國路律於監督商路之
法至爲精密我國商辦之路大率因人才缺乏資本不充往往擁虛名而無實
效現在欽奉
諭旨應即遴委妥員分往各路確實勘查其勘查之法擬分爲二一爲履勘工
程之事應以素習路工者充之凡該路已勘定之圖綫按圖周歷履勘察看原
定路綫是否合宜已興工事是否如法並准於何日竣工由該路總理總工程
司認明無異具報立案其未勘定之圖綫會同該路員司詳細測勘繪具圖說
酌擬竣工年限報由臣部定奪其已勘路而未興工及已興工而中止者均查

明實在緣由及工作有無阻礙路綫是否要衝報由臣部定奪一爲查驗資本之事應以會計精能者充之查明公司股欵認交已交者各若干按年續交者若干如係公欵公股查明派認及已繳者各若干按年可恃者若干並統計現在及將來有著之欵是否足敷全路工程之用仍由該公司將開辦後進支各欵實數造具表册送部立案其股東交到股欵及公司存放支用欵項有無轇轕虛揑情事並應切實查明以便稽核至修訂路律一節前擬折衷各　成例業於去年六月間咨行各國駐使廣蒐列邦典籍以資參證復於去年八月十二日本年三月間疊次派員出洋調查現據各駐使陸續送到圖書多種考查員亦先後回國已提緊督飭員司詳愼考訂並擬先將各國路律擇要編譯成書分發各商路觀覽庶參稽借鑒衆皆曉然於立法之所在新律始利於推行一俟勘查後分別各路辦法限期陸續奏明請

旨遵行並候路律編就再行奏請

欽定所有遵擬勘查商路修訂路律大概辦法緣由理合恭摺具陳伏乞

皇太后

皇上聖鑒訓示謹

奏

光緒三十四年六月初三日具奏奉

旨知道了欽此

續行預保丞參摺

奏爲遵

旨續行預保堪勝臣部丞參人員聽候

記名簡用恭摺仰祈

聖鑒事光緒三十三年二月初九日奉

上諭各衙門丞參前經降旨飭令該堂官於試驗得力人員出具切實考語預

行保薦聽候記名等因欽此臣等欽遵奏保丞參那晉等聽候

記名簡用在案惟前次預保各員核計所餘無幾而臣部管轄四政事務較繁

應行續薦通達治體之才以備

朝廷器使查有現署順天府府丞直隸存記道阮忠樞識量宏通體用賅備飭

學治事籌畫精詳洵稱經世之選在任候選道山西汾州府知府紹彝才識明

敏樸實耐勞閱歷農曹能通計學現在山西知府任內卓有名績經農工商部保薦衆望允孚廣東候補道楊士驄才長心細幹練有爲精於理財亦諳路務現辦京奉鐵路芟除積弊洞見原委四品卿銜開缺奉錦山海關道朱恩紱才識卓犖思慮精詳奮發有爲不辭勞怨歷任江蘇繁要差缺均能措置裕如臣部電政司郎中龍建章守潔才明辦事沉毅曾充考察政治大臣參贊官周歷四國譯述甚多於中外情形頗有心得前江西廣饒九南道玉貴老成持重深諳外交在府道任內卓著政聲屢登薦牘高等檢察廳檢察長李焜瀛係原任協辦大學士李鴻藻之子敦篤謹飭品學兼優前隨考察政治大臣出使英國大臣經歷各國考察情形頗能諳習翰林院編修林炳章係原任兩廣總督林則徐之孫英年通籍潛心有用之學出洋考察通知時事經辦本籍禁烟興學勸工各事宜均著成效湖北候補知府王孝繩心精力果爲守兼優縝密耐勞

辦事極有條理以上九員李焜瀛林炳章曾經臣部保薦人才餘皆試驗得力

及灼知底蘊均堪備選可否交軍機處

記名遇有臣部丞參缺出請

旨擢用之處伏候

聖裁所有續行預保堪勝丞參人員緣由謹恭摺具陳伏乞

皇太后

皇上聖鑒謹

奏

光緒三十四年六月十九日具奏奉

旨留欽此

交通銀行股本擬請先後併招片

再臣部奏設交通銀行淸單第二十八條內載該行先備資本銀五百萬兩分爲五萬股每股庫平足銀一百兩由郵傳部籌欵認購二萬股其餘三萬股無論官商紳民人等均准購買俟貿易擴充之時再行添招五萬股等語奉旨允准欽遵在案當卽檄飭該行總理李經楚等立限招股去後茲據該行呈稱期內商股報認踴躍異常現在招股已經截止總計掛號認股之數逾額幾倍體察商情僉以折收爲憾等情前來查原奏本擬添招五百萬而商情如此踴躍爭先與其限制折收致有多認少交之憾不如先後並舉以暢振興鼓舞之機臣等公同籌議擬請併歸十萬股臣部前後認購四萬股商勻六萬股庶足以愜商情而厚資本恭候命下卽由臣等檄飭該行迅速收取善爲經營以臻妥善理合附片具陳伏乞

聖鑒訓示謹
奏
光緒三十四年六月十九日具奏奉
旨依議欽此

電股收贖完竣擬請實力整頓摺

奏爲電股收贖完竣擬請實力整頓以利交通恭摺仰祈
聖鑒事本年五月十九日臣部具奏收贖商電改歸官辦以恤商艱而維電政一摺聲明俟收贖完竣再將情形奏明辦理欽奉
諭旨兪允欽遵在案臣等當卽博采輿論考求市値酌核收贖之價每百元電股給予一百七十元旋經廣州香港衆商公電稟請加價十元臣等仰體
國家恤商之意允照該商等所請加給十元作爲優待費計共二十二萬元自臣部頒布收贖章程後該商等繳股領價踴躍爭先旬月之間據各電局分報共收回商股二萬一千四百餘股則商情之允洽與部價之持平概可想見復據電政局彙總呈報商股原係二萬二千股此次收回二萬一千四百餘股其未到之五百餘股委係散布外埠及內地僻處遞寄維艱以歷屆發息爲比例

每有千數百股一二年始領者此次未交各股擬請寬予期限照章給價提存現欵以便陸續到領仍給優待費以示體恤等語臣等查核尙屬實情自應照准辦理另提的欵存儲備給此後卽全歸國有與商無涉此收贖電股現辦之情形也惟是收贖之後報費如何核減綫路如何展修官報如何歸併以謀畫一電郵如何合辦以擴交通電品如何製造以塞漏巵水綫無綫電以及各種電汽事業如何發明以宏敎育均須併力經營徐圖發達以仰副

朝廷振興電政之至意第核減報價則利少諸事並舉則費增費增利少籌畫維艱容俟擬有辦法另行奏明辦理至此次收贖之欵三百九十六萬元臣部暫由路欵借撥仍須另行設法歸還以淸欵目合併聲明所有陳明電股收贖完竣及預籌辦法各緣由謹恭摺具陳伏乞

皇太后

皇上聖鑒訓示謹

奏

光緒三十四年八月十三日具奏奉

旨知道了欽此

籌擬核減電價提補經費摺

奏爲核減電價提補經費以利交通而資挹注恭摺具陳仰祈

聖鑒事竊維電政爲交通之樞機所有傳遞軍國大政關係緊要卽於商民事業亦皆息息相關故各國於報價一項收項最微所以謀全國之發達收間接之利益法至善也曩者電報商辦只視爲營業性質動以虧折爲詞不肯減私利而謀公益現經臣部全行收贖改歸國有自當顧全大局不必斤斤目前其最要者前奏所陳減價增費展綫修綫數事卽應次第舉行查中國電價昂貴甲於全球爲萬國電會所竊議而商民每因價昂惜費致阻商業進步亟應酌量核減以利交通臣等悉心商酌擬先行核減二成按照現行電價總數八折爲十減二之比例所有華洋各商報及加急密碼譯費等凡在中國境內往來者一律照減其攤分報費特別半價不在此內惟電局通布二十餘省邊徼程

途數月始達恐一時報告商民未及週知轉滋浮收情弊現擬減價日期自光緒三十五年正月初一日實行且各處綫路半多朽壞以致延誤積壓諸弊滋生當即遴派工程委員分途查看切實勘估將各省現有之綫陸續修理完善其未設之行軍要地商埠分區亦須統籌兼顧與各疆臣商議力圖逐漸擴充惟核計上屆電欵收數銀元三百二十餘萬元今減二成爲數約少收五六十萬元以從前商股餘利抵之所短尚鉅加以添綫修綫各費更屬不貲此項經費除大宗欵項另行奏明籌借協撥外其餘按屆截算不敷之數擬暫由京漢京奉京張等路餘利内分撥挹注大約四五年後報費必定增漲毋庸慮及久虧恭候

命下臣部欽遵辦理嗣後酌量情形收欵稍有贏餘仍擬陸續議減期與東西各國報費不甚懸殊以仰副

朝廷振興電政之至意所有擬籌核減報費暨提補經費各緣由謹恭摺具陳

伏乞

皇太后

皇上聖鑒訓示謹

奏

光緒三十四年九月初四日具奏奉

諭旨郵傳部奏核減電價提補經費以利交通一摺電務前歸商辦餘利甚鉅現歸部辦亦須妥爲籌畫逐漸推廣未可鋪張太過致多虧累且鐵路餘利應備擴充路綫之需界限必須分明尤未可與電政牽混挪移多生窒礙著該部另行妥擬具奏欽此

密陳近日籌贖京漢鐵路情形摺

奏爲密陳近日籌贖京漢鐵路情形恭摺仰祈

聖鑒事竊京漢鐵路原借外欵權利受損亟應及早淸還上年七月初三日臣部曾將借欵合同第五欵所稱在西歷一千九百零七年九月一號以後無論何時可將借欵還淸與合同第三欵所稱自一千九百零九年起分二十年拔還兩節事本聯貫並非一千九百零九年起即不能全數歸還惟該路局大局所係自應儘今年十二月以前籌欵收回以免意外枝節等情奏明在案一年以來臣等以此事曲折繁多關係重大稍有失當貽患匪輕亟同丞參各員暨鐵路總局長梁士詒將應行布置規畫各節逐細推研復廣集專門人員以資考問蒐采列邦成法以便取求聯絡外洋紳富以爲操縱詳覘歐洲輿論以資去取大致幸已就緒謹將近日籌贖情形爲我

皇太后

皇上縷晰陳之查京漢借欵之受損蓋有數端其一爲比公司管理行車我國雖有稽查之權惟既委外人調度卽非完全自有二爲比公司勻分二成餘利該公司復希冀多分餘利往往工程用欵推歸造路成本項下開支致多爭論三爲以路抵押本利一日未清卽一日受其牽掣凡此皆爲損失權利之本購料用人次之現籌收贖自以斷絕三者根株爲主至所有辦法若能悉以華欵清還固屬至善之策惟數鉅期迫數月之內匯欵數千萬輸入歐洲市面銀根驟緊於全國財政亦受影響况近日金價極昂以銀易金喫虧更甚不如借金還金逐年攤還倘遇金價低落之時較爲合算曾經臣璧先後在會議政務處提議擬用改正合同招募公債挪借欵項提集存欵另借新債五項辦法先是比公司以路權漸歸華員掌握頗改訂合同暫不將借欵還清祇展長前訂歸

還期限即將管理權交回中國並不取二成餘利因與磋議數月嗣比公司慮債東不允改章屆時羣起索債難以應付比國大理院以公司總董無改易債東權利之例若換發債票須另納法國印花稅需欵亦鉅旋作罷論此改正合同之未能成議也該借欵既須實還不能不先行籌措因擬從招募公債以次四項辦法下手其招募公債一節擬仿直隸公債成案先招募銀元一千萬元年息七厘十二年歸還發交臣部交通銀行承售其挪借欵項一節商明度支部撥借官欵銀五百萬兩年息六厘七年歸還復由交通銀行經手息借商欵一百萬兩其提集存欵一節光緒三十一年八月與比公司續借欵訂明光緒三十二年上半年利息應於中國借欵成本項下開支去年結算大帳駁以是年全路通車其利息應歸行車項下開支計收回法金三百十七萬五千佛郎本擬添造車輛以供運輸茲應先行挪用約可合銀一百萬兩以上三項籌集

華欵只有此數至另借新債最爲繁難且當立定宗旨債東除按期得回本息外不得有絲毫管路權分利權購料權稽查權及以路抵押權下至欵存銀行雇用工程司各權利一切除去不聲明該欵爲京漢所用當就此意先與比公司代表人配唐熟商該代表允棄其管路分利及以路抵押各權利惟購料一事持之甚堅兼索酬費法金一百萬佛郎借欵利息五厘折扣九三五嗣以購料酬費均難允准當與另議代售債票辦法配唐所索經手費過多辯論再三亦無成議各國銀行聞借欵之說頗有願來攬辦者與議數家多無實在把握遂轉與滙豐滙理兩銀行接議該行以此欵須指定爲京漢之用借欵期內須用歐洲總工程司並有購料查帳之權駁以與臣部宗旨不合該行重開條欵刪去各節但議以各省釐金作抵押折扣九三年息五厘分四十年歸還重與磋商允將折扣減爲九四分三十年歸還前十五年年息五厘後十五年年

息四厘五毫應還本息以臣部所管各工藝實業餘利項下支付以各省雜捐進欵作抵並不指明此欵爲收贖京漢之用此外全無管路分利購料用人查帳及以路抵押各權仍由該銀行附函聲明一概不干預用此欵所辦之鐵路及工藝實業等事幷無另給借欵酬費似此借欵與辦路截然分爲兩事該借欵公司除按期得回本息外無絲毫問事之權特別之利與本國自辦公債無異擬即照此定議此籌還比欵之各項辦法也臣等查借欵數目京漢原借比國欵一萬二千五百萬佛郎又照合同提前還欵每百給銀行酬費二毫五應合三十一萬二千五百佛郎共法金一萬二千五百三十一萬二千五百佛郎現擬第一批先借英金四百萬鎊九四折扣實得英金三百七十六萬鎊約合法金九千四百八十二萬佛郎此外尚欠三千零四十九萬二千五百佛郎以三佛郎合銀一兩計之約合銀一千零一十六萬餘兩鎊價漲落未定擬預備

銀一千一百萬兩全數籌撥華款即以招募公債挪借公項提集存欵三項充用如公債屆時尚未收足即向交通銀行先行暫借備補統俟事竣即將實用欵目詳晰奏明總之贖路需欵過多籌畫年餘華欵僅及四分之一不得已而貸借新債自必立定宗旨務除流弊此次借欵條目竭力磋商幸得盡去前次合同之失綜計所籌各項預算遞年京漢行車餘利必可逐漸按年還清一切拔本付息均有把握如蒙

俞允臣部欽遵分別辦理一面先飭鐵路局長梁士詒函照京漢比公司俟全欵還清即將迭次與該公司所訂借欵行車合同悉行作廢從此該路完全歸我有仰荷

聖明垂訓暨樞部督撫臣藎籌協助得以有成挽回路政維持國權所關匪淺除將籌擬華欵各辦法另行奏陳並將新債合同條欵重加詳訂咨送外務部

覆核再行具奏外所有籌贖京漢鐵路情形理合恭摺密陳伏乞
皇太后
皇上聖鑒訓示謹
奏
光緒三十四年九月初十日具奏奉
旨依議欽此

擬借欵擴充交通要政片

再我國輪路電郵四政雖逐漸舉辦祇以財政困難至今未能極力推廣若長此補苴罅漏不特交通要政悉閣而不行且慮已成諸事亦因之墮廢殊非國家特設專部之恉竊維輪路電郵之利軍行便捷土貨暢銷民智開通消息靈迅利之普及全國人盡知之其實四政所關無非商業性質因本求利子母相生與他項行政經費一往而不返者迥然不同故審地勢以通血脈固爲立國要圖察盈虛而善經營即屬理財上策東西各國皆注重於此以達富强之基然資本苟或未敷則餘利從何而出此借本之說經商者所以視爲通例也臣部以調度財政必須銀行爲樞紐因奏立交通銀行計需官股銀四百萬兩而又以電綫不普設則呼吸不靈電費不減輕則商務不旺因奏明收贖電股計需收股銀元三百九十六萬元約合銀二百八十五萬兩又吉長鐵路經外務

部奏明與日本訂立協約借欵一半築造臣部復奏明派員會勘估計工本銀三百六十萬兩除日本借欵一半外應自備工本一百八十萬兩另路未竣時借欵利息折扣約銀七十餘萬兩共需銀二百五十餘萬兩又以路軌必資鐵廠鑄鐵尤資煤運因奏明展築萍昭鐵路約估工本銀五十餘萬兩以上四項共約資本一千萬兩除吉長一路本係外務部收回日人辦路利權易爲借欵自辦現日本使臣又復催辦自無暇計及路利外交通銀行官利原有六釐現在營業已漸流通將來必更發達萍礦出煤頗旺由萍洙展築萍昭造路行車兩項經費比較另行剏辦者較省電報因展綫減費暫時獲利固難四五年後漸臻贏餘必能顧全本利似皆合於因本求利子母相生之指其資本皆實有歸著而間接之利尚不與焉惟是國內官欵民欵既已供不給求則借本之說又必須取於國外此次匯豐匯理所借欵項正摺內聲明不索管理權查帳權

用人權實與自辦公債無異即以利益而言十五年前利息五釐十五年後利
息四釐五毫均九四折扣自表面視之每百兩雖扣去六兩然若將後來償還
之六兩虛本亦併入逐年利息數內攤算無須再計折扣之虧則借實銀每兩
實合年息五釐二毫六絲有零此項息率即就交通銀行所得之六厘官利計
已賺利七毫三絲有零臣部審度情形因與匯豐匯理銀行借英金一百萬鎊
合同內仍不指明逐項支使名目祇言爲臣部自辦工藝實業之用仍另函聲
明概不干涉似此取益防損確爲有利無弊將來每項提用借本所有按年還
息及屆期拔本還息均於該項所得進欵內提還各歸各欵以淸界限如蒙
僉允臣部欽遵分別辦理此合同係與正摺所載四百萬鎊借欵合同合而爲
一共成五百萬鎊除擬定後一併奏明請
旨並將每項開辦提用實數另行具摺陳請外所有擬借擴充交通要政用欵

緣由理合附片密陳伏乞
聖鑒訓示謹
奏
光緒三十四年九月初十日具奏奉
旨依議欽此

籌借官欵收贖京漢鐵路摺

奏爲陳明籌借官欵收贖京漢鐵路恭摺仰祈

聖鑒事竊郵傳部因收贖京漢鐵路向度支部籌借官欵規平銀五百萬兩當由郵傳部另行奏陳在案所有息借辦法郵傳部查臣部前經與度支部商定仍照市間假貸之法由臣部酌付年息六厘分七年攤還本息每屆年底支付前二年還息不還本彼此定議妥洽擬即分期交收將來按期應　本息即由臣部在京漢鐵路餘利項下籌付至該欵由何項撥給度支部查前項借欵規平銀五百萬兩已由臣部酌定由大清銀行經理係於洋欵餘存項下分次提交該行按期撥付郵傳部應用將來付利歸本一切事宜亦即由銀行經收報部以重欵項所有籌借官欵收贖京漢鐵路情形理合恭摺會陳伏乞

皇太后

皇上聖鑒訓示再此摺係由郵傳部主稿會同度支部辦理合併聲明謹

奏

光緒三十四年九月十二日具奏奉

旨依議欽此

擬訂滙豐滙理兩銀行借欵合同摺 附清單

奏爲擬訂滙豐滙理兩銀行借欵合同恭摺仰祈

聖鑒事光緒三十四年九月初十日臣部奏擬籌借滙豐滙理兩銀行英金五百萬鎊俟商定合同條欵咨送外務部覆核再行具奏各摺片奉

旨依議欽此欽遵當與該兩銀行擬訂合同藉資憑信此次借欵臣部立定宗旨債東及承辦銀行不得有絲毫問事之權並不指明該欵作何項用處籌畫年餘商議數家惟該兩銀行所開條欵尚爲合宜經與磋商數月擬議合同十五欵其大要係稱借英金五百萬鎊以八成爲預備補足還鐵路借欵以二成爲自辦工藝實業之用還本以三十年爲期前十五年利息五厘後十五年利息四厘五毫折扣九四凡外國銀行經紀費分售費分售經用電報告白郵票刷印招貼債票各費印花稅律師酬費各項均歸該兩銀行認出自第十一年

起分二十期攤還借本由第十六年起至第二十三年止可提前多還或全還借本惟每百鎊加給兩鎊半第二十四年起無論多還全還祗照票面還本無須加價所有應還本息由郵傳部所管工藝實業餘利支付如有不敷則另以他項補足指定直隸湖北江蘇浙江各省雜捐進欵爲頭次抵押另於還本息一年以前將下期應還本息預存兩銀行此存欵亦由銀行繳還利息幷由兩銀行繕回函據聲明概不干預鐵路及工藝實業之事各等語臣等綜核合同大旨祇言借欵之如何交付暨扻本還息之如何匯撥幷不言及辦事亦不專指某項用處則從前因借欵而牽涉各種事權悉行杜絕且除折扣外並不另給酬費所有售價無論每票售出若干如有盈虧皆該兩銀行擔認先經臣部電商各該省督撫臣擬以雜捐進欵作爲抵押；接准覆電均允贊成此項本係虛作抵押應付本利仍由臣部各項餘利提還預算此三十年本利必可提還

分毫無缺既挽目前之虧失復杜將來之干涉完全借欵此爲權輿似於

國家財政信用富　要圖不無裨益當將合同擬稿咨行外務部查核茲准復

稱合同擬稿業已查核等因謹繕具議訂合同十五欵清單恭呈

御覽應否由臣等簽字蓋印請

旨遵行恭候

命下臣部並分咨外務部度支部及出使英國法國大臣一體欽遵辦理所有

擬訂匯豐匯理兩銀行借欵合同緣由謹恭摺具陳伏乞

皇太后

皇上聖鑒訓示謹

奏

謹將與匯豐匯理銀行擬訂合同繕具清單恭呈

一

御覽

郵傳部（後文即稱部）今於光緒三十四年九月　日即西歷一千九百零八年十月　號奉

旨代中國

國家與匯豐（匯理）銀行（後文即稱承辦銀行）訂立合同

第一欵

中國

國家今允准承辦銀行或自辦或招人協同辦理出售中國

國家金鎊借欵英金五百萬鎊一次出售

該項借欵中國

國家以八成在歐洲預備補足還鐵路借欵之用其餘二成爲郵傳部自

辦工藝實業之用

第二欵

此借欵以三十年爲期由第十一年起還本每年還本一次匀分二十期拔還每次應還英金二十五萬鎊

由第十六年起至第二十三年間如中國國家於六個月前知照承辦銀行可卽將此項債票全數清還或於常年應還之票數加號拈鬮拔還惟須於此種加號應還之價每百加二厘五卽原價英金一百鎊須給付英金一百零二鎊十先令自第二十四年起以後餘存未還之數如欲全行淸還或加號拔還仍照票面之數交欵無須加價

以上所言加號拔還辦法須照借欵招貼章程在歐洲每逢訂定還欵日

期辦理

此借欵利息自第一年起至扣足第十五年止按虛數長年五厘計息自第十六年起按虛數長年四厘五毫計息均按照未還之本計算每年分兩期付與執票各戶自出售債票之日起給到借本全數交還之日即於是日爲止停止利息

第三欵

所售債票本利到期由部將應還本利之數均勻分交上海承辦銀行經理給還執票各戶由出售債票之日起算利息

第四欵

還本以一年爲一期還息以半年爲一期期滿以前十天交付到期十天以前由部在上海交與承辦銀行上海通用紋銀足數每次應在歐洲交

還金鎊之數所有兌價由承辦銀行與部再訂公平辦法但部有權於還本利期前六個月內無論何時可與承辦銀行預定兌價

若中國

國家遇有金鎊實在存在歐洲欲提用交還本利亦可用金付還但不得爲此由中國匯去

每次付還借欵之本利由部允給承辦銀行每千分中二分作爲經理費用即每千鎊給與二鎊

第五欵

此借欵本息由郵傳部所管各工藝實業餘利項下支付如此項餘利不足照付另以他項補足

郵傳部自第一期利息到期之日後在此借欵期內逐年在上海交存承

辦銀行一欵分存滙豐滙理各一半其銀數與下一期到期應付借欵利息金鎊之數相等

再自第十年年底以後郵傳部又在上海交存承辦銀行一欵其數與下一期到期應付借欵借本金鎊之數相等以上兩項存欵其銀兩與金鎊如何折合之數每半年更換一次其更換之日期以還息之日爲定其本利銀兩與金鎊折合之數按照上一次到期十日以前還付本利所定之兌價折合或照預定之各項兌價折中折合

此項存欵承辦銀行應照該行所登長年十二月存欵告白之息承給回利息按照逐年長年利息定價日期計算利息每半年一付

第六欵

承辦銀行既承允許遵將債票招人承購至全債之數爲止悉以金鎊爲

準該項債票無論何國文字無論多少數目悉憑承辦銀行酌定至債票內之意義文詞須由中國駐英法國出使大臣核定後由中國駐英法國出使大臣蓋用關防以示中國

國家允准及承認發售

所有已廢債票應由承辦銀行交與中國駐英法國出使大臣

倘此借欵發出之債票或遺失或被竊或經焚燬承辦銀行隨時知會中國駐英法國出使大臣由該大臣飭知承辦銀行在新聞紙刊登告白聲明已失之票不能憑以取銀並設法按各該國例章辦理倘所失之票已過期限仍未覔回銀行照例應取具失票人切實擔保及失票憑據請中國出使英法國大臣驗明由中國出使英法國大臣毋庸聽候中國

國家命令應照原數重發別票加蓋關防交承辦銀行收領所需一切費

用概由承辦銀行自備所有已經抽出之本票及息票自每次付本息之日起每逢三十年後不來領取則該項本利悉數應歸還郵傳部

第七欵

此項借欵應還本利統由中國

國家擔任並准以下開雜項進欵作爲頭次抵押並無轇轕

浙江房捐酒捐當捐契捐共銀四十萬兩

浙江新舊鹽觔加價銀六十萬兩

江蘇鹽觔新案加價銀七十萬兩

江蘇房捐銀三十萬兩

湖北川淮鹽新舊加價銀六十萬兩

湖北烟酒糖稅田房契稅銀四十萬兩

直隸烟酒雜税銀八十萬兩
直隸運庫均價銀二十萬兩
直隸鹽觔新案加價銀二十五萬兩
共庫平銀四百二十五萬兩
以上各款無論每年收數若干祇以此庫平銀四百二十五萬兩爲抵押
倘有多數不在抵押之內
如遇應付本利之期倘有不能照付中國
國家當飭各省應將該省雜項進欵交與承辦銀行收受
此借欵未經全數還清所有各省雜項進欵倘有續行抵押等情仍須先儘清還此次借欵本利嗣後倘有續行借欵以各省雜項進欵抵押者該項合同不得與此次相提並論該項合同仍須聲明先儘清還此次借欵

第八欵

所有此項借欵之債票息票以及收付各欵不納中國各項釐稅

第九欵

所有借欵招貼章程以及代爲執受債票諸人經理付利還本一切詳細辦法未經本合同詳載者由承辦銀行酌定招貼並由中國

國家飭知駐英法國出使大臣遇有應行會同辦理之事與承辦銀行協同酌辦並將此項借欵招貼核定簽字

第十欵

此項借欵債票英金五百萬鎊統由承辦銀行認購其交與中國

國家之數係按照虛數九四折扣應得之實數共計英金四百七十萬鎊內有三百七十六萬鎊至遲必須於光緒三十四年十一月十七日即西

歷一千九百零八年十二月十號在歐洲存儲聽候郵傳部提用其餘英金九十四萬鎊在光緒三十五年正月十五日即西歷一千九百零九年二月五號在歐洲存儲聽候郵傳部提用

如滙至中國則兌價仍由承辦銀行與部公平酌奪其滙至中國之欵如在二萬鎊之外須於十日之前知照承辦銀行

其存在歐洲未動用之欵應給回利息將來由郵傳部與承辦銀行再行商定

第十一欵

所有經理此項借欵之費用如分給外國各行經紀費分售經用電報告白郵票刷印招貼債票各費印花稅律師酬費等一切用項概由承辦銀行認出

第十二欵

如有關係政治或歐洲或他處銀市意外之事中國英國法國現在市面之債票價値因之有礙以致此項借欵未能按章辦理准承辦銀行退辦即將合同作廢或由彼此商訂展期緩辦之條

第十三欵

滙豐滙理銀行等　　欵　應各分一半彼此不相牽連

第十四欵

此借欵係光緒三十四年九月　　日即西歷一千九百零八年十月

號欽奉

諭旨允准其簽字並由外務部即用公牘照會英法國駐北京出使大臣

第十五欵

本合同繕寫華英文各四份郵傳部留存一份外務部留存一份承辦銀
行各留存一份倘有文字可疑不符之處以英文爲準
光緒三十四年九月十四日具奏本日軍機交片奉
旨著郵傳部堂官畫押餘依議欽此

擬倣直隷成法籌辦贖路公債摺 附清單

奏爲擬倣直隷成法籌辦贖路公債以應要需謹酌訂章程繕具清單恭摺仰祈

聖鑒事竊臣部因收贖京漢鐵路擬兼辦本國公債以資操縱當經於籌欵摺內奏明在案查國債一項各國以爲籌欵之常法且以國債之多少爲國勢之重輕並不諱言借債惟國債有內外之分凡借外債必須力杜債東干涉事權方足取益防損是以財政充裕之國遇有急需又多取資內債以其利歸於民呼應較爲便捷故也中國前此風氣未開故無辦理公債成法自升任直隷督臣袁世凱剏辦公債後成效昭著信用大彰人始曉然於公債之益倘仿行推廣辦理得宜將來各項振興實業要需皆可取給於此誠爲今日借欵妥善之策臣部現因籌贖京漢鐵路擬即先行試辦第一批公債計銀元一千萬元交

由臣部交通銀行承售一切辦法仿照直隸章程略加變通大致年息七厘以十二年爲期自第八年起分年攤還本銀按年除應給官息外以國家所得京漢鐵路餘利劃出四分之一仍按照該路成本全額攤此一千萬元票本應分之數付給債主作爲活利凡期滿之本票可在交通銀行及臣部官辦鐵路電報各局所作爲通用銀元行使其每年應還本息統由臣部所管各局所實收餘利內提出儘先撥付不得絲毫短欠並須現欵支發不得另用他法抵還茲將酌擬公債章程十二條辦事附章二十八條繕具清單恭呈御覽如蒙

俞允擬請

明降諭旨作爲第一批永遠定案責成臣部不得稍有違背更改以昭大信而利推行如果辦有成效擬按照章程第二十七條將承辦各員分別酌量請

獎並由臣部陸續接辦第二批屆時再行奏明辦理所有臣部擬辦贖路公債緣由理合恭摺具奏伏乞

皇太后

皇上聖鑒謹

奏

謹將公債章程及辦事附章繕具清單恭呈

御覽

計開

收贖京漢鐵路公債章程

一　臣部因收贖京漢鐵路之故興辦公債名爲收贖京漢鐵路公債

二　公債第一批以銀元一千萬元爲率准收通用銀元

三　公債週息七厘每年分三月九月兩期在郵傳部管理公債處及交通總分各行官辦鐵路各局電報總分局並將來登載告白指明之經理付息各銀行商號憑票支付官息及活利

四　公債除年息外若京漢鐵路國家得有實在餘利應與債主共享利益名爲活利現計全路資本五千八百萬兩譬如應得餘利四百萬兩臣部即提出四分之一即一百萬兩按五千八百萬兩之資本以此一百萬兩均分但每年所得餘利若干以臣部奏定宣布之數目爲斷各債主無干預及查帳之權

五　公債本息均由臣部擔任無論如何均由郵傳部淸償鐵路虧本與否與債主無涉

六　公債由臣部設立公債處管理及交通總分銀行官辦鐵路電報各

局所經理

七　公債以十二年爲期自借後第八年至第十二年五年間用抽籤之法按期攤還

八　債主交到債款即於次日起息

九　公債期滿之本票如有因貿易往來亦可在臣部交通總分行及官辦鐵路電報各局所各車站一律作爲通用銀元行使

十　公債票式爲不記名票准其轉售轉兌認票不認人但執持債票者無論何人均照本國人民一律看待並須遵守債票章程辦理

十一　凡有遺失燒燬公債票者准照銀行失票章程辦理

十二　公債票如有毀爛塗改字跡即行作廢

公債辦事附章

總綱

一　債票定每張一百元第一批招募一千萬元分作十萬張按號編列

二　公債定十二年爲期每年付息二次共計二十四息期此項息票另張付給到期持票取息

三　債票票面上蓋用郵傳部印信

四　債票票上只列號數不列債主姓名准其轉售轉兌認票不認人

發行

五　臣部設立公債處管理公債一切事宜其各經理處設立地方由臣部指定臨時登報布告

六　公債開募及開收截止日期由臣部督飭公債處登報布告

七　公債定平價發行票面上百元仍以百元出售將來即按票面之數

償還

八　公債除包售以外所餘之數由各經理處向公衆募集但有人全行包售即不招募

九　凡願代售公債債票者須先向各經理處掛號

十　掛號截止時若應募之數適如所募之數或在所募之數以下則照應募者所請求之數付給債票包售者不在此例

十一　若應募之數溢於所募之數則以比例方法分配債票其如何分配之法俟截止後視總額之多少臨時酌定包售者不在此例

十二　若經過開收日期繳款而未到截止之限者其所交之債欵即於次日起息

十三　公債收欵定收公用銀元若以銀兩繳入者照該埠通行市價核

算銀元

十四　公債收欵卽存放交通銀行由該行報知管理公債處存案隨時提用餘照存欵章程辦理

付利

十五　公債定每年付利二次以三月初一日及九月初一日爲付利息之期到時均可隨時取領如逾限三個月推歸下期併付惟第一期付息因交欵前後不齊應按日計算

十六　到付利息期限向公債各經理處均得收取現銀元

十七　所付利息亦用通用銀元

十八　付利以息票爲憑債主收利息及領活利時須將息票持往各經理處查驗兌收付訖即將息票蓋戳發還

十九　各債票應得活利若干每年付給一次於九月初一日付息時一併交付其第一年所派活利即按西歷一千九百零九年正月一號起將是年所得活利於下年中歷九月初一日分派

還欵

二十　公債以十二年爲期自起債之日起至第七年止祇付利息不還債本自第八年起至第十二年止全數還淸每年應還若干臨時酌定但須先六個月報告俾衆週知

二十一　公債每年還本之期前兩個月用抽籤之法定爲一萬號即將一萬籤同置一器是期應還若干按數抽出設如應還一百萬元則抽出一萬籤得籤之號碼即爲應受償還者

二十二　得籤之號碼次日登報聲明到期持票向各經理處收取現銀

元

二十三　得籤之票向各經理處收取銀元時須將債票及未到期之息票於付銀之後先行塗抹彙寄公債處繳銷

二十四　得籤之票若經過三年不向各經理處收取銀元者該票作廢

附則

二十五　各經理代售公債票至一萬元以上者准交九九五扣十萬元以上九九扣百萬元以上九八五扣三百萬元以上九八扣以爲酬費

二十六　各經理包售本公債一萬元以上准交九九扣十萬元以上九八五扣五十萬元以上九八扣百萬元以上九七五扣三百萬元以上九七扣以爲酬費

二十七　凡招集公債一十二萬五千元於酬費之外照尋常勞績奏獎

五十萬元者照異常勞績奏獎

二十八　公債債票聽民間樂購不得交地方官向紳富勒買

光緒三十四年九月十四日具奏奉

旨依議欽此

遵　旨妥議擴充電政辦法摺

奏爲擴充電政遵

旨妥議辦法恭摺仰祈

聖鑒事本年九月初四日臣部具奏核減報價提補經費以利交通一摺軍機

大臣面奉

諭旨電務前歸商辦餘利甚鉅既歸部辦亦須妥爲籌畫逐漸推廣未可鋪張太過致多虧累且鐵路餘利應備擴充鐵路之需界限必須分明尤未可與電政牽混挪移多生窒礙著該部另行妥議具奏欽此欽遵抄交到部伏維電政爲交通之樞機必圖擴充方期發達惟値財政困難之際當爲量入爲出之謀查電報㮣自光緒八年核計歷屆帳略自八年至二十八年餘利尙少二十九年以後餘利較多去年擇要添修餘利卽較前四屆稍減臣部以商股攸關每

虧折今既改歸國有自應將減費展綫修綫諸事次第整頓以規遠大而減價爲中外衆目所覩非實行籌辦尤不足以饜人望而廣招徠擬自光緒三十五年正月初一日酌減電費二成以昔日之會要爲將來之預算計近年餘利約四十萬元左右以所收商報約三百萬元之額核減二成計之即少收約六十萬元不敷在二十萬元以上至從前商本二百二十萬元之官利備抵現在官本三百九十六萬元之官利亦稍有不敷之數雖減費之後報費必增可供挹注而一時添綫修綫並擴充電話在在需欵所增之數必須抵撥逐漸推廣工程之用預算短額自不能不設法另籌擬暫由臣部各路餘利項下自本年二十七屆爲始每年分撥二十萬元以三年爲限自第四年起每年勻還二十萬元至第六年止一律還清仍隨時察看情形如果獲利驟旺仍須提前先還以清界限一轉移間路欵均歸有著電政亦可漸興不煩續借他欵之勞實收

財政統籌之益此後遇有大宗工程另行奏明辦理恭候
命下臣部欽遵施行所有擴充電政遵
旨妥議緣由謹恭摺具陳伏乞
皇太后
皇上聖鑒訓示謹
奏
光緒三十四年九月二十四日具奏奉
旨依議欽此

變通鐵路免價減價辦法摺 附清單

奏爲變通鐵路免價減價辦法擬訂章程恭摺仰祈

聖鑒事竊臣部所司輪路電郵四政皆有商業性質欲圖成效首當破除陋習力戒虛糜而鐵路借欵興修出入盈虧關係尤鉅光緒三十二年十一月十八日臣部奏定火車免價減價章程五條曾聲明官塲免價舊習必須槪與廓清等情當經奉

旨允准在案查原摺專指客票而言於運貨章程尙未訂定邇來各部省辦公人員官用物品咸商請發給免票若不議定限制深恐虧累日多局外不察動謂少收車價於路何傷豈知

國家借欵辦路皆擔負還本責任其行車進欵養路用費耗之借欵利息又耗之結算即有盈餘須備提還借本始立完全我有之根基且有餘利之路留補

虧折之路以酌盈劑虛
國家方不至另籌他欵抵償本息是路利有餘少收恐不敷支應路欵虧折少收更無可支持先事不早圖維屆時徒增積累況各部省原日往來員役解運物料其夫馬運費本有開支之欵似亦無須損此益彼致費周章本年九月欽奉
諭旨鐵路餘利爲預備擴充路綫之需等因欽此尤當敬謹欽遵妥爲籌畫臣等公同商酌辦理鐵路旣以營業爲宗旨則無論官商各路均當實力整頓廢去免票之名庶無虧耗之實除海陸軍兵丁餉械係另訂專章及有借欵行車合同之路仍應查照合同辦理外其餘各部省辦公人員及官物材料擬自本年十二月初十日卽西明年正月一號起一律停發免票其各部省巡警查稅文報各項局所員司若慮買票延緩准其給予憑照月底彙算收欵往來亦見

迅速即臣部因公出差司員及應用物料亦概令照支公項遵章購票俾歸畫一此外如有親貴大臣奉

命往來者擬由臣部代購車票一律作正開銷似此辦法鐵路可免供應之繁各部省仍受交通之益於路政方有起色謹擬變通辦法章程八條繕具清單恭呈

御覽如蒙

俞允即由臣部通行欽遵辦理所有變通鐵路免價減價辦法緣由謹恭摺具陳伏乞

皇上聖鑒訓示謹

奏

謹將擬訂鐵路免價減價變通辦法章程開具清單恭呈

御覽

一 凡

欽差大臣如致祭

陵寢查辦事件專使外國閱兵巡河放賑者並其隨帶司員人等行李車馬均由臣部代爲購備車票所需車價由臣部作正開銷現任將軍都統督撫暨其隨員眷屬行李車馬等項如係隨同現任將軍都統督撫搭車者亦一體照此辦理

一 凡各省現任司道從前原定減價者一律照收全價

一 凡陸軍部及將來設立之海軍部暨各省督練處軍人及軍用物品因公往來輸運者應由陸軍部或該省督練處咨商郵傳部發給憑照減收半價此項詳細章程應由臣部與陸軍部另行訂定其非陸軍部

奏明編設之新軍及未經

欽派大臣考驗者概不得援引此例

一　地方官所派巡警練軍係於平時咨明專爲保護鐵路之用者如因辦理鐵路公事往來由各該路局按名發給本路巡警車票其尋常巡警不在此例

一　凡從前各部省稅局文報局造幣廠探訪局各處所係因往來迅速起見發有免票今既一律停止應由各路局刊發憑照按次記帳每月結算按照全價付欵俾利遄行

一　各省運賑除訂有合同之路應照合同辦理外如遇荒年急賑由臣部體察情形酌減半價倘係尋常備荒平糶並非荒年不得援例辦理

一　官運物料除海陸軍兵械馬匹照第三條辦理郵政官局郵件仍暫

照光緒二十九年三月外務部核訂章程八條辦理外其餘無論何項物品概收全費

一 以上各條自奏定頒發之日起凡現在及將來官路商路一律遵行其從前所定免價減價各章程即均作廢如尚有未盡事宜臣部隨時酌量增改

奏明辦理

光緒三十四年十二月初五日具奏軍機大臣奉

諭旨郵傳部奏變通鐵路免價減價辦法擬訂章程摺單各一件又奏擬新奉吉長鐵路借欵續約摺單各一件均依議欽此

擬訂新奉吉長鐵路借欵續約摺 附清單

奏為擬訂新奉吉長鐵路借欵續約繕單恭摺具陳仰祈

聖鑒事光緒三十三年三月初三日外務部與日使訂立新奉及吉長鐵路協約內稱應由兩國訂立各該鐵路借欵合同等語現新奉鐵路業於去年收回吉長路綫亦經勘畢因欲更改協約須由兩國政府作主故先與日使重訂續約以便兩國鐵路委員按此商訂詳細合同當經派員與議先訂定大綱七條新奉係借日幣三十二萬圓吉長係借日幣二百一十五萬圓年息五釐折扣九三協約原訂新奉遼河以東之日本總工程司現訂祇派工程司删去總字仍歸京奉鐵路總辦及總工程司節制原訂之日本帳房現訂無庸派委吉長之日本總工程司現訂由中國選擇日本帳房現訂由南滿洲鐵路公司選擇均歸中國委派等語臣覆加細核所議似較周密當經商明外務部核准飭由

鐵路總局局長梁士詒簽押並由外務部與日使彼此照會允認施行謹繕具借欵續約清單恭呈
御覽至借欵詳細合同再由臣部委員與南滿洲鐵路公司商訂以便迅速興工所有擬訂新奉吉長鐵路借欵續約緣由謹恭摺具陳伏乞
皇上聖鑒謹
奏

謹將與日本擬訂新奉吉長鐵路借欵續約繕具清單恭呈
御覽

中日兩國政府按照光緒三十三年三月初三日即明治四十年四月十五日所訂新奉及吉長鐵路協約第四欵應由兩國訂立各該鐵路借欵合同以前兩國政府擬除該協約所訂事項外再訂續約茲後列兩員各

奉委任協定如左

第一欵　中國政府按照新奉及吉長鐵路協約（下文稱協約）第一欵及第二欵允將京奉鐵路遼河以東路所需欵項之半數即日本貨幣三十二萬圓及吉長鐵路所需欵項之半數即日本貨幣二百十五萬圓向南滿洲鐵路公司籌借

第二欵　借欵利息常年付息五釐

第三欵　借欵實收價值按照協約第六欵每百按九三扣付

第四欵　中國政府按照協約第三欵在借欵期內京奉鐵路遼河以東路之總工程司應用日本人則開辦伊始可即以現在京奉鐵路所用之日本工程司充之其事權仍照現在辦法歸京奉鐵路總辦與總工程司管轄倘將來有時須更換該工程司應按協約與南滿洲鐵路公

司商明派定其事權仍照上開辦法一樣

第五欵　中國政府因京奉鐵路遼河以東路之帳目難以分開日本國政府可允諾在該路司帳人不另派日本人又日本國政府照允中國政府按該段借欵總數算出按年應還本息數額再算出按月應還本息若干以此按月應還本息數額抵作爲遼河以東路之餘利於每月初一日由中國政府存放南滿洲鐵路公司指定在中國之日本國銀行以爲屆期付還本息之用將來屆期如何付還本息及銀行給回存欵息率若干俟訂立借約細目合同時另行商定

又中國政府允將京奉鐵路全綫之月底帳目大綱及年底決算帳目之英文徵信册按月按年送交南滿洲鐵路公司閱看

第六欵　吉長鐵路總工程司及司帳人均按協約第三欵應用日本人

其任用法總工程司應由中國政府選擇幹練人材商明南滿洲鐵路公司後由中國政府派委司帳人由南滿洲鐵路公司選舉商明中國政府後由中國政府派委倘將來有時須更換該總工程司及司帳人應按協約商明南滿洲鐵路公司亦按上開辦法派委

第七款　關於借款細目合同應遵照協約及本續約南滿洲鐵路公司與中國郵傳部委員另行商訂

本續約應由各本國允認施行

光緒三十四年十二月初五日具奏奉

諭旨郵傳部奏變通鐵路免價減價辦法擬訂章程摺單各一件又奏擬新奉吉長鐵路借欵續約摺單各一件均依議欽此

覆陳展設歸太電綫需用經費分別認籌摺

奏爲展設歸太電綫需用經費分別認籌恭摺仰祈

聖鑒事內閣鈔出督辦墾務大臣信勤奏遵籌歸太電綫辦法擬先墊撥墾欵

由部接收一摺光緒三十四年十一月初三日奉

旨該部知道欽此欽遵到部原奏內稱口外十二邊廳轄境數千里蒙回民教

動起齟齬而鐵路未通聲息不接於內地非設法籌欵速設電綫難資控馭檢

閱查辦大臣原奏接收歸太電綫指明由晉庫撥款但山西款項支絀暫難周

轉惟有於墾局移交薪工荒價項下先行挪動銀三萬兩爲購料興工之需以

便部臣派員勘估後從速開工仍一面由部飭催晉省陸續籌撥接濟歸墊以

符奏案等語臣等查歸綏爲晉邊重鎮蒙回雜處交涉殷繁必須消息靈通庶

足以資策應前經山西撫臣寶棻以歸太電綫關係緊要咨商撥款協濟臣部

以電報既已收回自辦卽當極力擴充況事關邊防更爲要著雖查辦大臣指明由晉撥款而部中亦須協籌以期早日興工當經會商所需經費部省各半分認其晉省所認一半仍於每年官報費內陸續扣抵業經遴委直隸州知州趙宗詒前往勘估迅速開辦在案今該大臣奏稱晉庫支絀先由墾局薪工荒價項下挪動銀三萬兩爲購料興工之需仍由部飭催晉省接濟歸墊等語此係爲移緩就急起見惟部省分認之案既已核准在前自應仍照原議辦理所有此段綫路晉省分認之一半擬由荒價挪動之三萬兩內先行支用仍一面由晉撫籌畫歸墊其餘一半應由臣部籌撥俟工竣通報以後晉省所認一半經費准於官報費內陸續扣抵如此辦理在邊綫既可早日接通而晉庫亦得藉資周轉所有覆陳展設歸太電綫分認經費緣由謹恭摺具陳伏乞皇上聖鑒謹

奏
光緒三十四年十二月初五日具奏奉
旨知道了欽此

註銷京漢鐵路借欵行車各合同並接收情形摺

奏爲註銷京漢鐵路借欵行車各合同並接收該路情形恭摺具陳仰祈

聖鑒事竊京漢鐵路前議及時收回當將籌辦情形歷次分別奏陳並函照比公司聲明俟全欵還清迭次所訂借欵行車各合同悉行作廢各在案嗣與比公司商定一切應還欵項統在法京交付准本年十二月初六日即西歷一千九百零八年十二月二十八號全數付清當由出使比國大臣李盛鐸專辦此項交欵事宜隨時將所籌各欵督飭交通銀行分起陸續籌匯茲據李盛鐸電稱所有應交本息經手費各項共法金二萬二千七百四十萬零一千零四十一佛郎三十三生丁業已如數交清又照合同應交回比公司盧保三年官息二成共銀圓二十四萬零一百二十九圓九角亦已由臣部付訖當於十二月初十日即西歷一千九百零九年正月一號派令鐵路局長梁士詒京漢鐵路

監督鄭清濂將比公司經手各項文卷帳目款項材料一併點收並將抵押卷據悉數收回迭次合同全行作廢即於是日爲臣部收回京漢全路管理權之始惟比公司於京漢一路久據利權一旦拱手授人中情似難允願故於收款交路各事要求挾制迭發難端經臣部加派委員葉恭綽袁長坤李大受盧學孟等隨時隨事峻拒婉商始克就範迨本年十月間比公司尙藉口比政府從前墊交該路賠款之擔保另歸外務部與比國駐京使臣公斷各事均未了結聲言西明年正月一號不能交回該路管理權復經臣等援據合同辯駁至於再三直至十二月初九日比國駐京使臣始照會外務部定於初十日先將管理權交出註銷各項合同其餘爭執諸節隨時再行議結竊思此路借債逾四千萬兩比人干涉已越十年茲幸仰稟
聖謨得以完全收贖此後工程行車各項應行布置之事方多容臣等隨時妥

籌悉心辦理總期路務日臻完善藉副
朝廷慎重交通之至意除此次贖路用過各欵應由臣部另行詳晰奏明外所有現在註銷京漢鐵路合同及接管該路各情形理合恭摺具陳伏乞
皇上聖鑒訓示謹
奏
光緒三十四年十二月十五日具奏奉
旨知道了欽此

奏報滬甯鐵路工竣情形摺

奏爲滬甯全路工程完竣情形恭摺仰祈

聖鑒事竊惟滬甯鐵路光緒二十九年二月與英國銀公司訂立借款合同聲明五年竣工於是年八月勘定路綫開工自上海寳山縣境之乂袋角起至江甯省會之下關止中經三十七車站軌道計長六百三十餘里另車站環道岔道約九十餘里嗣併入淞滬一段統共車站四十一處正軌道六百七十里自上海至丹陽段內河道紛出地勢平迤自丹陽以西路綫漸高又西至鎭江路綫漸平在寳蓋山麓横穿隧道自鎭江至龍潭均在山旁繞越將近江甯數里地勢崎嶇頗難工作其最高之處軌面平綫上下相差英度九十一尺二十八分全路則丹陽鎭江以西略有山嶺其餘多半水鄉橋梁渠洞節節相屬上海至蘇州一段須備雙軌橋工更多統計全路大橋二十五座小橋二百七十七

座渠洞四百零五座尤以青陽江大橋寶蓋山隧道工程最爲艱鉅按段授工已於本年三月通車至江甯省會此外如建機廠以製物料設儲棧以運漕糧並沿路各處頭二等車站亦均次第竣工此滬甯鐵路全路通車工程完竣之大略情形也臣部查滬甯路綫爲中外官商往來要區銀公司代辦工程不無過求全備之處用款比各路倍增而工料完固亦較各路爲能持久現在工程完竣全路暢通此後核實用款以節虛糜擢調華員以資控馭及籌畫運輸變通釐稅各節應由臣等隨時督飭鐵路總局局長梁士詒及該路總辦次第妥籌辦理除工程用過各款另行列冊奏報外所有滬甯鐵路全路工竣緣由理合恭摺具陳伏乞

皇上聖鑒訓示謹

奏

光緒三十四年十二月十五日具奏奉

旨知道了欽此

遵設統計處擬定章程表式摺 附清單

奏爲遵設統計處擬定章程表式恭摺仰祈

聖鑒事光緒三十三年九月十六日內閣奉

上諭朕欽奉

慈禧端佑康頤昭豫莊誠壽恭欽獻崇熙皇太后懿旨本日憲政編查館奏請飭各省設立調查局各部院設立統計處各摺片統計一項宜由各部院先總其成著各部院設立統計處由該管堂官派定專員照該館所定表式詳細臚列按期咨報以備刊成統計年鑑之用等因欽此欽遵到部臣等竊維理財之經在循名以核實爲政之要貴挈領而提綱故泰西各國於統計一門視爲推行政事之準則卽中國夏書禹貢洎史漢以下各書莫不分類編輯釐然悉當臣部職司四政皆有營業性質舉凡交通之靈鈍貿易之盛衰按年工程之遠

近各省局所之增加已辦者如何改良未辦者如何推廣尤必列表繪圖樹爲標準方能觸目警心力求進步以仰副

聖主勵精圖治整頓實業之至意臣等當就署中設立統計處擬訂辦事簡章由司員中遴選提調纂協修各員分司其事將四政應有之範圍分門別戶各繫以表俾已成之政得按條以究其利弊未成之政得懸格以冀其完全開辦迄今列撰表式計成二百五十餘種臣等督率司員再三研究作爲暫行試辦一俟憲政編查館核定表式再行遵照辦理以期盡善除將現成之表由臣部咨明憲政編查館查核一面刊刻表式發交臣部所轄四政各局所按表照塡並飭司員就部中現有卷帙報告一律先行塡注以期參觀互勘早日成書再行續咨憲政編查館以備統計年鑑之用外應將統計處章程繕具清單具呈

御覽恭候

命下即由臣部欽遵辦理幷擬由臣部刊刻木質關防一顆發給統計處以昭信守所有遵設統計處緣由恭摺具陳伏乞

皇上聖鑒訓示謹

奏

謹將臣部訂立統計處辦事章程繕具淸單恭呈

御覽

第一條　臣部統計處專司統計交通事宜綜核船路電郵四政及其餘所轄一切事務分別列表以資比較而臻完密

第二條　臣部所辦統計表擬分正附二項正表咨送憲政編查館以備刊成統計年鑑之用附表爲本部預備編輯年報之用

第三條　船路電郵四政均有專設局所管轄擬飭各該局所設統計專

員遵照臣部所頒規則將應行統計事項隨時造具報册圖表呈送臣部以憑計核

第四條　四政中有非臣部專設局所管轄者擬造定表式咨行各省督撫轉飭勸業道及調查局查明照式填報臣部

第五條　臣部所辦交通統計一切事件均照各局所及各省造報者據事直書分類編輯至應行准駁之處仍由該管各司局處核辦以清權限

第六條　統計處分設五科如左

總務科　掌臣部官制財政及附屬本部各項事務之統計

船政科　掌外江内港各輪船及航路標識各項統計

路政科　掌各路工程機械營業各項統計

電政科　掌電報電話電燈各項統計

郵政科　掌郵政局信局及銀行各項統計

第七條　統計處置司員如左

提調二員　綜理統計處一切事宜並核定稿件表式

纂修八員　將各科應辦事務分門擔任

協修八員　協同纂修分任各科應辦事務

第八條　統計處所派職員均由臣部各司員中選擇兼任辦理以資熟手

第九條　繪圖畫表等事由臣部圖書局測繪生兼任不設專員

第十條　臣部所辦交通統計以光緒三十三年爲始自後按年彙造

第十一條　統計處幷兼辦編制事宜將臣部則例檔案編輯成篇呈送

憲政編查館以備編輯政要之用

第十二條　本章程有應行增改之處應隨時斟酌辦理

光緒三十四年十二月二十二日具奏奉

諭旨郵傳部奏遵設統計處擬定章程表式並請刊木質關防摺單各一件著

依議欽此

清末民初文獻叢刊

望岩堂奏稿

（下册）

［清］陳璧 著
陳宗蕃 輯

朝華出版社
BLOSSOM PRESS

望嵓堂奏稿卷九

估修　西陵要工先陳擬辦情形摺 附清單

奏爲遵
旨估修
西陵要工敬謹將事先陳擬辦情形恭摺仰祈
聖鑒事竊臣等欽奉
恩命估修要工於本月十一日恭請
聖訓十二日率同隨帶司員等乘坐火車至定興縣改由陸路行抵
西陵十三日叩謁
陵寢十四至十七等日恭詣
各陵

各園寢共十三處敬謹估修按照原奏各册内逐件覈對均屬相符有續經臣等勘出應修處所查係守護陵寢大臣於光緒二十五年奏准暫緩報修者查勘情形輕重不同凡已失者擬添新損傷者擬修補移動者擬歸安除軟片等件應將原册咨送内務府敬謹辦理其零星工程查照原奏由該處自行補修外謹將查勘工程詳繕清單恭呈

御覽第應修處所與各項名目極爲繁重倘同時併舉不特錢糧欵目維艱亦非所以應要工而昭愼重臣等公同商酌擬飭廠商照單從實估計督率司員詳加覈算期無浮冒體察工程輕重情形覈計欵項多寡數目分別先後緩急次第請

旨訓示遵行現在庫欵支絀撙節之法在覈實先在除弊臣等此次估修要工

擬仿照
蹕路章程不用舊時成案不帶算房書吏人等務期力除積弊面商守護
陵寢大臣轉飭司員弁兵將來進工散工酌定時刻冀洗從前錮習開工後司
員輪流駐工臣等亦隨時分班前往督率不敢不格外敬謹以期仰副
朝廷實事求是之至意所有遵
旨估修要工擬辦各緣由謹繕摺具陳伏乞
皇太后
皇上聖鑒訓示謹
奏
謹將查勘要工各情形開具清單恭呈
御覽

計開

泰陵

隆恩殿五間

暖閣正間天花板脫落一塊擬歸安格扇面葉損失四塊鈕頭雲環損失

二個擬添新格斷板油皮脫落二塊擬油飾

寶座二座上雕花一槪損失擬添新下雕花殘缺不齊擬修補

神龕格扇面葉損失四塊鵝項損失一個擬添補格扇木植損傷擬修補

白檀香龕一座損失擬添新

仙墩硃紅漆座四個損失擬添新

暖閣東間天花板脫落一塊擬歸安格扇雲環損失二個擬添補

暖閣西間天花板損傷一塊擬修補格扇面葉損失十塊雲環損失二個

閣上窗戶脫落一扇擬歸安

寶座一座雕花損失擬修補

神龕格扇面葉損失一塊鈕頭雲環損失各二個鵝項損失一個擬添補

寶牀扶手傷損擬修補

白檀香龕一座損失擬添新

仙墩硃紅漆座二個損失擬添新

朝燈罩門損失一扇擬修補銅燭阡盤十二件剪燭罐二分損失擬添新

紫檀木黑漆描金寶座扶手靠背損傷擬修補

隆恩殿前坡並兩山上下簷瓦片間有脫落爆釉擬捉節夾隴垂脊歸安

後坡上下簷俱有樹株瓦片多有破碎椽望糟朽擬修補椽望前簷斗科

以下大木格扇油皮爆裂擬油飾天花板損失二塊擬添補一塊歸安一

塊格扇面葉損失四十塊擬添新
丹陛上設銅鶴鹿二對背盖俱損失擬添新
東配殿前坡簷瓦不齊擬拔草夾隴齊理簷頭後坡瓦片多有脫落椽望
糟朽擬揭宼修補
西配殿格扇雲環損失二個擬添新後坡滲漏瓦片多有破碎擬捉節大
吻走錯擬歸安
隆恩門頭停前坡幷兩山瓦片脫落擬捉節夾隴後坡瓦片多有破碎脊
料不齊椽望糟朽擬揭宼修補
方城門獸面二件損失擬添新
明樓斗匾油皮爆裂擬油飾
琉璃花門獸面六件琉璃花頭十二個劍靶五件損失擬添新

二柱門面葉二塊損失擬添新
神廚庫門鈸損失擬添新
神廚門門鈒損失擬添新前後坡簷瓦不齊椽望間有糟朽擬揭宽南北
庫門鈒損失擬添新
省牲亭面葉損失擬添新後火房三間坍塌大木糟朽擬拆蓋
週圍牆頂瓦片多有破碎擬補宽
碑亭四面格扇鈕鐶丫烏損失擬添新北面頭停上下簷瓦片破碎椽望糟朽擬揭宽找補椽望東西南三面擬拔草夾隴
龍鳳門三間面葉雲環鈕鐶全行損失擬添新
聖德神功碑樓四面格扇葉雲環鈕鐶並格扇內銅幪損失擬添新東西兩面墻灰皮各脫落二處擬找補抹飾東券門下座石料損傷擬粘補四

面頭層簷瓦釘帽損失擬揭宼上層簷瓦片不齊擬拔草夾隴脊料歸安
具服殿天花板傷損十八塊前面格扇窗心傷損六扇格扇面葉雲環鈕
鼻並門上鈕鼻丫鳥門閂損失擬補修頭停瓦片釘帽脫落擬揭宼淨房
木牀損傷窗戶脫落擬修補正門並東西角門門鈸鈕鼻損失擬添新
正紅門獸面六個鈕鼻丫鳥三付門釘四十八個損失擬添新北面簷瓦
釘帽脫落東西兩面簷瓦釘帽間有不齊擬修理簷頭
東西角門門鈸鈕鼻全行損失擬添補

泰東陵

隆恩殿五間

暖閣正間雲環損失一個擬添新天花板損傷七塊東間天花板損傷五
塊西間天花板損傷五塊均油皮脫落擬彩畫歸安

神龕內天花板損傷二塊油皮脫落擬修補油飾
白檀香龕花牙損傷擬修補
仙墩硃漆座損失二件擬修補
暖閣東間佛龕毘盧帽垂頭損傷擬歸安雲環損失四個擬添補上檻油皮脫落擬油飾
寶座雕花損傷一塊損失一塊擬修補
朝燈罩門損失十三個擬修補銅燭阡盤損失十個銅剪燭罐損失一份擬添新
丹陛銅鼎罩花牙損傷三件損失一件擬修補添新銅鶴背蓋損失銅鹿角尖傷損擬修補
隆恩殿前坡上下簷拔草夾隴垂脊走錯垂獸損失擬修補歸安後坡上

下簷俱有樹株脊料不齊瓦片破碎椽望糟朽擬捉節夾隴補修前簷大木裝修油皮爆裂擬照舊油飾殿內天花板七塊油皮脫落擬彩畫
東配殿頭停後坡瓦片脫落多有破碎脊料走獸不齊擬揭宽前坡瓦片亦有脫落簷瓦不齊琉璃均有爆釉擬夾隴捉節殿內枋墊油皮脫落二處擬油飾
隆恩門前坡擬拔草夾隴
琉璃花門獸面損失六個劍靶損失三個擬修補
方城門獸面損失二個擬添修
東西朝房簷瓦不齊擬拔草夾隴齊理簷頭
神廚庫頭停後坡瓦片多有破碎椽坐糟朽擬揭宽前坡瓦片脫落擬捉節夾隴

南庫前坡瓦片多有破碎簷檩椽坐糟朽擬揭宼後坡瓦片脫落擬夾隴捉節
省牲亭頭停後坡下層簷大木椽坐間有糟朽上層簷瓦片破碎前坡並兩山上下簷瓦不齊擬揭宼後火房三間大木糟朽擬折蓋週圍牆頂瓦片多有破碎擬補宼
井亭柱木傷損椽坐糟朽井欄宇牆折毀擬折修
純懿皇貴妃園寢
暖閣內天花板脫落二塊擬歸安
神龕內天花板脫落一塊擬歸安
白檀香龕一座損失擬修補
仙墩硃漆座八個損失擬添補

寶座四座雕花損失三處擬添補

饗殿內天花板脫落一塊擬歸安後坡瓦片脫落欠垂獸二件椽坐糟朽

揭宼找補椽望

朝燈內銅阡盤十二個俱損失擬添修銅剪燭罐損失一分擬添新

帛匣一個損失擬添補

供瓜桌四張損失三張擬添補

寶頂灰皮脫落二座擬抹飾

宮門天花上銅幪一概損失擬添新頭停後坡瓦片破碎擬揭宼

宮門內進深牆頂四段瓦片破碎擬補宼牆身灰皮脫落七處擬抹飾

後圍牆頂二段瓦片脊料破碎擬補宼牆身灰皮脫落三處擬抹飾

昌陵

隆恩殿五間

暖閣正間天花板傷損一塊擬歸安格扇面葉損失二十二塊雲環損失二個左右兩旁格扇面葉損失三十二塊雲環損失二個擬添新

神龕天花板脫落一塊格扇脫落二扇擬歸安面葉損失三塊鵝項碰鐵損失二分擬添新

寶牀前足踏一分損失擬添新

白檀香龕損失擬添新

仙墩硃紅漆座四個損失擬添新

暖閣東間天花板脫落三塊擬歸安格扇面葉損失十七塊擬添新上下

檻框油皮脫落擬修補

佛樓上下層天花板脫落六塊擬歸安格扇面葉損失四十五塊雲環損

失四個擬添新兩山後簷幷中枋油皮脫落擬順色油飾

暖閣西間天花板脫落四塊擬歸安格扇面葉損失二十一塊雲環損失

二個擬添新

神龕天花板脫落六塊格扇脫落二扇擬歸安面葉損失二塊鵝項碰鐵

損失二分擬添新

寶座二座上下雕花損失擬添補漆皮脫落擬修補足踏損失二分擬添

新

寶椅損失一張足踏損失二分擬添新

朝燈罩門損失一件擬添補銅燭阡盤損失十四件銅剪燭罐損失二分

擬添新

隆恩殿前後坡自生草樹琉璃瓦件多有脫落破碎脊料走獸不齊椽望

糟朽捉節夾隴前簷大木裝修油皮爆落擬照舊式油飾格扇面葉損失
八十九塊雲環損失八塊擬添新殿內金柱額枋等件油皮全行爆裂擬
照舊油飾
丹陛上安設古銅鶴鹿各一對背盖俱損失擬添補右設鹿角損失擬修
補
琉璃花門獸面損失六件門釘損失十個擬添新簷頭瓦片仙人走獸不
齊擬修補
二柱門面葉損失二塊雲環二個擬添補頭停釘帽簷瓦多有不齊擬揭
宼
石五供燭台上石火焰損失擬添補
方城門獸面損失二件後格扇銅㨰損失一塊擬添新門扇油皮爆裂擬

照舊油飾脊獸欠劍靶一件擬添補

東配殿格扇面葉損失三塊雲環損失四個擬添新銅幪傷損擬找補前後坡瓦片多有破碎脊料走獸不齊椽望糟朽擬揭宼

西配殿格扇門葉損失七塊雲環損失十四個擬添新銅幪傷損擬添新前後坡瓦片間有破碎脊料走獸不齊擬揭宼

隆恩門獸面損失六件門釘損失五個天花內幷外簷西山銅幪損失擬添新正間連楹油皮脫落擬修補油飾前後簷幷兩山簷瓦釘帽不齊擬修補

神厨庫大門門鈸門拴鈿鐶損失擬添新

神厨窗內銅幪幷門鈸損失擬添新頭停瓦片破碎椽望糟朽擬揭宼南北神庫窗內銅幪幷門拴門鈸損失擬添新走獸劍靶傷損擬補修

省牲亭格扇面葉銅幪損失擬添新後火房三間坍塌大小糟朽擬折盖
週圍牆頂瓦片間有破碎擬補宼
碑亭格扇窗心損傷六扇擬修補銅幪損失九塊擬添新前後簷瓦不齊
擬補宼
龍鳳門六扇木植糟朽擬換新兩邊掐牆琉璃瓦片走獸不齊擬補宼
聖德神功牌樓四面格扇面葉雲環鈕鐶并格扇內銅幪俱損失擬添新
南面券門外灰皮脫落一處擬抹飾見新
昌西陵
隆恩殿五間
暖閣正間天花板傷損一塊擬修補格扇面葉損失一塊雲環損失一個
擬添新

仙墩硃漆座二個擬添新
東間天花板損失一塊格扇面葉損失一塊雲環一個擬添新
西閣格扇面葉損失二塊雲環二個擬添新
寶座雕花損傷一塊足踏損失上一級擬補修
寶椅一張損失擬補修
銅燭阡盤十八件銅剪燭罐二分損失擬添新
供瓜桌一張損失擬添新
祝案二張祝版座二個損失擬添新
帛案二張帛匣一個損失擬添新
隆恩殿前後簷瓦不齊蒿草甚多擬除草勾抹格扇面葉損失十二塊雲
環損失一個擬添新天花板損失一塊擬修補

丹陛上設銅鶴一件背蓋損失擬修補銅鹿一件損失擬添新琉璃花門獸面二件損失擬添新

隆恩門獸面六件門葉六塊天花板內銅幪俱損失擬添補

神庫門鈸門環損失擬添新

神庫窗戶損失十扇門鈸銅幪損失擬修補前檐連簷瓦口糟朽勾滴不齊擬齊理簷頭南北神庫窗戶損失七扇門鈸銅幪損失擬修補

省牲亭格扇坎窗損失八扇銅幪損失擬修補

和裕皇貴妃園寢

暖閣正間天花板傷損四塊擬修補面葉損失一塊雲環損失八塊擬添新

神龕內天花板傷損六塊擬修補面葉二塊木踏跺一座損失擬添新

白檀香龕一座損失擬添新
仙墩硃漆座十二件損失擬添新
西間暖閣內天花板傷損一塊擬修補前中枋油皮脫落擬照舊油飾
寶座六座雕花損失二十二塊足踏六座損失二級擬修補
寶樓前並踏六個損失擬添新
酒桌損失二張擬添新
朝燈內銅燭阡盤損失十二個燈罩損失一件燈罩門全行損失擬添新
祝案一張祝版座一個損失擬修補
帛案一張帛匣一個均損失供瓜桌損失五張擬添新
饗殿內天花板傷損一塊擬修補外簷格扇雲環損失三個擬添新
宮門獸面六個門釘四個損失擬添新檐頭勾滴不齊劍靶損失一個擬

修補
寶頂一座灰皮脫落擬抹飾
慕陵
隆恩殿三間
暖閣正間天花板傷損六塊擬補安天花板欠雕花七個擬補修隔扇四
扇雕花傷損十三處擬補修雲環損失二個鈾鐍丫鳥損失各一個擬添
新
神龕天花板傷損一塊擬修補隔扇脫落一扇擬歸安鈕頭一個雲環二
個鈾鐍一個損失擬添新
白檀香龕一座損失擬添新
仙墩硃漆座八個損失擬添新

暖閣正間內左右兩旁格扇雕花傷損十一處擬修補雲環損失五個擬添新

暖閣東間天花板傷損雕花一個格扇四扇雕花傷損十六處擬修補面葉損失三塊雲環損失四塊擬添新

暖閣西間天花板傷損三塊欠雕花一個格扇四扇雕花傷損十五處面葉傷損一塊擬修補雲環丫鳥各損失一個擬添新

神龕天花板損傷一塊欠雕花一個擬修補格扇面葉損失一塊雲環損失一個鈕鐍損失二個擬添新

寶座四座花牙損失二十六塊傷損二塊損失二級足踏一分又傷失上級一件擬補修添修

寶椅損失一張隨足踏損失一分擬添新

酒桌四張瓜桌四張損失擬添新

朝燈燈罩損失一個燈罩門損失十個銅燭阡盤損失十四個銅剪燭罐

二分損失擬添新

祝案二張損失擬添新祝版座二張損傷擬修補

帛桌二張帛匣一個損失擬添新

石五供座傷損五處擬粘補紫石燭一對傷損紫石花一對傷損擬隨式

修理白石花瓶移動擬歸安

東配殿格扇雕花傷損二十一處擬修補雲環損失十一個了鳥損失一

個擬添新脊獸欠劍靶一件擬補安

西配殿三間格扇雕花傷損十一處擬修補面葉損失八個雲環損失七

個擬添新

隆恩門拴環傷損一個擬修補鈕鼻損失六個西次間後簷石階酥墄一塊擬添新

東西朝房門鈸損失四塊擬補安

神廚庫門扇栿框門鈸門拴一概損失擬添補

神廚門窗間有傷損擬修補窗上銅㠓損失六塊槅板損失三塊擬添補鍋台拆毀後檐牆鑿傷八處烟洞傷損擬補砌南庫三間窗戶銅㠓損失四塊門拴損失一根擬添補山牆灰皮脫落擬抹飾北庫窗戶三扇損失擬添新銅㠓損失四塊門鈸損失一個擬添補東面山牆鑿穿一處灰皮脫落擬補砌抹飾

省牲亭格扇四扇銅㠓全行損失擬添新南北窗戶蛤蟆傷損銅㠓槅板傷損二塊擬修補鍋台拆毀擬補砌湯池填塞擬清理後火房三間烟洞

一座拆毀擬補修灶門二座擬修砌週圍牆頂瓦片勾滴間有破碎擬補

宼牆身灰皮脫落擬抹飾後面牆身鑿傷四處擬補砌

碑亭天花板傷損七塊擬歸安頭層簷網間有傷損擬添補

龍鳳門門扇六扇損失擬添新

井亭甎牆拆毀井筒填塞擬補砌掏挖

慕東陵

隆恩殿五間

暖閣正間天花板傷損十三塊雲環損失二個擬修補

寶牀足踏一分損失擬添新

神龕格扇四扇脫落欠海窩一個擬補安

白檀香龕一座損失擬添新

仙墩硃漆座二個損失擬添新
暖閣東間格扇面葉傷損一塊雲環損失一個擬歸安
地面甎傷損四塊擬補墁
神龕格扇四扇損失一扇擬補新脫落三扇擬歸安四級木踏跺一座損
失擬補修
寶牀足踏一分損失擬添新
白檀香龕一座損失擬添新
仙墩硃漆座八個損失擬添新
暖閣西間天花板傷損三塊雲環損失二個擬補修地面甎損傷三塊擬
補墁
神龕一座格扇四扇脫落擬歸安足踏一分損失擬添新

寶牀足踏一分損失擬添新
白檀香龕一座損失擬添新
仙墩硃漆座八個損失擬添新
寶座損失二座雕花損失十八塊隨二級足踏八分損失擬補修
寶椅損失二張足踏損失六件擬添新
供案三張酒桌四張瓜桌八張損失擬添新
朝燈罩損失二件燈罩門損失十件擬補歸安銅燭阡盤十八件銅剪燭
罐二分損失擬添新
金漆五供几座損失二件擬添新
祝案二張祝版座二個損失擬添新
帛案二張帛匣二個損失擬添新

琉璃花門獸面一副損失擬添新東角門面寬牆灰皮脫落一處擬抹飾

石五供內石香爐上紫石花傷損擬粘補

東配殿格扇雲環損失六個擬添新盖脊瓦脫落擬修補

西配殿格扇雲環損失六個鏂鍰損失一個擬添新

隆安門天花內銅幪損失八塊擬添補前後坡自生草樹擬除淨勾抹東

脊獸劍靶脫落擬補安

東西朝房山牆鑿穿烟洞拆毀擬補砌東朝房損失劍靶一件走獸不齊

西朝房損失劍靶二件擬修補

神廚庫門閂損失擬添補頭停瓦片勾滴間有破碎垂脊走獸不齊擬捉

節夾隴齊理簷頭

神廚庫門鈒損失窗戶傷損二扇窗內銅幪損失九扇擬添補山檐牆身

灰皮間有脫落擬抹飾南庫房窗戶銅幪損失二扇擬添補前坡瓦片勾滴不齊後坡瓦片間有破碎擬揭宼北庫房正脊西山被樹砸傷前後坡間有破碎擬揭宼東山牆鑿穿一處擬補砌

省牲亭檻窗損失一扇擬修補南北窗戶銅幪全行損失擬添新湯池塡塞擬清理山檐牆灰皮間有脫落擬抹飾

圍牆西面牆頂瓦片被樹砸傷北面牆頂瓦片亦有破碎擬補宼牆身灰皮間有脫落擬抹飾

懷親王園寢

寶座一座雕花傷損一塊擬修補

神龕內天花板傷損二塊擬修補

饗堂內天花板傷損三塊擬歸安

戳燈內銅燭阡盤損失二個擬添新

端親王園寢

饗堂內天花板損傷八塊油飾脫落擬彩畫

暖閣內天花板損傷二塊油飾脫落擬彩畫

西角門門扇損傷擬添新

阿哥園寢

饗堂內天花板傷損四塊格扇上窗屜傷損二扇雲環錨鏑損失三個擬修補添新

寶頂一座灰皮脫落擬抹飾

花門中間簷甎脫落二塊東西角木植傷損擬補修

園牆東角門挂落甎傷損擬修補

宮門獸面六件損失擬添新
慧愍固倫公主園寢
神龕內天花板傷損一塊格扇鈕頭雲環損失一分擬添新上項走錯擬
歸安
饗堂頭停滲漏椽望糟朽擬揭宼窗格秋葉損失五個擬添新
寶座二座雕花傷損二處擬修補
單邊罩花芽三塊傷損擬修補
酒桌四張損傷擬修補
五供几座五件損傷擬修補
爐座一個損失擬添新
戳燈二座花芽傷損擬添新銅燭剪罐二分損失擬添新

寶頂二座灰皮脫落擬抹飾
後牆角二處鼓閃擬修補
東角門門扇過木點朽擬修補
端順固倫公主園寢
梓龕一座損失擬添新
寶牀前足踏一件損失擬添新
寶座傷損隨足踏一件傷損擬補修
神龕內天花板傷損四塊擬補修格扇四扇脫落鵝項碰鐵面葉損失擬添補歸安
酒桌四張損失擬添新
戳燈傷損一座擬補修

宮門門鈸搵絆丫烏損失擬添新

西角門門鈸損失一個擬添新

光緒二十七年十二月二十二日具奏奉

諭旨景澧等奏估修

西陵要工繕單呈覽一摺著仍派景澧陳璧核實估計次第興修欽此

西陵各處要工遵　旨分別次第興修摺 附清單

奏爲
西陵各處要工遵
旨分別次第興修謹將
隆恩門以內各工程先行詳擬作法估定錢糧逐件開單恭摺仰祈
聖鑒事竊臣等於上年十二月二十三日具奏查勘
西陵各處應修大概情形開具簡明清單呈
覽奉
旨著核實估計次第興修欽此仰見
聖慮周詳慎重要工之至意臣等查從前辦理各項工程所有工料均按例價
發給明知今昔價值貴賤懸殊乃於行取各項物料內以少報多留爲地步轉

多浮冒雖經戶部定章減成發給而估計時已暗加於正價之內侵蝕庫欵流弊在所必除此次業經奏明援照
蹕路工程辦法統歸廠商按照市價採買實用實銷不准絲毫浮冒臣等公同商酌擬將
各陵
隆恩門以內要工先飭廠商估計旋據該廠商開具作法造册前來臣等詳加考求尙未明晰特行列成表式再飭廠商遵辦凡作法錢糧均令逐件估價遞層繕寫眉目較清核算亦便復督同司員就各廠商密封價值擇其估價較廉者詳細考核再四刪減共需工料十成銀八萬八千六百六十五兩一錢六分四釐敬謹詳擬作法估計錢糧比較上年臣等具奏查勘大概情形尤加詳細繕具清單恭呈

御覽伏候
命下由臣等行文戶部查照估定實在價值按二兩平十成足銀發給無庸再
行核減並請先行發給銀四萬兩飭廠商赴庫具領趕緊興修其餘應領錢糧
陸續請領發欵果能從速竣工可照限期庶廠商無所藉口不至躭延臣等一
面飭其出具包修切實甘結予限六個月竣工至
各陵
隆恩門以外暨
各園寢應修工程容俟臣等按照原奏單開再飭廠商核實估計續行奏請興
修略分次第庶足以昭敬謹而重要工所有此次先後估修工程均係實用實
銷應請免其造册報銷以省煩擾至駐工司員概不支領薪水應由臣等隨時
查核倘有不知自愛者別立名目巧取規費即將該員嚴行糾參其有操守廉

潔辦事勤能者臣等亦當擇尤籲懇
恩施酌加獎勵庶於綜核名實之中兼寓激勵人才之意唯現時急待開工所
有
各陵
神牌均須敬謹奉移應請
飭下守護大臣剋日查明一切應行典禮奏明請
旨以昭慎重而期迅速除將情形作法錢糧細表咨送軍機處備查外理合恭
摺奏
聞伏乞
皇太后
皇上聖鑒訓示謹

奏

謹將估修

西陵

各陵

隆恩門內要工情形作法錢糧數目開具清單恭呈

御覽

計開

泰陵

隆恩殿內

暖閣正間天花板脫落一塊擬彩畫歸安格扇面葉四塊鈕頭雲環一件

損失擬添新照式鏨花鍍金格斷板油皮脫落擬找補油飾

寶座二座上座雕花一概損失下座雕花不全計四十塊擬用楠木照式修補雕花漆飾貼金
神龕格扇面葉損失四塊鵝項損失一個擬添新鏨花鍍金格扇木植損傷擬用楠木拼補
白檀香龕一座損失擬用檀香木照式雕花成做
仙墩硃漆座四個損失擬用楠木成做漆飾
暖閣東間天花板脫落一塊擬彩畫歸安格扇雲環損失四件擬添新鏨花鍍金
暖閣西間天花板損傷一塊擬修補彩畫歸安格扇面葉損失十塊雲環損失二個擬添新鏨花鍍金閣扇窗戶脫落一扇擬歸安
寶座一座雕花損失七塊擬用楠木照式成做雕花漆飾

神龕格扇面葉損失一塊鈕頭雲環損失各二個鵝項損失一個擬添新
鏨花鍍金
寶床扶手傷損擬修補歸安
白檀香龕一座損失擬用檀香木照式雕花成做
仙墩硃漆座損失二個擬用楠木照式成做漆飾
朝燈罩門損失一扇擬用楠木雕刻成做漆飾貼金銅燭阡盤十二件剪
燭罐二分俱損失擬添新鍍金成做
紫檀木黑漆描金寶座扶手靠背損傷擬用紫檀木照式修補漆飾
隆恩殿前坡幷兩山上下簷瓦片間有脫落擬捉節夾隴垂脊歸安抽換
瓦片後坡上下簷俱有樹株瓦片破碎擬調脊宼瓦椽望糟朽前坡斗科
以下大木格扇油皮爆裂擬修補油飾貼金天花板損傷二塊擬添補一

塊歸安一塊照式彩畫格扇面葉損失四十塊擬添新鏨花鍍金

丹陛上安設古銅鶴鹿二對背盖全行損失擬用古銅照式補鑄

東配殿前坡簷瓦不齊擬拔草夾隴齊理簷頭後坡瓦片多有脫落椽望

糟朽擬揭宼修補前坡簷頭椽望擬油飾彩畫

西配殿格扇雲環損失二個擬添新鍍金成做後坡瓦片破碎擬捉節夾

隴大吻走錯擬歸安椽望糟朽擬彩畫油飾

隆恩門頭停前坡并兩山瓦片脫落擬捉節夾隴添補瓦料後坡瓦片破

碎脊料不齊擬挑換椽望糟擬抽換彩畫方城門獸面二件損失擬添新

鏨花貼金

明樓陡匾油皮爆裂擬油飾貼金

琉璃花門獸面六件損失擬鏨花貼金琉璃花頭損失十二件劍靶損失

五件擬照式添安
二柱門面葉二塊損失擬添新鏨花貼金
以上工料並應用保護拉運車脚繩觔架木各作脚手架子圈廠棚座運
料看守人夫辦買客土等項錢糧統共核實估計擬給十成二兩平足銀
二萬二百一十二兩一錢七分六釐

泰東陵

隆恩殿內
暖閣正間雲環損失一個擬添新鏨花鍍金東間天花板損傷五塊西間
天花板損傷五塊均擬修補彩畫歸安
神龕內天花板損傷二塊擬彩畫歸安
白檀香龕花牙損傷擬用檀香木照式雕花修補

仙墩硃漆座損失二件擬用楠木成做漆飾

暖閣東間佛龕毘盧帽垂頭損傷擬照式補齊雕刻貼金格扇雲環損失

四個擬添補鍍金鏨花上檻找補油飾

寳座雕花損傷一塊損失一塊擬用楠木修補照式雕刻漆飾

朝燈罩門損失十三個擬用楠木修補照式雕刻漆飾貼金銅燭阡盤損

失十個銅剪燭罐損失一分擬添新鍍金成做

丹陛上安設銅鼎罩花牙損傷三件損失一件銅鶴背蓋損失銅鹿角尖

傷損擬用古銅照式補鑄歸安

隆恩殿前坡上下簷垂獸損失後坡上下簷俱有樹株脊料瓦片破碎椽

望艷朽擬捉節夾隴拔草去樹補安前坡垂獸找補琉璃瓦料添換後簷

椽望前簷大木裝修油飾爆裂擬油飾貼金天花板七塊油皮脫落擬彩

畫油飾

東配殿頭停後坡瓦片破碎脊料走獸不齊擬揭宼前坡瓦片亦有脫落琉璃均有爆釉擬捉節夾隴齊理簷頭枋墊油皮脫落二處擬油飾彩畫

隆恩門前坡蒿草甚多擬拔草夾隴

琉璃花門獸面損失六個擬修補貼金劍靶損失三個擬補安

方城獸面損失二個擬添新鏨花貼金

以上工料並應用保護拉運車脚繩觔架木各作脚手架子圈廠棚座運料看守人辦買客土等項錢糧統共核實估計擬給十成二兩平足銀一萬二千八百一十四兩三錢二分

昌陵

隆恩殿內

暖閣正間天花板傷損一塊擬彩畫歸安格扇面葉損失二十二塊雲環損失二個兩旁格扇面葉損失三十二塊雲環損失二個擬添新鏨花鍍金

神龕內天花板脫落一塊格扇脫落二扇擬照式彩畫歸安面葉損失三塊鵜項碰鐵損失二分擬添新鏨花鍍金

寶牀前足踏一分損失擬用楠木成做漆飾貼金

白檀香龕一座損失擬用檀香木成做照式雕刻

仙墩硃漆座四個損失擬用楠木成做漆飾

暖閣東間天花板脫落三塊擬彩畫歸安格扇面葉損失十七塊擬添新鏨花鍍金上下枕框油皮脫落擬修補油飾

佛樓上下層天花板脫落六塊擬彩畫歸安格扇面葉損失四十五塊雲

環損失四個擬添新鏨花鍍金兩山後簷並中枋油皮脫落擬油飾

暖閣西間天花板脫落四個擬彩畫歸安格扇面葉損失二十一塊雲環損失二個擬添新鏨花鍍金

神龕內天花板脫落六塊擬彩畫歸安格扇脫落二扇擬歸安面葉損失二塊鵝項碰鐵損失二分擬添新鏨花鍍金

寶座二座上下雕花損失硃漆油皮脫落擬用楠木照式添補漆飾貼金足踏損失二分擬用楠木添新漆飾

寶椅損失一張足踏損失二分擬用楠木成做漆飾貼金

朝燈罩門損失一件擬用楠木修補漆飾貼金

銅燭扦盤損失十四件銅剪燭罐損失二分擬照式添新鍍金成做

隆恩殿前後坡自生草樹琉璃瓦片多有脫落破碎脊料走獸不齊擬捉

節夾隴剔換瓦片補安脊料椽望糟朽擬挑換大木裝修油皮爆裂擬照

式彩畫油飾格扇面葉損失八十九塊雲環損失八個擬照式添新鏨花

鍍金金柱額材等件油皮脫落擬油飾貼金

丹陛上安設古銅鶴鹿各一對背蓋俱損失右設鹿角損失擬用古銅照

式補鑄

琉璃花門獸面損失六個門釘損失十個擬添新鏨花貼金仙人走獸脊

料不齊擬修補檐瓦釘帽不齊擬鍍金補安

二柱門面葉損失二塊雲環損失二個擬添新鏨花貼金頭停簷瓦並丁

帽不齊擬揭宼頭停添補丁帽鍍金成做

石五供台上石火焰損失擬照式添補

方城獸面損失二件擬添新鏨花貼金後格扇銅幪損失一塊擬添補門

扇油皮脫落擬油飾脊獸欠劍靴一件擬找補

東配殿格扇面葉損失三塊雲𧄫損失四個擬添新鏨花貼金銅𧄫損失擬找補前後坡瓦片破碎脊料走獸不齊擬揭宽椽望糟朽擬挑換油飾彩畫貼金

西配殿格扇面葉損失七塊雲環損失十四個擬照式添新鏨花貼金銅𧄫傷損擬修補油飾前後檐瓦片間有破碎脊料走獸不齊擬揭宽補修大木方墊斗科擬油飾彩畫貼金

隆恩門獸面損失六件門釘損失五個擬照式添新鏨花鍍金天花板並外簷西山銅𧄫均損失擬修補正間連楹油皮脫落擬油飾前後簷並兩山簷瓦釘帽不齊擬修補簷頭補換鍍金釘帽

以上工料並應用保護拉運車脚繩觔架木各作脚手架子圈廠棚座運

料看守人夫辦買客土等項錢糧統共核實估計擬給十成二兩平足銀三萬四千六百一十四兩二錢二分四釐

昌西陵

隆恩殿內

暖閣正間天花板傷損一塊擬修補彩畫歸安格扇面葉損失一塊雲環損失一個擬添新鏨花貼金

仙墩硃漆座損失二個擬用楠木照式成做漆飾

暖閣東間天花板損失一塊擬添新彩畫歸安格扇面葉損失一塊雲環損失一個擬添新鏨花貼金

暖閣西間格扇面葉損失二塊雲環損失二個擬添新鏨花貼金

寶座雕花損傷一塊足踏損傷上一級均擬用楠木修補漆飾貼金

寶椅一張損失擬用楠木成做漆飾貼金
銅燭阡盤十八件銅剪燭罐二分損失擬照式添新鍍金成做
供瓜桌一張損失擬用松木成做漆飾貼金
祝案二張損失擬用松木成做漆飾貼金祝版座二個損失擬用楠木成做漆飾貼金
帛案二張損失擬用松木成做漆飾貼金帛匣一個損失擬用楠木成做漆飾
隆恩殿前後簷瓦不齊蒿草甚多擬拔草夾隴挑換琉璃瓦料格扇面葉損失十二塊雲環損失一個擬添新鏨花貼金天花板損失一塊擬修補彩畫歸安
丹陛上安設銅鶴背蓋損失銅鹿一件損失擬用古銅照式補鑄

琉璃花門獸面二件損失擬照式添新鏨花貼金
隆恩門獸面六件門葉六塊均損失擬照式添新鏨花貼金天花銅幪損
失擬添補油飾
以上工料並應用保護拉運車脚繩觔架木各作脚手架子圈廠棚座運
料看守人夫辦買客土等項錢糧統共核實估計擬給十成二兩平足銀
三千三百四十七兩五錢五分二釐
慕陵
隆恩殿內
暖閣正間天花板傷損六塊天花板欠雕花七個格扇雕花頭傷損十三
處俱擬用楠木照式雕刻修補雲環損失二個鈿鐶丫鳥損失各一個擬
添新鏨花鍍金

神龕內天花板傷損一塊擬用楠木照式修補格扇脫落一扇擬歸安鈕
頭雲環鈾鎖損失四件擬添新鏨花貼金
白檀香龕一座損失擬用檀香木照式雕花成做
仙墩硃漆座八個損失擬用楠木照式成做漆飾
暖閣正間兩旁格扇雕花傷損十一處擬用楠木照式雕刻修補雲環損
失五個擬添新漆飾貼金
暖閣東間天花板傷損雕花一個格扇雕花損失十六處擬用楠木照式
雕刻修補面葉損失三塊雲環損失四個擬添新漆飾貼金
暖閣西間損失天花板三個雕花一個格扇雕花損失十五處擬用楠木
照式雕刻修補面葉損失一塊雲環了鳥損失各一件擬添新漆飾貼金
神龕內天花板損失一塊欠雕花一個擬用楠木雕刻修補格扇面葉一

塊雲環一個鈿鐶二個均損失擬添新鏨花貼金
寶座四座花牙損失二十六塊傷損二塊損失二級足踏一分又損失上
級一件均擬用楠木照式雕刻修補漆飾
寶椅損失一張隨足踏損失一分擬用楠木修補漆飾貼金
酒桌四張瓜桌四張損失擬用楠木修補照式漆飾貼金
朝燈罩損失一個燈罩門損失十個擬用楠木修補漆飾貼金銅燭扦盤
損失十四個銅剪燭罐損失二分擬添新鍍金成做
祝案損失二張擬用松木照式添新漆飾貼金祝版座損傷二個擬用楠
木修補照式漆飾貼金
帛案損失二張擬用松木照式添新漆飾貼金帛匣一個損失擬用楠木
添新漆飾

隆恩殿前簷格扇雕花傷損四十一處東山格扇雕花損傷十一處西山格扇傷損十一處擬用楠木照式雕刻修補面葉損失一塊雲環損失六個擬添新鏨花貼金後坡吻帶損失一件擬修補鍍金成做四面簷柱原修拚補木植脫落十處擬用楠木隨式拚補頭停扣脊瓦脫落不齊擬拔草夾隴歸安脊料齊理簷頭木植見新

石五供座損傷五處紫石燭紫石花各一對傷損擬照式修補白石花瓶移動擬歸安

東配殿格扇雕花傷損二十一處擬用楠木照式雕刻修補雲環損失十一個丫鳥損失一個擬添新鏨花貼金脊獸欠劍靶一件擬照式補安

西配殿三間格扇雕花傷損十一處擬用楠木照式雕刻修補面葉損失八塊雲環損失七個擬添新鏨花貼金

隆恩門拴環損失一件鈾鐶損失六個擬添新油飾西次間後簷石階酥城一塊擬換新整齊

以上工料並應用保護拉運車脚繩觔架木各作脚手架子圈廠棚座運料看守人夫辦買客土等項錢糧統共核實估計擬給十成二兩平足銀七千二百二十六兩七錢九分

慕東陵

隆恩殿內

暖閣正間天花板傷損十三塊擬修補彩畫歸安雲環損失二個擬添新鏨花貼金

寶牀前足踏一分損失擬用楠木修補漆飾貼金

神龕格扇四扇脫落擬照式補安欠銅海窩一個擬照式修補

白檀香龕一座損失擬用檀香木照式修補雕刻
仙墩硃漆座二個損失擬用楠木修補漆飾
暖閣東間格扇面葉傷損一塊雲環損失一個擬修補鏨花貼金地面磚
傷損四塊擬照式補墁
神龕格扇四扇損失一扇擬用楠木照式修補脫落三扇擬歸安隨四級
足踏一分損失擬用松木成做漆飾
寶牀前足踏一分損失擬用楠木照式成做漆飾貼金
白檀香龕一座損失擬用檀香木成做照式雕刻
仙墩硃漆座八個損失擬用楠木照式成做漆飾
暖閣西間天花板傷損三塊擬修補彩畫歸安雲環損失二個擬修補鏨
花貼金地面磚損傷三塊擬照式補墁

神龕格扇四扇脱落擬歸安足踏一分損失擬用楠木成做漆飾貼金

寶牀前足踏一分損失擬用楠木照式成做漆飾貼金

白檀香龕一座損失擬用檀香木成做照式雕刻

仙墩硃漆座八個損失擬用楠木成做照式漆飾

寶座損失三座雕花損失十八塊擬用楠木成做照式雕刻漆飾貼金隨

二級足踏八分損失擬用楠木成做漆飾貼金

寶椅損失二張足踏損失六件擬用楠木照式成做漆飾貼金

供案三張酒桌四張瓜桌八張損失擬用松木照式成做漆飾貼金

朝燈罩門損失二件燈罩門損失十件擬用楠木照式雕刻漆飾貼金銅

燭阡盤十八件剪燭罐二分損失擬照式鍍金成做

金漆五供几座損失二件擬用楠木照式成做漆飾貼金

祝案二張損失擬用松木成做漆飾貼金祝版座二個損失擬用楠木成做漆飾貼金

帛案二張損失擬用松木成做漆飾貼金帛匣二個損失擬用楠木照式成做漆飾

隆恩殿天花板傷損二十塊擬修補彩畫歸安地面磚傷損六塊擬補墁頭停脊料檐瓦不齊擬齊理脊料揭宼檐頭吻帶銅練損失一件擬添新鍍金

丹陛上安設銅鼎蓋傷損二件銅鶴損失銅鹿背蓋損失擬用古銅照式補鑄

琉璃花門獸面一副損失擬照式貼金成做東西角門墻身灰皮脫落一處擬抹飾

石五供內香爐上紫石花傷損擬照式補齊
東配殿格扇雲環損失六個鈾鏍一個擬添新鏨花貼金蓋脊瓦脫落擬
修補
西配殿格扇雲環損失六個鈾鏍損失一個擬添新鏨花貼金
隆恩門天花內銅幪損失八塊擬照式編做前後坡自生草樹脊獸劍靶
脫落擬拔草去樹捉節夾隴齊理簷頭抽換瓦料
以上工料並應用保護拉運車脚繩觔架木各作脚手架子圈廠棚座運
料看守人夫辦買客土等項錢糧統共核實估計擬給十成二兩平足銀
一萬四百五十兩九分八釐
通共核實估計擬給十成二兩平足銀八萬八千六百六十五兩一錢六
分四釐

光緒二十八年三月初四日具奏奉
旨依議欽此

承修西陵要工應辦奉移　神牌各項工程援案酌擬辦法摺
奏爲承修
西陵要工應辦奉移
神牌各項工程援案酌擬辦法恭摺具陳請
旨遵行事竊臣等估修
西陵
隆恩門以內各項工程業經具摺覆陳並奏明奉移
神牌典禮及各項工程向歸守護
陵寢大臣辦理各在案嗣經該大臣奏請一切典禮事宜由臣等咨行禮部查例辦理各項工程歸臣等敬謹辦理於光緒二十八年三月十八日奉
硃批著照所請欽此欽遵知照到工臣等伏查此次修理

各陵殿座移請
神牌暫於
東配殿敬謹供奉應設
暖閣寶座及應搭月台凉棚各項工程均應謹查向章詳慎辦理惟
慕東陵
隆恩殿供奉
神牌正龕一位東龕三位西龕四位移請於
東配殿內供奉地勢太狹臣等行查
西陵承辦事務衙門援案擬將內簷裝修展安外簷而相度尺寸供案仍不敷
安設復查光緒四年恭辦
慕東陵

隆恩殿內
神牌添位因限於地勢曾經奏明改造供案尺寸臣等亦擬援照此案敬謹辦
理所有
暖閣寶座供案均按
東配殿展拓裝修地址另行改造至奉移
各陵
神牌恭備
暖閣內陳設壁衣帳幔圍桌等項軟片向用黃雲緞成做現在
各陵
隆恩殿興修在邇指日奉移
神牌各項軟片材料京肆固不易購若由南方採辦又屬緩不濟急臣等謹擬

改用明黃紡紬妥爲預備除一切典禮事宜業經咨行禮部查例辦理外所有

奉移

神牌各項工程援案改造供案及軟片材料改用明黃紡綢各緣由臣等未敢

擅便理合恭摺具陳伏乞

皇太后

皇上聖鑒訓示遵行謹

奏

奉移　神牌請領錢糧幷繕具做法清單片 附清單

再查奉移

神牌工程應用錢糧向由守護大臣咨行戸部每處預支銀一千二百兩九成核發實銀一千八十兩工竣報部核銷此次

西陵六處奉移工程同時幷舉若照向辦成案應預領銀六千四百八十兩此次既經守護大臣奏明歸臣等敬謹辦理何敢稍有遷就當經調取

西陵承辦事務衙門歴年辦過成案督同司員幷咨調

陵寢司員細心斟酌擬就作法切飭廠商核實估計共需十成二兩平足銀五千一百七十四兩七錢二分較成案預領之數已減去十成之二此係實用實銷請免造報以省紛繁現在節交夏令雨水恐多亟宜及早興修免致躭延時日倘發欵稽延廠商不免藉口或未能如限交工查

蹕路工程赴部領欵均係隨時開放臣等承修此項工程先經奏明援照
蹕路章程辦理則放欵之期亦應從速相應請
旨飭下戶部從速札庫照數開放庶錢糧早一日支領即工程可早一日完竣
謹繕具做法清單恭呈
御覽是否有當謹附片陳明伏乞
聖鑒謹
奏
謹將奉移
各陵
神牌承修
暖閣寶座寶床供案及月台踏躁黃棚帳幔壁衣鋪墊等項核實估計錢

糧開單恭呈
御覽
計開
泰陵
東配殿內
暖閣三間係鷄腿罩式樣橫楣檻框擬油飾貼金頂壁牆壁擬糊飾
幔帳三分擬用明黃紡綢面黃洋布裏成做
暖閣正間並北次間應供
神龕二座寶床踏蹀擬添新用松木成做油飾貼金格扇隨釘銅活內裏
天花擬用漂白亮布彩畫釘安
寶床褥床圍壁衣各一分擬用明黃紡紬面黃洋布裏成做

寶座擬暫移用正殿內二座
連二供案舊有一張擬油飾見新
獨座供案一張擬添新用松木成做油飾
供案套二分擬用黃洋布成做夾面單圍
前簷格扇坎窗擬糊飾添安博縫
木板月台一座三面六級木踏跺三座擬用楊木成做滿刷土紅色台面
棚內滿鋪白毡
黃棚一座擬用黃粗洋布成做四角裏釘繩拉扯壓風大繩擬染黃色滿
裏黃洋布頂上滿罩油布裏柱木梍梁擬用杉木成做油飾
以上共需工料十成二兩平足銀九百三十八兩七錢八分
泰東陵

東配殿內

暖閣三間係鷄腿罩式橫楣檻框油飾貼金頂壁墻壁擬糊飾

暖閣正間舊有

神龕一座寶牀格扇俱全擬油飾貼金見新格扇面葉雲環損失擬貼金

前三面級木踏跺一座損失擬添新用松木成做內裹天花擬用漂白亮

布彩畫釘安

寶牀䙓牀圍壁衣各一分擬用明黃紡紬面黃洋布裏成做

寶座擬暫移用正殿內一座

連二供桌一張擬添新用松木成做油飾

供案套一分擬用黃洋布成做夾面單圍

前簷格扇坎窗擬糊飾添安博縫

木板月台一座三面六級木踏跺三座擬用楊木成做滿刷土紅色台面

棚內滿鋪白毡

黃棚一座擬用黃粗洋布成做四角裏釘繩拉扯壓風大繩擬染黃色滿

裏黃洋布頂上滿罩油布內裏柱木桄梁擬用杉木成做油飾

以上共需工料十成二兩平足銀七百九十四兩二錢

昌陵

東配殿內

暖閣三間係鷄腿罩式樣槅棡檻框擬油飾貼金頂壁墻壁擬糊飾

幔帳三分擬用明黃紡綢面黃洋布裏成做

暖閣正間應供

神龕一座寶牀並踏跺擬添新用松木成做油飾貼金格扇隨釘銅活內

裏天花擬用漂白亮布成做彩畫釘安
寶床褥床圍壁衣各一分擬用明黃紡綢面黃洋布裏成做
寶座擬暫移用正殿內二座
連二供案一張擬添新用松木成做油飾
供案套一個擬用黃洋布成做夾面單圍
前簷格扇坎窗擬糊飾添安博縫
木板月台一座三面六級木踏跺三座擬用楊木成做滿刷土紅色台面
棚內滿鋪白毡
黃棚一座擬用黃粗洋布成做四角裏釘繩拉扯壓風大繩擬染黃色滿
裏黃洋布頂上滿罩油布內裏柱木枕梁擬用杉木成做油飾
以上共需工料十成二兩平足銀八百四十七兩五錢七分

昌西陵

東配殿內

暖閣一間按鷄腿罩式樣用杉木成做橫楣檻框擬油飾貼金頂壁牆壁

擬糊飾

幔帳一分擬用明黃紡紬面黃洋布裏成做

神龕一座寶牀踏跺擬添新用松木成做油飾貼金格扇隨釘銅活內裏

天花擬用漂白亮布成做彩畫釘安

寶床碍床圍壁衣各一分擬用明黃紡紬面黃洋布裏成做

寶座暫移用正殿內一座

獨座供案一張擬添新用松木成做油飾

供案套一分擬用黃洋布成做夾面單圍

前簷格扇坎窗擬糊飾添安博縫
木板月台一座三面四級木踏蹝三座擬用楊木成做滿刷土紅色台面
棚內滿鋪白毡
黃棚一座擬用黃粗洋布成做四角裏釘繩拉扯壓風大繩擬染黃色滿
裏黃洋布頂上滿罩油布內裏柱木桄梁擬用杉木成做油飾
以上共需工料十成二兩平足銀六百九十九兩二錢一分
慕陵
東配殿內
暖閣一間按鷄腿罩式樣用杉木成做橫楣檻框擬油飾貼金頂壁牆壁
擬糊飾
幔帳一分擬用明黃紡紬面黃洋布裏成做

神龕一座寶牀踏跺擬添新用松木成做油飾貼金格扇四扇隨釘銅活
內裏天花擬用漂白亮布成做彩畫釘安
寶牀碍牀圍壁衣各一分擬用明黃紡綢面黃洋布裏成做
寶座擬暫移用正殿內四座
連四供案一張擬添新用杉木成做油飾
供案套一分擬用黃洋布成做夾面單圍
前簷格扇坎窗擬糊飾添安博縫
木板月台一座三面六級木踏跺三座擬用楊木成做滿刷土紅色台面
棚內滿鋪白氊
黃棚一座擬用黃粗洋布成做四角裏釘繩拉扯壓風大繩擬染黃色滿
裏黃洋布頂上滿罩油布內裏柱木枕梁擬用杉木成做油飾

以上共需工料十成二兩平足銀八百十三兩六分

慕東陵

東配殿

暖閣三間擬折去改作一間用松木按鷄腿罩式樣成做横楣檻框擬糊飾

幔帳一分擬用明黃紡紬面黃洋布裏成做

神龕一座寶牀踏跺擬添新用松木成做油飾貼金格扇四扇隨釘銅活

內裏天花擬用漂白亮布成做彩畫釘安

寶牀礴牀圍壁衣各一分擬用明黃紡紬面黃洋布裏成做

寶座八座擬用松木成做油飾貼金

寶墊八分裏面俱用明黃紡紬成做

獨座供案連四供案連三供案各一張擬添新用松木成做油飾

供案套三分擬用黃洋布成做夾面罩圍

前簷格扇坎窗并坎墻暫行撤去收存另做裝修展安外簷俟

還位後照舊歸安

小簷明次間添做格扇三槽擬用松木成做油飾面葉雲環俱貼金

雲搭簾三架擬添新用黃洋布挂裏週圍用布包鑲

前簷格扇坎窗擬糊飾添安博縫

木板月台一座三面三級木踏跺三座擬用楊木成做滿刷土紅色台面

棚內滿鋪白毡

黃棚一座擬用黃粗洋布成做四角裏釘繩拉扯壓風大繩擬染黃色滿

裏黃洋布頂上滿罩油布內裏柱木桟梁擬用杉木成做油飾

以上工料共需十成二兩平足銀一千八十一兩九錢

通共需用工料十成二兩平足銀五千一百七十四兩七錢二分

光緒二十八年四月二十四日奉

旨依議欽此

續修　西陵　各陵暨　各園寢應修要工詳擬估修做法錢糧摺 附清單

奏為核實續估敬謹接修
西陵
各陵
隆恩門外暨
各園寢應修要工詳擬估修做法錢糧謹繕清單恭摺具陳仰祈
聖鑒事竊臣等於二月初四日具奏估修
西陵
各陵
隆恩門內要工錢糧摺內并聲明
各陵

隆恩門外暨

各園寢等處工程容俟續估再行奏請奉

旨依議欽此臣等遵即飭令司員督催該廠商將已估要工赶緊妥實興修并

派司員前往駐工監修一面將應行續估各項要工按照原奏情形詳擬做法

逐件估值茲據各該廠商造册前來臣等督同司員詳加察閱擇其估價較廉

者復經悉心核減期無浮冒共需十成二兩平足銀五萬一千二百三十六兩

四錢四分七釐謹將做法錢粮敬繕清單恭呈

御覽應請

旨飭下戶部先行發給十成二兩平足銀二萬五千兩所有此次及前次下餘

未發之欵統由臣等分期知照戶部飭商陸續照數具領無庸再行核減此係

實估實銷擬請免其造報以省煩擾除另造做法錢粮表咨送軍機處備查外

所有續估要工錢糧數目緣由理合恭摺具陳伏乞

皇太后

皇上聖鑒訓示遵行謹

奏

謹將

西陵

各陵

隆恩門外暨

各園寢應修要工情形做法錢糧數目開單恭呈

御覽

計開

泰陵

神廚庫大門門鈸損失擬照式用黃銅成做貼金

神廚門鈸損失擬照式用黃銅成做貼金前後簷瓦不齊擬揭宽挑換琉璃椽望間有糟朽擬挑換油飾南北庫門鈸損失擬照式用黃銅成做貼金

省牲亭格扇面葉損失擬照式銅質成造鏨花貼金後火房三間坍塌大木糟朽擬添換木植琉璃瓦磚塊照式補蓋油飾

週圍牆頂瓦片多有破碎擬揭宽添換琉璃抹飾牆身

碑亭四面格扇鈕鐶丁鳥損失擬照式添新油飾貼金北面頭停上下簷瓦破碎椽望糟朽擬添換瓦料椽望揭宽油飾東西南三面蒿草甚多擬拔草夾隴油飾椽望

龍鳳門三間面葉雲環鈕鎖損失擬照式銅質鏨花成造貼金
聖德神功碑樓四面格扇面葉雲環鈕鎖損失擬照式銅質成做鏨花貼
金格扇內銅幪損失擬照式用銅絲編做油飾東西兩面墻身灰皮脫落
二處擬抹飾齊整東卷門下座石料損傷擬粘補堅固四面頭層簷瓦釘
帽損失擬揭簷瓦補安鈒金銅釘帽上層簷瓦片不齊擬拔草夾隴歸安
脊料齊理簷頭油飾椽望
具服殿天花板傷損十八塊擬照式補安彩畫前面格扇窗心傷損六扇
面葉門環鈕鎖門閂損失擬揭宼頭停添補鍍金銅帽釘油飾椽望淨房
木牀損傷窗戶脫落擬修補正門並兩角門門鈒鈕鎖損失擬照式銅質
成做貼金
正紅門門鈒六個鈕鎖丁鳥三副門釘四十八個均損失擬照式銅質鍍

金成做油飾門扇北面簷瓦釘帽脫落東西簷瓦釘帽不齊擬修補簷頭琉璃瓦料添補鍍金銅帽釘

東西角門門鈸鈾頭損失擬照式成做貼金油飾門扇檻框

以上工料幷應用保護拉運車脚繩觔架木各作脚手架子圈廠棚座運料看守人夫辦買客土等項錢糧統共核實估計擬給十成二兩平足銀一萬六千八百七十五兩八錢四分六釐

泰東陵

東西朝房簷瓦不齊擬拔草加隴齊理簷頭

神廚庫頭停後坡瓦片多有破碎椽望糟朽擬揭宼頭停挑換椽望前坡瓦片脫落擬捉節夾隴前後簷椽檁均油飾見新南庫前坡瓦片多有破碎簷檁椽望糟朽擬揭宼前坡挑換簷檁椽望隨油飾後坡瓦片脫落擬

捉節夾隴油飾簷椽
省牲亭頭停後坡下層簷大木椽望間有糟朽擬挑換上層簷片瓦破碎
前坡幷兩山上下簷瓦不齊均擬揭宼添換琉璃幷油飾上架重簷大木
後火房三間坍塌大木糟朽擬挑換木植琉璃磚塊照式補蓋油飾
週圍牆頂瓦片多有破碎擬添換琉璃抹飾牆身
井亭柱木傷損椽望糟朽井欄宇牆坍塌擬拆卸添換大木椽望琉璃瓦
料照式修蓋上下架柱木彩畫油飾
以上工料幷應用保護拉運車脚繩觔架木各作脚手架子圈廠棚座運
料看守人夫辦買客土等項錢糧統共核實估計擬給十成二兩平足銀
九千七百八十四兩六錢五分七釐
純懿皇貴妃園寢

暖閣內天花板脫落二塊擬歸安照式彩畫
神龕天花板脫落一塊擬歸安照式彩畫
白檀香龕一座損失擬照式用檀香木雕花成做
仙墩硃漆座八個損失擬用楠木照式成做硃紅漆飾
寶座四座雕花損失三處擬用楠木照式雕刻修補貼金
饗殿內天花板脫落一塊擬歸安照式彩畫後坡瓦片脫落欠垂獸二件
椽望斲朽擬揭宼頭停找補脊料挑換椽望油飾
朝燈內銅千盤十二個剪燭罐一分損失擬照式用黃銅鍍金補造
帛匣一個損失擬用楠木照式成做漆飾
供瓜桌損失四張擬用松木照式成做油飾
寶頂灰皮脫落二座擬抹飾黃灰桿軋

宮門天花上銅幪一概損失擬用銅絲照式編做後坡瓦片破碎椽望間有黪朽擬揭宼頭停挑換椽望油飾

宮門內牆頂四段瓦片破碎牆身灰皮脫落擬補換琉璃揭宼頭停抹飾牆身

後園牆頂二段瓦片脊料破碎牆身灰皮脫落擬補換琉璃揭宼頭停抹飾牆身

以上工料幷應用保護拉運車脚繩觔架木各作脚手架子圈廠棚座運料看守人夫辦買客土等項錢糧統共核實估計擬給十成二兩平足銀三千九百七十八兩二錢四分七釐

昌陵

神廚庫大門門鈸門閂鈿鐶損失擬照式成做門閂油飾

神廚窗內銅幪幷門鈸損失擬照式用銅絲補編窗幪添做銅門鈸一副頭停瓦片破碎椽望糟朽擬揭宽頭停挑換椽望隨油飾南北庫窗內銅幪幷門閂門鈸損失擬照式添補油飾琉璃走獸劍靶傷損擬挑換齊整頭停夾隴拔草

省牲亭格扇面葉銅幪損失擬添做銅面葉補編銅絲窗幪後火房三間坍塌大木糟朽擬添補琉璃瓦料挑換木植照式補蓋油飾

週圍牆頂瓦片破碎擬添換琉璃補宽齊整

碑亭格扇窗心損失六扇銅幪損失九塊均擬照式成做油飾前後簷瓦不齊擬揭宽添補鍍金銅帽釘

龍鳳門六扇木植糟朽擬用松木添新成做油飾兩邊招牆琉璃走獸不齊擬添換琉璃補宽齊整

聖德神功碑樓四面格扇面葉雲環鈕鐶損失擬照式銅質成做貼金格扇內銅幪損失擬照式銅絲補編南脊門外灰皮脫落擬抹飾見新以上工料幷應用保護拉運車脚繩觔架木各作脚手架子圈廠棚座運料看守人夫辦買客土等項錢糧統共核實估計擬給十成二兩平足銀九千四百三十五兩五錢九分三釐

昌西陵

神廚庫門鈸門環損失擬照式銅質成做貼金

神廚窗戶損失十扇擬用松木補做油飾門鈸銅幪損失均擬照式添新門鈸貼金前簷連簷瓦口糟朽勾滴不齊擬剔換連簷瓦口隨油飾添補勾滴南北庫窗戶損失七扇擬用松木成做油飾門鈸銅幪損失均擬照式添新門鈸貼金

省牲亭格扇窗戶損失八扇擬用松木成做油飾銅幪損失擬照式銅絲

補編

以上工料並應用保護拉運車脚繩觔架木各作脚手架子圈廠棚座運料看守人夫辦買客土等項錢糧統共核實估計擬給十成二兩平足銀九百六十八兩一錢五分五釐

和裕皇貴妃園寢

暖閣正間天花板傷損四塊擬照式彩畫歸安面葉損失一塊雲環損失

八個擬照式銅質成做鏨花貼金

神龕內天花板傷損六塊擬照式彩畫歸安格扇面葉損失二塊擬照式銅質成做鏨花鍍金木踏跺一座損失擬照式松木成做油飾

白檀香龕一座損失擬照式用檀香木雕刻成做

仙墩硃漆座十二個損失擬用楠木照式成做漆飾

暖閣西間天花板傷損一塊擬照式彩畫歸安中枋油皮脫落擬照式彩畫油飾

寶座六座雕花損失二十二塊足踏損失六分二級均擬照式楠木成做

寶椅前足踏六個損失擬照式楠木成做漆飾

酒桌損失二張擬照式松木成做漆飾

朝燈內銅燭千盤損失十二個擬添新燈罩損失一件燈罩門全行損失擬照式楠木成做漆飾貼金

祝案損失一張擬照式松木成做漆飾祝版座一個損失擬用楠木照式

修補漆飾

帛案損失一張擬照式松木成做漆飾帛匣一個損失擬照式楠木成做

漆飾

供瓜桌損失五張擬照式松木成做漆飾

饗殿內天花板傷損一塊擬照式修補彩畫歸安

外簷格扇雲環損失三個擬照式銅質成做鏨花貼金

宮門門鈸損失六個門釘損失四個擬照式銅質貼金成做簷頭勾滴不

齊劍靶損失一件擬揭瓦簷頭添補琉璃瓦料油飾椽望

寶頂一座灰皮脫落擬抹飾捍軋

以上工料幷應用保護拉運車脚繩觔架木各作脚手架子圈廠棚座運

料看守人夫辦買客土等項錢糧統共核實估計擬給十成二兩平足銀

二千八百三兩七釐

慕陵

東西朝房門鈸損失四塊擬用黃銅成做貼金

神廚庫門扇檻枕框門鈸門閂一概損失門扇檻框門閂擬用松木成做油飾門鈸用銅質成做貼金

神廚門窗間有傷損銅幪損失六塊槅板損失三塊門窗槅板擬用松木成做添補銅絲窗幪均隨油飾鍋台拆毀後簷牆鑿傷各處煙洞傷損擬照式補砌齊整牆身抹灰南庫窗戶銅幪損失四塊門閂損失均擬照式添新山牆灰皮脫落擬抹飾紅灰北庫窗戶損失三扇銅幪損失四塊門鈸損失一塊擬添做松木窗戶幷銅絲窗幪補釘銅質門鈸油飾貼金東面山牆鑿穿一處灰皮脫落擬補砌補灰

省牲亭損失格扇四扇檻窗三扇銅幪損失擬添做格扇檻窗銅絲窗幪南北窗戶蛤蚌損傷擬改用銅絲窗幪槅板傷損二塊鍋台拆毀湯池填

塞擬成做松木塌板油飾補砌鍋台淘挖湯池後大房三間拆毀烟洞一個竈門二座均擬補砌

週圍墻頂瓦片勾滴間有破碎牆身灰皮脫落後面鑿傷四處擬揭宨頭停補砌牆身抹灰

碑亭天花板傷損七塊擬照式彩畫歸安頭層簷網間有傷損擬照式補編

龍鳳門門鈸六扇損失擬用松木添新油飾隨做面葉扭頭三分貼金

井亭磚牆拆毀井桶塡塞擬補砌宇牆井桶淘挖見底

以上工料幷應用保護拉運車脚繩斤架木各作脚手架子圈廠棚座運料看守人夫辦買客土等項錢糧統共核實估計擬給十成二兩平足銀二千五百六十二兩九錢五分五釐

慕東陵

東西𢇁房山牆鑿穿煙洞折毀擬修砌抹灰東𢇁房損失劍靶一件走獸不齊西𢇁房損失劍靶二件擬頭停拔草夾隴走獸劍靶添安整齊門鈸損失一副擬用黃銅成造貼金

神廚庫門閂損失擬用松木成做頭停瓦片勾滴間有破碎垂脊走獸不齊擬頭停捉節夾隴添補琉璃勾滴脊料

神廚門鈸損失擬用黃銅成做窗戶傷損二扇窗內銅幪損失九扇擬補做松木窗戶銅絲窗幪山牆灰皮脫落擬抹飾南庫窗上銅幪損失二扇擬補編前坡瓦片勾滴不齊後坡瓦片間有破碎擬滿揭宼油飾椽望北庫房正脊西山被樹扎傷前後坡瓦片間有破碎擬滿揭宼東山牆鑿穿

一處擬補砌抹灰

省牲亭南北庫檻窗損失一扇擬松木成做南北窗戶銅幪全行損失擬
添新湯池塡塞山牆灰皮間有脫落擬清理湯池補抹山牆
圍牆西面牆頂瓦片被樹砸傷北面牆頂亦有破碎擬添換琉璃補宽頭
停抹飾牆身
以上工料並應用保護拉運車脚繩觔架木各作脚手架子圈廠棚座運
料看守人夫辦買客土等項錢糧統共核實估計擬給十成二兩平足銀
三千三百八十二兩四錢七分七釐
懷親王園寢
寶座一座雕花損傷一塊擬用松木照式修補雕刻漆飾
神龕內天花板損傷二塊擬照式彩畫歸安
饗堂內天花板損傷三塊擬照式彩畫歸安

戳燈內燭千盤損失二個擬照式黃銅成做

以上工料並應用各項錢糧統共核實估計擬給十成二兩平足銀二十兩九錢八分八釐

端親王園寢

饗殿內天花板損傷八塊擬照式彩畫歸安

暖閣內天花板損傷二塊擬照式彩畫歸安

西角門門扇損傷擬用松木成做油飾

以上工料並應用等項錢糧統共核實估計擬給十成二兩平足銀二十兩九錢一分五釐

阿哥園寢

饗殿內天花板損傷四塊擬照式彩畫歸安格扇上窗櫃損傷二扇擬修

補油飾雲環鏂鐶損失三個擬照式成做貼金
寶頂一座灰皮脫落擬抹飾見新
花門中間簷瓦脫落二塊擬補齊
東西角門木植傷損擬照式松木修補油飾
圍牆東角門挂落磚傷損擬修補整齊
宮門門鈸六件損失擬銅質成做貼金
以上工料並應用等項錢糧統共核實估計擬給十成二兩平足銀七十兩二錢五分五釐
慧愍固倫公主園寢
神龕內天花板損傷一塊擬照式彩畫歸安格扇鈕頭雲環損失一分擬照式銅質成做貼金上頂走錯擬歸安

饗堂頭停滲漏椽望糟朽格扇窗上損失秋葉五個擬揭頭停挑換椽望油飾補做銅秋葉貼金

寶座二座雕花傷損二處擬照式楠木修補

單邊罩花牙三塊損失擬照式松木修補

酒桌四張傷損擬照式松木成做漆飾

五供九座五件損傷擬照式松木成做漆飾貼金

爐座一個損失擬照式添新漆飾

戳燈二座花牙傷損擬用楠木照式修補漆飾剪燭罐二分損失擬照式銅質成做

寶頂二座灰皮脫落擬抹飾

後牆角鼓閃擬拆砌抹灰

東角門門扇過木糟朽擬用松木抽換油飾
以上工料並應用等項錢糧統共核實估計擬給十成二兩平足銀一千
九十八兩二錢九分二釐
端順固倫公主園寢
神龕一座損失擬照式檀香木成做
寶牀一張扶手牙子損失擬照式楠木修補漆飾
寶牀前足踏一件損失擬照式楠木成做漆飾
寶座一座花牙損失五塊隨足踏一件損傷均擬照式楠木修補漆飾
神龕內天花板傷損四塊擬照式彩畫歸安格扇四扇脫落鷺項碰鐵面
葉損失擬歸安格扇添做銅鵝項碰鐵補造面葉貼金
酒桌四張損失擬照式松木成做漆飾

戳燈傷損一座擬照式楠木修補漆飾貼金
宮門門鈸門絆丫鳥損失均擬銅質成做門鈸貼金門絆丫鳥硃紅油飾
西角門門鈸損失一塊擬銅質成做貼金
以上工料並應用保護拉運車脚繩斤架木各作脚手架子圈廠棚座運
料看守人夫辦買客土等項錢糧統共核實估計擬給十成二兩平足銀
二百三十五兩六分
通共核實估計擬給十成二兩平足銀五萬一千二百三十六兩四錢四
分七釐
光緒二十八年五月初十日具奏奉
旨依議欽此

望嵓堂奏稿卷十

承修　西陵要工移請　各園寢　神牌並修理朝房謹擬作法摺　附清單

奏爲承修

西陵要工應辦

各園寢移請

神牌並修理

朝房各項工程遵

旨併案辦理謹擬作法核實估計繕單恭摺仰祈

聖鑒事竊臣等恭查修理

各園寢饗殿應行移請

神牌暫於

宮門外東朝房供奉復查得
各園寢朝房尚有應行修理情形例歸
陵寢大臣辦理咨照在案嗣經該大臣奏請各項工程廣恩庫無欵可籌仍由
臣等辦理於本年七月十四日奉
旨著景灃陳璧併案辦理欽此欽遵知照到工臣等遵即飭令駐工司員並咨
調
陵寢衙門司員會同查勘茲據擬就作法造册呈核前來臣等詳加閱看所有
各園寢東朝房頭停滲漏木植糟朽油皮脫落各處所均擬一律修葺至應設
暖閣龕座及應搭月台等工並應備輭片各件亦擬援照歷屆辦過成案備辦
做法尚屬妥協旋飭廠商按照清册核實估計臣等督同司員再四删減共需
十成二兩平足銀三千四百九十六兩八錢二分謹繕清單恭呈

御覽伏候

命下遵照辦理一俟工程告竣即由臣等知照欽天監衙門選擇吉期再行知

照

陵寢大臣將一切典禮敬謹遵例舉行庶昭愼重所有遵擬移請

神牌並修理

朝房各項工程緣由理合恭摺具陳伏乞

皇太后

皇上聖鑒訓示謹

奏

謹將承修

西陵

各園寢東朝房并奉移

神牌各項工程開具做法錢糧清單恭呈

御覽

計開

純懿皇貴妃園寢

東朝房一座三間明間後檐窗一槽拆去補砌後檐墻前檐明間並兩次間裝修坎墻滿拆去添安五抹格扇三槽內高炕二鋪格扇一槽拆去補添補勾滴瓦片油飾上下架舊式彩畫見新五抹格扇三槽素羣板套環墁地面俟差竣後照舊式補砌歸安頭停揭寬挑換飛檐望板連檐瓦口成做隨鐵活油飾銀硃油綫路貼金堂簾三架

以上工料核實估計十成實銀四百七十九兩一錢三分

暖閣一座梅花柱子二根抱柱二根中枋一根提裝一根牮柱抱框各二根橫皮三堂油飾硃紅油綫路貼金頂壁護墻壁進深壁子糊呈文紙黃毛邊紙各一層

神龕一座梅花柱子四根上安冰盤沿頂前檐格扇一槽釘補面葉油飾成做木踏跺一分頂壁後簷壁進深壁子內糊呈文紙黃毛邊紙各一層黃綢夾壁衣一分

寶座一座靠背扶手三塊油飾黃綢褥子一塊牀圍一分頂棚糊呈文紙黃毛邊紙各一層供案黃布套一分

月台一分滿釘黃木板前面垂帶踏跺並兩旁踏跺共三座刷紅土色

黃布涼棚一座單油布頂一塊壓風大繩二根墜風石鼓十二個台面滿鋪白毡

以上工料核實估計十成實銀四百七十四兩八錢八分

和裕皇貴妃園寢

東朝房一座三間後檐明間窗戶一槽拆砌補砌後檐牆前檐明間並兩次間裝修滿拆去添安五抹格扇三槽內高炕二鋪拆去補墁地面俟差竣後照舊式補砌歸安頭停拔草捉節夾隴明間後坡揭宼找補勾滴瓦片油飾上下架照舊式彩畫見新五抹格扇三槽素𡎺板套環成做隨鐵洛油飾硃紅油綫路貼金堂簾三架

以上工料核實估計十成實銀二百五十六兩

暖閣一座梅花柱子二根抱框二根中枋提裝各一根小䇶柱抱柱各二根横披三堂油飾硃紅油綫路貼金頂壁進深壁護墻壁子糊飾呈文紙黄毛邊紙各一層

神龕一座梅花柱子四根上安冰盤沿頂前檐格扇一槽釘補面葉油飾隨木踏躁一分頂壁後簷壁進深壁子糊飾呈文紙黃毛邊紙各一層黃綢夾壁衣一分

寶牀一座靠背扶手三塊油飾隨黃綢寶褥一塊床圍一分供案黃布套一分

月台一座滿釘楊木板前面並兩旁踏躁三座俱刷紅土色

黃布涼棚一座隨單油布頂一塊壓風繩二根墜風石鼓十二個滿鋪白毡

以上工料核實估計十成實銀四百七十八兩三錢八分

懷親王園寢

東朝房一座三間頭停拔草夾隴齊理簷頭補添走獸明間前檐拆去砍

牆裝修添安五抹格扇一槽素羣板套環成做油飾硃紅油綫路貼金內

高坑一座拆去補墁地面俟差竣後照式補砌歸安格扇糊高麗紙博縫

裱糊黃洋布堂簾三架

以上工料核實估計十成實銀二百一十二兩五錢

暖閣一座梅花柱子二根抱框二根中枋一根提裝枋一根坐柱二根小

抱柱二根橫披三堂油飾硃紅油綫路貼金頂壁格斷壁護牆壁子糊呈

文紙黃毛邊紙各一層黃紡綢夾幔幃一分

神龕一座黃梅柱子四根上安冰盤沿頂格扇一槽油飾綫路貼金頂壁

並兩山後檐壁子糊呈文紙黃毛邊紙各一層

寶床一座靠背扶手三塊木踏蹀一座油飾壁衣一分床褥一分床圍一

件供案黃布套一分

以上工料核實估計十成實銀一百十八兩二錢五分

端親王園寢

東朝房一座三間頭停拔草夾隴齊理檐頭補添走獸明間前檐拆去坎墻裝修添安五抹格扇一槽素羣板套環成做油飾硃紅油綫路貼金內高坑一座拆去補墁地面俟差竣後照舊式補砌歸安格扇糊高麗紙博縫裱糊黃洋布堂簾三架

以上工料核實估計十成實銀二百一十二兩五錢

暖閣一座梅花柱子二根抱框二根中枋一根提裝枋一根小抱　二根夈柱二根橫披三堂油飾硃紅油綫路貼金頂壁格斷壁壁護墻子糊呈文紙黃毛邊紙各一層黃紡綢夾幔帳一分

神龕一座梅花柱子四根上安冰盤沿頂格扇一槽油飾綫路貼金頂壁

並兩山後檐壁子糊呈文紙黃毛邊紙各一層

寶牀一座靠背扶手三塊木踏跺一座油飾壁衣一分牀褥一分牆圍一

件供案黃布套一分

以上工料核實估計十成實銀一百十八兩二錢五分

慧愍固倫公主園寢

東朝房一座三間頭停揭宼挑換飛檐望板連檐瓦口補上灰背找補勾

滴瓦片內高坑一鋪拆去補墁地面俟差竣後照舊式補砌油飾前後檐

上下架照舊式彩畫油飾見新綫路貼金堂簾三架頂棚並檐墻糊呈文

紙印花紙各一層格扇檻窗高麗紙傅縫糊黃洋布

以上工料核實估計十成實銀四百四十六兩九錢

暖閣一座梅花柱子二根抱框二根中枋一根提裝枋一根小㭬柱抱柱

四根橫披三堂油飾硃紅油綫路貼金頂壁護墻壁進深壁子糊呈文紙

黃毛邊紙各一層黃綢夾幔帳一分

神龕一座梅花柱子四根上安冰盤沿頂格扇一槽油飾木踏跺一分黃

綢壁衣一分

寶牀一座靠背扶手三塊油飾牀䙓一塊牀圍一分

寶座二座油飾硃紅油綫路貼金黃綢寶墊二分供案一張油飾硃紅油

隨黃布案套一件

月台一座滿釘楊木板前面垂帶踏跺並兩旁踏跺共三座俱刷紅土色

黃布涼棚一座隨單油布頂一分壓風繩二根墜風石鼓十二個台面滿

鋪白毡

以上工料核實估計十成實銀三百五十八兩四錢七分

端順固倫公主園寢

東朝房一座二間頭停拔草夾隴前檐格扇一槽支摘窗一槽隔斷壁子一槽門口一分窗戶油飾柿紅油格扇油飾硃紅油綫路貼金堂簾二分地面補墁方磚頂棚糊飾呈文紙印花紙各一層

以上工料核實估計十成實銀八十四兩五錢

暖閣一座梅花柱子二根抱柱二根小犖柱二根橫披三堂油飾硃紅油綫路貼金頂壁護墻壁子進深壁子糊呈文紙黃毛邊紙各一層

神龕一座梅花柱子四根上安冰盤沿頂格扇一槽油飾綫路貼金頂壁後簷壁進深壁子糊呈文紙黃毛邊紙各一層黃綢夾幔帳一分壁衣一分寶牀一座靠背扶手三塊油飾牀碍一塊牀圍一分供案一張油飾硃紅油隨黃布案套一件

月台一座滿釘楊木板前面踏跺一座兩旁踏跺各一座刷紅土色

黃布涼棚一座鋪白毡一層押風繩二根墜風石鼓十二個單油布頂一分

以上工料核實估計十成實銀二百五十七兩零六分

總計各項工料並應用保護拉運車脚繩斤架木各作脚手架子運料看守人夫辦買客土等項核實估計擬給十成二兩平足銀三千四百九十六兩八錢二分

光緒二十八年八月二十二日具奏奉

旨依議欽此

奉移　神牌估計核實應請戶部勿再核減片

再臣等查

陵寢大臣原奏內稱

各園寢奉移

神牌各項工程應需銀兩向由廣恩庫動支每案均在數百兩不等又稱

各園寢朝房尚有應行修理情形或因工程緊迫或因欵項增多均請由該大

臣酌核辦理各等語臣等竊查奉移各工向來每案已需數百兩至修理

朝房工程錢糧例又歸入歲修案內報銷併案則錢糧加增原奏所稱欵項增

多即謂是也此次

各園寢均有移請

神牌各工

東朝房又有應修工程併案辦理兩項估計尚屬核實相應請

旨飭下戶部從速札庫按照臣等奏定數目開放毋庸再行核減此係實用實

銷請免造報以省繁擾理合附片具陳伏乞

聖鑒謹

奏

估修專案要工謹擬做法錢糧摺 附清單

奏爲估修專案要工謹擬做法錢糧另繕清單恭摺具陳仰祈
聖鑒事竊臣等遵查
惠陵
隆恩殿要工於本年二月初六日覆奏新舊情形摺內聲明俟核定錢糧再行具奏奉
旨知道了欽此欽遵臣等查此項工程於光緒二十六年三月間經工部原估錢糧應用實銀九萬九千六百七十一兩有奇維時大件木植係楩楠木成做尚有舊料七成堪以選用添新者僅三成小件木植係樟木成做選用舊料八成添新二成至顏料琉璃瓦件及杉木杉槁架木等項均係由戶工二部行取不在估價之例故錢糧之數雖少而行取實多往往有撙節於此而取盈於彼

者廠商積習大抵如此現經臣等奏明援照

蹕路暨

西陵工程辦法所有行取各件概歸廠商採買以期核實至各項木植自光緒二十五年拆卸以後風雨剝蝕又閱三年之久傷損劈裂情形加重以故大件木植選用舊料僅得四成添新者至六成之多臣等恭查修造要工惟黃花梨木最爲合用其價值雖較楩楠爲昂而紋細質堅足垂久遠此次添新大件木植擬遵用黃花梨木成做至小件木植選用舊料現亦止有三成添新七成擬仍用樟木成做當經切飭廠商按照以上所擬辦法分別名目核實估計據稱黃花梨木須向外埠一帶採買業飭前往商訂備購去後茲據廠商造具做法錢糧清册呈送前來臣督同司員詳加察核所擬做法尺寸均與成案相符所估錢糧數目再四核減計添新大件之黃花梨木共折見方尺二萬六千八百

七十八尺二分應合銀十三萬一千五百九十四兩七錢八分五釐九毫添新小件之樟木計八百五十件應合銀六千七百六十四兩九錢四分七釐二毫至例應行取戶工二部今歸商辦之各項物件應合銀七萬一千八百八十三兩五錢三分九釐八毫成做各項工料應合銀三萬八千一百九十一兩六錢一分九釐五毫四項統計共需銀二十四萬八千四百三十四兩八錢九分二釐四毫除不堪選用之舊料變價抵銀五千兩外應給十成二兩平足銀二十四萬三千四百三十四兩八錢九分二釐四毫所估數目雖較原估增加但原估價值尚有行取各件在外現在所估係將行取之件統歸商辦錢糧數目自應加多且新舊情形輕重不同樅楠木與黃花梨木價值貴賤又異按照市價分估合算委係實用實銷擬請

旨飭下戶部如數給發無庸核減臣等伏查此項工程拆卸已逾三年自應及

早興作擬卽知照戶部先行發給銀六萬兩其餘陸續請領庶欵項稍寬俾廠商得於今冬將各項材料一面購備陸續起運來歲春融卽由臣等知照欽天監擇吉開工並飭廠商分別出具領欵認限運料竣工保固各項切實甘結迅速興修不准稍有延宕臣等仍當隨時督率司員分班前往查勘並派員輪流駐工悉心經理將來工程報竣擬由臣等敬謹驗收並請免其造册具報以省煩擾除將做法錢糧細表繕造齊全卽行咨送軍機處備查外理合繕具清單恭呈

御覽所有估修專案要工謹擬做法錢糧各緣由恭摺具陳伏乞

皇太后

皇上聖鑒訓示遵行再此次因該廠商前往外埠商訂大件木植往返需時是以覆奏略緩合併聲明謹

奏

謹將

惠陵

隆恩殿全座工程所有做法尺寸並選舊添新之大小木植及例應行取

今歸商辦物件暨成做各項工料核實錢糧數目繕具清單恭呈

御覽

計開

一　做法尺寸

隆恩殿全座計五間內明間面闊二丈一尺五寸二次間各面闊一丈六尺兩稍間各面闊一丈五尺五寸通面闊八丈四尺五寸兩山各顯三間內明間面闊二丈零五寸二次間各面闊二丈中進深四丈六尺五寸前

後廊各深七尺通進深六丈零五寸簷柱高一丈六尺五寸徑一尺九寸
重簷金柱通高三丈一尺徑二尺四寸上下簷十一檩重簷歇山十一檩
重簷歇山出飛簷方元椽順望板周圍簷擺安斗口三寸下簷重昂上簷
單翹重昂斗科內裏格井天花頭調停大脊垂脊角脊傅脊安吻獸獅馬
宸四樣黃色琉璃脊瓦料成造
簷柱十六件各長一丈六尺五寸徑一尺九寸
重簷柱十四件各長三丈一尺徑二尺四寸
貼脇金柱二件各長四尺一寸寬二尺
鑽金柱四件各長三丈八尺徑二尺六寸
天花隨樑四件連榫各長三丈二尺二寸寬一尺八寸高二尺六寸
天花樑四件連榫各長三丈二尺二寸寬一尺八寸高二尺五寸

天花接尾樑四件連榫各長一丈一尺七寸寬一尺八寸高二尺五寸

九架隨樑代昂嘴四件連榫各長二丈六尺三寸寬一尺四寸五分高二尺一寸六分

九架接尾隨樑四件連榫各長一丈五尺八寸寬一尺四寸五分高二尺一寸六分

九架落金樑四件連榫各長三丈八尺寬二尺二寸高三尺

九架尾樑四件連榫各長一丈七尺四寸寬二尺二寸高三尺

七架樑四件連椗頭各長三丈六尺五寸寬二尺高二尺六寸

五架樑六件連椗頭各長二丈三尺五寸寬一尺七寸五分高二尺四寸

三架樑六件連椗頭各長二丈三尺二寸五分寬一尺五寸五分高二尺二寸

採步金樑二件各長三丈八尺寬二尺高二尺三寸
採步金枋二件各長三丈三尺五寸寬一尺二寸高一尺五寸
面闊扒樑四件各長八尺五寸寬一尺八寸高二尺
担樑四件各長八尺五寸寬一尺三寸高一尺四寸
挑尖抱桄樑十件連榫各長一丈零五寸寬一尺四寸五分高二尺四寸
抱桄隨樑十件連榫各長九尺寬一尺二寸高一尺六寸
下簷挑尖假樑頭二件各長六尺三寸寬一尺二寸高二尺四寸
上簷挑尖假樑頭四件各長八尺四寸寬一尺四寸高三尺
亞抱桄樑四件連榫各長八尺八寸寬一尺四寸高一尺八寸
榻角木二件各長三丈八尺五寸寬一尺三寸高一尺六寸
桄椽枋二件各長三丈三尺五寸寬一尺二寸高一尺四寸

暖閣進深關門枋四件連榫各長一丈一尺八寸寬一尺二寸高一尺六寸

暖閣面闊關門枋三件內二件連榫各長一丈四尺六寸一件連榫二丈寬一尺二寸高一尺六寸

次稍間

鑽金天花枋五件內一件連榫長二丈二件連榫各長一丈四尺六寸二件連榫各長七尺二寸均寬一尺三寸五分高二尺二寸

明間

下簷小額枋二件連榫各長二丈零六寸寬一尺二寸高一尺五寸

由額墊板二件連榫各長二丈零二寸寬八寸厚五寸

大額枋二件連榫各長二丈零六寸寬一尺五寸五分高二尺

天花枋二件連榫各長二丈零三寸寬一尺四寸高一尺八寸

承椽枋二件連榫各長二丈零三寸寬一尺四寸高一尺八寸

上簷大額枋二件連榫各長二丈零三寸寬一尺六寸高二尺五寸

上下簷平板枋四件連榫各長二丈一尺八寸寬一尺一寸高六寸

上簷金枋六件連榫各長二丈零八寸寬一尺高一尺三寸

脊枋一件連榫長二丈零八寸寬一尺二寸高一尺四寸

金脊墊板七塊連榫各長二丈零四寸寬一尺一寸厚四寸五分

上下簷挑簷桁四件連榫各長二丈一尺八寸徑一尺一寸

正心桁四件連榫各長二丈一尺八寸徑一尺四寸

金脊桁七件連榫各長二丈一尺八寸徑一尺五寸

扶脊木一件連榫長二丈一尺八寸徑一尺三寸

二次間

下簷小額枋四件連榫各長一丈五尺一寸寬一尺二寸高一尺五寸

由額墊板四塊連榫各長一丈四尺八寸寬八寸厚五寸

大額枋四件連榫各長一丈五尺一寸寬一尺五寸五分高二尺

天花枋三件連榫各長一丈四尺八寸寬一尺四寸高一尺八寸

承椽枋四件連榫各長一丈四尺八寸寬一尺四寸高一尺八寸

上簷大額枋四件連榫各長一丈四尺八寸寬一尺六寸高二尺五寸

上下簷平板枋八件連榫各長一丈六尺三寸寬一尺一寸高六寸

上下金枋十二件連榫各長一丈五尺一寸寬一尺高一尺三寸

脊枋二件連榫各長一丈五尺三寸寬一尺二寸高一尺四寸

墊板十四塊連榫各長一丈五尺一寸寬一尺一寸厚四寸五分

上下挑簷桁八件連榫各長一丈六尺三寸徑一尺一寸

上下簷正心桁八件連榫各長一丈六尺三寸徑一尺四寸

金脊桁十四件連榫各長一丈六尺三寸徑一尺五寸

扶脊木二件連榫各長二丈三尺三寸徑一尺三寸

兩稍間

小額枋四件連榫各長一丈七尺寬一尺二寸高一尺五寸

由額墊板四塊連榫各長一丈四尺三寸寬八寸厚五寸

由額枋四件連箍頭各長一丈七尺寬一尺五寸五分高二尺

平板枋四件連搭角榫各長一丈七尺八寸寬一尺一寸高六寸

挑簷桁四件連搭角榫各長出頭一丈九尺三寸寬一尺一寸

正心桁四件連搭角榫各長一丈七尺八寸徑一尺四寸

天花枋四件連榫各長七尺三寸寬一尺四寸高一尺八寸

承椽枋四件連榫各長七尺三寸寬一尺四寸高一尺八寸

上簷大額枋四件連箍頭各長一丈零三寸寬一尺六寸高二尺五寸

平板枋四件連搭角榫各長一丈一尺七寸寬一尺一寸高六寸

挑檐桁四件連搭角出頭各長一丈三尺二寸徑一尺一寸

正心桁四件連搭角出頭各長一丈一尺徑一尺四寸

東西兩山明間

小額枋二件連榫各長一丈九尺七寸寬一尺二寸高一尺五寸

由額墊板二塊連榫各長一丈九尺三寸寬八寸厚五寸

大額枋二件連榫各長一丈九尺七寸寬一尺五寸五分高二尺

平板枋四件連榫各長二丈零八寸寬一尺一寸高六寸

連二天花枋二件連榫各長三丈二尺三寸寬一尺四寸高一尺八寸

連二承椽枋二件連榫各長三丈二尺三寸寬一尺四寸高二尺三寸

連二博脊枋二件連榫各長三丈二尺三寸寬一尺四寸高一尺六寸

連二大額枋二件連箍頭各長三丈五尺三寸寬一尺

連二正心桁二件連搭角榫各長三丈六尺徑一尺四寸

連二挑簷桁四件連榫各長二丈零八寸徑一尺一寸

下簷正心桁二件連榫各長二丈零八寸徑一尺四寸

下簷東西兩山次間

小額枋四件連榫各長二丈一尺五寸寬一尺二寸高一尺五寸

由額墊板四塊連榫各長一丈八尺八寸寬八寸厚五寸

大額枋四件連箍頭各長二丈一尺六寸寬一尺五寸五分高二尺

平板枋四件連搭角樺各長一丈二尺三寸寬一尺一寸厚六寸

北次間

天花枋二件連樺各長一丈一尺八寸寬一尺四寸厚一尺八寸

承椽枋二件連樺各長一丈一尺八寸寬一尺四寸高二尺八寸

博脊枋二件連樺各長一丈一尺八寸寬一尺四寸高一尺六寸

上簷大額枋二件連樺各長一丈四尺七寸寬一尺六寸高二尺五寸

平板枋四件連搭角樺各長一丈五尺六寸寬一尺一寸高六寸

正心桁六件內四件連搭角樺各長二丈二尺四寸徑一尺四寸二件連

搭角樺各長一丈一尺徑一尺四寸

挑簷桁四件連搭角樺各長一丈六尺七寸八分徑一尺一寸

九架樑下平板枋八件內四件各長三丈二尺寬一尺一寸高六寸四件

各長一丈一尺八寸寬一尺一寸高六寸
下簷老角樑四件各長二丈一尺八寸寬一尺四寸五分厚一尺
梓角樑四件各長二丈三尺六寸寬一尺三寸厚一尺
上檐老角樑四件各長二丈一尺三寸寬一尺三寸厚一尺
梓角樑四件各長二丈四尺二寸寬一尺三寸厚一尺
承椽枋外面托椽枋十六件折湊長三十丈零一尺各寬六寸厚四寸
柁墩三十二件各長三尺寬二尺高三尺
交金墩四件各長五尺五寸寬一尺六寸高一尺一寸
脊瓜柱六件各高五尺寬一尺六寸
荷葉角背八件各長二尺五寸寬二尺二寸厚四寸五分
兩山博縫板十二塊內四塊各長九尺八寸四塊各長一丈一尺四塊各

長一丈三尺俱寬二尺八寸厚四寸

山花板二縫九十塊各長三丈八尺中高一丈七尺七寸厚四寸

槽架柱子十件內二件各長一丈零六寸四件各長六尺四件各長二尺四寸俱寬九寸厚七寸

穿十二件內四件各長五尺一寸五分四件各長六尺五寸四件各長五尺一寸俱寬九寸厚七寸

下簷飛簷椽二百六十八件各長八尺四寸

翼角椽一百五十二件各長一丈三尺三寸徑五寸

翹飛椽一百五十二件各長一丈一尺七寸

上簷飛簷椽二百八件各長八尺四寸

翼角椽一百五十二件各長一丈三尺三寸徑五寸

翹飛椽一百五十二件各長一丈一尺七寸

襯頭木三十二塊內八塊各長七尺八塊各長六尺五寸俱寬四寸五分

厚四寸五分八塊各長九尺二寸八塊各長八尺八寸俱寬一尺厚三寸

下簷簷椽二百六十八件各長一丈三尺二寸徑五寸

上簷簷椽二百零八件各長一丈三尺七寸徑五寸

下花架椽一百四十八件各長八尺徑五寸

上花架椽一百四十八件各長七尺五寸徑五寸

腦椽一百四十八件各長八尺五寸五分徑五寸

收山亞椽二十四件各長八尺徑五寸

下簷簷順望板四百三十六塊各長一丈三尺三寸寬九寸厚一寸二分

飛簷順望板二百八十四塊各長二尺五寸寬九寸厚一寸二分

翹飛望板一百五十二塊各長二尺五寸寬九寸厚一寸二分
押飛尾橫望板三百四十三塊各長一丈寬九寸厚一寸二分
上簷簷順望板三百七十二塊各長一丈三尺三寸寬九寸厚一寸二分
飛簷順望板二百二十塊各長二尺五寸寬九寸厚一寸二分
翹飛順望板一百五十二塊各長二尺五寸寬九寸厚一寸二分
押飛橫尾望板二百八十二塊各長一丈寬九寸厚一寸二分
花架腦步橫望板四百七十四塊各長一丈寬九寸厚一寸二分
上下簷連簷湊長六十八丈九尺六寸寬五寸厚五寸
瓦口湊長六十八丈九尺六寸寬三寸六分厚一寸二分
排山瓦口湊長十丈寬三寸六分厚一寸二分
裏口木湊長六十三丈八尺四寸寬六寸厚五寸

椽椀湊長四十一丈六尺寬八寸厚一寸二分

望板引條湊長一千一百八十六丈三尺六寸寬二寸厚一寸

木脊椿各長四尺五寸寬三寸厚二寸二分

棋枋板十四塊湊長二十丈零四寸各高三尺厚三寸

博脊板十槽湊長十一丈七尺高二尺一寸厚三寸

下簷墊拱板九十塊各長二尺八寸寬一尺六寸五分厚一寸五分

蓋斗板三百六十塊各長三尺寬一尺厚一寸

正心枋四十八件內十二件各長二丈十二件各長一丈六尺十二件各長一丈五尺五寸六件各長二丈一尺五寸六件各長二丈零五寸均寬六寸厚四寸五分

槐枋三十二件內四件各長二丈零五寸四件各長二丈一尺五寸四件

各長二丈零九寸四件各長一丈九尺一寸四件各長一丈六尺四寸八件各長一丈六尺四件各長一丈四尺六寸均寬四寸二分厚三寸

機枋十六件内四件各長一丈六尺四件各長二丈三尺四寸四件各長一丈八尺九寸二件各長二丈一尺五寸二件各長二丈零五寸均寬六寸厚三寸

井口枋十六件内四件各長一丈三尺六寸四件各長一丈八尺二寸四件各長一丈六尺二件各長二丈一尺五寸二件各長二丈零五寸均寬一尺厚三寸

上簷蓋斗板五百零四塊各長三尺寬一尺厚一寸

墊拱板七十四塊各長二尺八寸寬一尺六寸五分厚一寸五分

正心桁八十件内二十件各長一丈三尺二十件各長一丈六尺二十件

各長八尺五寸十件各長二丈一尺五寸十件各長二丈零五寸下四層各寬六寸上一層各寬四寸五分均厚四寸五分

椳枋六十四件內四件各長一丈六尺七寸四件各長一丈四尺八寸八件各長二丈零五寸八件各長二丈一尺五寸十六件各長一丈六尺四件各長七尺六寸四件各長一丈二尺一寸四件各長一丈零三寸四件各長一丈零四寸四件各長一丈三尺九寸四件各長一丈一尺二寸均寬四寸二分厚三寸

機枋十六件內四件各長一丈七尺三寸四件各長一丈二尺八寸四件各長一丈六尺二件各長二丈零五寸二件各長二丈一尺五寸均寬六寸厚三寸

井口枋十六件內四件各長一丈六尺四件各長一丈零三寸四件各長

五尺八寸二件各長二丈零五寸二件各長二丈一尺五寸均寬一尺厚三寸

下簷廊內並明間西次間

暖閣共天花三百十八井均寬一尺八寸厚一寸五分

上簷天花五百八十井均寬一尺六寸五分厚一寸五分

佛樓上下簷天花八十二井均寬一尺六寸五分厚一寸五分

週圍貼樑共湊長一百三十丈一尺八寸寬六寸厚五寸

單支條五百九十件均寬六寸厚五寸

連二支條一百八件均寬六寸厚五寸

連三支條一百九十六件均寬六寸厚五寸

上下簷帽兒樑十九件內十二件各長一丈六尺七件各長二丈一尺五

寸徑一尺

外簷裝修

六抹二面菱花格扇三槽計十二扇內四扇各高一丈零二寸寬三尺七寸五分八扇各高一丈零二寸寬二尺八寸邊大五寸五分看面三寸五分

四抹二面菱花欞窗二槽計八扇各高六尺九寸五分寬二尺八寸

暖閣內簷裝修

六抹二面格扇五槽計二十扇內八扇各高一丈一尺六寸五分寬二尺七寸五分四扇各高一丈一尺六寸五分寬四尺零五分八扇各高一丈一尺八寸寬二尺二寸

佛樓下簷裝修

五抹二面菱花格扇一槽計六扇各高六尺五寸寬二尺
暖閣横披三槽計二十七扇一面菱花格扇九扇各高三尺二寸寬四尺八寸五分二面菱花格扇九扇各高三尺二寸寬三尺邊大三寸五分看面三寸
前簷下枚三件内二件各長一丈四尺三寸一件長一丈七尺五寸均寬一尺二寸厚八寸
明間合頭抱柱二件各長一丈二尺六寸寬一尺二寸厚一尺
抱柱十件内四件各長一丈零六寸寬一尺二寸二件各長一丈零六寸寬九寸四件各長七尺三寸均寬一尺厚八寸
提裝五件内二件各長一丈四尺六寸一件長一丈七尺八寸二件各長一丈四尺一寸均寬九寸厚八寸

連楹五件內二件各長一丈零五寸一件長二丈零四寸二件各長一丈四尺一寸均寬五寸厚三寸五分

風欨二件各長一丈三尺八寸寬九寸厚八寸

槅板二塊各長一丈四尺六寸寬二尺厚六寸

拴桿十五件內六件各長八尺二寸九件各長一丈二尺均寬二寸五分厚三寸二分

暖閣下欨六件內二件各長一丈三尺五寸一件長一丈零九寸均寬一尺二寸厚八寸一件長一丈三尺六寸二件各長一丈零六寸均寬一尺厚六寸

抱框十二根各長一丈二尺二寸內六件各寬二尺二寸厚八寸四件各寬七寸五分厚六寸二件各寬五寸五分厚六寸

提裝六件內二件各長一丈三尺八寸一件長一丈九尺三寸均寬九寸厚八寸二件各長一丈七寸一件長一尺四寸均寬九寸厚六寸

連楹六件內二件各長一丈四尺二寸一件長一丈九尺六寸均寬五寸五分厚三寸五分二件各長一丈一尺寬五寸厚二寸八分一件長一丈三尺七寸寬四寸厚二寸五分

拴桿十五件各長一丈三尺八分寬三寸二分厚二寸五分

橫披裝內裝修

風欣三件內二件各長一丈四尺一件長一丈九尺三寸均寬一尺厚五寸八分

上下中枋六件內四件各長一丈四尺二件各長一丈九尺三寸均寬一尺厚五寸八分

上杴三件內二件各長一丈四尺二件各長一丈九尺三寸均寬一尺厚五寸八分

小牮柱十八件各長三尺四寸寬一尺二寸厚五寸八分

小抱框十八件各長三尺四寸寬一尺一寸厚五寸八分

暖閣內東西二縫

下簷格斷板二槽各高一丈三尺七寸寬一尺五寸厚二寸

上簷格斷板三槽各高一丈三尺二寸寬一尺五寸厚二寸

後廊內夾堂板四槽各高一丈二尺寬六尺五寸厚二寸

護墻板三槽內一槽寬二丈零六寸二槽各寬一丈五尺均高一丈四尺五寸厚二寸

東次間

佛樓一座

挂簷一塊長一丈五尺三寸寬二尺厚三寸

冰盤沿一塊長一丈五尺三寸寬六寸厚三寸

飄簷一塊高二尺五寸寬一丈一尺六寸五分

天然罩歡門三件橫披長一丈二尺寬二尺腿子二扇各高五尺一寸寬一尺二寸厚三寸

毘盧帽一塊長一丈五尺四寸寬二尺五寸

欄杆五扇各高二尺零五分寬二尺二寸四分柱子六件各長二尺九寸方三寸五分

簷邊木一件長一丈二尺五寸寬九寸厚三寸

楞木六件各長七尺寬九寸厚七寸

上枋一件長一丈四尺寬九寸厚三寸五分

抱框二件各長七尺二寸寬九寸厚三寸五分

樓板一間長一丈五尺寬八尺厚三寸

下簷地堂板一間長一丈五尺寬五寸五分厚三寸

明間

寶龕一座面寬九尺一寸進深七尺二寸柱高七尺三寸

五抹菱花格扇一槽計四扇各高五尺二寸寬一尺九寸三分

仙橋踏躲一座寬四尺高二尺五寸進深三尺

寶牀一座長六尺六寸寬三尺四寸高二尺

西次間

寶龕一座面寬九尺一寸進深七尺柱高七尺三寸

五抹菱花格扇一槽計四扇各高五尺二寸寬一尺九寸三分

仙橋踏跺一座寬四尺高二尺五寸進深三尺

寶牀一座長六尺六寸寬三尺四寸高二尺

以上做法尺寸

一　應用大件木植選用添新件數

簷柱十六件選用二件添新十四件

重簷柱十四件選用五件添新九件

貼脇金柱二件均選用

鑽金柱四件選用二件添新二件

天花隨樑四件選用一件添三件

天花樑四件選用一件添新三件

天花接尾樑四件選用一件添三件

九架隨樑帶昂嘴四件選用二件添新二件

九架接尾隨樑四件選用二件添新二件

九架落金樑四件選用二件添新二件

九架接尾樑四件選用一件添新三件

七架樑四件選用一件添新三件

五架樑六件選用三件添新三件

三架樑六件選用一件添新五件

採步金樑二件選用一件添新一件

面闊扒樑四件均選用

擔樑四件選用二件添新二件

採步金枋二件選用一件添新一件
挑尖抱枕樑十件選用四件添新六件
抱枕隨樑十件選用二件添新八件
下簷挑尖假樑頭二件選用一件添新一件
上簷挑尖假樑頭四件選用二件添新二件
亞抱枕樑四件均選用
楊角木二件選用一件添新一件
枕緣枋二件均選用
暖閣進深關門枋四件選用二件添新二件
暖閣面闊關門枋三件選用二件添新一件
攢金天花枋五件選用三件添新二件

明間下簷小額枋二件選用一件添新一件
由額墊板二塊均選用
大額枋二件選用一件添新一件
天花枋二件均添新
承椽枋二件選用一件添新一件
上簷大額枋二件選用一件添新一件
上下簷平板枋四件選用二件添新二件
上簷金枋六件選用二件添新四件
脊枋一件選用
金脊墊板七塊選用三件添新四件
上下簷挑簷桁四件選用二件添新二件

正心桁四件選用一件添新三件

金脊桁七件選用四件添新三件

扶脊木一件添新

二次間下簷小額四件選用二件添新二件

由額墊板四塊選用二件添新二件

大額枋四件選用二件添新二件

天花枋三件選用一件添新二件

承椽枋四件選用一件添新三件

上簷大額枋四件選用二件添新二件

上下簷平板枋八件選用四件添新四件

上下金枋十二件選用四件添新八件

脊枋二件選用一件添新一件
墊板十四塊選用七件添新七件
上下簷挑簷桁八件選用四件添新四件
上下簷正心桁八件選用四件添新四件
金脊桁十四件選用九件添新五件
扶脊木二件選用一件添新一件
兩稍間小額枋四件選用二件添新二件
由額墊板四塊選用二件添新二件
大額枋四件選用二件添新二件
平板枋四件選用二件添新二件
挑簷桁四件選用二件添新二件

正心桁四件選用一件添新三件

天花枋四件選用一件添新三件

承椽枋四件均選用

上簷大額枋四件選用一件添新三件

平板枋四件選用二件添新二件

挑簷桁四件選用二件添新二件

正心桁四件選用二件添新二件

明間小額枋二件選用一件添新一件

由額墊板二塊均選用

大額枋二件選用一件添新一件

平板枋四件選用二件添新二件

連二天花枋二件均添新

連二承椽枋二件均添新

連二博脊枋二件選用一件添新一件

連二大額枋二件均添新

連二正心桁二件均添新

連二挑心桁四件選用二件添新二件

下簷正心桁二件選用二件添新二件

下簷東西兩山次間小額枋四件選用三件添新一件

由額墊板四塊選用二件添新二件

大額枋四件選用二件添新二件

平板枋四件選用二件添新二件

北次間天花枋二件均添新
承椽枋二件選用一件添新一件
博脊枋二件選用一件添新一件
上簷大額枋二件選用一件添新一件
平板枋四件選用二件添新二件
正心桁六件選用三件添新三件
挑簷桁四件選用二件添新二件
九架樑下平板枋八件選用四件添新四件
下簷老角樑四件選用二件添新二件
梓角樑四件均添新
上簷老角樑四件選用二件添新二件

梓角樑四件均添新

承椽枋外面托椽枋十六件選用六件添新十件

梲墩三十二件選用十六件添新十六件

交金墩四件均選用

脊瓜柱六件選用四件添新二件

荷葉角背八件選用二件添新六件

兩山博縫板十二塊選用六件添新六件

山花板二縫九十塊選用四十五件添新四十五件

槽架柱子十件選用五件添新五件

穿十二件選用六件添新六件

以上用大件木植六百零三件除選用舊料四成外應添新六成擬用黄

花梨木成做連加荒共折見方尺二萬六千八百七十八尺二分每方尺估價銀四兩八錢九分六釐共合銀十三萬一千五百九十四兩七錢八分五釐九毫

一　應用小件木植選舊添新件數

下簷斗口三寸重昂斗科平身科七十四攢柱頭科十二攢角科四攢寶瓶四件均選用五成添新五成

上簷斗口三寸單翹重昂斗科平身科五十八攢柱頭科十二攢寶瓶四件隔架科八攢角科四攢均選用五成添新五成

下簷飛簷椽二百六十八件內選用三成添新七成

翼角椽一百五十二件內選用三成添新七成

翹飛椽一百五十二件內選用三成添新七成

上簷飛簷椽二百八件內選用三成添新七成
翼角椽一百五十二件內選用三成添新七成
翹飛椽一百五十二件內選用三成添新七成
襯頭木三十二塊可添新
下簷墊拱板九十塊蓋斗板三百六十塊正心枋四十八件槐枋三十二件機枋十六件井口枋十六件均用舊料改造
上簷蓋斗板五百四塊墊拱板七十四塊正心枋八十件槐枋六十四件
機枋十六件井口枋十六件均用舊料改造
下簷廊內並明間兩次間
暖閣共天花三百十八井均用舊料改造
上簷天花五百八十井均用舊料改造

佛樓上下簷天花八十二井均用舊料改造

週圍貼樑單支條五百九十井連二支條一百八件連三支條一百九十六件均用舊料改造

上下簷帽兒樑十九件均用舊料改造

外簷裝修六抹二面菱花格扇十二扇四抹二面菱花格扇八扇均用舊料改造

暖閣內簷裝修六抹二面菱花格扇二十扇照舊歸安

佛樓下簷裝修五抹二面菱花格扇六扇照舊歸安

暖閣橫披二十七扇照舊歸安

前簷下枕三件均用舊料改造

明間合頭抱柱二件抱框十件提裝五件連楹五件風枕二件榻板二塊

件風栿三件拴桿十五件均用舊料改造

暖閣下栿六件抱框十六件提裝六件連楹六件拴杆十五件風栿三件

上下中枋六件上栿三件小牮柱十八件小抱框十八件均用舊料改造

暖閣内東西二縫下簷隔斷板二槽上簷隔斷板三槽後廊夾堂板四槽

護牆板三槽均用舊料改造

東次間

佛樓一座挂簷一塊氷盤沿一塊飄簷一塊天然罩歡門三件毘盧帽一

塊提杆五件柱子六件簷邊木一件楞木六件上枋一件抱框二件均用

舊料改造樓板一間下簷地堂板一間均照舊歸安

明間

寶龕一座五抹菱花格扇四扇照舊歸安

絲頭七斤半

白麵三千六百五十斤

甎灰五千八百九十斤

一 例咨戶部取用今歸酌辦物件

銀六千七百六十四兩九錢四分七釐二毫

以上小件木植除選用舊料外應添新八百五十件擬仍用樟木成做合

仙橋踏跺一座照舊歸安

寶龕一座五抹菱花格扇四扇照舊歸安

西次間

寶牀一座照舊歸安

仙橋踏跺一座照舊歸安

線蔴二千九百二十斤

高麗紙三百八十斤

釀生漆七十五斤

退光漆九十二斤半

籠罩漆一百三十三斤

金漆二十四斤一兩

漆硃五十九斤

紅標硃四百六十七斤

生桐油八千二百九十斤

桐油五千七百六十斤

香油五十五斤半

貼金油二百五十三斤

水膠一百六十五斤

廣膠五十八斤半

白礬一百五十二斤

青粉二十八塊

土粉子一百五十二斤

庫丹九十六斤

土子面五十六斤

陀僧二十九斤

廣靛花五十八斤

乾大綠二百八十九斤

二綠九十五斤
南梅花三十二斤
淨大綠一百二十四斤
彩黃二十九斤
頭紅土五百八十九斤
南片紅土二百四十三斤
銀硃二百九十八斤
胭脂五百四十二元
南烟子九斤十兩
黃蠟二十八斤
白蠟二十五斤

紅飛金一百十塊五把
黃飛金九十四塊
瓦帽釘一千八百五十四個除添新二成外餘俱罨洗
格扇抱角一百五十二塊面頁三十八塊雙人字七十六塊均鍍金見新
桄窗抱角三十六塊面頁十二塊均鍍金見新
扭頭雲環十一分鍍金見新
糊飾菱花格扇心並博縫打合背用黃綾三十九丈一尺三寸雲紗三十三丈四尺五寸絹五十八丈六尺四寸夏布一千一百九十七丈二尺紙五千八百十二張棉線七兩五錢
大木纏箍一千二百五十四道選用三成添新七成
箍釘二萬五千八百四十六個均添新

飛簷椽釘三千八百零八個均添新

椽子等釘一萬二千零二十四個均添新

翼角椽釘二千四百二十二個均添新

望板等釘九萬九千二百四十個均添新

鐵扁担拐子拉扯角樑釘吻樁五百十六件均添新

拉扯釘三千五百五十個均添新

兩山花梅花釘並鐵鋸子均添新

錫背折湊方丈一百十九丈四尺五寸三分選用二成添新八成

簷網銅幪折見方丈三十七丈三尺二寸選用三成添新七成

一 例咨工部取用今歸商辦物件

下簷簷椽二百六十八件選用五成添新五成

上簷篆椽二百八件選用五成添新五成

下花架椽一百四十八件選用五成添新五成

上花架椽一百四十八件選用五成添新五成

腦椽一百四十八件選用五成添新五成

收山壓椽二十四件選用五成添新五成

上下簷連簷湊長六十八丈九尺六寸均添新

瓦口湊長六十八丈九尺六寸均添新

排山瓦口湊長六十八丈九尺六寸均添新

裹口木湊長六十三丈八尺四寸均添新

椽碗湊長四十一丈六尺均添新

望板引條湊長一千一百八十六丈三尺六寸均添新

木脊樁二十件均添新

棋枋板十四塊均添新

博脊板十槽均添新

下簷簷順望板四百三十六塊選用二成添新八成

飛簷順望板二百八十四塊選用二成添新八成

翹飛望板一百五十二塊選用二成添新八成

押飛尾横望板三百四十三塊選用二成添新八成

飛簷順望板二百二十塊選用二成添新八成

翹飛順望板一百五十二塊選用二成添新八成

上簷簷順望板三百七十二塊選用二成添新八成

押飛尾横望板二百八十二塊選用二成添新八成

花架腦步橫望板四百七十四塊選用二成添新八成

黃色琉璃各件正吻二隻吻座二套劍靶二件背獸二隻方眼勾子一百零二件正當勾五百五十六件押代條一千零九十二件羣色條三百七十件雙黃道二十五件赤角通脊二十五件扣脊瓦二百十四件垂獸四隻蓮座四件托泥當勾平口條一百二十四件垂脊六十八件角獸八隻蓮座八件斜當勾一百九十二件角脊三十六件大連甎五十六件仙人八件走獸七十二件穿頭八件摘頭八件方眼螳螂溝頭十六件承奉博脊連甎五十四件挂尖四件博脊瓦五十八件套獸八隻遮朽瓦八件筒瓦一萬二千八百九十六件板瓦三萬七千六百二十六件勾子六百八十件滴子七百七十二件合角吻八隻合角劍靶八件博通脊一百三十二件蹬脚瓦二百十二件滿面黃四百八十件全數添新

金甎地面間有酥破剔墁找補燙蠟順色見新用二尺二見方金甎十五塊黃蠟一百五十斤黑烟子二十五斤白炭五百斤白面十六斤生桐油二十二斤

架木一萬七千五百根

以上係例應行取今歸商辦各件物料合銀七萬一千八百八十三兩五錢三分九厘八毫

一　成做各項工料

大木舊料刮鉋見新並成做添新大木木匠二萬六千九百二十八工

成做翹飛椽望木匠一萬八千三百四十九工

成做斗科天花木匠一萬九千四百七十二工

豎立大木木匠一萬五千工

釘頭停椽望木匠八千五百工
原座歸安裝修木匠二千四百工
山牆二堵用細澄漿城甎二千七百五十六塊均添新背餡隨式城甎三千五百八十八塊舊樣城甎九千六百六十塊均選用五成白灰十四萬三千五百二十四斤䌖蔴三百二十七斤斫牆並砌牆瓦匠三百八十六工下肩砍乾擺瓦匠五百十一工壯夫二千四百四十工
後簷牆五堵用細澄漿城甎一千九百二十四塊均添新隨式城甎二千四百七十六塊舊樣城甎六千三百四十一塊均選用五成䌖蔴二百十二斤白灰九萬零四十六斤瓦匠二百六十二工壯夫一千六百二十二工下肩砍乾擺瓦匠三百八十五工
兩稍間檻牆二堵用細澄漿城甎四百八十四塊均添新隨式城甎三百

六十三塊選用五成白灰七千五百八十二斤瓦匠四十七工壯夫九十工砍乾擺瓦匠八十四工

隆恩殿週圍散水用細澄漿城甎二千零八十九塊均添新舊樣城甎七千三百八十塊選用五成白灰八萬五千三百二十斤瓦匠二百四十九工壯夫一千三百十二工

月臺全座用細泥尺七方甎四百十六塊均添新白灰七千四百九十斤生桐油三十五斤白麪十七斤瓦匠二百三十三工壯夫二百五十九工砍甎匠二百五十工

月臺週圍散水用細澄漿城甎七百二十塊均添新舊樣城甎一千九百三十八塊選用五成白灰二萬三千八百九十八斤瓦匠七十三工壯夫三百零五工

上下簷博脊六道用舊樣城甎一千八百六十五塊選用五成白灰一萬六千八百斤瓦匠四十四工壯夫二百五十八工

山檐牆內外抹飾用包金土五百十塊白灰三千二百七十二斤蔴刀八百八十斤瓦匠一百六十二工壯夫七百二十名

頭停苫背並宽瓦用白灰二十九萬八千七百斤青白灰一萬五千斤蔴刀二萬四千二百斤蘇連口袋四百四十條客土片方二十方江米一千五百斤白礬一千零五十斤山紅土三千斤瓦匠二千零七十五工壯夫一萬二千三百十二工

隆恩殿地盤並月臺週圍欄板石柱俱鏨斧扁光見新共用石匠三千一百工

運瓡灰挑水夫五千五百二十工

擡運大木料扛夫二萬二千五百工
拉天平壯夫一萬七千五百工
出運架木夫二千二百九十八工
起土夫一千一百五十工
月臺至運料門首內墊走料物道土鍋夫二百九十六工
運料門外至下廠墊走物料道土鍋夫一萬四千工
墊走物料道客土三百十二方
添蓋朱車棚二座計五間
添開運料門一座
看守運料門值班八旗每日官二員兵八名按一年半發給工食
成搭創橋脚手架子用丈蓆一千五百領連繩一千三百斤紮法繩一萬

五千斤柳桿七十捆紮採匠五千七百工
成搭河桶上木板橋一座
油匠六千五百七十工
畫匠五千七百五十工
補墁金瓴燙蠟順色見新用瓦匠二百工壯夫九百二十八工
以上成做工作並各項物料合銀三萬八千一百九十一兩六錢一分九
釐五毫
通共四項擬給銀二十四萬八千四百三十四兩八錢九分二釐四毫除
不堪選用之舊料變價抵銀五千兩外應給十成二兩平足銀二十四萬
三千四百三十四兩八錢九分二釐四毫

估計拆卸搬運及挪移圈廠各項工費錢糧片 清單附

再查

惠陵

隆恩殿全座於光緒二十五年間拆卸既畢所有工費應由恭辦大臣核實給發以示體恤茲據該商將拆卸搬運並經看及挪移圈廠各項工費估計錢糧造具細册呈送前來臣等督同司員悉心查核自二十五年三月起至五月止又自是年六月起至九月止所有拆卸搬運需用架木繩蓆車脚人工合銀一萬七千一百八十兩零三錢六分一釐二毫又自是年九月起至本年正月止僱派堆夫看守租賃鍋伙合銀一千九百零三兩七錢八分六釐九毫以上兩項合銀一萬九千零八十四兩一錢四分八釐一毫此係就舊案估計核實應給之錢糧也此次接辦適值要差復將前設碍道之圈廠改移他處所有搬運

木植甎瓦之車脚人工合銀三千九百二十兩零七錢八分八釐八毫前後新舊案統計合銀二萬三千零四兩九錢三分六釐九毫除二十五年八月間該商領過銀一萬兩外仍需十成二兩平足銀一萬三千零四兩九錢三分六釐九毫均係實用實銷尚無浮冒謹繕清單恭呈

御覽擬請

旨飭下戶部照數給發勿庸核減並請免其造報以省案牘理合附片陳明伏乞

聖鑒謹

奏

謹將

惠陵

隆恩殿全座所有拆卸看守並挪移圈廠各項工料錢糧數目繕具清單

恭呈

御覽

計開

自光緒二十五年三月十九日起至五月初四日止拆卸搬運各工料

木匠九百工

紮採匠五百四十工

壯夫三千六百工

運夫一千八百工

紮法繩三千斤

連繩三百斤

南蔴大繩一千六百斤

丈二葦蓆二千四百領

標棍六千四百件

賃用大紅皮杉篙一千六百根

運送車脚一百六十次

以上共用銀二千五百七十七兩零五分四釐二毫

自光緒二十五年六月二十八日起至九月二十九日止搬拆卸運各工料

木匠二千八百工

紮探匠二千四百工

瓦匠四百八十工

壯夫一萬八千二百工

運夫六百四十工

紮法繩一萬六千五百斤

連繩八百斤

南蔴大繩四千五百斤

賃運短架木長一丈上下者二千根

賃運通梢白皮杉篙八千根

賃用大紅皮杉篙七千根

運送車脚六百次

以上共用銀一萬四千六百零三兩三錢零七釐

自光緒二十五年九月三十日起至本年正月初十日看守圈廠工費

看守人工每天十工共八千五百工

燈油八百五十斤

蠟燭四百二十五斤

柴薪十七萬斤

租賃鍋伙二十八箇月零十天

以上共用銀一千九百零三兩七錢八分六釐九毫

以上舊案三項通共用銀一萬九千零八十四兩一錢四分八釐八毫

自光緒二十八年正月十二日甫經接辦適逢要差趕將前設礙道之圈廠改移別處所有搬運木植磚瓦各項工料

東沙山前成搭圈廠一座南北長二十七丈東西寬十八丈四面紮拴架子縫練荆笆

成開運料門一座長二丈二尺上安過木杴框栅欄門一合門口空寬一丈五尺五寸高七尺門框寬八寸厚五寸過木長二丈四尺湊寬三尺四寸厚八寸隨釘鐵鎖鑰三分
成搭八旗朱車棚一座三間進深一丈二尺通面寬三丈簷高八尺茶房棚一座三間進深一丈二尺通面寬三丈簷高八尺
週圍牆身頭停紮拴木股上頂縫蓆五層牆身縫蓆三層
成搭運料平台戧橋一座長九丈寬二尺六寸後高六尺五寸
成搭運料戧橋一座長七丈寬二丈四尺後高四尺
成搭平橋一座長四丈寬二丈四尺高八尺平橋面滿鋪楊柳木板一層戧橋滿鋪荊笆葦蓆各一層均鋪黃土一層厚一尺
成墊運料道路一道長一百六十丈寬二丈四尺內挪移樹株平高墊低

成搭升斗棚一座五間通寬五丈進深一丈四尺簷高一丈一尺

成搭櫃房看守棚三座各一間各寬一丈進深一丈二尺

成搭小件木料大棚一座寬九尺深三丈高一丈五尺

成搭簷椽望板棚一座見方一丈五尺脊高一丈五尺

成搭飛頭花架腦椽棚一座寬二丈進深一丈五尺脊高一丈五尺

暖閣裝修搭棚一座寬二丈進深一丈五尺脊高一丈八尺

棚座頭停並週圍牆紮拴木股縫綀荊笆葦蓆各一層滿抹攙灰蔴刀泥

二層灰背二層

點砌運料門口內外抹飾紅灰各一層補瓦六樣黃色琉璃脊瓦

楊木板湊寬十三丈五尺長八尺厚三寸

橋樁橋樑二道

栅欄門欣框過木一分
青白灰三萬六千八百七十五斤
蔴刀七百八十三斤
丈蓆四百四十領
連繩三百四十四斤
新紮法繩一千五百四十六斤
荆笆四百塊
松木杆一百五十五根
拉賣車脚租賃架木
買客土三百三十五方
木匠二百五十八工

瓦匠四百十工

料槓一百九十六副

隨料槓壯夫三百三十二工

採作四百五十工

壯夫五千零四十八工

瓦作木作料槓頭目一百八十工

油匠六工

看堆看鍋伙夫役九百五十五工

看茶鍋三十三工

看水火壺挑水人三十六工

看茶房四十工

以上新案一項共用銀三千九百二十兩零七錢八分八釐八毫四項共銀二萬三千零四兩九錢三分六釐九毫除光緒二十五年八月已給銀一萬兩外仍應補給十成京二兩平足銀一萬三千零四兩九錢三分六釐九毫

光緒二十八年十一月二十六日具奏奉

旨依議欽此

陳明廠商報效續出工程片 清單附

再查續出工程經臣等飭令廠商妥爲修理今據呈稱情願報効不敢仰請錢糧當飭繕造清册再行奏

聞茲據廠商按照情形造册前來臣等督同司員細心閱看所擬做法尚無不合謹繕清單恭呈

御覽至此次廠商修理續出工程計五十餘項之多既據呈稱不敢仰請錢糧自無庸再行估計惟該廠商等情殷報効踴躍奉公似未便沒其微忱可否俟工竣後由臣等照例給獎以昭激勸之處恭候

命下遵行除將該廠商報効修理續出工程做法細表咨行軍機處備查外理合附片陳明伏乞

聖鑒訓示謹

奏

謹將廠商報効

西陵各項工程繕具清單恭呈

御覽

計開

泰陵

寶座三座雕花二十一塊除原估添新十四塊外現將舊有七塊並迎手

靠背下座俱漆飾貼金見新

隆恩殿原估油飾斗科以下柱木裝修現將兩山並上下前檐四面一律

鏨砍見木油飾貼金見新

東西配殿原估油飾連檐瓦口現將兩山博縫鏨砍見木油飾貼金見新

隆恩門前坡原估捉節夾隴現改揭宼

焚帛爐二座頭停找補齊整

明樓頭停拔草去樹鈎抿夾隴

方門城扇油飾順色獸面二件原估貼金現改用火鍍金

二柱門面葉二塊原估貼金現改用火鍍金

琉璃花門三座門扇杴框油飾色獸面六件原估貼金現改用火鍍金

東西朝房二座頭停拔草齊理簷頭

聖德神功碑樓四面格扇並月牙窗油飾順色面葉雲環全分原估貼金

現改用火鍍金

碑亭四面格扇並月牙窗油飾順色

具服殿後圍牆找補瓦片勾滴格扇面葉全分原估貼金現改用火鍍金

龍鳳門面葉雲環一副原估貼金現改用火鍍金

正紅門前坡拔草找補勾滴釘帽東西角門門鈒一副原估貼金現改用火鍍金

神廚庫大門油飾順色門鈒一副南北庫門鈒二副原估貼金現均改用火鍍金

省牲亭格扇面葉一副原估貼金現改用火鍍金

井亭找補簷瓦勾滴齊理簷頭

泰東陵

明樓頭停拔草歸安大吻補添劍靶

方城門獸面二件原估貼金現改用火鍍金

琉璃花門獸面六件原估貼金現改用火鍍金

西配殿一座頭停拔草齊理簷頭找補釘帽

神厨庫大門油飾順色

昌陵

東配殿格扇面葉三塊雲環四個原估貼金現均用火鍍金

西配殿格扇面葉七塊雲環十四個原估貼金現改用火鍍金

焚帛爐二座頭停找補齊整

隆恩門頭停拔草歸安脊料

明樓前坡拔草歸安脊料

方城門獸面二件原估貼金現改用火鍍金

琉璃花門油飾順色獸面六件原估貼金現改用火鍍金

東面面寬牆找抹紅灰提刷紅漿

二柱門面葉面二塊雲環二個原估貼金現均改用火鍍金

東西朝房二座找補簷瓦走獸

聖德神功碑樓頭停拔草去樹歸安脊料添補簷瓦釘帽四面格扇並月

牙窗油飾順色面葉雲環全分原估貼金現改用火鍍金

碑亭四面格扇並月牙窗油飾順色

龍鳳門面葉鈕頭雲環三分原估貼金現均改用火鍍金

神廚庫北庫頭停原估拔草挾隴現改揭宽博縫板添新找補油飾大門

門鈸一副廚門門鈸一副南北庫門鈸二副原估貼金現均改用火鍍金

省牲亭格扇面葉全分原估貼金現均用火鍍金

井亭頭停拔草齊理簷頭

昌西陵

寶座一座雕花七塊除原估添新一塊外現將舊有六塊漆飾貼金見新

隆恩殿格扇栿窗柱木栿框鏨斫見木一律油飾兩山博縫油飾貼金見新

暖閣正間格扇面葉一塊雲環一個東間格扇面葉一塊雲環一個西間格扇面葉二塊雲環二個原估貼金現均改用火鍍金

東西配殿二座頭停拔草齊理簷頭

焚帛爐二座頭停找補齊整

隆恩門頭停歸安大吻找補簷瓦獸面六件門葉六塊原估貼金現改用火鍍金

琉璃花門頭停拔草找補脊料瓦件門扇栿框油飾順色

石五供座底座西北角傷損照式粘補

東西朝扇二座頭停拔草找補簷瓦釘帽

神廚庫大門頭停找補齊整油飾順色大門門鈸門環各一副廚門門鈸一副原估貼金現均改用火鍍金

南北庫二座頭停拔草齊理簷頭門鈸二副原估貼金現改用火鍍金

省牲亭頭停拔草齊理簷頭

慕陵

寶座四座除原估添雕花二十八塊外現將下座均漆飾貼金見新

暖閣正間雲環二個左右格扇雲環五個東間面葉三塊雲環四個西間面葉一塊雲環一個原估貼金現均改用火鍍金

神龕格扇鈕頭一個面葉一塊雲環三個原估貼金現均改用火鍍金

東配殿雲環十一個原估貼金現改用火鍍金

西配殿面葉八塊雲環一個原估貼金現改用火鍍金
焚帛爐二座頭停找補齊整
隆恩門簷瓦釘帽找補齊整
東西朝房二座頭停拔草齊理簷頭門鈸二副原估貼金現改用火鍍金
碑亭頭停拔草四面添做格扇隨油飾檁枋找補彩畫
龍鳳門面葉鈕頭三分原估貼金現均改用火鍍金
神廚大門門鈸一副北庫門鈸一副原估貼金現均改用火鍍金

慕東陵

暖閣正間雲環二個東間面葉一塊雲環一個西間雲環二個原估貼金
現均改用火鍍金
東西配殿格扇雲環十二個原估貼金現改用火鍍金

焚帛爐二座頭停找補齊整

隆恩門東間上枕並東山隨枕枋找補彩畫

琉璃花門獸面一副原估貼金現改用火鍍金

東朝房門鈸一副原估貼金現改用火鍍金

純懿皇貴妃園寢

焚帛爐一座頭停修補齊理簷頭

和裕皇貴妃園寢

寶座六座雕花四十二塊除原估添新二十二塊外現將舊有二十塊漆飾貼金見新

暖閣正間格扇面葉一塊雲環八個原估貼金現均改用火鍍金

神龕格扇面葉二塊原估貼金現改用火鍍金

饗殿外簷格扇雲環三個原估貼金現改用火鍍金

阿哥園寢

饗堂格扇雲環二個原估貼金現改用火鍍金

宮門獸面六件原估貼金現改用火鍍金

端順固倫公主園寢

寶座一座原估漆飾雕花五塊現將下座漆飾貼金見新

神龕格扇面葉一塊原估貼金現改用火鍍金

宮門門鈸一副原估貼金現改用火鍍金

慧愍固倫公主園寢

神龕格扇鈕頭雲環一分原估貼金現改用火鍍金

宮門頭停拔草齊理簷頭

光緒二十八年十一月三十日具奏奉
旨依議欽此

要工大木購辦未齊請展竣工限期摺

奏爲要工大木購辦尙未報齊請展竣工限期俾臻完妥恭摺具陳仰祈

聖鑒事竊臣會同吏部左侍郎臣溥善奉

命恭修

惠陵

隆恩殿工程上年十一月間臣溥善因事革職經軍機大臣慶親王臣奕劻於

十二月初四日面奏奉

旨毋庸添派欽此傳知臣欽遵辦理恭查此項工程所有木料統歸廠商承辦

具結限於光緒三十年十一月竣工前經奏明在案嗣據廠商呈稱要工需用

大木商等公約喬意軒焦起堉二商同往南洋新嘉坡輿

正陽門樓工程所需大木一併採買經駐坡領事署繙譯官同知銜文綸向該

商一手承攬已逾限期尚未交料等情疊經臣咨行出使英國大臣張德彝電飭駐坡領事鳳儀轉令該繙譯妥速辦交並委該埠職商廣東候補道邱煒萲就近督催茲復據該商等呈稱此項大木產在深山轉運較遠經手人等尚未交齊在坡採買大木之廠商焦起堉現又身故懇將竣工限期展緩一年等情前來臣查該商等認修此項要工所有選舊添新之大小木植成做將齊琉璃瓦磚塊等料均已陸續起運惟南洋採買大木逾期未交現雖據出使大使張德彝電稱輪船已由香港赴山裝木到津有日成做需時該商等所請尚屬實情擬請量予展限一年俾臻完妥如蒙

俞允臣當嚴飭廠商迅將所購大木尅期催齊妥速成做勿再遲延以重要工所有請展竣工限期緣由理合恭摺陳明伏乞

皇太后

皇上聖鑒訓示謹

奏

光緒三十一年正月二十六日具奏奉

旨依議欽此

望嵒堂奏稿卷十一

估修　泰東陵明樓工程擬具做法錢糧清單摺 清單附

奏爲估修

泰東陵

明樓工程謹將做法錢糧繕具清單恭摺仰祈

聖鑒事竊臣等於本月初七日敬謹查勘

泰東陵

明樓情形一摺准軍機處片交奉

旨著本年歲修大臣敬謹承修欽此遵飭廠商切實確估茲據開明做法清單

前來估需工料實銀二百九十五兩六錢臣等公同核計尚無浮冒擬請

旨飭下戶部如數給發一面由臣等飭商迅速興修務期料實工堅不准稍有

偷減謹具做法錢糧清單恭呈
御覽所有估修工程緣由理合恭摺
奏聞伏乞
皇太后
皇上聖鑒訓示再本年歲修工程已於五月初六日辰時遵吉開工此次工程
即可毋須另行擇吉合併聲明謹
奏
謹將
泰東陵明樓應修工程開具做法錢糧清單恭呈
御覽
計開

明樓頭停前坡瓦片傷損二隴後坡當勾脫落五件左邊吻獸劍靶脫落
銅鍊拔出一掛傷折
方城上東南兩面宇墻磚傷損二塊
方城券內墻灰皮傷損九處
西面角柱石傷損一塊
東西兩面魚腮下肩乾擺磚損裂
格井天花灰皮脫落一井
謹擬頭停補安琉璃瓦片其餘拔草夾隴添安劍靶一件歸安銅鍊券內
四面牆身滿抹飾包金黃灰一層週圍畫綠方圈邊魚腮下肩傷損鼓裂
擇砌乾擺磨光角柱石傷損補安齊整格井天花彩畫一井補安成做南
東面宇墻磚塊破碎二塊補安齊整

以上擬給工料二兩平十成足銀二百九十五兩六錢

光緒三十一年九月十八日具奏奉

旨依議欽此

查驗　惠陵　隆恩殿工程修理情形飭商妥速成做摺

奏爲敬謹查驗

惠陵

隆恩殿工程修理情形切飭廠商妥速成做以期早日報竣恭摺仰祈

聖鑒事竊臣於上年正月間具奏

惠陵

隆恩殿工程因廠商購辦大木未齊懇予展限一年一摺復於五月間覆奏查驗工料摺內聲明大小木料選舊添新各件成做已齊並飭廠商於添新之黃花梨大木運到時妥速成做各節均奉

旨允准在案嗣因添新之黃花梨木購自新加坡交料逾期旋由外埠運至天津至七月杪始抵工次飭商加工成做九月間竪立大木後隨上枋檁鋪釘椽

望甫經竣事已屆隆冬所有灰背錫背宽瓦砌牆油飾各工因天寒凍沍暫令停止春融後已接續興修此展限一年期內未能報竣之實在情形也本年正月開工以來疊據駐工各司員稟稱瓦作油飾各項均經次第成做臣惟此項要工拆卸已歷數年興修又逾三載亟應查催早日告竣以昭誠敬謹於四月二十五日請

訓後督同司員於二十八日馳抵工次恭查各項工程所有業經豎立之大木成做已竣之枋檁椽望等件均經完竣圍墻亦經砌齊其天花暨大木枋檁各項現正分別彩畫披蔴掛灰應俟做齊晾乾後再行油飾俾臻保固至雲環面葉等件從前均係貼金現擬改用火鍍金成做期垂久遠均飭廠商妥速辦理務於秋間一律報竣並飭駐工司員督商敬謹趕緊修齊以重要工毋任稍延致稽時日所有查驗要工飭商速修以期早日竣事各緣由謹恭摺具陳伏乞

皇太后
皇上聖鑒訓示謹
奏
光緒三十二年閏四月初四日具奏奉
旨依議欽此

估修　景陵　隆恩殿等處專案工程謹擬做法尺寸工價錢糧摺 附清單

奏爲估修專案要工謹擬做法尺寸工價錢糧另繕清單恭摺具陳仰祈

聖鑒事竊臣鐵良臣陳璧奉

命恭修

景陵

隆恩殿專案工程並

東西配殿

琉璃花門及

隆恩門內週圍海墁各工於光緒三十一年五月覆奏動土摺內聲明俟清理

告竣後再行覈實估計奏

旨知道了欽此欽遵在案伏思此項要工

典禮攸關所有需用物料必須分別選擇俾臻鞏固查全案工程需用大小木植至數千件之多臣鐵良臣陳璧詳加商酌金柱額枋等件尺寸較鉅宜用黃花松木翹飛斗科各件宜用樟木椽望天花等件宜用杉木格扇菱花等件宜用椵木杴框抱柱以及裝修各件宜用老黃松木

寶龕全座宜用楠木其餘應需架木琉璃甎瓦銅鐵活計油飾顏料並地盤月臺之石料等項擬一併統歸商辦以期覈實現據廠商分別造送做法尺寸工價錢糧丈尺清單前來臣等公同詳覈係遵照成案辦理尚屬妥協所估錢糧逐項勾稽再四覈減除黃花松木一項前已札飭北洋圍場木植公司總局並咨由直隸總督轉飭該局員妥速採辦應需錢糧若干另行奏明辦理並

寶匣金甎分別行取外計恭修

隆恩殿全座應需工料實銀五十萬五千二百四十二兩五錢二分二釐

東西配殿兩座補修各工應需工料實銀六萬三千一百七十九兩六錢四分
琉璃花門三座補修各工應給工料實銀一萬二百十一兩九錢八分二釐
隆恩門內週圍海墁補修各工應需工料實銀二萬三千三百五十九兩六錢
二分六釐以上四項工程共擬給十成京平足銀六十萬一千九百九十三兩
七錢七分委係覈實估計尚無浮冒正在繕摺具奏間本月十四日軍機大臣
面奉
諭旨鐵良仍著充督辦稅務大臣所有承修
景陵
隆恩殿
裕陵碑亭工程著改派鹿傳霖敬謹承修欽此臣鹿傳霖遵即敬謹接辦當將
臣鐵良會同臣陳璧前後覈辦情形及估計做法工料數目逐一復加查覈均

屬相符謹繕清單恭呈

御覽如蒙

俞允擬請

旨飭下度支部如數給發由臣等陸續請領督飭各廠商切實工作極力撙節

按原估數目許減不許增務期工堅料實並分別出具領欵認限及竣工保固

各項甘結呈案臣等仍當隨時督率司員前往查察並派令輪流駐工悉心經

理將來工程報竣擬仍遵照成案由臣等敬謹驗收並請免其造册具報以省

繁牘應將做法錢糧細表繕造齊全先行咨達軍機處度支部農工商部備案

所有估修專案要工謹擬做法錢糧各緣由恭摺具陳伏乞

皇太后

皇上聖鑒訓示謹

奏

謹將

景陵

隆恩殿全座工程並

東西配殿

琉璃花門及各處海墁應修等項工料錢糧繕具清單恭呈

御覽

計開

隆恩殿一座共五間内明間面闊二丈五尺四寸二次間各面闊一丈七尺七寸兩稍間各面闊一丈七尺二寸通面闊九丈五尺二寸兩山各顯三間内明間面闊二丈二尺九寸二次間各面闊一丈五尺二寸通進深

五丈三尺三寸內周圍廊各深七尺六寸後鑽金廊深一丈一尺七寸簷柱高一丈七尺五寸徑一尺八寸重簷歇山四角安同柱上下簷十一檁週圍簷攏安斗口三寸下簷重昂上簷單翹重昂斗科內裏隔井天花頭停出飛簷方圓椽順望板柱梲櫟列做簽錠熟鐵纏箍各項拉扯頭停調大脊垂脊角脊安吻獸獅馬宼四樣黃色琉璃脊瓦料成造地盤月台用青白石照式成做

木植項下

簷柱十六根重簷金柱十二根鑽金柱四根兩山次間額枋下項榰柱四根下簷小額枋十六根由額墊板十六塊大額枋十六根平板枋十六根正心枋四十八根棧枋三十二根機枋十六根井口枋十六根挑尖抱頭樑十二根隨樑十二根亞八順樑四根隨樑代昂嘴四件斗盤四個同柱

四根上簷天花樑八根跨空隨樑四根天花枋五根闗門枋七根天花枋十二根承椽枋十六根承椽枋外面托椽枋十六根上簷大額枋十六根平板枋十六根正心枋六十四根棧枋六十四根機枋十六根井口枋十六根九架挑尖落金樑四根隨樑代昂嘴四根九架挑尖接尾樑四根隨樑代昂嘴四根兩山挑尖假樑頭四個兩山面闊扒樑四根七架樑四根採金步樑二根採步金枋二根採步金枋外面托椽枋二根五架樑六根三架樑六根柁墩二十八個脊瓜柱六個荷葉脚背六塊下簷挑尖桁十六根正心桁十六根老角樑四根梓角樑四根上簷挑簷桁十六根正心桁十六根老角樑四根梓角樑四根金脊枋三十一根金脊墊板三十一塊金脊桁三十五根扶脊木五根脊木三十一根上簷兩山擔樑四根托椽枋二根搨脚木二根草架柱子十根穿十二根

以上大件木植共折見方實尺二萬三千四百三十尺九寸二分四釐連加荒共折見方尺四萬四千二百六十二尺九寸七分五釐擬用熱河圍場黃花松木應俟採運到工再行奏明辦理

下簷墊拱板八十二塊蓋斗板三百二十八塊襯頭木十六塊上簷墊拱板六十六塊蓋斗板三百九十六塊襯頭木十六塊山花板二縫板三十六塊博縫板十二塊內裏鑲嵌山花二十四塊博縫板十六槽抱柱三十二根上下連簷湊長七十丈三尺六寸瓦口湊長七十丈三尺六寸挑山瓦口二道湊長八丈六尺四寸裏口木湊長六十四丈一尺二寸椽椀湊長四十三丈二尺四寸下簷簷順望板四百五十二塊飛簷順望板三百塊翹飛順望板一百五十二塊押飛尾橫望板三百六十三塊上簷簷順望板三百八十八塊飛簷順望板二百五十二塊翹飛順望板一百三十

六塊押飛尾橫望板二百二塊下花架順望板一百九十塊亞八順望板八塊望板上引條湊長一千七百四丈三尺五寸裏外貼落引條共湊長一百三十六丈八尺下簷廊內天花二百二十八井週圍貼樑湊長六十二丈四尺連二支條九十八根單支條一百十四根天花板一百二十八塊上簷暖閣外海墁明間並次間稍間各處天花板五百二十八井帽兒樑三十五根週圍貼樑湊長六十二丈六寸面闊通支條三十五根連二支條一百九十六根單支條二百八十七根天花板五百二十八井暖閣內下層天花明間面闊十一井次間各面闊八井俱進深八井共計天花二百十六井內帽兒樑十二根週圍貼樑湊長二十一丈五尺八寸面闊通支條九根連二支條九十六根單支條一百八根天花板二百十六井下簷簷椽二百九十六根翼角椽一百五十二根上簷簷椽二百四十八

根翼角椽一百三十六根下花架椽一百九十二根上花架椽一百十二

根腦椽一百九十二根收山亞八椽十六根

以上應用杉木椽子料八百三十二根各長一丈六尺徑七寸又杉木椽

子料五百八十四根各長八尺徑七寸

裝修前簷六抹菱花格扇三槽四抹菱花格扇二槽內下檻三根上檻五

根風檻二根格抱柱六根窗抱柱四根榻板二塊六抹格扇大框十二扇

四抹伏窗大框八扇連檻五根暖閣前簷六抹菱花格扇三槽明二縫進

深格扇二槽內下枚五根上枚五根抱柱十根六抹格扇大框十六扇闗

門枋上菱花橫披三槽內上中下枚十二根間抱柱三十六根橫披大框

二十七扇連楹五根轉軸三十六根象鼻拴二十六根下楹二十個拴斗

二十六個門搮十六個暖閣內闗枋下進深格斷板二槽內上下枚四根

抱柱四根錯縫壁板闗門枋上格斷板四槽內上下枕八根抱柱八根錯縫壁板湊長兩丈八尺計板三十六塊次間後廊東西縫外面格斷板二槽上下枕四根抱柱四根錯縫壁板湊長六尺七寸計板九塊明間後廊進深夾堂板二槽並次間後廊東西縫裏面襯堂板二槽內上下枕四根裏口襯堂籠箍木三十二根錯縫壁板六副後廊隨樑上格斷格四槽內上下枕八根抱柱八根錯縫板湊長一丈三尺四寸明間並二次間後簷護墻板三槽內上下枕六根頂榰柱三根籠箍木十八根護墻板湊長五丈六尺六寸計板七十一塊棋枋板十六槽內抱柱三十二根棋枋二百十四塊博脊板二百十四塊陡字匾一面內立邊二塊底邊一塊搭腦一塊字堂板一副

以上應用松木共折見方實尺三千三百六十四尺一寸八分連加荒共

折見方尺五千四十六尺二寸六分八釐

前簷格扇欰窗菱花實簪心四十扇暖閣格扇菱花實簪心三十一扇橫披三槽菱花實簪心五十四扇前簷格扇欰窗菱花心四十扇暖閣格扇菱花心三十二扇橫披菱花心五十四扇上下簷寶瓶八個

以上應用椴木共折見方實尺四百四十五尺六寸八釐連加荒共折見方尺六百六十八尺四寸一分二釐

下簷斗口三寸重昂斗科內角科四攢拉頭科十二攢平身科六十六攢

上簷斗口三寸單翹重昂斗科內角科四攢拉頭科十二攢折八攢平身科五十攢格架科八攢下簷飛簷椽二百四十八根翹飛椽一百五十二根上簷飛簷椽二百四十八根翹飛椽一百三十六根

以上應用樟木共折見方實尺三千二百三尺九寸五分八釐連加荒共

折見方尺六千七十尺九分二釐

桅木十六根通稍架木四千九百二十九根長短架木七千五十四根大木匠二萬九千三十五工艙槽木匠一千一百八十一工鋸匠五千四百四十四工鏇匠五工雕匠七百七十工定鉸匠二千八百四工壯夫一萬八百五十六名小木匠七百三十三工菱花木匠二千二百九十三工鏇匠七十八工鋸匠八百二十八工雕匠二百二十二工定鉸匠五十九工壯夫一百六十一名運夫十二萬七千六百三十六名

以上各項木作工匠

石作項下

豆渣石簷磉墩十六個金磉墩十六個青白石簷柱頂十六個頂榕柱頂四個金柱頂十二個鑽金柱四個過門石三塊掐當坎墊十二塊須彌座

土襯四十六塊圭角四十六塊下枋四十六塊下梟兒四十六塊束腰四十六塊上梟兒四十六塊前簷明三間門面枋三塊週圍面枋二十七塊前簷明次間面枋下豆渣石底墊一層計二路每路計十一塊周圍簷面枋裏口青白石地面內柱頂掐當六十五塊四角柱四根入角間柱二根四角龍頭四個台基前後簷並兩山青白石地伏四十九塊挨月台拐角地伏二塊柱子五十二根欄板五十一塊大件青白石四十二件金柱頂十二件鑽金柱頂四件過門石三件面枋三件龍頭四件坎墊土襯面枋地面角柱間柱地伏等石二百十一件須彌座圭角上下長梟兒束腰等石二百三十件石柱欄板一百三件豆渣石折寬厚一尺枋五百八十六丈二尺八分白灰四萬八千九百五十六斤大繩十八條扎縛繩油灰八十一斤九兩六錢桐油一斤四兩四錢江米九斗七升九合白礬九十七

斤十四兩五錢榆木長撬五根榆木短撬五根榆木滚子十根生鐵銀錠四百六十個鐵鋸二百七十三道砍撬木匠五工拆卸石匠五百三十一工拆卸壯夫一千六十三名槳夫四百二十三名起刨壯夫二十名平墊夫二十名運夫七萬五千八百九十七名

以上正座石作工料

澄槳城甎三千六十塊新様城甎六萬七千八百四塊白灰二十五萬五千四十斤桐油一百二十三斤三兩白麪一百二十三斤五兩黃蠟一百五十斤二兩白蠟一百五十斤二兩黑炭三千三十七斤白布四十四丈九尺九寸砍甎匠八百十二工瓦匠九百六十工盪蠟匠七百九十五工壯夫五千三百七十七名運夫三萬四千九百十七名拉運行取金甎一千十二塊

以上正座底盤應用工料

白灰四十萬五千四百十二斤黃土一百一方夯壯夫四千四百三十三名運夫二萬四千六百三名壯夫八百九十九名平墊夫八百九十九名

以上正座填廂工料

青白石三面土襯十四塊圭角十四塊下枋十二道下鳩兒十二塊束腰十二塊上鳩兒十二塊面枋十八塊角柱二根間柱十根出角龍頭二個月台上中心石三塊廂條石十塊滴水板三塊正面踏跺一座平頭土襯四塊

御路石兩邊中級石十六塊催級石二塊下級石二塊垂帶二道計石二道各長一丈二尺二寸象眼石二塊左右垂手並兩山抄手踏跺四座內平頭土襯十二塊中級石三十二塊催級石四塊下級石四塊垂帶八道

計石八塊象眼石八塊如意石四塊月台上三面地伏計石十塊垂頭地伏十塊柱子十八根欄板十四塊垂帶上地伏二十塊柱子十根欄板十塊內二塊抱鼓十塊面枋下踏跺後口分位豆渣石底墊一層計二路每路十塊湊長三丈八尺九寸

御路石下豆渣石底墊一層計二路每路計三塊滴水板下豆渣石底墊一層計二路每路計十二塊月台上青白石鶴座二塊鹿座二塊鼎座二塊底墊石六塊

御路石一件龍頭二件滴水板三件如意五件象眼石十件襯面枋角柱間柱中心厢條垂帶級石鶴鹿鼎座底墊等石一百九十三件須彌座圭角上下枋鳩兒束腰等石六十二件石柱欄板抱鼓等石六十二件銅鼎鶴鹿座六件豆渣石底墊共湊長五十四丈八尺五寸五分榆木長攝二

根榆木短撬二根榆木滾子四根大繩六條扎縛繩五百八十三斤白灰一萬四千五百七十四斤江米二斗九升一合四勺白礬二十九斤二兩三錢熟鐵搖七百三十四個鐵鋸子六十二道生鐵銀錠八十八個砍撬木匠二工拆卸石匠一百九十九工鐵匠三十五工採匠七十三工拆卸壯夫三百五十五名漿夫一百四十三名運夫三萬九千二十二名月台背底背後工作澄漿城磚四千十六個新樣城磚一萬六千三百二十六個白灰六萬九千一百九十斤桐油二百斤十二兩八錢砍磚匠一千四工瓦匠二百九十三工壯夫一千一百五十六工清理夫一百七十七工刨夫四百十四工平墊夫四百十四工

以上月台石作工料

白灰十三萬三千四百六十四斤黃土三十三方三分六釐六毫夯壯夫

一千四百五十九名運夫八千九十九名壯夫二百九十六名平墊夫二百九十六名

以上月台塡廂工料

琉璃城磚項下

正吻二件吻座二件背獸二件劍靶二件垂獸四件托泥當勾四件角獸八件仙人八件走獸七十二件擋頭八件攛頭八件方眼螳螂十六件合角八件合角劍靶八件押帶條九百九十六件廂連羣色條三十一件雙黃道三十一件赤脚通脊一百十二件羣色條三百四十二件套獸八件遮朽瓦八件博通脊一百十二件承奉博脊連甎五十四件博脊瓦五十四件掛尖四件垂脊五十二件大連甎五十六件角脊三十六件列角滴子十六件蹬角瓦二百二十四件平口條一百八件扣脊瓦二百十一件

正當溝五百六十四件斜當溝二百十六件滿面黃四百三十八件勾子八百二件滴子七百九十二件筒瓦一萬四千五百三十六件板瓦三萬二千八百七十一件

以上琉璃瓦料

澄漿城甎四千二百九十四個新樣城甎一萬八千六百十六個白灰八萬三千九百十斤二紅土三千六百二十七斤包金土二千二百十五斤麻刀五百八十七斤四兩挂麻二十九斤五兩七錢砍甎匠二百二十一工瓦匠三百六十四工壯夫一千五百四十名運夫一萬零三十五名

以上牆垣工料

新樣城甎一千七百十六個白灰六十五萬九千二百四十三斤頭紅土七百六十一斤二紅土七千六百六十七斤江米四石一斗三升四合白

礬四百十三斤十五兩二錢麻刀二萬一千九百十二斤十四兩黃土八方四分葉鐵九百六斤七兩黑炭三千二百三十四斤炸煤二千七百二十斤木炭一百十三斤瓦匠一千四百十工𥦗匠二百五十工定鉸匠二十六工鐵匠六十九工壯夫一萬五千五百七十五名運夫二萬六百十七名

以上頭停應用工料

鐵作銅作鍍金鍍銀錫背項下

鐵葉八萬八千三十九斤二兩砟煤二十二萬二千四百十四斤木炭九千二百六十七斤頭號雨點釘三千九百五十二個小莊釘三千九百九十個鐵葉五十六塊鐵匠四千六百三十三工運夫四百四十四名

以上鐵作工料

熟紅銅二千三百九十七斤一兩黃銅六千八百六十三斤八錢香油七百七十二斤十四兩水膠三千四百七十七斤六兩松香二千五百十一斤七兩白炭九百七十三斤七兩黑炭四萬八千九百七十七斤砟煤二萬七千六百四十二斤紅銅菱花釘九千五百二十四個紅銅梅花眼錢九千五百二十四個西棱葉三百二十五合大點釘二萬六千四十八個化銅礶二百九十六個銀焊藥十九兩四錢硼砂一斤三兩四錢運夫六十六名銅匠一萬八千四百五十九工

以上銅作工料

葉子金三百七十一兩四錢六分六毫水碌一百六十二斤八兩二錢酸梅一百十一斤七兩白礬一百十一斤七兩堿一百十一斤七兩鹽七十四斤四兩棉花十一斤九兩白布十一丈一尺四寸黑炭五千七百五十

七斤白炭二千七百八十五斤十五兩磨金炭九十二斤十三兩傾銀礶七十九個鍍金匠一千八百七十二工壯夫二百九十六名

以上鍍金工料

銀絲葉二百十六張各重一錢銀絲葉二百十六張各重五分黑炭一百二十九斤棉花二斤十一兩拴斗二十六件絲瓜抅子六付釘銙六付拉栿釘銙六付方鎖十二把各長二寸五分鑰匙十二把鍢鈾三十個眼錢三十個背角葉十二塊鍍銀匠一百六十六工

以上鍍銀工料

坎錫二萬五千九十斤一兩七錢黑鉛一萬六千七百十五斤十二兩九錢桐油六百八十八斤四兩七錢白布二千二百九十三丈四尺黑炭二千八十九斤十三兩錫匠二千五百五十二工油匠一百九十二工運夫

一百四十七名壯夫九十一名

以上錫背工料

油飾糊飾採作項下

桐油一萬一千五百一斤十四兩退光漆一千八十一斤四兩廣熟漆二千二百二十六斤十三兩籠照漆二千五百七十八斤六兩貼金漆一百六十六斤山西絹三尺五寸九分夏布一千五百七十三丈七尺白布十四丈三尺九寸白粗布十四丈三尺九寸白絲二斤七兩絲棉十斤五兩白麻二千六百三十九斤十一兩水膠二百六十二斤廣膠六十六斤四兩白礬二十九斤十五兩靑粉一斤土粉一百三十一斤五兩定粉一百十九斤八兩黃丹八百九十八斤二兩土子八百九十一斤七兩陀僧三十一斤油黃一百一斤七兩彩黃六斤十兩藤黃十兩七錢廣錠花二百

二十四斤八兩天大靑一百九十四斤九兩天二靑一百五十六斤八兩
南梅花靑一百五十七斤一兩大碌五百三十六斤六兩淨大碌一百四
十斤九兩二碌四百四十三斤一兩土黃十三斤十三兩胭脂五百三十
五斤石三碌五十三斤七兩鍋巴碌十一斤三兩漆硃二千十四斤十五
兩紅標硃一千十四斤十一兩硍硃四百二十六斤九兩南片紅土四百
五十七斤八兩南烟子八斤十兩紅金九十三塊二十六帖四張黃金一
百九十七塊二十五帖三張三號高麗紙三千一百四十八張白麪八千
四百十八斤三兩白灰八千四百十八斤黑炭三百二十八斤木炭五千
七百九十斤木柴五千八百九十八斤油匠四千六十二工漆匠二千四
百九十六名畫匠五千九百七十八工運夫四百九十七名壯夫一千五
百三十四名

以上油飾工料

糊飾應用各項物料山西絹二百二十六丈四尺三寸明黃綾四十四丈一尺二寸五分白雲紗九十丈六尺八寸五分三號高麗紙六百六十八張黃色高麗紙四十八張白榜紙三百九十四張裱料紙一百二十九張白麪一百十九斤十二兩白礬十六斤八兩高城十四斤二兩木柴八十九斤莊子釘二萬八千三百二個亮鐵釘五千三百七十六個裱匠一百九十一工定鉸匠五十七工

以上糊飾工料

大繩四條各長十二丈徑一寸五分大繩八條各長二丈徑一寸五分大繩八條各長十丈徑一寸大繩八條各長六丈徑五分連二繩三百五十七斤十三兩扎法繩二萬三千五十四斤竹杆一千五百二十六根丈席

七百七十三領標棍八千四百四十三根搭採匠七千四百二十九名運夫二千二百九十四名壯夫八千三百六十三名

以上採作工料

成做圈廠棚座鉞橋應用各項物料

扎縛繩一萬三千五百五十七斤連二繩三千二百六十五斤九兩竹杆九千三百二十九根丈席六千九百十六領荊笆一千一百二十塊標棍六千三百九十八根木匠六十四工鋸匠十八工定鉸匠十六工搭採匠二千五百十五工壯夫六百二十八名

由塘口運送石料前往工次沿途平墊道路修理橋道需用工料

榆木橋樑三百四十五根榆木橋檩一千八百五十根榆木橋椿八百十九根榆木大鉞五百八十五根榆木橋板六千五百四十塊檀木杠四百

五十根荆笆四萬七千五百塊丈席五萬四千四百領秫稭三萬五千八百個柳杆五百五十四捆紮法繩七萬八千斤連繩八千五百斤木匠七千四百九十工鋸匠七百九十九工壯夫七千四百四十工運夫一千三百二十六名

以上木作

葉鐵五萬三千五百斤鐵鍋三十四個砟煤六萬八千二百斤黑炭一千三百四十斤木柴二千五百八十斤鐵匠三百四十工

以上鐵作

新樣甎一萬八千四百塊白灰六萬八千四百斤客土三千五百四十方瓦匠四百七十二工壯夫二千七百名平墊夫三萬二千八十六名夯鍋夫一萬一千七百名運夫五千九百四十名

以上瓦作

神龕二座需用工料

南木共折見方尺三百二十三尺二寸八分南木匠二千六百八十六工鋸匠六十八工菱花匠三百八十八工雕匠二百四十五工運夫一百三十四工

以上木作

嚴生漆一百九十九斤十二兩退光漆十斤零四兩籠罩漆七十斤貼金漆九斤八兩硃漆二十九斤紅金五塊五十貼黃金六塊陳香色三十斤廣膠十五斤八兩白礬十一斤八兩靑粉十五塊土粉九十斤八兩土子面一百五十斤大碌七斤八兩二碌八斤天大靑五斤南梅花靑五斤十二兩彩黃四斤八兩定粉四斤八兩硍硃三十斤高麗紙五十六張白麪

二十斤胭脂五片夏布一百五十丈五尺黑炭三百斤漆匠四百六十四工畫匠九十七工拌料匠三十八工運夫五十四工

以上漆作

黃銅二百二十二斤西梭葉三十二合紅銅梅花眼錢六百四十個銀焊藥五兩二錢大點釘一千四百二十個松香五斤四兩化銅罐七個硨煤四百二十斤黑炭二百四十斤紅銅菱花釘六百四十個化銅匠二十四工銅匠五十八工鏨花匠一百三十工攢焊匠十二工定鉸匠十二工運夫四工

以上銅作

葉子金六兩四錢八分水銀五斤二兩酸梅四斤十兩白礬五斤十兩城四斤八兩鹽二斤十二兩棉花一斤四兩白布八尺八寸黑炭八十五斤

白炭五十二斤磨炭九斤四兩傾銀罐十四個化金匠十四工鍍金匠五十二工炸黃匠十二工壯夫十八工

以上鍍金作

葉鐵九百七十四斤頭號兩點釘三百二十個砟煤一千六百二十斤木炭四十八斤鐵匠三十八工運夫四工

以上鐵作

山西絹一丈二尺四寸明黃綾四丈六尺二寸白雲紗三丈八尺三號高麗紙三十二張黃色高麗紙十四張白榜紙二十二張裱料紙九百四十八張白麪二十三斤白礬十二兩高堿四兩木柴二十三斤莊子釘六百五十五個亮鐵釘六百二十七個裱匠三十四工定鉸匠十二工

以上糊飾作

青白石折寬厚一尺長二十九丈五尺三寸一分白灰一百四十斤江米一升四合白礬一斤五兩石匠六百八十四工壯夫一百二十二工運夫八百四十八工

以上石作

細停城甎一百九十三塊新樣城甎二百七十八塊白灰一千四百八十斤瓦匠六十八工、砍甎匠五十二工壯夫一百三十四工運夫二百六十三工

以上瓦作

以上擬給工料實銀五十萬五千二百四十二兩五錢二分二釐

東西配殿二座謹擬揭瓦頭停北三間簷柱抱頭樑角樑額枋抽換望板山花博縫板添新挑換斗科天花飛簷翹飛等找補裝修照舊油飾彩畫

石碾玉大點金修理牆垣抹飾紅泥散水砍細停城甎平墁坐漿內裏金甎地面燙蠟見新押面踏跺等石走錯歸安舊料截頭夾肋刷面新料露明占斧扁光安砌灌漿

簷柱八根抱頭樑四件隨樑四件角樑十六件單額枋八件平板枋八件正心枋八件井口枋八件簷桁十件踹脚木四件草架柱子十二根穿八件脊樁六十六件

以上用黃松木成做共折見方尺並加荒二千四百六十二尺一寸

角科二攢頭科六攢平身科四十二攢飛簷椽二百四十根翹飛椽一百十二根

以上用樟木成做共折見方尺並加荒九百四十一尺四寸

墊拱板五十塊蓋斗板五十塊襯頭木十六塊簷順望板七百十二塊飛

簷順望板四百八十八塊翹順望板二百二十四根花架順望板四百二十八塊腦順望板四百二十八塊亞八順望板二十塊押飛尾橫望板三百七十四塊週圍連簷湊長五十一丈六尺四寸瓦口湊長五十一丈六尺四寸排山瓦口四道裏口木湊長四十六丈八尺四寸椽椀湊長三十五丈七尺二寸格椽湊長十三丈七尺六寸板上引條湊長九百七十三丈二尺四寸山花板四縫博縫板二十四塊鑲嵌山花象眼八個週圍貼樑湊長三十七丈六尺四寸連二支條六十四根單支條七十四根前簷雀簪十二塊

以上用杉木成做共折見方尺並加荒五千八十六尺八寸二分

下枚六根中枚六根上枚十根風枚四根格抱柱十二根窗抱柱八根短抱柱十二根踢板四塊六抹格扇二十四扇四抹坎窗十六扇連楹十根

轉軸四十根象鼻拴三十根榲子栓斗五十個帶子板六槽順樑上象眼板四槽

以上用老黃松木成做共折見方尺並加荒八百九十六尺一寸九分

寶瓶八個實簪菱花心八十扇

以上用椵木成做共折見方尺並加荒二百八十三尺

通稍架木八百二十八根長短架木八百二十八根木匠三千五百二十二工鋸匠七百九十八工楠木匠二百八十七工雕匠三百七十二工菱花匠一千四百五十六工鏇匠三十八工鑿槽木匠六十四工壯夫七百八十一工運夫九千一百八十五工

以上木作

細停城甎三千五百十四塊新様城甎一千八百八十四塊六様黃色琉

璃三萬一千十八件白灰二十一萬八千二百八十三斤頭紅土五百三十八斤九兩二紅土五千三百八十六斤包金土一千九百四斤土黃一百九十斤十四兩麻刀一萬三千二百三斤挂麻二十一斤七兩江米一石七升八合白礬二百斤黃蠟六十斤白蠟六十斤黑炭二千八百七十八斤白布二十丈黃土二十一方砍磚匠五百八十三工壯夫拆夫三千九百二十五工清理平墊夫四百四十三工運夫七千五百三十八工

以上瓦作

青白石折寬厚一尺湊長四十九丈六寸白灰三千五百六十斤江米八升五合白礬十二斤九兩石匠三千九百四十四工壯夫槳夫平墊夫二百四工運夫五千五百四十工

以上石作

葉鐵八千七百九十三斤頭號雨點釘九千四百九十個砟煤二萬三千二百八十斤木炭八百二十四斤二兩鐵匠四百三十一工運夫一百八十二工

以上鐵作

桐油二千七百八十二斤香油三十六斤八兩貼金油三十八斤十五兩白絲一斤二兩白麻四百四十二斤七兩白粗布一丈三尺四寸山西絹一尺七寸水膠五十六斤四兩廣膠二十七斤十兩白礬十二斤八兩青粉十一斤土粉四十四斤十二兩定粉四十九斤十兩黃丹一百六十九斤一兩土子一百五十四斤八兩陀僧十二斤八兩油黃四十斤九兩彩黃三斤十二兩廣靛花八十九斤十五兩天大青七十七斤三兩天二青三十二斤南梅花青四十九斤五兩大碌二百二十七斤八兩淨大碌七

十一斤十二兩二碌一百八十一斤八兩石二碌二十四斤碯巴碌一斤十二兩胭脂二斤九兩硍硃一百八十五斤一兩南片紅土一百八十一斤二兩南烟子三斤四兩紅金十四塊八十三帖黃金十六塊九十七帖三號高麗紙四百五十二張白麪三千二百九十八斤六兩白灰一千二百二十斤鐵絲十兩六錢黑炭一百四十二斤木柴一千二百二十四斤油匠一千八百二十工畫匠一千四百七十二工拌料匠一百三十二工壯夫二百七十九工運夫一百二十七工

以上油作

熟紅銅七百七十八斤八兩西撥葉一百三十四合大點釘九千三百二十四個紅銅菱釘二千七百二十個化銅罐二十二個香油四十四斤十兩炸煤一千五百十二斤黑炭二千三百五十九斤拔絲匠九百五十工

幪匠二百三十二工裁剪匠二十一工定鉸匠一百十五工運夫八工

以上銅作

葉子金九十一兩五錢三分七釐水碌三十九斤四兩六錢酸梅二十六斤十三兩白礬二十七斤十兩塩二十六斤十兩鹽二十四斤棉花三斤六兩白布二丈六尺五寸黑炭一千三百六十七斤白炭六百八十三斤八兩磨金炭二十二斤四兩傾銀罐三十八個化金匠五十四工鍍金匠八百五十四工炸黃匠一百二十三工壯夫一百六十四工運夫五十六工

以上鍍金作

山西絹七丈八尺四寸明黃綾二十六丈三尺六寸白雲紗十九丈五尺七寸三號高麗紙八十九張黃色高麗紙二十三張白榜紙三十四張裱

料紙一千九百三十八張白麪一千七斤十三兩白礬一斤十兩黃蠟九兩六錢木柴四十斤莊子釘一千七百七十四個亮鐵釘三千一百三十個裱匠一百十八工鏇匠四十四工

以上糊飾作

蓧法繩四千四百七十九斤連繩五十九斤十兩竹杆一百九十八根丈席九十一領標棍一千四百七十六根搭匠五百八十四工壯夫一百二十二工運夫五百四十八工

以上搭作

以上擬給實銀六萬三千一百七十九兩六錢四分

琉璃花門三座謹擬揭瓦頭停拆換脊檁月檁安過木坎框門扇照舊油飾門腿上身纏抹紅灰露明合帮依細停城堿干擺合面依細停城堿立

墁修理月台押面踏跺等石分別添換舊料截頭夾肋刷面新料露明占斧偏光左右面寬墻剔補抹飾

正座脊檩一根月樑一根挑椽板四十四塊東西二座脊檩二根月樑二根挑椽板六十四塊

以上用黃松木成做共折見方尺并加荒四百七尺零六分

正座下枚一根上枚一根門框二根連楹一根門簪四個過木一副實榻木門二扇穿銷十八根臥拴一根東西二座下枚二根上枚二根門框四根連楹二根門簪八個過木二副實榻木門四扇穿銷三十六根臥栓二根

以上用老黃松木成做共折見方尺并加荒七百七十九尺九寸八分

通稍架木一百十一根長短架木一百十一根木匠五十九工楠木匠一

百六十二工鋸匠四十六工畫匠三工壯夫拆夫四十八工運夫一百五十九工

以上木作

靑白石折寬厚一尺長三十丈零一尺二寸江米七升四合白灰三千六百九十三斤白礬七斤六兩石匠一千七百四十三工壯夫平墊夫二百零七工運夫六百七十七工

以上石作

細停城甎七百八十八塊新樣城甎一千四百三十一塊七樣黃綠色琉璃五千三百七十一件白灰三萬八千九百零五斤頭紅土一百五十五斤二紅土六百二十三斤麻刀八百六十二斤挂麻四斤八兩桐油八斤一兩白麪十九斤一兩江米二斗一升白礬二斤一兩黑炭八十七斤黃

土牛方瓦匠三百十八工壯夫拆夫一百二十三工清理夫平墊夫二百二十五工運夫二千九百二十工

以上瓦作

桐油三百五十八斤八兩香油七斤一兩貼油二兩六錢片紅土三十斤五兩銀硃三十六斤五兩黃丹二十七斤八兩土子二十一斤一兩陀僧三斤十五兩白綠三兩九錢白麻八十三斤七兩山西絹長三寸六分夏布八十二丈七尺白粗布五尺八寸黃金十六帖四張白灰二百五十四斤白麪二百十四斤木柴二百十四斤油匠一百二十九工拌料匠十五工畫匠三工壯夫三十工運夫十二工

以上油作

葉子金二十八兩零六分六釐水銀十二斤六兩八錢酸梅八斤一兩白

礬八斤四兩堿十四斤鹽九斤五兩棉花一斤七兩白布一丈四尺黑炭四百八十五斤白炭三百五十斤磨金炭十一斤十兩傾銀罐十五個化金匠十六工鍍金匠二百五十九工硃黃匠四十一工壯夫五十工

以上鍍金作

葉鐵二千四百四十一斤頭號雨點釘六百八十六個鐵葉十二張硃煤五千五百九十斤零二兩木炭一百八十斤鐵匠九十四工運夫十六工

以上鐵作

紮法繩一千零九十三斤連繩十三斤三兩竹杆六十六根丈席十九領標棍四百四十九根採匠一百七十二工壯夫四十二工運夫八十九工

以上採作

以上擬給工料實銀一萬二百十一兩九錢八分二釐

隆恩門內週圍海墁需用工料

青白石折寬厚一尺長十一丈五尺七寸白灰二千一百五十一斤江米四升三合白礬四斤四兩石匠六百八十四工壯夫平墊夫一百六工運夫四百工

以上石作

細停城甎二萬九千九百四十六塊白灰十四萬七千五百十斤瓦匠六千三百十七工壯夫三千五百二十工平墊夫清理夫一千三百三十工運夫一萬一千八百零七工

以上瓦作

以上擬給工料實銀二萬三千三百五十九兩六錢二分六釐

通共擬給工料實銀六十萬一千九百九十三兩七錢七分

光緒三十二年十一月二十三日具奏奉

旨依議欽此

採用北洋木植公司黃花松木借用銀兩應用片

再從前辦理要工因內地大木難求往往購自外洋運費較鉅前查有北洋新立圍場木植公司總局確有黃花松木堪以選用業經行取木樣公同考驗質尚堅緻價亦相宜當即札委該局員妥慎採運并咨照直隸總督轉飭在案茲據該局員稟稱恭辦

景陵

隆恩殿等處要工需用之黃花松木採伐已齊現在道塗凍結陸運甚便擬即雇賃大車拖運熱河之黃柏界地方堆存俟來冬解凍後再行雇船編筏由水道運至遷安縣之澈河橋陸續轉運到工懇請賞發錢粮以便起運等情查此項木植所需錢粮須俟木料到工後方能將採伐工料及水陸運費核計實用全數奏明辦理所有應需運費懇請

飭下度支部先行借發二兩平足銀三萬兩由臣等咨交直隸督臣轉發該局應用其續請用欵隨時再行奏明領給統俟到工後開單報銷仍飭該局核實開支無任浮冒以重正欵理合附片陳明伏乞

聖鑒訓示謹

奏

光緒三十二年十一月二十三日具奏奉

旨依議欽此

估修　裕陵　聖德神功碑亭謹擬做法錢粮摺 清單附
奏爲估修專案要工謹擬做法錢粮繕具清單恭摺仰祈
聖鑒事竊臣等恭修
裕陵
聖德神功碑亭工程所有情形加重改歸專案緣由前經臣鐵良臣陳璧會同
查勘奏明欽奉
諭旨允准在案嗣因臣鐵良奏辭兼差奉
旨改派臣鹿傳霖敬謹承修欽此臣傳霖遵於本年二月前往覆勘茲與臣璧
公同商酌此案工程情形重大除地盤牆身尚屬完整無庸拆砌外其餘各項
木植均已糟朽琉璃瓦料亦多破碎必須全行拆卸選舊換新方足以臻鞏固
查此項工程需用木料甚多所有金柱額枋及金枋墊板挑簷桁正心桁各件

尺寸較鉅擬用黃花松木前經奏明飭由熱河圍塲木植公司採辦惟查該公司所辦黃花松大木長至三四丈以上者未能合用除另片具奏設法覓購外凡翹飛斗科各件擬用樟木椽望天花各件擬用杉木格扇杴榥抱柱等件擬用老黃松木以及應需架木琉璃甎瓦銅鐵活計油飾顏料石料擬一併統歸商辦經監督等飭令廠商核實估計茲據該商等分別造送做法尺寸工料錢粮清單前來臣等悉心詳核所擬做法遵照原式辦理尚屬妥協所估錢粮逐項鈎稽再四核減除圍塲黃花松各料及另購大木應需錢粮若干另行奏明遵辦幷

寶匣一分照例行取外共需工料實銀京二兩平足銀一十四萬一千九百九十四兩六錢委係核實估計尚無浮冒謹繕清單恭呈

御覽如蒙

俞允擬請

旨飭下度支部如數給發由臣等陸續請領轉發廠商切實興修并分別出具認限及竣工保固各項甘結存案臣等仍當隨時督率司員前往稽查并派員輪留駐工經理將來工竣擬照成案由臣等敬謹驗收并請免其造册報銷以省繁牘除將錢粮細表繕造齊全分咨軍機處度支部民政部備案外所有估修專案要工謹擬做法錢糧緣由理合恭摺具陳伏乞

皇太后

皇上聖鑒訓示謹

奏

謹將

裕陵

聖德神功碑亭全座工程所有丈尺做法各項工料錢糧數目繕具清單

恭呈

御覽

計開

聖德神功碑亭一座四面各顯五間內明間面寬二丈三尺二次間各面寬一丈七尺五寸稍間各面寬七尺八寸中進深三丈五尺前後金各進深一丈一尺五寸週圍廊各深七尺八寸通面寬進深各七丈三尺六寸簷柱高一丈徑一尺九寸重簷柱高二丈七尺徑二尺二寸上下簷十三檁重簷歇山出飛簷方圓椽橫望板上下週圍簷攏安斗口三寸單翹重昂斗科內裏牆上海墁天花頭停調大脊垂脊角脊博脊安吻獸獅馬寶

四樣

木植工料項下

週圍簷柱二十根重簷金柱十二根四角金柱四根東西縫鑽金柱四根兩山鑽金柱四根下簷大額枋二十根由額墊板二十塊小額枋二十根平板枋二十根正心枋八十根外面槐枋四十根機枋二十根押科枋二十根挑尖抱頭樑十六根挑尖隨樑十六根挑簷桁二十根正心桁二十根承椽枋十二根上簷大額枋十二根博脊枋十二根平板枋十二根正心枋四十八根外面拽枋二十四根機枋十二根押科枋十二根東西縫前後簷挑尖接尾樑四根隨樑四根兩山挑尖抱頭樑四根隨樑四根兩山雙步樑四根隨樑四根單步樑八根七架樑二根隨樑二根五架樑四根兩山採步金二根採步金枋二根三架樑四根金瓜柱八個柁墩十二個脊瓜柱四個脚背四塊挑簷桁十二根正心桁十二根金脊枋二十七

根墊板二十七塊金脊桁二十七根扶脊木三根脊樁十九根下簷角樑八根榻脚木二根草架柱子十四根穿二十四根帽兒樑六根

以上大件木植共折見方實尺二萬零四百九十五尺九寸連加荒共折見方尺三萬二千七百四十三尺八寸五分擬用熱河圍場黃花松木惟長至三四丈徑二三尺以上者圍場尙無合格材料應另行購辦均俟採運到工再行奏明辦理

墊拱板八十四塊外面蓋斗板四百五十六塊博脊板十二槽抱柱四十八根博脊板湊寬二十一丈引條湊長八十四丈墊拱板六十八塊下簷橫望板八十九丈六尺六寸望板引條湊長四百七十五丈一尺連簷湊長四十丈八尺瓦口湊長四十丈八尺裏口木湊長三十八丈四尺椽椀湊長二十三丈二尺上簷橫望板一百零四尺二寸七分望板引條湊長

六百八十八丈九尺二寸連簷湊長三十丈六尺瓦口湊長四十四丈二尺六寸裏口木湊長十八丈四寸椽椀湊長十八丈四寸立閘山花二縫長四丈九尺六寸博縫板二十塊內裏中井天花板代貼樑四根支條一百六十二根天花板一百六十九井穿帶三百三十八根

以上應用杉木共折見方實尺三千四百九十五尺八寸八分連加荒

共折見方尺五千二百四十三尺八寸三分

下簷簷椽二百四十根翼角簷椽一百三十六根上簷簷椽一百九十二根翼角簷椽一百二十根下花架一百十二根中花架一百十二根上花架一百十二根腦椽一百十二根收山亞八椽二十根

以上杉木椽子料除選用二成添新八成計九百十八根內二百九十二件長一丈五尺二寸又二百五十件長一丈三尺二寸又三百七

十六件長七尺八寸徑各五寸

上簷斗口三寸單翹重昂斗科內平身科五十六攢柱頭科八攢角科四

攢寶瓶四個襯頭木十六塊上簷斗口單翹重昂斗科內平身科五十六

攢柱頭科八攢角科四攢寶瓶四個襯頭木十六塊上下層飛簷椽四百

三十二根上下層翹飛椽二百五十六根

以上應用樟木共折見方實尺四千一百五十九尺六寸八分連加荒

共折見方尺六千二百三十九尺五寸三分

裝修四面卷洞格扇四槽下砍四根上砍四根抱柱八根羅圈框四道六

抹直槅格扇十六扇月牙窗四扇連楹四根轉軸拴杆二十八根楹子拴

斗十二個

以上應用老黃松木除選用外添新𢪛加荒共折見方尺三百二十二

尺五寸

成做大木斗科椽望裝修等項木匠二萬四千四百工鋸匠五千四百四十工雕匠四百三十二工定鋑匠一千六百四十工壯夫一萬四千三百工運夫三萬九千六十工

以上木作

琉璃甎瓦石作項下

正吻二件吻座二件劍靶二件背獸二件垂獸四件蓮座四件托泥當勾四件斜當勾八十八件正當勾六百八十八件押帶條一千四十四件羣色條二百七十二件通脊十九件扣脊瓦二百四十九件垂脊七十二件平口條一百九十六件大連甎三十六件角脊四十四件角獸八件獸座八件油瓶嘴四百四十八件抓泥瓦一百二件行子瓦三百三十八件走

獸五十六件列角滴子十六件博通脊一百十六件蹬脚瓦二百八件滿面黃二百二十八件合角吻八件合角劍靶八件仙人八件蹽頭八件掐頭八件方眼蝗螂勾頭十六件套獸八件遮朽瓦八件承奉博脊連甎七十二件博脊瓦七十二件掛尖四件勾頭七百八十六件滴水七百七十六件筒瓦除選用二成添新八成計七千三百九十五件板瓦除選用五成添新五成計一萬六千六百三十一件

以上琉璃瓦料

澄漿城甎七千八百八十三塊新樣城甎二萬五千四百塊白灰五十八萬五千六百斤頭紅土二千四百三十斤二紅土五千三百四十斤包金土二千四百四十斤掛麻二十八斤蔴刀一萬八千二百四十斤江米二石五斗八升白礬二百六十六斤黃土五十四方丈蓆八十四領白蠟五

十四斤黃蠟五十六斤黑炭八百四十五斤白布八丈四尺砍甎匠一千四百八十四工瓦匠六千四百八十工燙蠟匠二百三十工窰匠二十六工拆夫二千八百四十八工清理夫二千五百五十工壯夫八千三百四十工運夫三萬六千八百五十工

以上瓦作工料

青白石折寬厚一尺湊長二十四丈二尺四寸白灰二千五百四十斤江米八升五合白礬十二斤石匠一千九百三十四工漿夫五十三工壯夫三百八十四工運夫一千五百三十工

以上石作工料

鐵作銅作鍍金項下

葉鐵六萬三千六百七十二斤頭號雨點釘三千四百三十個炸煤十七

萬四千九百二十七斤木炭五千二百三十斤鐵匠三千四百四十四工

運夫二百四十五工

以上鐵作工料

熟紅銅一千三百三十斤香油一百七十五斤炸煤四千五百七十斤黑炭四千十斤西梭頁二百二十八合大點釘一萬五千九百個化銅罐四十一個拔絲匠一千三百四十五工幪匠九百五工裁剪匠五十六工錠鈒匠三百十工運夫十四工

以上銅作工料

葉子金三十一兩九錢水銀十三斤半酸梅九斤二兩白礬十斤六兩城九斤八兩鹽八斤八兩棉花一斤四兩白布九尺五寸黑炭七百四十六斤白炭二百七十三斤磨金炭八斤三兩傾銀罐十一個化金匠十九工

鍍金匠二百九十七工炸黃匠四十三工壯夫五十八工運夫二十工

以上鍍金工科

油畫採作項下

桐油六千六百九十四斤香油三十五斤貼金油四十一斤八兩白絲一斤十三兩白麻一千一百四十一斤白粗布一丈七尺五寸水膠七十八斤廣膠三十六斤八兩白礬十七斤十二兩靑粉十五斤定粉六十八斤一兩土粉子六十八斤黃丹二百三十七斤土子二百十一斤陀僧十七斤八兩油黃四十五斤彩黃四十二斤廣靛花一百二十六斤四兩天大靑一百十二斤四兩天二靑四十四斤南梅花靑六十一斤二兩大碌三百五斤淨大碌九十五斤八兩二碌二百三十一斤石二碌三十二斤一兩碯巴碌二斤一兩胭脂二斤十四兩銀硃二百三十四斤二兩南片紅

土二百五十一斤紅金十九塊九十貼黃金二十二塊一把高麗紙六百四十五張白面四千四百七十六斤白灰四千五百五十斤鐵絲十二兩黑炭三百二十一斤木柴三千四百二十斤油匠二千五百六十工畫匠一千九百五十工拌料匠一百八十二工運夫一百七十六工壯夫三百六十五工

以上油畫工料

租賃通稍架木四千一百五十根租賃長短架木一千八十根大繩四條各長十六丈徑一寸五分大繩八條各長二丈八尺徑一寸五分大繩八條各長十六丈徑一寸紮縛繩一萬八百斤連二繩一百七十八斤五兩竹桿二百四十二根丈蓆三百十五領標棍五千六百八十根紮採匠三千六百三十五工運夫五百七十工壯夫一千四百九十二工

以上採作工料

保護石碑並圈廠棚座項下

租賃架木六百三十八根丈蓆六百五十領紮法繩二千六百五十斤連繩二百九十五斤柳桿三百八十根頭紅土三十五斤釘子二十五斤毛毡七十五塊荊笆四百五十塊竹桿四百五十根紮採匠三百八十工壯夫五百二十工木匠三十二工運夫四百二十五工

以上保護石碑工料

租賃長短架木二千二百四十根榆木八根各長一丈五尺徑一尺榆木八根各長九尺四寸徑八寸紮縛繩五千五百三十斤連二繩一千一百六十斤竹桿二千三百四十四根丈蓆二千四百領荊笆八百二十塊標棍五千三百四十三根木匠二十八工紮採匠四百二十工壯夫二百四

十五工看守堆夫六千二百六十工

以上看守圈廠棚座工料

以上共擬給工料實銀京二兩平足銀一十四萬一千九百十四兩六錢

光緒三十三年六月二十八日具奏奉

旨依議欽此

覆陳查勘　陵寢地勢摺

奏爲遵

旨查勘

陵寢地勢恭摺覆陳仰祈

聖鑒事光緒三十四年十月二十四日內閣奉

上諭

大行皇帝尚未擇有陵寢著派溥倫陳璧帶領堪輿人員馳往

東

西陵敬謹查勘地勢繪圖貼說奏明請旨辦理欽此遵於二十九日恭請

聖訓並將先行馳往

東陵再行馳往

西陵各情奏陳在案旋即束裝起程先後馳抵

東

西陵叩謁

陵寢帶領堪輿人等敬謹查勘得

東陵迤西興隆台一處癸丁向長龍嶺一處乾山巽向復勘得

西陵迤東金龍峪一處壬山丙向迤西丁家溝一處亥山巳向以上各地疊據堪輿稟稱形勢既屬合局土質亦甚相宜分呈說帖二件詳爲論列臣等公同勘度斟酌再三復就此次曾經勘視之地如成子峪二郎廟酸棗溝等處參觀互證其中或大勢可觀而規模稍隘或方向無礙而部位不宜絜短取長應將前項所勘各處擇其地勢較爲優勝者詳細臚陳上備

山陵之選謹繪總圖二件分圖四件分別貼說並鈔錄該堪輿等原具說帖二

件恭呈
御覽伏候
欽定所有查勘
陵寢地勢緣由謹恭摺覆陳伏乞
皇上聖鑒謹
奏
謹將堪輿司員法部候補郎中春壽度支部候補主事鍾秀遵勘
東陵地勢迤西興隆台一處又迤西長龍嶺一處呈具說帖鈔錄恭呈
御覽
司員等謹勘得
興隆台自祖山起脈右枝擘幹橫張星峯兀起迤十餘里展開大帳爲一

方面獨尊之位黃花山形具廉貞遞前剝換低峯至大杏花山結三吉星體從左角挂落羣砂拱衛連起三峯左輔金形中平過渡迎送齊全穿插明顯跌斷柔和層層開帳橈棹直前圓峯三起由庚轉辛至主山處金星端正個字中抽由癸入首輪影分明雙環蟬翼穴結少陰向立癸山丁向兼子午三分丙子丙午分金三吉在前對天台而聳秀雙溪合右環坤紐而呈祥諸峯羅列以朝宗四勢端嚴而合會允稱吉壤宜卜崇封唯東面砂體卑弱砂外臨大西河將來夏令水勢浩大橋工未易保固耳

又勘得

長龍嶺脈自黃花山起幹廉貞作祖以琉璃屏爲後護前有杏花山作帳支撑堂案寬大深藏自中峯跌落層級中抽勢若建瓴勇往有無前之象形如飄帶相從見突兀之尊水合雙溪後作纏而前作會山分兩翼南爲

列而北爲托局面橫開關闌嚴密四山圍繞一脈獨尊穴結太陰面對小杏花山向立乾山巽向兼亥己三分庚戌庚辰分金堂局雖未宏敞而水口有出煞之吉只大勢遜於前圖耳

謹將堪輿司員法部候補郎中春壽度支部後補主事鐘秀遵勘西陵地勢迤東金龍峪一處又迤西丁家溝一處具呈說帖鈔錄恭呈

御覽

司員等謹勘得

金龍峪龍脈起自後祖山橫開左帳另起高峯山勢莊嚴宛如寶殿由中峯細抽一脈天梯石磴階級分明遞下二三節後自亥轉壬兀起壽星一山備具左輔土金形勢高圓端正大帳平開橈棹向前直送到穴班排衙列枝脚整齊由少祖山再轉癸而入壬每一轉必有帳護再由壬而入癸

山列蛾眉砂分蟬翼環圍輪轉穴結少陰其承送到穴之牛角砂完全脫化都成膴壤向立壬山丙向兼亥巳三分丁亥丁巳分金離水坎山局參既濟壬龍丙向象合文明山勢逶迤有雄峙一方之槩局形端拱綜包藏四勢之奇左列旗槍右張華蓋水環流而淸晏砂朝拱以伏從起挾飛鳴落如翔集定一尊之全局無涓派之斜趨斯實乾坤靈秀之區陰陽和會之所龍穴砂水無美不收形式理氣爲諸穴冠

又勘得

丁家溝龍自乾亥方起伏而來俱結金水之體勢如飛蛾个字中抽由壬字方入手再起星峯金形端正纏送砂全輪影分明到頭結穴太陰窩形他山借助衆水迴環堂局完全羅星週密向立亥山巳向兼乾巽三分丁亥丁巳分金四息後伏見一脈之獨尊雙護前隨如兩班之拱列低平遠

案貴人特起尖峯高聳從龍金水平開大帳微嫌來處稍單前朝過重雖
有完全之勢惜非老幹所鐘較之金龍峪遠遜多矣
再臣等奉
命查勘
陵寢地勢代領堪輿司員人等沿途所需川資等項業已墊發現在差竣核計
共支用京平足銀三千五百四十兩擬請作正開銷恭候
命下臣等欽遵咨行度支部如數發給以清欵項理合附片陳明伏乞
聖鑒謹
奏
光緒三十四年十二月十二日具奏奉
諭旨貝子溥倫等奏查勘

陵寢地勢摺知道了圖說留中又片奏所用川資等項作正開銷等語著依議

欽此

恭報接收　集靈囿房地並開工拆卸日期摺

奏爲恭報接收

集靈囿房地並開工拆卸日期恭摺具陳仰祈

聖鑒事光緒三十四年十一月二十一日軍機大臣欽奉

諭旨昨據内閣會議奏准

監國攝政王禮節内開請於中海迤西集靈囿地方修建

監國攝政王府第著郵傳部尙書陳璧等繪估承修府第工程等因欽此臣部

欽遵知照欽天監選擇開工吉期并知照奉宸苑擇期移交去後當准欽天監

選定本月十八日爲開工拆卸吉期明年正月二十六日爲動工興作吉期并

准奉宸苑覆稱於本月十八日移交知照前來當於是日敬謹點收計集靈囿

地址東西長八十一丈有奇南北長一百零五丈有奇樓房三所羣房四百八

十餘間卽於是日擇其應行拆卸者敬謹先行開工一面督同司員飭令廠商
核實繪估並趕緊豫備材料定於明年正月二十六日動工興作除俟繪具詳
細圖說估定錢糧再行奏明辦理外所有接收
集靈囿並開工拆卸日期緣由理合恭摺具陳伏乞
皇上聖鑒謹
奏
光緒三十四年十二月二十五日具奏奉
旨知道了欽此

望嵒堂奏稿卷十二

正陽門城樓原建丈尺無案可稽謹酌擬辦法請　旨定奪摺

奏爲正陽門城樓原建丈尺無案可稽謹會同酌擬辦法請

旨定奪飭遵以昭慎重恭摺仰祈

聖鑒事竊臣等欽奉光緒二十八年十一月二十六日

上諭正陽門工程著派袁世凱陳璧核實查估修理欽此當即欽遵會商辦理

伏思正陽門宅中定位氣象巍峩所以仰拱

宸居隆

上都而示萬國現在奉

旨修復其工費固宜核實撙節而規模制度究未可稍涉卑隘致損觀瞻臣等

一面遴委新授天津道王仁寶等敬謹馳往詳細勘估一面咨部調查舊卷稽

考原建丈尺以便有所遵循旋准工部覆稱該部自經庚子之變從前案卷全行遺失無存臣等疊次往復函商博採輿論原建丈尺既已無憑稽考惟有細核基址按地盤之廣狹酌樓度之高低並比照崇文宣武兩門樓度酌量規畫折衷辦理查崇文門大樓面寬十丈一尺五寸高八丈二尺八寸闉樓現尚未經修復宣武門大樓面寬十丈二尺二寸高八丈二尺二寸闉樓面寬十丈九尺五寸高六丈八尺四寸二分以上樓度尺寸皆係自地平至正獸上皮止計算城身均不在內復查正陽門大樓舊址面寬十三丈零六寸較崇文宣武兩門大樓面寬均增二丈有奇其闉樓舊址面寬十一丈八尺五寸較正陽門大樓面寬已窄一丈二尺一寸較宣武門闉樓面寬仍增九尺自應準寬爲高格外崇隆以閎體制今擬除城身不計外正陽門大樓自地平至正獸上皮止謹擬九丈九尺較崇文門大樓高一丈六尺二寸較宣武門大樓高一丈六尺八

寸正陽門闉樓自地平至正獸上皮止謹擬七丈六尺三寸較正陽門大樓低二丈二尺七寸較宣武門闉樓高七尺八寸八分後仰而前俯中高而東西兩旁皆下似與修造作法相合而體格亦尚屬匀稱惟是此事關繫重大又無舊案可稽臣等參互比較酌擬辦法是否有當未敢擅專相應請

旨定奪飭遵俟

命下之日再由臣等督飭承辦各員敬謹興修庶足以昭愼重所有請

旨遵行緣由謹合詞恭摺具陳伏乞

皇太后

皇上聖鑒訓示謹

奏

光緒二十九年二月二十三日具奏奉

旨依議欽此

估修正陽門大樓闉樓要工謹擬做法錢糧摺 附清單

奏爲估修正陽門大樓闉樓要工謹擬做法錢糧丈尺分繕清單恭摺仰祈

聖鑒事竊臣等欽奉光緒二十八年十一月二十六日

上諭正陽門工程著派袁世凱陳璧核實查估修理欽此當經咨查工部因舊卷遺失原建丈尺無可稽考惟有按地盤之廣狹酌樓度之高低並以崇文宣武兩門樓度參互比較酌擬辦法於本年二月二十三日會同具奏旋准軍機大臣片交四月十一日奉

旨依議欽此自應欽遵辦理伏查正陽門拱衛

宸居爲中外觀瞻所繫現在重新修建既已詳籌尺度尤須愼選良材庶足以固若金湯垂之永久茲據正任天津道王仁寶指分安徽試用道尹家楣查得此項工程需用大小木植數千件內以金柱中柱等件爲最重詳加商酌惟黃

梨木體堅幹直極爲合用其次則角梁各件亦需任重之材宜用銅梨木餘若翹飛斗科各件宜用樟木枕梁額枋各件宜用黃花松木簷柱同柱以及裝修各件宜用杉木如此分別配用庶於節愼度支之中仍寓保固工程之意至於琉璃瓦件架木葉鐵等項向由戶工二部行取所費轉鉅今擬統歸商辦以期核實該道等飭據廠商造具做法錢糧丈尺淸册呈送前來臣等會同詳核所擬做法係照部定營造章程辦理尙屬妥協其樓度庫門礮窗各尺寸遵照門尺計算度數均得吉星所估錢糧悉心覈計按照市價再四删減計修造大樓工程擬給工料二兩平十成足銀二十七萬四千二百二兩四錢二分閘樓工程擬給工料二兩平十成足銀十五萬五千六百九十八兩八錢七分以上通共擬二兩平十成足銀四十二萬九千九百一兩二錢九分現在物料人工無不增昂此項錢糧委係核實估計並無浮冒由各省報效項下先行發給銀十

八萬兩購備材料餘俟陸續具領一面知照欽天監擇定吉期卽行開工立限三年自本年五月承攬工程起扣至三十二年五月止全工報齊並取具廠商領欵運料認限保固各項切實甘結臣等仍當督飭在工各員認眞監修以期堅固而免延宕查上年估修

惠陵工程奏明由估修大臣驗收並免造冊報銷以省煩擾將來正陽門工程告竣可否援案由臣等驗收並免造冊具報出自

宸裁除俟繪圖進呈並繕具細表分咨軍機處工部查照外謹將做法錢糧丈尺分繕詳細清單恭呈

御覽理合恭摺具

奏伏乞

皇太后

皇上聖鑒訓示謹

奏

謹將估修正陽門大樓闉樓工程所有丈尺做法各項工料錢糧數目繕具清單恭呈

御覽

計開

大樓一座計七間內明間面闊二丈六尺二寸四次間面闊一丈五尺一寸二稍間面闊一丈二尺兩山各顯三間內明間面闊二丈二尺二次間面闊一丈二尺外週圍廊深一丈通面闊十三丈六寸通進深六丈六尺下簷柱高一丈八尺徑一尺六寸頂樁柱高一丈七尺方七寸廡座廊深七尺五寸同柱明高六尺四寸徑一尺五寸中層週圍廊深六尺五寸外

簷同柱明高一丈三尺徑一尺六寸頂櫓柱高一丈二尺方七寸週圍重
簷金柱通高六丈五尺五寸徑二尺四寸裏攢金柱通高七丈五尺徑二
尺六寸上中下簷十三檩歇山三層簷廡座平台上簷週圍擺安斗口四
寸五分單翹重昂七彩斗科中下簷擺安斗口四寸單翹單昂五彩斗科
廡座平台擺安斗口四寸重昂五彩斗科上層內裏廡座廊內樓板一層
厚二寸隨下層內裏轉向樓梯一座上層內裏赤脊明廊內仰苫天花板
頭停鋪釘杉木橫望板飛簷方圓椽成造重簷金柱裏圍金柱用黃梨木
刹攢角樑梓角樑用銅木簷柱頂櫓柱同柱用杉木梲樑額枋平板枋承
椽枋金脊枋墊桁正心桁挑簷桁正心枋挑簷枋機機枋承重間枋楞木
梲墩角背過木秋框用黃花松木大額枋刹垛長蓋斗科翹飛椽用樟木
椽子望板連簷瓦口山花博縫板週圍挂簷板內裏仰苫格井天花廊內

天花板貼樑支條樓板樓梯用杉木見縫簽錠熟鐵纏箍拉扯鐵鋦下簷簷柱二十八根各高一丈八尺徑一尺六寸外簷頂榰抱柱五十六根各高一丈七尺見方七寸均擬用杉木

重簷金柱二十根各高六丈五尺五寸徑二尺四寸裏圍攢金柱十二根各高七丈五尺徑二尺六寸均擬用黃花松木

內裏承重樑下頂榰抱柱三十六根各長三丈六尺寬一尺厚八寸大額枋二十八根各高一尺八寸厚一尺五寸平板枋二十八根寬一尺三寸厚八寸均擬用黃花松木

斗口四寸單翹單昂斗科內平身科五十六攢柱頭科二十四攢角科四攢寶瓶四件高一尺四寸徑八寸均擬用樟木

墊拱板八十四塊各長四尺四寸寬二尺一寸八分厚一寸六分蓋斗板

三百三十六塊各長四尺九寸寬一尺二寸厚一寸均擬用杉木
正心枋八十四根機枋二十八根井口枋二十八根槐枋五十六根承椽
枋二十根挑尖抱頭樑二十八根抱頭隨樑代昂嘴二十八根正心桁二
十八根挑簷桁二十八根均擬用黃花松木
老角樑四根各長三丈八寸寬一尺五寸厚一尺梓角樑四根各長三丈
二尺九寸寬一尺五寸厚一尺均擬用銅梨木
襯頭木十六塊擬用樟木
簷椽三百四根各長一丈七尺徑五寸翼角椽一百三十六根各長一丈
七尺徑五寸飛簷椽三百四根各長九尺均擬用杉木
翹飛椽一百三十六根各長一丈四尺方四寸六分擬用樟木
瓦口湊長四十七丈五尺寬四寸厚一寸五分裏口木湊長四十五丈七

尺寬六寸厚四寸六分連簷湊長四十七丈五尺寬五寸厚四寸六分椽
椀湊長三十一丈三尺二寸寬八寸厚一寸五分橫望板週圍簷湊長連
押翅飛尾共折方丈一百三丈三尺八寸厚一寸二分均擬用杉木
週圍搨脚木一道湊長三十七丈七尺二寸寬八寸厚六寸擬用黃花松
木
望板引條五道湊長一百九十六丈六尺方二寸五分擬用杉木
㢘座同柱二十八根各高六尺四寸外榫長一尺二寸徑一尺五寸擬用
黃花松木
同柱下座斗二十八個各方二尺二寸厚八寸擬用鋼梨木
大額枋二十八根各高一尺八寸厚一尺四寸跨空隨樑二十八根各高
一尺八寸厚一尺三寸平板枋二十八根各寬一尺三寸厚八寸均擬用

黃花松木
斗口四寸重翹品字斗科內平身科五十六攢柱頭科二十四攢角科四攢擬用樟木
墊拱板八十四塊各長四尺四寸寬二尺一寸八分厚一寸六分蓋斗板三百三十六塊各長四尺九寸寬一尺二寸厚一尺均擬用杉木
正心枋二十八根槻枋五十六根井口枋二十八根承重樑五十二根間枋二十八根楞木一百四十根簷邊木二十八根掛落枋二十八根廡座簷枋二十八根均擬用黃花松木
涵珠板週圍湊寬四十丈一尺二寸長三尺二寸厚三寸擬用杉木
樓板共折見方丈九十丈一尺六寸厚二寸中層外簷同柱二十八根各長一丈三尺徑一尺六寸均擬用杉木

頂椿柱五十六根各高一丈二尺方七寸擬用黃花松木

擎簷柱四根各長一丈八尺方一尺擬用杉木

大額枋二十八根平板枋二十八根均擬用黃花松木

斗口四寸單翹單昂斗科內平身科四十八攢柱頭科二十四攢連半角科四攢寶瓶四件高一尺四寸徑八寸擬用樟木

墊拱板七十六塊各長四尺四寸寬二尺一寸八分厚一寸六分蓋斗板三百四塊各長四尺九寸寬一尺二寸厚一寸均擬用杉木

正心枋八十四根機枋二十八根井口枋二十八根拽枋五十六根挑簷枋二十八根抱頭樑二十八根抱頭隨樑代昂嘴二十八根間枋五十二根正心桁二十八根挑簷桁二十八根承椽枋二十根均擬用黃花松木

老角樑四根各長二丈五尺三寸各高一尺五寸厚一尺梓角樑四根各

長二丈六尺三寸高一尺五寸厚一尺均擬用鋼梨木

襯頭木十六塊擬用樟木

簷椽三百四根各長一丈四尺徑五寸翼角椽一百二十根各長一丈四尺徑五寸飛簷椽三百四根各長九尺內頭長二尺二寸方四寸六分均擬用杉木

翹飛椽一百二十根各長一丈四尺方四寸六分擬用樟木

連簷湊長四十四丈五尺二寸寬五寸厚四寸六分瓦口湊長四十四丈五尺二寸寬四寸厚一寸五分裏口木湊長四十二丈九尺二寸高六寸厚五寸椽椀湊長三十一丈三尺二寸寬七寸厚一寸五分橫望板週圍簷連押飛尾湊長折方丈八十三丈五尺七寸厚一寸二分均擬用杉木

週圍搨脚木一道湊長三十二丈九尺二寸寬八寸厚六寸擬用黃花松

木

引條六道共湊長二百十九丈一尺二寸五分博脊板二十槽湊寬二十六丈八尺貼落框計八十根貼落引條八十根棋枋板二槽湊寬二十六丈八尺貼落引條計八十根貼落框八十根均擬用杉木

上簷大額枋二十根跨空隨樑二十二根間枋十根平板枋二十根均擬用黃花松木

斗口四寸五分單翹重昂斗科內平身科四十八攢柱頭科十六攢角科四攢寶瓶四件高一尺五寸徑九寸擬用樟木

墊拱板六十八塊蓋斗板四百八塊均擬用杉木

正心枋一百根機枋二十根井口枋二十根拽枋八十根均擬用黃花松木

挑尖抱頭樑十二根兩山順樑四根連樑頭各長一丈八尺八寸五分高三尺厚二尺四寸七架樑六根連樑頭各長二丈六尺高二尺四寸厚二尺一寸七架隨樑六根各長二丈一尺高一尺八寸厚一尺六寸五架樑八根連樑頭各長二丈五尺高二尺一寸厚一尺八寸三架樑八根連樑頭各長一丈四尺高一尺八寸厚一尺五寸採步金樑二根連樑頭各長三丈七尺五寸高二尺四寸厚二尺一寸採步金枋二根各長三丈三尺寬一尺六寸厚一尺二寸扒樑四根各長一丈三尺高一尺八寸厚一尺六寸均擬用黃花松木

桄墩二十八個槽瓜柱十六個交金墩四個脊瓜柱八個角背二十四塊金脊枋四十九根金脊墊板四十九塊挑簷桁二十根正心桁二十根金脊桁四十九根扶脊木七根均擬用黃花松木

木椿頂四十根各長四尺五寸寬五寸厚三寸老角樑四根各長二丈七尺六寸高一尺五寸厚一尺梓角樑四根各長一丈九尺五寸高一尺五寸厚一尺均擬用銅梨木

襯頭木十六塊擬用樟木

簷椽一百四十八根各長一丈六尺五寸徑五寸翼角椽一百三十六根各長一丈六尺五寸徑五寸飛簷椽二百四十八根各長九尺內頭長二尺二寸方四寸六分均擬用杉木

翹飛椽一百三十六根各長一丈四尺方四寸六分擬用樟木

連簷湊長四十一丈七尺二寸瓦口湊長四十一丈七尺一寸裏口木湊長三十九丈九尺六寸椽椀湊長二十六丈一尺二寸花架椽四百八根

腦椽二百四根收山㿋椽二十根均擬用杉木

揚脚木二根各長三丈七尺五寸寬一尺六寸厚一尺四寸草架柱子十根穿十二根均擬用黄花松木

博縫板二道排山瓦口二道横望板前後坡身連兩山幷週圍押飛尾共折方一百三十四丈五尺望板引條三十二道兩山鑲嵌山花象眼板二道二面引條湊長一百四十三丈六尺内裏明間格井天花八十四井四次間一百九十二井二稍間七十二井貼樑八十四根均擬用杉木

連七支條五根各長二丈四尺連三支條十二根各長一丈四寸單支條七十二根各長三尺五寸連四支條三十六根各長一丈三尺五寸單支條一百四十四根各長三尺四寸連三支條十八根各長一丈四寸單支條四十八根各長三尺四寸共三百三十五根均擬用杉木

帽兒樑二十八根週圍廊内格井天花一百十井貼樑一百四根單支條

八十六根均擬用杉木
下簷明間前後金并兩山明間庫門四座裏口各寬九尺四寸高一丈一尺六寸上下杴共八根各長一丈五尺寬一尺二寸厚八寸門框八根連楴各長一丈二尺一寸寬一尺二寸厚八寸過木四副各長一丈七尺五寸𠛬寬五尺厚一尺二寸均擬用黄花松木
實榻門八扇轉軸八根均擬用杉木
穿銷三十二根各長五尺二寸五分寬二寸五分厚一寸擬用鋼梨木
門龍四根各長一丈二尺五寸門簪十六個均擬用黄花松木
立拴一根長一丈三尺五寸臥拴三根各長一丈二尺五寸轉向樓梯一座計二層帮板四塊拖棖二十六根均擬用杉木
轉身平臺一座至上皮高一丈五尺長一丈寬八尺內頂檐柱三根各長

一丈三尺八寸方一尺承重二根各長一丈寬一尺二寸厚一尺楞木四
根各長八尺各寬七寸厚五寸均擬用黃花松木
樓板一層長一丈一尺寬九尺厚二寸扶手欄杆二扇樓梯扶手欄杆四
堂巡杖欄杆三堂均擬用杉木
地扶三塊欄杆柱子十一根均擬用黃花松木
樓口鑲板四塊平臺上週圍琵琶欄杆二十八堂均擬用杉木
欄杆柱子三十二根連榫各高四尺二寸方六寸地伏週圍湊長三十九
丈三尺八寸均擬用黃花松木
明間前後金下五抹直櫺方孔格扇二槽二次間前金下格扇二槽共計
二十扇轉軸二十根各長一丈一尺寬三寸厚二寸立拴十二根各高一
丈一尺寬三寸厚二寸均擬用杉木

下枕四根中枋四根提裝四根抱框八根均擬用黄花松木

走馬板四槽共凑寬七丈二尺八寸高三尺五寸厚二寸貼落框十六塊各長三尺六寸寬七寸厚二寸五分均擬用杉木

連楹四根擬用黄花松木

兩山庫門二座裹口各寬九尺四寸高一丈一尺六寸上下坎共四根各長一丈五尺寬一尺二寸厚八寸門框四根連榫各長一丈二尺一寸寬一尺二寸厚八寸過木二副各長一丈七尺五寸刹寬四尺五寸厚一尺二寸均擬用黄花松木

實榻門四扇各高一丈二尺寬五尺二寸五分轉軸四根各長一丈三尺各寬七寸厚五寸心板四塊各長一丈二尺刹寬四尺五寸厚三寸五分穿帶二十四根連榫各長五尺二寸五分寬四寸厚二寸五分均擬用杉

木
穿銷十六根各長五尺二寸五分寬二寸五分厚一寸擬用銅梨木
門龍二根各長一丈二尺五寸寬八寸厚五寸門簪八個均擬用黃花松
木
臥拴二根各長一丈二尺五寸徑五寸擬用杉木
葉鐵十八萬九千四百斤按件均照加重做法
陡匾一方擬用樟木
頭停上層簷面闊十三丈六寸進深八丈六寸兩厦當湊長十三丈六尺
均寬一丈七尺九寸中層簷四面共折湊長四十三丈三尺二寸寬一丈
六尺二寸下層簷四面共折湊長四十七丈三尺二寸均寬一丈九尺二
寸苫盤踹五次加江米汁攙合二次均厚三寸攙灰泥背一層隨鋪蔴連

口袋一層均厚三寸青灰背二層提軋溜漿二次打拍子三次調木脊垂脊角脊博脊安獸頭獅馬寶四樣綠色琉璃滅瀉脊瓦料中心用澄漿布筒瓦澄漿板瓦

下層簷前後金扇面墻外皮各長十一丈七尺三寸裏皮各長十丈七尺三寸均折長十一丈二尺三寸兩山扇面墻外皮各長五丈二尺裏皮各長四丈二尺均折長四丈七尺至樓板下皮通高三丈七尺五寸墻厚五尺下肩高五尺上墻身高三丈二尺五寸除四面庫門分位四座每座空高一丈三尺七寸空寬一丈一尺五寸湊長二十七丈二尺六寸二面下肩砍細停城磚乾擺十三層裏外皮丁順磚各一進每層丁磚二百六十四塊順磚二百五十六塊背餡選用舊磚灌白漿加江米汁子庫門進深當八段湊長二丈三尺二寸下肩十三層每層丁磚十二塊順磚十一塊

砍細停城磚乾擺舊城磚背餡灌白漿加江米汁子上墻身湊長三十三丈八尺六寸由下肩上皮至樓板下皮高三丈二尺五寸除庫門分位四座每座空寬一丈一尺五寸由下肩上皮至過木上皮高一丈折長一丈五尺墻身淨湊長三十二丈三尺六寸外皮灰砌停泥城磚一順一丁八十七層每層丁磚一百五十二塊順磚一百四十八塊內裏背餡選用舊磚灌白漿加江米汁子二面押蘇內裏抹飾大蘇刀白灰二層外皮抹飾大蘇刀紅灰二層提刷紅漿加江米汁子赶軋三次

上層簷前後金拌兩山扇面墻外皮湊長二十五丈二尺八寸裏皮湊長二十一丈六尺均折長二十三丈四尺四寸由樓板上皮至中層簷間枋下皮通高一丈六尺二寸墻身厚四尺六寸下肩高四尺一寸上身墻高一丈二尺一寸除庫門分位二座每座空高一丈三尺七寸空寬一丈一

尺五寸淨湊長二十二丈二尺九寸二面下肩砍細停城磚乾擺十一層裏外皮丁順磚各一進每層丁磚二百八十八塊順磚二百十塊背餡選用舊磚灌白漿加江米汁子庫門進深當四段湊長一丈下肩十一層每層丁磚五塊順磚五塊砍細停城磚乾擺城磚背餡灌白漿加江米汁子上身扇面墻湊長二十五丈二尺八寸由下肩上皮至中層簷間枋下皮高一丈二尺一寸除庫門分位二座每座空寬一丈一尺五寸由下肩上皮至過木上皮高一丈八寸折長一丈九尺八寸墻身淨湊長二十三丈三尺四寸外皮灰砌停城磚一順一丁計三十二層每層丁磚一百十塊順磚一百六塊內裏背餡選用舊城磚灌白漿加江米汁子二面押蘇內裏抹飾大蘇刀白灰二層外皮抹飾大蘇刀紅灰二層提刷紅漿加江米汁子赶軋三次

下簷拆墁內裏地面面闊空十丈七尺三寸進深空四丈二尺細尺七方磚計六十八路每路磚二十七塊內除鑽金柱頂分位十二個均見方四尺五寸計磚八塊前後廊內地面并海墁由扇面墻外皮至宇墻裏皮進深空一丈五尺七寸扇面墻角至角通面闊十一丈七尺三寸前後共湊長二十三丈四尺六寸計磚一百五十路每路磚十塊內除外簷柱頂十六個每個見方三尺計磚四塊兩山廊內地面幷外海墁由扇面墻外皮至押面石空寬一丈九尺二寸前後宇墻裏皮通長八丈三尺四寸共湊長十六丈六尺八寸計磚十二路每路磚一百六塊內除外簷柱頂十二個每個見方三尺計磚四塊庫門四座每座面寬空一丈一尺五寸進深當五尺除砍墊石二尺五寸落空二尺五寸共湊長一丈計磚七路每路磚八塊俱砍細成墁細尺七方磚坐白漿加江米汁子掛油灰找墁背底

灰砌舊城磚灌漿

廡座週圍廊內地面進深寬七尺三寸四面折湊長三十五丈細尺七方磚計二百二十三路每路四塊半內除桐柱套頂八位二十八個每個見方二尺八寸計磚三塊半格扇四槽面闊空湊長八丈二尺六寸庫門二座面闊空湊長二丈三尺均進深二尺四寸計磚七十路每路磚一塊半俱砍細成墁細尺七方磚掛油灰背底一層灰墁停滾磚灌漿

兩山馬尾礓䃰二段由押面石外口至如意石裏口各進深二丈九尺一寸由北面扶手墻裏皮至南面疊落墻下各長六丈九尺八寸共長十三丈九尺六寸進深七十七路每路磚計九十八塊砍細立墁柳葉細停城磚坐白漿加江米汁子找墁背底灰砌舊城磚灌白漿

廡座平台上外簷同柱添安青沙石套柱頂二十八個各見方二尺六寸

厚八寸添安週圍靑沙石押面湊長三十九丈三尺厚五寸內好頭四塊厚六寸就身鏨打方柱頂鼓徑俱底面做糙上面露明做細押面鏨打銷眼隨熟鐵銷拉扯鍋添安靑沙石門枕二副各長三尺寬一尺二寸厚一尺背後做糙露明做細隨鏨打海窩掐口眼拴二副各見方一尺二寸厚四寸背面做糙露明做細鏨打拴眼

下簷週圍簷柱頂二十八個各見方三尺重簷金柱頂二十個各見方三尺六寸鑽金柱頂十二個內四個各見方四尺八寸四個各見方四尺五寸四個各見方四尺拆安傷損爆裂殘楞缺角改打鼓徑酥䃰挑換其餘刮邊占斧見新靑白石坎墊石四分各長七尺八寸寬二尺五寸內添換新料一份俱底面做糙上面露明做細靑白石門枕四副各長三尺六寸寬一尺四寸厚一尺二寸俱添新料背面做糙露明做細隨鏨打海窩掐

口拴眼三副各見方一尺四寸厚四寸背面做糙露明做細鑿打拴眼兩山押面二道湊長十六丈六尺八寸各寬一尺八寸如意石二道湊長十丈八尺六寸各寬二尺俱拆安占斧見新內有酥堿缺欠挑換新料選用五成添新五成

油飾外簷下架柱木枚框走馬板山花博縫板掛簷板俱使灰六道滿蔴二道糙油墊光柿紅油一道光硃紅油一道掛簷板裏皮光柿紅油二道裝修格扇四槽計二十扇庫門六座計十二扇迎面俱使灰六道滿蔴二道幷窗心使灰二道糙油墊光柿紅油一道光硃紅油一道週圍琵琶欄杆二十八堂使灰二道糙油刷膠欄杆柱子邊抹墊光柿紅油一道光硃紅油一道套環荷葉淨瓶裝顏青碌閅金黃線外簷上架幷廊內枋樑大木使灰五道滿蔴一道糙油刷旋花膠彩畫青碌五墨小點金一統枋心

角樑彩畫青碌煙琢墨肚鱗斗科使灰二道糙油刷諚花膠彩畫烟琢墨
青碌翹粉墊拱板蓋斗板墊光柿紅油一道硃紅油一道寶瓶使灰二道
糙油彩畫金黃色吉祥寶花襯頭木望板當連沿口瓦使灰二道糙油墊
光柿紅油一道光硃紅油一道椽子使灰二道糙油襯二碌膠刷大碌膠
一道外飛簷椽頭碌地彩畫煙萬字老簷椽頭彩畫青碌煙龍眼寶珠罩
熟桐油內裏下架木上架承重間枋楞木樓板樓梯使灰五道滿蔴一道
糙油樓板上面光煙子油二道其餘光柿紅油二道

中層簷廊內天花板井內裏天花板迎面使灰四道滿蔴一道糙油刷諚
青膠彩畫西洋花卉提青碌地岔角彩畫煙琢墨五彩如意雲貼樑支條
襯二碌膠刷大碌膠界硃紅線彩畫煙琢墨渠花雁尾陡字匾一面鑽生
漆一道使漆灰六道漆糙夏布二道糙漆墊光漆一道站帮搭腦光硃紅

漆一道週圍雲牙邊線使金膠漆飾掃紅金字堂飾掃天大青
以上大樓工程共擬給工料二兩平拾成足銀二十七萬四千二百二兩
四錢二分
重簷闈樓一座正座計七間內明間面闊二丈四尺五寸四次間各面寬
一丈五尺一寸二稍間各面寬一丈二尺八寸兩山各顯二間各面寬一
丈二尺八寸前簷兩山幷後簷稍間外挑頭廊深四尺通面寬十一丈八
尺五寸通進深二丈九尺六寸簷柱高三丈四尺徑一尺二寸重簷金柱
高五丈一尺四寸徑二尺中柱高五丈八尺六寸徑二尺二寸上簷七檁
歇山中五間後接兩搭進深九尺八寸安同柱高八尺六寸三檁借一檁
挑山下簷後接廡座五間內明間面寬二丈四尺五寸四次稍間各面寬
一丈五尺一寸進深二丈八寸外三面挑頭廊深四尺通面寬九丈二尺

九寸通進深二丈四尺八寸簷柱高三丈四尺徑一尺二寸廡座金柱高三丈八尺四寸八分徑二尺四檩歇山正座上簷週圍擺安斗口四寸單翹單昂五彩斗科下簷幷廡座貼落一斗三升斗科正座內裏樓板三層隨樓梯三座廡座梢間內裏樓板一層頭停鋪橫望板飛簷方圓椽成造重簷金柱內裏中柱用黃梨木刋鑽角樑梓角樑用銅梨木週圍簷柱頂椿柱同柱俱用杉木桄樑額枋平板枋承椽枋金脊枋墊桁正心挑簷桁正心枋挑簷枋拽機枋承重間枋楞木桄墩角背過木欣椎俱用黃花松木大額枋刋垛長蓋斗科翹飛椽用樟木椽子望板連沿瓦口山花博縫板樓梯俱用杉木見縫簽錠熟鐵纏箍熟鐵拉扯熟鐵鋦

木

正座下簷週圍牆內簷柱二十二根各高三丈四尺徑一尺二寸擬用杉

重簷金柱十八根各高五丈一尺四寸徑二尺擬用黃梨木

中柱六根各高五丈八尺六寸徑二尺四寸擬用黃梨木

大額枋二十一根平板枋二十一根採斗板二十一塊均擬用黃花松木

柱頭科大斗二十二個外面貼落大斗二十六個貼落升耳一百二十二個均擬用樟木

正心枋二十一根挑簷枋二十一根挑尖抱頭樑二十二根正心桁二十一根挑簷桁二十一根承椽枋十三根均擬用黃花松木

老角樑四根各長一丈一尺高一尺三寸五分厚九寸梓角樑四根各長二丈一尺五寸高一尺三寸五分厚九寸均擬用鐵梨木

襯頭木十六塊擬用樟木

簷椽一百八十根翼角椽一百四根各長一丈一尺徑四寸五分飛簷椽

一百八十根各長八尺內頭長二尺方四寸五分均擬用杉木

翹飛椽一百四根各長一丈二尺擬用樟木

入角簷椽四十四根入角飛簷椽十二根連簷湊長二十七丈六尺瓦口湊長二十七丈六尺裏口木湊長二十六丈椽椀湊長十八丈橫望板週圍連押飛尾共湊長折方丈四十二丈六尺週圍望板引條二道共湊長四十七丈二尺方二寸五分均擬用杉木

週圍搧脚木一道共湊長二十一丈一尺三寸上簷大額枋十八根平板枋十八根均擬用黃花松木

斗口四寸單翹單昂斗科內平身科四十攢柱頭科十四攢角科四攢寶瓶四件各高一尺四寸徑八寸擬用樟木

墊拱板五十八塊各長四尺寬二尺一寸八分厚一寸五分蓋斗板二百

三十二塊各長四尺七寸寬一尺二寸厚一寸擬用杉木

正心枋五十四根機枋十八根井口枋十八根機枋三十六根均擬用黃花松木

七架挑尖落金樑十二根連樑頭各長一丈六尺四寸高二尺六寸寬二尺二寸兩山順樑二根各高二尺六寸寬二尺二寸長一丈六尺六寸跨空合頭隨樑十四根連榫各長一丈二尺高二尺寬一尺八寸面寬抓樑四根各長一丈三尺五寸高一尺八寸寬一尺五寸採步金樑二根各長二丈二寸高二尺二寸寬一尺八寸採步金枋二根各長一丈六尺高一尺二寸寬一尺五架樑六根連樑頭各長一丈八尺八寸高二尺二寸寬一尺八寸三架樑八根各長一丈八寸高一尺八寸寬一尺四寸均擬用黃花松木

枕墩二十八個脊瓜柱八個角背八塊金脊枋三十一根金脊墊板三十一塊金脊桁三十五根正心桁十八根挑簷桁十八根均擬用黃花松木老角樑四根各長一丈九尺五寸寬一尺三寸五分厚九寸梓角樑四根各長二丈二尺一寸寬一尺厚九寸均擬用鐵梨木

襯頭木十六塊擬用樟木

簷椽一百四十六根各長一丈二尺五寸翼角椽一百二十根各長一丈二尺五寸飛簷椽一百四十六根各長八尺均擬用杉木

翹飛椽一百二十根擬用樟木

後簷亞椽九十八根花架椽二百二十八根腦椽二百二十八根收山亞椽十六根連簷湊長二十六丈一尺瓦口湊長二十六丈一寸排山瓦口湊長五丈八尺裏口木湊長二十四丈九寸椽椀木湊長十四丈七尺三

寸橫望板週圍簷連押飛尾共折方丈七十丈四尺五寸望板引條十八道兩山各二道共湊長二百九丈九尺均擬用杉木

扶脊木七根擬用黃花松木

脊樁四十根擬用鋼梨木

搨脚木二根草架柱六根均擬用黃花松木

立閘山花板二道博縫板二道鑲嵌山花象眼板二道枕當二段鑲嵌二面引條二十二丈八尺均擬用杉木

正座上簷後接兩搭五間進深九尺九寸同柱六根擬用杉木

單步穿梁六根瓜柱六根雙角背六塊簷脊枋十根簷脊墊板十塊簷脊桁十根博脊枋五根均擬用黃花松木

走馬板五槽共湊寬七丈八尺四寸引條湊長三十五丈四尺簷椽九十

八根各長九尺腦椽九十八根各長四尺五寸連簷一道長九丈二尺一寸瓦口一道長九丈二尺一寸椽椀一道長九丈二尺一寸橫望板長九丈二尺一寸望板引條四道共湊長三十六丈八尺四寸鑲嵌山花板二道象眼四個引條長十八丈挑山博縫四塊均擬用杉木

正座下簷後接廡座五間進深二丈八寸外三面挑頭廊各深四尺簷柱十根各高三丈四尺金柱六根各高三丈八尺四寸八分均擬用杉木

大額枋十一根平板枋十一根採斗板十一塊均擬用黃花松木

柱頭科大斗十個外面貼落大斗十八塊貼落升耳七十六塊均擬用樟木

正心枋十一根挑簷枋十一根挑尖抱頭樑十根遞角二根平身八根五架揷金樑四根採步金樑二根各長二丈四尺二寸五架隨樑六根各長

二丈四尺插金檁各長一丈九尺三寸五分梲墩六個瓜柱六個單角背六塊金脊枋十五根金脊墊板十五塊金脊桁十五根扶脊木五根正心桁十一根挑簷桁十一根均擬用黃花松木

老角梁二根各長一丈九尺五寸高一尺三寸五分厚九寸梓角梁二根各長二丈一尺五寸高一尺厚九寸均擬用銅梨木

襯頭木八塊擬用樟木

簷椽一百十八根各長一丈一尺翼角椽五十二根各長一丈五尺四寸飛簷椽一百十八根花架椽九十根腦椽九十根連簷湊長十六丈九尺瓦口湊長十六丈九尺裏口木湊長十六丈一尺椽椀湊長十一丈八尺五寸横望板連押飛尾共湊長折方丈三十六丈八尺六寸望板引條八道兩山各二道共湊長七十七丈九尺二寸均擬用杉木

兩山搨脚木二道湊長四丈二尺擬用黃花松木

脊後棚板一道長八丈四尺九寸正座樓板三層廡座兩稍間樓板一層均擬用杉木

承重樑五十二根擬用黃花松木

頂椿抱柱八十根提閘貫樑頂椿抱柱四根均擬用杉木

閘枋六十五根楞木一百三十八根均擬用黃花松木

正座樓板三層每層通面寬十一丈五寸通進深二丈五尺六寸每層拆方丈二十八丈二尺八寸八分廡座兩稍間樓板一層進深二丈八寸面寬各一丈五尺一寸每間拆方丈三丈一尺四寸共拆方丈九十一丈一尺四寸四分厚二寸樓口一座裏口各寬一尺六寸長七尺二寸內廂板十二塊均擬用杉木

簷邊木十五根擬用黃花松木
挂簷板十五塊踊跴板五十二塊踢跴板五十二塊拖棖二十四根扶手欄杆六堂樓口巡杖欄杆九堂內地伏九根巡杖欄杆九扇樓板上琵琶欄杆十五堂地伏十五根琵琶欄杆十五扇均擬用杉木
裝修正座三面礮窗四層計八十四座廡座兩山礮窗四座均擬用杉木
第一層過木二十一分內三副各長八尺一寸六分二副各長八尺八副各長七尺五寸五分八副各長六尺五寸刎寬八尺四寸厚四寸第二層過木二十一副內二副各長八尺一寸六分二副各長八尺八副各長七尺五寸五分八副各長六尺五寸刎寬八尺一寸厚四寸第三層過木二十五副內三副各長八尺一寸六分六副各長八尺八副各長七尺五寸五分八副各長六尺五寸刎寬七尺八寸厚四寸上簷一道過木二十一

副內三副各長八尺一寸六分二副各長八尺八副各長七尺五寸五分八副各長六尺五寸刎寬三尺九寸厚四寸均擬用黃花松木

上下欣一百七十六根抱框一百七十六根雨搭板八十八扇穿代一百七十六根轉軸八十八根斜魚一百七十六個支杆八十八根均擬用杉木

廡座前簷庫門三座

過木三副各長一丈六尺刎寬八尺二寸厚一尺二寸上欣三根各長一丈三尺二寸寬一尺二寸厚七寸門框六根各長一丈一尺五寸門龍三根各長一丈三尺二寸門簪十二個均擬用黃花松木

實榻門六扇各高一丈一尺五寸轉身六根各高一丈二尺五寸心板六副各高一丈一尺五寸穿代三十六根均擬用杉木

穿銷二十四根擬用銅梨木

立拴一根長一丈二尺五寸臥拴二根各長一丈一尺二寸均擬用杉木

葉鐵九萬八千五百斤按件均照加重做

頭停正座上簷面寬十二丈七尺二寸接連兩搭進深五丈六尺五寸兩厦當湊長八丈四尺均寬一丈一尺下簷五面湊長二十五丈九尺均寬一丈二尺廡座頭停面寬十丈一尺二寸進深二丈五尺兩厦當湊長四丈二尺均寬一丈一尺苫盤蹠五次加江米汁子攙合二次均厚三寸攙灰泥背一層隨鋪蔴連口袋一層均厚二寸靑灰背二層提軋溜漿二次打拍子一次調大脊垂脊角脊博脊安獸頭獅馬宸四樣綠色琉璃減邊脊瓦料中心照琉璃式宸東窰澄漿布筒板瓦

正座前簷台基通面闊十二丈六尺一寸進深四丈四尺四寸兩稍間後

簷各面闊一丈二尺後接廡座通面寬十丈七尺進深二丈一尺正座兩稍間並廡座後簷幷兩山台基湊長十七丈三尺明高一尺二寸露明台帮擬拆砌丁順甎計一進高二十二層每層丁甎八十二塊順甎八十塊砍細停城甎灰砌揃白背後舊城甎灰砌灌白漿加江米汁子正座台基外前三面露明簔衣停城甎六層砍細停城甎灰砌揃白背後舊城甎灰砌灌白漿加江米汁子

正座下簷幷廡座週圍扇面墻外皮湊長三十八丈五尺八寸裏皮湊長三十丈七尺一寸均折長三十四丈六尺四寸至平板枋下皮高三丈四尺均厚八尺六寸二面露明丁順甎各一進高八十五層每層丁甎三百二十二塊順甎三百二十塊庫門分位三座各空高一丈三尺空寬一丈二寸共湊長三丈六寸過木分位三副各高一尺二寸湊長四丈八尺礮

窗分位六十七座各高三尺六寸均寬四尺湊長二十六丈八尺過木分位六十七副各高四寸湊長四十八丈七尺五寸內除庫門礮窗分位不計外淨高八十三層二面丁順甎各一進每層丁甎二百八十三塊順甎二百八十一塊庫門進深當六段各高一丈三尺湊長四丈五尺六寸高三十二層丁甎二十三塊順甎二十一塊礮甎進深當一百三十四段各高三尺六寸湊長八十丈四尺高九層露明丁順甎計一進每層丁甎三十八塊順甎三十六塊俱砍細停城甎灰砌捎白舊城甎背餡灰砌灌白漿加江米汁子

正座上簷前三面並稍間後簷扇面墻外皮湊長二十丈五尺裏口湊長十八丈九尺由平板枋下皮至上簷大額枋下皮高一丈六尺均長十九丈七尺均厚四尺五寸二面露明丁順甎各一進高四十層每層丁甎一

百八十四塊順甎一百八十二塊礅窗分位二十一座各高三尺六寸均寬四尺湊長八丈四尺過木分位二十一副各高四寸湊長十五丈七尺五寸內除礅窗分位不計外淨高四十層二面丁順甎各一進每層丁甎一百七十塊順甎一百六十八塊俱砍細停城甎灰砌搯白舊城甎背餡灰砌灌白漿加江米汁子

廡座兩山尖二個內下截二段折湊長二丈七尺八寸高二尺計甎一進高五層每層甎二十塊上截二個折一個長一丈四寸高三尺六寸計甎一進高九層每層甎七塊俱砍細停城甎灰砌搯白舊城甎背餡灰砌灌白漿加江米汁子博縫二道每道砍細灰砌尺四方甎十五塊半混甎二道每道灰砌砍細停滾甎二十二塊背後金剛牆二道灰砌舊城甎俱灌白漿加江米汁子裏皮點砌山花栱當四段並象眼四個露明俱砍細停

甋灰砌擠白舊城甋背餡灰砌灌白漿加江米汁子隨槺下二面梲當露明砍細停城甋灰砌擠白舊城甋背餡灰砌灌白漿加江米汁子

內裏地面正座面闊空十丈七尺五寸進深二丈拆卸䊧墁停城甋一百五十路每路磚十四塊廡座面闊空八丈三尺六寸進深二丈計甋一百十六路每路甋十四塊拆卸䊧墁停城甋俱坐白漿加江米汁子找墁背底舊城甋灌漿

正座兩稍間並廡座周圍散水湊長十八丈八尺寬二尺四寸平墁杌子面牙甋立墁俱砍細停城甋坐白漿加江米汁子踏跺背底三座各面寬一丈二尺八寸象眼露明砍細停城甋灰砌擠白背底灰砌舊城甋灌白漿加江米汁子正座兩稍間後簷並廡座散水外海墁一段至宇牆均長三丈四尺五寸湊寬十二丈六尺內有酥城挑換補墁城甋坐白漿

正座並廡座周圍青砂石簷柱頂三十二個各見方二尺廡座後簷青白
石金柱頂六個各見方三尺正座重簷金柱頂十八個各見方三尺六寸
中柱頂六個各見方三尺二寸俱拆安長高傷損爆烈殘楞缺角改打鼓
徑酥堿挑換其餘占斧見新廡座後簷庫門三座青砂石連身砍墊石三
塊各長八尺寬二尺四寸厚一尺五寸門枕三副內一副各長五尺寬二
尺四寸厚一尺五寸二副各長三尺二寸寬二尺二寸厚一尺五寸拴眼
二副各見方一尺二寸厚五寸鏨打拴眼添換新料俱底面做糙露明做
細門枕鏨打海窩掐口正座兩稍間後簷並廡座週圍青砂石押面湊長
十八丈一尺厚五寸埋頭八塊各見方一尺四寸連埋深高一尺六寸垂
帶踏跺三座連面三級踊級石六塊湊長六丈九尺各寬一尺二寸厚五
寸垂帶石六塊各長二尺四寸寬一尺四寸厚五寸拆安酥堿爆裂挑換

新料底面做糙露明做細其餘打道刮邊見新占斧選用石料五成添新五成

外簷下架庫門三座計六扇過木枕框並礅窗過木山花博縫板雨搭同柱走馬板迎面俱使灰六道滿蔴二道糙油墊光柿紅油一道光硃紅油一道雨搭板並枕框使灰二道糙油墊光柿紅油一道外面光硃紅油一道礅眼徑光三色油上架枋樑大木使灰五道滿蔴一道糙油刷靛花膠彩畫青碌雅五墨翹粉一統芳心角樑彩畫青碌煙琢墨肚麟斗科使灰二道糙油刷靛花膠彩畫煙琢墨青碌翹粉熱拱板蓋斗板使灰二道糙油墊光柿紅油一道光硃紅油一道寶瓶使灰二道糙油彩畫金色吉祥寶花襯頭木望板當連沿瓦口使灰二道糙油墊光柿紅油一道光硃紅油一道椽子使灰一道糙油襯二碌膠一道大碌膠一道飛檐椽頭碌地

彩畫烟萬字老簷椽頭青碌煙龍眼寶珠罩熟桐油內裏赤脊明下架柱
木枋櫟大木承重間枋楞木樓板樓梯挂簷板俱使灰四道滿蔴一道糙
油樓板上面光烟子油二道其餘光柿紅油二道椽子望板使灰二道糙
油光柿紅油一道琵琶欄杆十五堂巡杖欄杆九堂俱使灰二道糙油刷
膠地伏欄杆柱子邊抹光柿紅油二道套環荷葉淨瓶裝顏青碌開金黃
線
以上閣樓工程共擬給工料二兩平十成足銀十五萬五千六百九十八
兩八錢七分
統共大樓閣樓工程擬給工料二兩平十成足銀四十二萬九千九百一
兩二錢九分

謹將遵照門尺恭擬正陽門大樓闉樓通高尺寸並庫門格扇門礮窗各項尺寸繕具清單恭呈

御覽

計開

正陽門大樓一座由柱頂上皮至正獸高九丈九尺柱頂鼓徑高四寸通高九丈九尺四寸按門尺核算六十八尺八分二釐輔弼吉星

庫門六座每座門口裏口高一丈一尺六寸按門尺核算七尺九寸五分福本門輔弼吉星寬九尺四寸按門尺核算六尺四寸四分義順門巨門吉星

上簷明間前後簷格扇門口高九尺四寸按門尺核算六尺四寸四分義順門巨門吉星寬二丈一尺三寸按門尺核算十四尺五寸九分官祿門

武曲吉星

前簷兩次間格扇門口每座裏口高九尺六寸按門尺核算六尺五寸八分義順門巨門吉星寬一丈四尺按門尺核算七尺一寸二分貴人門貪狼吉星

闉樓原擬由柱頂皮至獸高七丈六尺三寸謹按門尺詳細核算與吉星不符柱頂鼓徑高四寸今擬重簷金柱並頭停增高二尺通高七丈八尺七寸按門尺核算五十三尺九寸輔弼吉星

廡座庫門三座每座裏口高一丈九寸按門尺核算七尺四寸七分義順門巨門吉星寬八尺二寸按門尺核算五尺六寸二分官祿門武曲吉星前三面礮窗每座枚框裏口高二尺八寸按門尺核算一尺九寸二分福本門輔弼吉星寬二尺三寸按門尺核算一尺五寸八分官祿門武曲吉

星

光緒二十九年五月十八日具奏奉

旨依議欽此

估修正陽門堆撥房馬道各項工程片

再查正陽門原有堆撥房二座東馬道門樓一座現皆拆毀大樓下前後二面城身上面字墻兩山踐踏外口海墁東西馬道踐踏地面象眼城墻並闉樓下罩門圈千斤閘兩邊將臺之臺幫臺面踐踏皆有塌裂情形均應一律修復以昭整齊當飭廠商分別擬具做法核實估計開送清册前來詳加閱看做法尚合所有錢糧數目按照市價再三删減共擬給二兩平十成足銀一萬三千九十八兩七錢一分飭令領欵修辦所有做法錢糧謹繕清單恭呈

御覽理合附片具陳伏乞

聖鑒訓示謹

奏

謹將估修正陽門罩門劵千觔閘城臺字牆東西馬道踐踏象眼牆門樓

栅欄並堆撥房海墁等工程所有丈尺做法各項工料銀糧數目繕具清單恭呈

御覽

計開

大樓下城臺南面均面闊二十七丈六尺北面均面闊十六丈四寸城身明高四丈三尺內罩門券面闊一丈九尺八寸中高二丈一尺五寸門洞券面闊二丈一尺九寸中柱高三丈一尺三寸

前後面城身擬剔補灰砌細泥停城甎灌白漿抅抿白灰縫拆安上面青白石押面挑換酥堿石料前後面襯脚石俱占斧提漿見新

城臺上前後面宇牆二道擬拆砌湊長四十四丈高三尺七寸灰砌砍細揥白砌細泥停城甎二進灌白漿抅抿青灰縫兀脊頂砍細停泥城甎披

水甎二路扣脊瓦一路成造

闉樓下城臺上下口均面闊十二丈六尺九寸至城牆外皮均進深三丈六尺四寸城身明高四丈一尺前面罩門券面闊一丈八尺九寸進深二丈六尺中高二尺七寸

罩門券並二面平水牆券上城身三面城臺城身挖補酥城甎塊灰砌細泥停城甎灌白漿抅抿白灰縫提漿見新前三面襯脚石酥城擬拆換石料其餘就身占斧見新白石匾額一方照式提漿見新

千觔閘板一架長一丈九尺五寸閘板二面並上下口包裹鐵葉計三百塊擬用杉木

貫柱二根各一丈二尺貫樑二根各長一丈二尺滑車二根貫尺八根均擬用銅梨木

線蘇貫繩四根各長三丈八尺

罩門券下廂口木二根擬用黃花松木

大樓兩邊補蓋堆撥房二座每座計三間各面闊八尺五寸進深一丈臺明高八寸柱高七尺五寸徑六寸大木五檩全枕四縫頭停鋪釘亞椽腦椽滿鋪橫望板前後封護簷成做前簷裝修明間隨牆門口一座二次安直櫺窗戶各一槽內裏進深隨牆門口一座每座簷柱八根五架樑四根三架樑四根金脊簷桁十五根金脊簷枋十五根槽瓜柱八個脊瓜柱四個腦椽一百二十根亞椽一百二十根均擬用黃花松木

橫望板七丈五尺擬用杉木

過木四副上下枚四根門框四根撒代門二合計四扇穿代十六根插關插樑十二根心板四塊楹子八個搨板二塊直櫺窗戶二扇橫楞十根炕

沿一根均擬用黃花松木
地基清理渣土碼砌磉墩掐砌攔土灰砌城甎露明台帮灰砌城甎灌白
漿上安青石柱頂前簷明間安青砂石押面一塊長三尺六寸厚四寸寬
一尺二寸獨踏石一塊長二尺八寸厚四寸寬一尺二寸兩山前後簷押
面丁砌城甎山簷牆外皮並裏皮週圍下肩灰砌城甎拘抿青灰縫裏皮
上身點砌山花枕當並隔斷牆二面糙砌舊城甎灌白漿抹飾大蔴刀一
層前後簷拔簷甎擺砌梟混冰盤砍細二方甎灌白漿兩山拴挂砍細尺
二方甎博縫披水灰砌停滾甎頭停苫攙灰泥背一層大式蔴刀青灰背
一層調大脊垂脊脊獸安走三獅馬四堂宼二號布筒板瓦勾滴齊簷成
做屋內成搭順山高炕一鋪炕帮灰砌城甎拘抿青灰縫炕面尺二方甎
內裏地面鋪墁舊城甎背底平墁城甎一層坐白漿成做過木杴框門扇

窗戶搨板俱使灰二道刷膠光紅土油

東馬道門樓一座擬補修面闊一丈三尺八寸內門腿各寬三尺進深五尺五寸至過木下皮高八尺五寸按土檩排椽板過木枕框直槅柵欄門過木一副亞椽三根擬用黃花松木

亞排椽四十根擬用杉木

上下枕二根門框二根均擬用黃花松木

四抹直槅柵欄門二扇內邊四根抹八根牮柱四根槅木二十四根臥拴一根均擬用杉木

臺基安砌青砂石押面檻墊門枕拴眼等石門腿二架灰砌城甎兩山拔簷甎一層山尖灰砌新樣城甎背底選用舊甎灌白漿抅抿青灰縫上拴挂砍細尺二方甎博縫拔水砍細灰砌停滾甎前後簷甎擺砌梟混冰盤

簷灰砌隨式城甎頭停苫攙灰泥背一層大式蘇刀青灰背一層調清水脊寅二號布筒板瓦勾滴齊簷成做過木欹框柵欄臥拴俱使灰三道糙油光柿紅油

大樓東西馬道踐踏地面二道每道斜長十五丈四尺寬一丈四尺五寸二道湊長三十丈八尺拆卸立墁城甎計八百三十四路每路甎十塊坐漿糙墁城甎找墁背底灰砌舊城甎灌漿扶手牆二道每道斜長十六丈二尺五寸至披水甎高二尺九寸二進湊長三十二丈五尺拆砌砍細停泥城甎計二進高七層每層甎四百五十六塊披水甎二路計甎四百五十六塊俱砍細停泥城甎灰砌搯白灌漿拘抿青灰縫扣脊瓦一路計瓦五百四十八塊平墁散水順甎一路立墁牙甎一路每路甎四百六十四塊俱坐漿糙墁新樣城甎扶手牆下青砂押面一層二段湊長三十四丈

五尺寬一尺二寸厚四寸內有酥堿爆裂挑換新料其餘刷漿見新接連
招墻二段東一段補砌西一段拆修二段湊長四丈八尺至披水甎高七
尺砍細停城甎計二進高十七層每層甎四十八塊披水甎二路計甎四
十八塊俱砍細停城甎灰砌擣白灌漿抅抿青灰縫扣脊瓦二路計瓦八
十二塊扶手牆下象眼城牆二段拆一段長十五丈六尺高四丈三尺擬
剔補灰砌隨式城甎灌漿提漿見新抅抿白灰縫襯脚石料提漿見新
闉樓兩邊將台二座每座面闊一丈二尺進深二丈二尺臺帮露明高四
尺六寸三面湊長五丈六尺北面蹉踏一座面闊九尺五寸進深一丈露
明台帮擬灰砌城甎丁順甎成砌高十層每層丁甎二十七塊順甎二十
六塊象眼墻二段拆一段高四尺長九尺五寸高九層每層丁順甎九塊
俱灰砌城甎灌漿抅抿青灰縫台面平墁城甎三十一路每路甎八塊三

面丁甎押面一層計八十塊躂蹅立墁計甎二十七路每路甎六塊順甎押面二路每路甎七塊俱坐漿糙墁新樣城甎背底並背後灰砌舊城甎灌漿

大樓兩山躂蹅外海墁二段湊長二十六丈至宇墻裏皮寬四丈七尺擬拆修平墁城甎計三百七十路每路甎三十三塊坐漿糙墁找墁背底灰砌舊甎灌漿

千觔閘堆撥房門樓三宗應需鐵葉一萬二千一百觔

以上九項工程共擬給工料二兩平十成足銀一萬三千九十八兩七錢一分

光緒二十九年五月十八日具奏奉

旨依議欽此

奏報正陽門樓擇定開工日期摺

奏爲正陽門工程擇定開工日期恭摺仰祈

聖鑒事竊臣等奉

命估修正陽門工程業將估定做法錢糧丈尺分繕清單具奏聲明俟欽天監擇定吉期即行開工在案茲准欽天監以謹擇得本年閏五月初七日庚寅宜用午時開工吉等因咨覆前來屆時由臣璧親臨工次率同在事各員督飭商匠啟土開工敬謹修建務期一律精堅依限告竣以重要工所有正陽門工程擇定開工吉期理合恭摺具陳伏乞

皇太后

皇上聖鑒謹

奏

光緒二十九年五月二十五日具奏奉

硃批知道了欽此

正陽等門城垣樓座工程請俟正陽門修竣再行估辦摺
奏爲正陽等門城垣樓座工程勘明輕重情形請俟正陽門修竣再行分別估
辦恭摺仰祈
聖鑒事竊臣等欽奉光緒二十九年六月初七日
上諭工部奏正陽等門城垣樓座情形請飭修葺一摺此項工程著仍派袁世
凱陳璧切實勘估俟正陽門修竣後所餘之欵卽行分別輕重陸續修理欽此
遵經飭派天津道王仁寶試用道尹家楣按照工部原單逐段勘明核實估計
去後茲據該道等勘得正陽等門城垣樓座各處情形不一其尤爲重大者如
德勝門大樓闉樓頭停破壞大木間有斷朽朝陽迤北城墻陷深三四尺不等
長至二十餘丈誠如工部原奏工程緊要勢難緩修至西直門角樓上年業經
工部估價未修本年又經步軍統領衙門咨請工部修理體制攸關自應修葺

以壯觀瞻其餘各項工程坍塌亦甚但地非衝要暫可從緩茲將德勝門大樓閫樓朝陽門城牆西直門角樓三項工程擬就做法切飭廠商核實估計據稱各項物料概歸商辦約需銀二十五萬兩係按現在情形而言若年復一年工情加重尚恐不止此數查各省報效正陽門工欵共銀五十二萬三千兩內直隸報効銀五萬兩撥濟京師醫學堂經費滇省報効銀一萬兩因軍務緩解外實計銀四十六萬三千四百餘兩除應付正陽門大樓閫樓工程銀四十二萬九千九百餘兩又堆撥馬道等工銀一萬三千餘兩所餘工欵僅銀二萬四百餘兩以之撥修德勝門樓等三項工程尚不敷二十二萬餘兩將來正陽門樓修竣自當奏撥專欵以濟工用至西直門角樓殘缺太甚

鑾輿臨幸頤和園時該處切近

蹕路應將參差不齊之木石磚瓦先行拆平以示齊整等情禀請覆奏前來臣

等謹查工部原奏單開各工多至一百五十餘處昨准部咨續出工程又有二
十餘處若擬同時興修實恐無此財力現就情形最重之德勝門樓朝陽門城
墻西直門角樓三項工程約略估計已需銀二十五萬兩而正陽門樓正欵除
撥用外所餘均撥作德勝門樓等三項工欵尚不及十分之一惟有俟正陽門
樓工竣再行覆勘估計請
旨定奪其餘各工從緩估辦至各工地段綿長照料匪易現在既未興修應請
旨飭下步軍統領衙門飭令弁兵隨時查看情形咨報工部以昭慎重謹合詞
恭摺具
奏伏乞
皇太后
皇上聖鑒訓示謹

奏

光緒二十九年八月初五日具奏奉

硃批依議欽此

承修正陽門城樓工程擇吉供樑摺

奏爲承修正陽門城樓工程擇吉供樑恭摺具陳仰祈

聖鑒事竊臣等奉

命承修正陽門城樓工程於光緒二十九年閏五月初七日開工前經具奏在案茲據天津道王仁寶候補道尹家楣稟稱現在廠商購辦各項木植陸續運到通州圈廠鳩工成做所有大樓闔樓正樑業經齊備呈請供樑等因前來臣等覆查向來修理要工或因各項物料成做需時而是年方向合宜勢難延誤先於是年擇吉供樑一俟各項物料成做齊備再行擇吉將正樑入位以昭慎重近年如地安門朝陽門等工均經照辦在案現在此項工程大小木植多至數萬餘件成做需時委屬實在情形惟查正陽門係子午正向本年方向合宜自應援照供樑成案辦理庶臻妥速茲准欽天監擇得十月十七日丁卯午時

供樑吉除由臣璧就近率同在工各員遵照辦理外謹將擇吉供樑緣由恭摺

具陳伏乞

皇太后

皇上聖鑒訓示謹

奏

光緒二十九年十月十六日具奏奉

旨依議欽此

正陽門樓工程所用黃花松木飭商由奉趕運片

再查

正陽門樓工程前經承辦廠商具結限於光緒三十二年五月間竣工業已奏明在案此項工程廠商等運到之樟杉各木現均次第成做琉璃瓦磚塊亦已陸續到齊所辦新嘉坡大木已報裝船起運惟黃花松木因該商前向奉天安東縣屬大東溝購買上年秋間正擬運回旋被日本軍隊攔阻嗣經外務部照商日使方允放行該處不通輪船復值冬令風潮未順民船不便行駛現委分發四川知縣張煦春馳赴大東溝照料一面飭商進山轉運到溝趁此水旺風順之時即行開船運津趕緊成做除分咨外理合附片陳明伏乞

聖鑒謹

奏

光緒三十一年正月二十六日具奏奉

旨知道了欽此

正陽門樓各項工程擬請酌加錢糧摺

奏爲正陽門樓各項工程廠商辦料爲難耗費甚鉅擬請酌加錢糧以示體恤而濟要工恭摺具陳仰祈

聖鑒事竊正陽門大樓闉樓暨將臺馬道各工共估錢糧銀四十四萬三千兩前經奏明遵卽督同司員切飭廠商敬謹備料興辦在案茲據司員等稟據廠商等呈稱闉樓規模畢具不日可以告竣大樓成做木件已有六七成現在支搭採架預備竪立大木其餘將臺馬道各工均卽陸續催趲不敢稍有宕延惟該商等前在福建購買架木於馬江適遇颶風將木牌衝散漂失七千餘件至奉天大東溝採辦黃花松木時又值日俄戰事方烈所有木料爲日軍扣留年餘始獲放行糜費不少其黃梨木一項亦經該商等公舉東夥親往南洋新加坡定購該埠經手人等延不交料交復不齊另行補購以致一船可運之料不

得不分批內運船價既需倍出起卸逾限復被洋商照章科罰旅費電費亦因此多用結算賬目坡商又有含混情弊種種虧耗爲數甚鉅原估錢糧遂致不敷開發稟請加價以恤商艱等情前來查此項工程一切物料統歸商辦無論如何耗費本應仍令該商辦理第念原估工價按件覈計尚無浮冒新加坡購木受累各節經臣函電交馳由出使英國大臣派員守催保護年餘始克就緒大東溝木料兩次被日軍扣留由臣咨呈外務部照會日本公使復由臣晤商公使先後轉照彼軍建築部放行並兩次派員前往照料遲之又久始行辦結其中虧累之鉅誠始料所不及實爲華洋各埠衆商所共知且查大樓工作較闔樓尤爲浩大將臺馬道各工成做亦需費用所稱原估錢糧不敷辦理委係實在情形臣與在工各司員等詳加查覆商酌再三擬照原估請加一成再給二兩平足銀四萬四千三百兩以示體恤而濟要工恭候

命下臣即遵由各省原籌解到工欵餘存項下如數分批支給工竣一俟開單報銷臣并於各廠商中將呈報工料未能覈實及求加成數所望過奢者撤退三家其已備物料仍飭照數呈繳酌留得力廠商兩家責成認眞修理仍督同在工司員逐日到工切實考察嚴催廠商妥速興修以期早日告竣所有正陽門樓各工擬請酌加錢糧緣由謹恭摺具陳伏乞

皇太后

皇上聖鑒訓示謹

奏

光緒三十二年四月十六日具奏奉

旨着照所請戶部知道欽此

遵就正陽門工程餘欵擬修東西閘樓等工勘估做法錢糧摺 清單附

奏爲遵就正陽門工程餘欵擬修東西閘樓等工謹將勘估做法錢糧繕具清單恭摺仰祈

聖鑒事竊查光緒二十九年六月初七日奉

上諭工部奏正陽等門城垣樓座情形請飭修葺一摺此項工程

著仍派袁世凱陳璧切實勘估俟正陽門修竣後所餘之款即行分別輕重陸續修理欽此遵即派員查勘請俟正陽門修竣再行分別估辦於二十九年八月間由直隸督臣袁世凱會同臣覆奏在案現計各省解到工欵以庫平申合京二兩平共銀五十萬三千七百二兩四錢四分七釐內除大樓闉樓等工原估價銀四十四萬三千兩並加價一成合銀四萬四千三百兩又拆平西直門角樓工價銀八百四十九兩共應給付銀四十八萬八千一百四十九兩實在

餘銀一萬五千五百五十三兩四錢四分七釐自應就此餘欵擇要估修查東西閘樓木質間有劈裂簷椽亦有壍朽琉璃瓦件亦多爆碎油飾灰皮全行脫落東西月城墻身堞口甕城內東西兩牆身女牆及門洞圈等處甎塊大半酥𥀉並有坍塌皷閃處所不足以崇體制而壯觀瞻當經飭商查估去後茲據該廠商將以上各工詳擬做法估計錢糧呈具清册前來經臣督同司員悉心考校再四核減共需二兩平十成足銀一萬一千六百二十二兩委係實用實銷尚無浮冒恭候

命下由臣督同司員飭令廠商妥速興修所需錢糧即由各省所解工欵餘存項下分批發給工竣後由臣併案驗收均免造册具報以省繁牘除繕齊細表分咨查照外謹將做法錢糧繕具詳細清單恭呈

御覽理合恭摺具陳伏乞

皇太后
皇上聖鑒訓示遵行謹
奏

謹將擬修正陽門東西閘樓並前面海墁甃圈內東西兩面城墻女墻門洞券罩門券及東西月墻城墻堞口墻馬道上象眼城墻女墻外面東邊堞口墻各項工程所有情形並做法錢糧開具清單恭呈
御覽

計開

東西閘樓二座木質劈裂擬修補週圍飛簷翹飛椽望連簷瓦口糟朽均擬挑換山花博縫劈裂擬釘補齊整庫門礮窗雨搭板後窗背板均擬添換新料雨搭轉軸釘裹鐵絆成做礮窗過木欠框劈裂缺欠擬抽換西閘

樓內楞木樓板無存擬添新料成做

頭停琉璃脊瓦缺欠擬找補齊整簷頭中心布筒板瓦擬捉節夾隴提漿見新前面扇面墻外皮甎塊酥鹼擬剔補磨洗見新拘抿青灰縫兩山並後簷外皮下肩甎塊酥鹼擬剔補磨洗見新上身墻裏外皮擬斧砍釘蔴裹皮擬抹什大蔴刀白灰外皮抹什大蔴刀紅灰提刷紅漿赶軋露明台帮甎塊酥鹼擬剔砌拘抿青灰縫押面石料裏口地面甎塊酥鹼擬拆墁尺二方甎灌漿內裏踏跺擬照舊補砌石料走錯擬歸安缺欠破碎擬添新餘擬提漿見新

外簷上下架大木架庫門枚框山花博縫擬鑿砍見木汁油漿一道使灰四道滿蔴一道糙油一道墊光柿紅油一道光硃紅油一道枚框線路梅花釘使油貼大赤金上架大木彩畫青碌立粉金線大點金五彩龍錦枋

心斗科汁油漿一道使灰二道彩畫烟琢墨青碌翹粉角樑寶瓶汁油漿一道使灰二道糙油一道角樑彩畫靑碌肚鱗寶瓶立粉使油貼大赤金墊拱板蓋斗板望板連簷瓦口汁油漿一道使灰二道墊光柿紅油一道光硃紅油一道連簷瓦口光硃紅油一道椽子刷碌膠光碌油二道老簷椽頭彩畫金龍眼寶珠飛簷椽頭碌地立粉貼金萬字礅窗雨搭板過木枕框汁油漿一道使灰二道糙油一道墊光柿紅油一道光硃紅油一道雨搭板外面礅眼徑光三色油裏面光柿紅油後簷直欞窗戶使灰二道光柿紅油一道光硃紅油一道背板光白粉油一道內裏柱子枕樑大木楞木樓板椽望汁油漿一道使灰二道刷紅土膠一道光桐油一道成造東西鬧樓前面海墁二段共湊長十丈四尺寬二丈三尺共折見方丈二十三丈九尺二寸甎塊破碎擬折墁

甕圈內城墻東西二面共湊長八十三丈四尺高四丈除東西門洞券二座朱車房等分位並坍塌一段外共折見方丈三百一十五丈六尺甎塊酥城擬剔補灰砌灌漿抅抹洋灰縫

西角樓城墻坍塌一段高二丈八尺寬一丈四尺擬灰砌灌漿抅抹洋灰縫

城墻上西邊女墻坍塌一段共湊長七丈五尺擬灰砌灌漿抅抹洋灰縫

城墻上除西邊女墻坍塌二段外東西兩邊女墻共湊長七十五丈九尺至披水磚高二尺七寸擬剔補灌漿抅抹洋灰縫

東西門洞券二座擬剔補灌漿抅抹洋灰縫

東西月墻城墻共湊長一百二丈二尺高四丈除罩門券二座並官廳等房分位外共折見方丈三百八十八丈八尺擬剔補灰砌灌漿抅抹洋灰

縫

東西罩門劵二座擬剔補磚塊灰砌灌漿抅抹洋灰縫

東西月墻城墻上堞口墻共湊長九十一丈八尺高五尺九寸擬剔補拆砌灌漿抅抹洋灰縫

外面城墻上堞口墻東一段由月墻城墻裏角往東至頭道垛口止共長十九丈五尺高五尺九寸擬補砌灌漿抅抹洋灰縫

東西馬道上象眼墻由角柱石至馬道門樓止二叚共湊長三十一丈均高二丈共折見方丈六十二丈擬剔補灰砌灌漿抅抹洋灰縫

象眼城墻上女墻二叚由角柱石至馬道門樓東西共湊長三十一丈至披水磚高二尺七寸擬拆砌灌漿抅抹洋灰縫

以上共擬給工料銀二兩平十成實銀一萬一千六百二十二兩

光緒三十二年七月二十九日具奏奉

旨依議欽此